Wirtschaft und Gesellschaft

Herausgegeben von
A. Maurer, München
U. Schimank, Bremen

Wirtschaft und Gesellschaft ist ein wichtiges Themenfeld der Sozialwissenschaften. Daher diese Buchreihe: Sie will zentrale Institutionen des Wirtschaftslebens wie Märkte, Geld und Unternehmen sowie deren Entwicklungsdynamiken sozial- und gesellschaftstheoretisch in den Blick nehmen. Damit soll ein sichtbarer Raum für Arbeiten geschaffen werden, die die Wirtschaft in ihrer gesellschaftlichen Einbettung betrachten oder aber soziale Effekte des Wirtschaftsgeschehens und wirtschaftlichen Denkens analysieren.

Die Reihe steht für einen disziplinären wie theoretischen Pluralismus und pflegt ein offenes Themenspektrum.

Herausgegeben von
Andrea Maurer, München
Uwe Schimank, Bremen

Beirat:
Jens Beckert, Köln
Christoph Deutschmann, Tübingen
Susanne Lütz, Berlin
Richard Münch, Bamberg

Andreas Langenohl • Dietmar J. Wetzel (Hrsg.)

Finanzmarktpublika

Moralität, Krisen und Teilhabe in der
ökonomischen Moderne

 Springer VS

Herausgeber

Prof. Dr. Andreas Langenohl
Justus-Liebig-Universität Gießen
Gießen, Deutschland

PD Dr. Dietmar J. Wetzel
DFG-Kolleg „Postwachstumsgesellschaften"
Friedrich-Schiller-Universität in Jena
Jena, Deutschland

ISBN 978-3-531-19706-7 ISBN 978-3-531-19707-4 (eBook)
DOI 10.1007/978-3-531-19707-4

Die Deutsche Nationalbibliothek verzeichnet diese Publikation in der Deutschen Nationalbibliografie;
detaillierte bibliografische Daten sind im Internet über http://dnb.d-nb.de abrufbar.

Springer VS
© Springer Fachmedien Wiesbaden 2014

Lektorat: Dr. Cori Antonia Mackrodt, Yvonne Homann

Gedruckt auf säurefreiem und chlorfrei gebleichtem Papier

Springer VS ist eine Marke von Springer DE. Springer DE ist Teil der Fachverlagsgruppe Springer
Science+Business Media.
www.springer-vs.de

Inhaltsverzeichnis

Einleitung

Finanzmarktpublika

Eine Agenda zur Erforschung der Verknüpfungen von Finanzmärkten und Öffentlichkeit

Andreas Langenohl und Dietmar J. Wetzel

Der vorliegende Sammelband fragt nach den Konjunktionen von Finanzmarkt und den Krisen der modernen Gesellschaft, und zwar unter dem Aspekt von Öffentlichkeit beziehungsweise unterschiedlicher Finanzmarktpublika. Dahinter steht die Vermutung, dass es insbesondere Öffentlichkeit und Publikumsstrukturen sind, in deren Wandel sich das Paradigmatische von Finanzmärkten für allgemeine Mechanismen der Integration, Kohäsion und Imagination moderner Gesellschaften zeigt. Solche Momente finanzmarktlicher Paradigmatizität sollen auf der Grundlage konzeptioneller Überlegungen und empirischer Befunde zu Verhältnissen zwischen Operationsweisen von Finanzmärkten, der Konstitution von Öffentlichkeiten und der Strukturierung moderner Gesellschaften freigelegt und zur Diskussion gestellt werden. Wie Jürgen Habermas, Richard Sennett und andere gezeigt haben, existieren verschiedene Gegenbegriffe von Öffentlichkeit: zeremonielle versus bürgerliche Öffentlichkeit, öffentlich versus geheim, öffentlich versus privat. In der vorliegenden Einleitung wird die Frage aufgeworfen, inwieweit in diesen Öffentlichkeitsmodellen Marktlogiken impliziert sind. Eine sich durchziehende Frage lautet daher, wie die gesellschaftlichen, aber auch epistemologischen Folgen einer womöglich zu beobachtenden Umstellung des paradigmatischen Orts von Marktlichkeit von Gütermärkten auf Finanzmärkte für die Gültigkeit dieser Gegensatzpaare zu bestimmen sind, d.h. ob und wie sich mit der steigenden Paradigmatizität der Finanzmärkte für die Ökonomie im Allgemeinen auch Strukturen und Verständnisse von Öffentlichkeit verändern (müssen).

Veränderte Lesarten von Öffentlichkeit

Die Debatte über Öffentlichkeit in den Sozialwissenschaften hat eine lange Tradition, die im 20. Jahrhundert in eine starke Ausdifferenzierung der Diskussion mündete, welche in so unterschiedlichen Bereichen wie Politische Theorie (Arendt 1981; Habermas 1990; Butler 1991), Forschungen zu sozialen Bewegungen (Neidhardt 1994), Cultural Studies

(Ang 1993), Diskurstheorie (Foucault 1976; Laclau und Mouffe 2001) und Mediensozio-logie (Staab 1990; Imhof 2011) aktualisiert worden ist. Von nach wie vor prägender Wirkung ist Jürgen Habermas' Konzeptualisierung einer deliberativen Öffentlichkeit gewesen, die er mit einem modernisierungstheoretischen Differenzierungstheorem verband. Demnach formiert sich eine politische Belange debattierende Öffentlichkeit in einer ‚Sphäre‘, deren kommunikative Eigenlogik durch die Ausdifferenzierung der systemisch geschlossenen Bereiche der Wirtschaft und der politischen Administration freigesetzt wird. Gerade weil die politische Öffentlichkeit weder Teil des staatlichen Ver-waltungsapparats noch reiner Ausleger der ‚bürgerlichen Gesellschaft‘ als Gesellschaft von Eignern an Wirtschaftsgütern ist, ist es in ihr möglich, Debatten zu führen, die von den Teilnehmenden weder auf deren jeweilige politische noch wirtschaftliche Interessen zugeschrieben werden müssen. Es bildet sich somit ein Diskussionsraum heraus, der von wirtschaftlicher Utilitarität ebenso wie von politischen Entscheidungszwängen entlastet ist. Diese Öffentlichkeit stellt somit das politisch relevante Pendant zur Herausbildung der ‚Lebenswelt‘ als eines Kommunikationsraums dar, der der Tendenz nach den „eigen-tümlich zwanglosen Zwang des besseren Arguments" (Habermas 1995a, S. 47) zur Letzt-instanz der Beurteilung und Bearbeitung kommunikativer Akte erhebt. Damit ist nicht gesagt, dass empirische Öffentlichkeiten diese Norm immer umsetzen, sondern nur, dass sie *als* Norm installiert wird, d.h. als ein Prinzip, das seine Geltung auch dann behält, wenn es übertreten wird (Habermas 1995b, 1990).

Die Herausforderungen an Habermas' Begriff von Öffentlichkeit kommen derzeit daher auch nicht so sehr von Kritiken, die seinem Modell vorhalten, bestimmte Gruppen aus seinem modernisierungstheoretischen Narrativ zu exkludieren (Fraser 1992; Benhabib 1992), sondern von einer zunehmenden Skepsis gegenüber sozialwissenschaftlichen Öffentlichkeitsbegriffen, die nicht genügend Abstand vom gesellschaftlichen Imaginären der Öffentlichkeit halten. Sie setzen an dem Befund an, dass die Idee einer öffentlichen ‚Sphäre‘ zu stark einer holistischen und repräsentationalistischen Theorie der Öffentlich-keit verhaftet bleibt, die zum Teil gesellschaftlicher Selbstbeschreibung geworden ist und ihre gesellschaftliche Wirkmächtigkeit gerade aus der extremen Abstraktheit der Kate-gorie ‚Öffentlichkeit‘ bezieht. Bereits 1972 formulierten Alexander Kluge und Oskar Negt eine Kritik an der instrumentellen Abstraktheit von ‚Öffentlichkeit‘:

> „Bürgerliche Öffentlichkeit ist an formalen Merkmalen der Kommunikation festgemacht; sie läßt sich nach dem Schema eines kontinuierlichen geschichtlichen Ablaufs darstellen, sofern man sich an die von ihr realisierten Ideen hält. *Geht man dagegen von ihrer wirklichen Substanz aus, so ist sie überhaupt nichts Einheitliches, sondern die Kumulation nur abstrakt aufeinander bezogener Einzelöffentlichkeiten.* Das Fernsehen, die Presse, die Verbands- und Parteiöffentlichkeit, der Bundestag, die Bundeswehr, die öffentliche Schule, die öffentlichen Lehrstühle an den Universitäten, die Justiz, die Kirchen, die Konzerne usf. verbinden sich nur scheinbar zu einem Begriff der Öffentlichkeit im allgemeinen. In Wirklichkeit läuft die allgemeine übergreifende Öffentlichkeit als Idee parallel zu ihnen und wird von den in den einzelnen Öffentlichkeiten erfaßten Interessen, vor allem von den organisierten Produktions-interessen, ausgenutzt." (Kluge und Negt 1972, S. 15, Hervorhebung im Original)

Während in diesem Zitat eine von Marx inspirierte Kritik des Öffentlichkeitsbegriffs zur Geltung gebracht wird, zeigt sich die gegenwärtige Debatte an einer anderen Kritik interessiert, die in gewisser Weise den Fokus auf die ‚wirkliche Substanz' von Öffentlichkeit beibehält, ohne sie indes einzig ökonomistisch auszudeuten. Im Zuge einer derzeit ausgeprägten Bewegung, soziologische Begriffe aus der Perspektive der in ihnen involvierten *Praktiken* zu rekonzeptualisieren, verschiebt sich die Aufmerksamkeit hin zu, einerseits, den Praktiken und ihren Prozessstrukturen, durch die Öffentlichkeit hergestellt und Publika gebildet und erreicht werden (Eder et al. 2000; Eder 2003; Steeg 2003; Langenohl 2010a). Das Öffentliche stellt aus dieser Perspektive weniger einen Raum oder eine Sphäre als eher eine Sequenz von Verweis- und Bedeutungsstrukturen dar, etwa wenn massenmediale Publikationen inhaltlich einander referenzieren und somit ein Gewebe von Verweisen bilden, das nicht durch die Unterstellung von in sich (sprachlich, kulturell) geschlossenen Debattenräumen beschränkt ist. Andererseits geht die Aufmerksamkeit zu den konkreten Lokalisierungen öffentlicher Kommunikation, d.h. zu situierten Öffentlichkeiten über, wie sie sich etwa bei Museumsführungen (Porsché 2012) oder in den Anschluss- und Schließungsprozessen einer *personal public sphere* im Internet bilden (Boyd 2007). Das Öffentliche wird somit als ein strikt empirisches Phänomen behandelt, dessen Konzeptualisierung sich von derjenigen Habermas' darin unterscheidet, das das Öffentliche weder von vornherein auf normative Prinzipien verweist noch zwingend als Resultat gesellschaftlicher Differenzierungsprozesse auf der Makroebene, die zur Herausbildung getrennter Sphären führen, zu sehen ist. Vielmehr geht es um die Herstellung von *Publika* für spezifische Kommunikationsakte, die diese Akte dann erst als öffentliche zur Geltung bringen. In diesem Sinne stellen die hier versammelten Beiträge denn auch ebenso eindringlich die Frage nach Finanzmarkt*publika* wie nach Finanzmarkt*öffentlichkeiten*.

Das Öffentliche, Publika und Finanzmarkt

Die gerade skizzierten Vorschläge einer Rekonzeptualisierung des Öffentlichen als dessen, was publik gemacht wird, indem spezifische Publika adressiert und konstituiert werden, befinden sich in unmittelbarer Nähe zu konzeptionellen Diskussionen in der Wirtschaftssoziologie und der Finanzsoziologie bzw. der *Social Studies of Finance*. Dies betrifft zum einen die oben angesprochene Skepsis gegenüber einer allzu strikt durchgehaltenen differenzierungstheoretischen Grundlegung, weil diese in Gefahr steht, sich für Prozesse der wechselseitigen Durchdringung von Wertsphären und Subsystemen blind zu machen – wenn man diesen Punkt auch nicht Habermas selbst zum Vorwurf machen darf, liefert er doch eine theoretische Vorlage zur Konzipierung gerade von Prozessen der Entgrenzung des Ökonomischen (vgl. Langenohl und Wetzel 2011, 2012). So insistieren wichtige Beiträge der neueren Wirtschaftssoziologie, dass es darum gehe, die Herstellung einer (immer prekären) Abgeschlossenheit des ökonomischen ‚Systems' bzw. von Märkten nachzuzeichnen, anstatt sie theoretisch vorauszusetzen (Beckert 1997; Callon 2007; Fligstein 2001). Zum anderen hat gerade die Finanzsoziologie in ungemeinem Maße zur Popularisierung mikroanalytischer und praxeologischer Ansätze

beigetragen, indem sie Ansätze der *Science and Technology Studies* auf Finanzmärkte an-
wandte (Kalthoff und Vormbusch 2012). Dies betrifft nicht zuletzt Studien, die sich für
die Herstellung von Adressierungs- und Publikumsstrukturen an Finanzmärkten unter
dem Aspekt ihrer technosozialen Herstellung interessieren, etwa Arbeiten zu den Mikro-
strukturen globaler Marktöffentlichkeiten und zu den ,skopischen Systemen', die ihre Be-
obachtbarkeit gewährleisten (Knorr Cetina und Bruegger 2002; Arnoldi 2006; Grimpe
2010).

Zugleich – wenn dies auch bisher in dieser Form nicht festgestellt wurde – radikalisieren
finanzsoziologische Arbeiten das Verständnis des Öffentlichen in dem Sinne, dass
auf Finanzmärkten (zumindest in bestimmten Marktsegmenten) das beobachtende
Publikum mit dem handelnden Publikum zusammenfallen kann. Dieser Umstand
akzentuiert Finanzmarktpublika gegenüber Konzeptualisierungen von Öffentlichkeit
wie etwa bei Hannah Arendt, die davon ausgehen, dass Öffentlichkeit ein Forum für
das Erscheinen Einzelner und ihres Handelns bereitstellt: „Denn die Polis war für die
Griechen – wie die res publica für die Römer – primär eine Garantie gegen die Vergeb-
lichkeit und Vergänglichkeit des Lebens der Einzelnen, der Raum nämlich, der gegen
alles nur Vergängliche geschützt und dem relativ Dauerhaften vorbehalten, also geradezu
dafür bestimmt war, sterblichen Menschen Unsterblichkeit zu gewähren." (Arendt 1981,
S. 70) Demgegenüber verschieben Finanzmarktpublika den Akzent auf ihre Konstitution
durch involvierte Andere; es sind Handelspublika, die die Trennung zwischen Akteuren
und Zuschauern, zwischen Bühne und Parkett obsolet erscheinen lassen; gerade der Begriff des ,Finanzparketts' (vgl. Langenohl 2012a) deutet darauf hin, dass an der Börse, im
Unterschied zum Theater, die Trennung von Handelnden und Zuschauenden niemals
gegeben war. Damit stellen Finanzmarktpublika wie wohl kaum eine andere Form der
Öffentlichkeit das Prinzip aus, dass eine Neuigkeit (*news*) erst durch ihr Aufgegriffen-
und Verarbeitetwerden seitens eines Publikums, welches daher als *aktives* zu denken ist,
zu einer Neuigkeit wird. Die paradigmatische Bedeutung der Wirtschafts- und Finanzsoziologie für eine mögliche Reformulierung des Begriffs der Öffentlichkeit ist daher
darin zu sehen, dass der differenzierungstheoretisch gedachte Begriff der ,Sphäre' des
Öffentlichen zugunsten einer Sichtweise relativiert wird, die konkrete Akte des Publik-
machens und die aktive Rolle von Publika im Kenntlichwerden der Publizität eines
Gegenstands ins Zentrum rückt.

Im Folgenden soll diese paradigmatische Nähe zwischen Öffentlichkeit und (Finanz-)
Markt auf einem kurzen Durchgang durch Ansätze in der Forschung, die diese Nähe
thematisiert haben, weiter nachgegangen werden, bevor die thematischen Schwerpunkte
und Beiträge des vorliegenden Bandes vorgestellt werden.

Zunächst besteht Anlass, nach genealogischen Verbindungen zwischen der gesellschaftlichen Entstehung bürgerlicher Öffentlichkeit in Westeuropa im 18. Jahrhundert und der
dort im gleichen Zeitraum stattfindenden Institutionalisierung des Börsenhandels zu
suchen. In Arbeiten zur Genese sowohl der bürgerlichen Öffentlichkeit wie der modernen
Finanzmärkte finden sich Hinweise auf die räumliche und soziale Nähe zwischen den
Orten der debattierenden und wettenden Öffentlichkeit. Cafés, Salons oder (wie in Paris)

Parkanlagen waren nicht nur Geburtsstätten der debattierenden Öffentlichkeit (Habermas 1962), sondern auch der handelnden und wettenden (Preda 2009). In denselben Cafés saßen neben räsonierenden Bürgern Broker, führten Kauf- und Verkaufsgespräche und empfingen Nachrichten von Boten, später auch von der Finanzseite der Zeitung. Und ebenso wie der Zugang zu den Cafés bestimmten Gruppen vorbehalten war und damit die bürgerliche Öffentlichkeit von Beginn (wenn auch nicht der Idee nach) auf Exklusion und Stratifizierung beruhte (Fraser 1992), wurden auch an der Börse hochpreisige Papiere und *penny stocks* nicht nur von unterschiedlichen Brokern, sondern auch an unterschiedlichen Schauplätzen der Öffentlichkeit mit unterschiedlichen Publika gehandelt, was die Rede von Öffentlichkeiten beziehungsweise Publika, jedenfalls im Plural, nahelegt.

Sodann bestehen offenbar ebenfalls Verbindungen zwischen der Struktur der Vorstellungen von Markt, debattierender Öffentlichkeit und politischem Gemeinwesen. Charles Taylor (2002) zufolge zeichnet sich die Moderne durch das Aufkommen besonderer Kollektivvorstellungen aus, die er *imaginaries* nennt. Sie bestehen, vereinfacht gesagt, in einer zirkulären Verweisstruktur zwischen sozialen Praktiken und der in ihnen vorausgesetzten oder unterstellten Existenz abstrakter Kollektivitäten wie etwa ‚Öffentlichkeit', ‚Nation' und eben auch ‚Markt'. So leitet die Unterstellung der Existenz eines abstrakten, in der Moderne meist national gedachten Lesepublikums die Praktik der alltäglichen Zeitungslektüre an, die ohne die Unterstellung, dass gleichzeitig Andere dieselbe Zeitung lesen, ihren Sinn verlöre. Aber auch Adam Smiths Rede von der ‚unsichtbaren Hand' des Marktes wird für Taylor zu einem Beispiel für die Notwendigkeit der Voraussetzung eines Abstraktums namens ‚Markt', das *in toto* stets unbeobachtbar bleibt, dessen Inferenz aus konkreten Preisänderungen jedoch Handel(n) anleitet (vgl. Langenohl 2007, S. 12-22). Lee und LiPuma (2002) gehen noch weiter und stellen die nationale Moderne als kapitalistische Moderne aus, deren Signum darin besteht, dass Abstraktionen, deren Archetyp die Begriffe von ‚Markt' und ‚Kapital' sind, Vergesellschaftungsprozesse dominieren (vgl. auch Negt und Kluge 1972, S. 22). Gemeinsam ist den *imaginaries* von Öffentlichkeit, Nation und Markt die Idee von Zirkulation, d.h. das Verständnis, dass sich die Realität dieser abstrakten Kollektivitäten in Prozessen des Austauschs, der Weitergabe und Transformation von Kommunikation im weitesten Sinne erweisen muss. Für dieses Prinzip bilden Finanzmärkte nun in der Tat den prototypischen Fall, insofern es bei ihnen, im Unterschied zu Produkt- und Servicemärkten, nicht um die Distribution und Konsumption, sondern um die stetige Zirkulation von zunehmend abstrakten Produkten geht (Knorr Cetina 2007), die dann irreal werden und in die Virtualität gleiten, wenn Zirkulation zum Erliegen kommt, der Handel stockt und Preise nicht mehr feststellbar sind (Langenohl 2010b, S. 254-257).

Eine weitere Parallele zeigt sich im Misstrauen gegenüber der Steuerbarkeit von öffentlichen und finanzmarktlichen Prozessen. Während sich seit dem späten 19. Jahrhundert Studien häufen, die der Gegenwartsgesellschaft eine Tendenz zur Vermassung attestieren und sich zunächst vor allem in sozialpsychologischen Studien Raum verschaffen, welche zur Darstellung und Erklärung des irrationalen Gebarens der ‚Masse' zunächst Szenerien öffentlicher Zusammenkünfte großer Menschenmengen aufrufen und später diese Diagnose auch auf das ‚Massenpublikum' der Medienöffentlichkeit ausweiten (Le Bon 1950; Freud 1977; Adorno und Horkheimer 1992, S. 128-176), findet sich das unseres Wissens erste Dokument, das von irrationalen Finanzmarktpublika spricht, bereits in Joseph de la Vegas *Die Verwirrung der Verwirrungen* (1994 [1688]), einer Schrift über die Amsterdamer Börse, die heutige Studien der Behavioral Finance – etwa „Herd on the street" (Froot et al. 1992) – in verblüffender Weise vorwegnimmt (vgl. zur Faszinationskraft des Finanzmarktes, die gerade auch von den vermeintlich beobachtbaren Effekten ihrer massenhaften Popularität lebten, Stäheli 2007, insbesondere S. 288-291). Auch Talcott Parsons und Neil Smelser (1956, S. 237) teilten die Diagnose einer Vermassung von Finanzmarktpublika, die sie einzig unter eigentlich untypischem Rückgriff auf sozialpsychologische Erklärungsmuster zu erklären können meinten (vgl. Langenohl 2012b).

Schließlich zeigt sich an sehr verschiedenen Stellen der Debatte das Bedenken, dass Markt und Öffentlichkeit in analoger Weise dazu tendieren, andere Bereiche der Gesellschaft abzuschattieren, die für jene aber gerade von konstitutiver Bedeutung sind. So hat Annette Weiner die Aufmerksamkeit, die die Kulturanthropologie den Praktiken des rituellen Tausches, die stets in der Öffentlichkeit stattfänden (etwa der bekannte *potlatch*), zolle, dafür kritisiert, dass ihr die nichtöffentlichen Bereiche der Produktion ritueller Objekte, die oft von Frauen vorgenommen würden, aus dem Blickfeld gerieten (Weiner 1992, S. 53). Die politische Theorie hat diese Verbannung des *oikos* aus der Sphäre des Öffentlichen teils selbstbewusst vertreten (Arendt 1981), teils als an ihr geübte Kritik gewärtigen müssen (in Bezug auf Habermas: Fraser 1992; Benhabib 1992). In der klassischen marxistischen Theorie findet sich das argumentative Grundmuster dieser Kritik, welches besagt, dass die bürgerliche Öffentlichkeit auf der Dominanz des Prinzipiellen (welches wiederum der abstrakten Warenform folge) gegründet sei, auf welcher Grundlage ‚konkrete' und gerade darin gesellschaftlich bedeutsame Praktiken wie die der proletarisch geprägten Produktionssphäre aus der Öffentlichkeit verbannt werden könnten (Negt und Kluge 1972, S. 26, 31).

Der vorliegende Sammelband möchte dieser hier skizzierten konzeptionellen Verbindbarkeit des Öffentlichen mit dem Finanzmarkt im Begriff der Publika vertiefend nachgehen. Die These, die wir hier unterbreiten, lautet wie folgt: Es existiert eine innere Verbindung zwischen Finanzmarkt und Prozessen des Publikwerdens und der (sozialen) Konstitution von Publika in modernen Gesellschaften. Diese Verbindung ist nicht (nur) funktional zu denken, sondern im Gegenteil eher als eine dilemmatische Kopplung, die einerseits zu Kämpfen um Legitimität führt, andererseits Mittel bereithält, mit Krisen umzugehen und sie dadurch eventuell zu entschärfen oder (je nach Ansicht) zu perpetuieren. Daher wird hier auch nicht auf derzeit politisch diskutierte Phänomene der Geheimhaltung von Markttransaktionen wie etwa in *dark pools* eingegangen, in denen sich primär die Effekte des Verbergens zeigen. Vielmehr soll es hier darum gehen, die Effekte des Öffentlich-Machens durch die Erzeugung von Publika auf dem Gebiet der Finanzmärkte zu eruieren. Dies geschieht auf unterschiedlichen, in der Soziologie beschrittenen und sie kreuzenden theoretischen Wegen, die von den *Social Studies of*

Finance über arbeitssoziologische und systemtheoretisch inspirierte Ansätze sowie kulturalistische Lesarten der politischen Ökonomie bis hin zu diskursiv-genealogischen Zugängen und der *Cultural Sociology* der Yale-Schule reichen. Wir hoffen, auf diese Weise nicht nur zur Erhellung der Dimension des Öffentlichen der Finanzmärkte beizutragen, sondern auch, die spezifischen Verdienste, und gewiss auch Herausforderungen, unterschiedlicher theoretischer und konzeptioneller Ansätze herauszustellen und diese Ansätze miteinander ins Gespräch zu bringen.

Die Schwerpunkte des Bandes

Anhand von drei Schwerpunkten thematisiert der Band das komplexe Verhältnis zwischen Öffentlichkeit und Finanzmärkten. In einem ersten Schwerpunkt werden die normativ-moralischen Implikationen von Finanzmarktpublika zum Gegenstand der Analyse. Der zweite Schwerpunkt thematisiert in zeitdiagnostischer Absicht die Wege, durch die Finanzmärkte und ihre Krisen, im Medium des Öffentlichen, zu Stellvertretern umfassenderer Krisendiagnosen und somit zu Stellvertretern gesellschaftlicher Krisen werden. Im dritten Schwerpunkt schließlich wird das Verhältnis zwischen finanzmarktlichen und gesellschaftlichen Praktiken und Imaginationen der Einbeziehung und Teilhabe zur Debatte gestellt und in allgemeinerer Weise diskutiert, auf welche Weise Modellierungen moderner Gesellschaftlichkeit auf (Modellierungen der) Märkte bzw. Finanzmärkte und ihre jeweiligen Publika verweisen.

1   Finanzmarktpublika und Moralität

In diesem Abschnitt liegt der Schwerpunkt auf der Suche nach Veröffentlichungsschüben – welche Aspekte des Finanzmarktes wurden wann, durch und für wen öffentlich gemacht und auf diese Weise mit moralischen Ansprüchen aufgeladen? Den Beiträgen ist gemeinsam, dass sie solche Veröffentlichungsschübe mit Momenten der normativen und moralischen Aufladung und Dignifizierung von Finanzmarktprozessen in Verbindung bringen. Tatsächlich ist die Publizität der modernen Börse seit ihrem Beginn, soweit historische Forschungen dies zu folgern zulassen, ein umkämpftes Terrain gewesen, in dem häufig moralische Argumente in Anschlag gebracht wurden, um sich für oder gegen eine Erweiterung des Finanzmarktpublikums auszusprechen.

So skizziert *Marieke de Goede* in ihrem Beitrag, dass das Fehlen einer konzeptionellen Unterscheidung zwischen dem Finanzwesen, dem Glücksspiel und der Spekulation zunehmend die Respektabilität des Handels mit Wertpapieren, Aktien und Kreditzertifikaten im 19. Jahrhundert in Frage stellte. Eine Unterscheidung zwischen Glücksspiel und Finanzwesen kam erst im Zuge einer längeren politischen, kulturellen und rechtlichen Auseinandersetzung im Umfeld der ‚Finanzsphäre' und des Charakters und Verhaltens des ‚Finanzmenschen' in den Bereich des Denkbaren. In ihrem Beitrag untersucht de Goede die damit zusammenhängenden moralischen und rechtlichen Debatten am Beispiel der in den USA des späten 19. Jahrhunderts ausgetragenen Debatte um ‚Winkelmakler' (*bucketshops*). Bucketshops kauften und verkauften keine echten Wertpapiere, sondern benutzten allgemein zugängliche Wertpapierpreisinformationen als Grundlage dafür, dass eine größere Öffentlichkeit auf die Wertpapierpreisbewegungen Wetten abschließen konnte. Im Aufsatz wird argumentiert, dass die Abgrenzung von ‚legitimem‘ Wertpapierhandel zum ‚illegitimem‘ Glücksspiel eine diskursive Separierung zwischen den beiden Bezirken erforderte, durch die Spekulation als legitimes Eingehen von Risiken, das auf Vorausschau und Berechnung basiert, dargestellt werden konnte. Dagegen wurde das Glücksspiel als frivole Unterhaltung vorgestellt, die auf der Basis von Glück und Zufall operiert. Diese Unterteilung bleibt jedoch instabil und vorläufig – kaum zufällig, dass der Glücksspielcharakter von Finanzpraktiken in gegenwärtigen, unter dem Eindruck einer Krise stehenden Debatten wieder aufscheint.

Auch im späten 19. Jahrhundert ist die Frage gewesen, wo die Grenzen verlaufen (sollen), die ein relevantes, zulässiges, kompetentes von einem unwichtigen, unzulässigen, unfähigen Publikum abgrenzen. Auch hier zeigt sich anlässlich von Finanzmarktpublika eine radikalisierende Artikulation von Schließungstendenzen, die die Kritik an Habermas am bürgerlichen Begriff der Öffentlichkeit moniert hat (Kluge und Negt 1972; Fraser 1992). Vielleicht deswegen, weil auf Finanzmärkten die Grenzen zwischen dem beobachtenden und dem handelnden Publikum verschwimmen, wurde die Forderung nach einer Abschließung des Handelspublikums mit besonderer Schärfe formuliert, so etwa von Max Weber (1894/95), der im Namen der nationalökonomischen Funktionalität der Börse ein Handelsverbot für spekulierende Kleinanleger forderte. Er tat dies mit dem Argument, dass einzig „der größere Geldbeutel", d.h. große Investoren in der Lage seien, eine Standesethik zu pflegen, die eine „Entstehung einheitlicher Anschauungen über das, was auf der Börse geschäftlich ehrbar ist oder nicht", ermöglichen würde und so das finanzmarktliche Profitstreben in der Nationalökonomie nicht schadende Bahnen zu kanalisieren imstande wäre (Weber 1988 [1894/95], S. 287). So ist die Geschichte der Börse immer auch eine Geschichte der Schließungs- und Öffnungsprozesse von Information und Teilhabe, also eine permanente Rekonfiguration von Finanzmarktpublika. Alex Preda rekonstruiert diese Geschichte als eine der zunehmenden Professionalisierung und hebt dabei das „boundary work" hervor (Preda 2009, S. 45), in dem durchaus nicht nur funktionale, sondern auch moralische Argumente – etwa bezüglich eines „‚honorable‘ behavior" an der Börse (ebd.) – figurierten, um die Alleinzuständigkeit beruflicher Börsenmakler, -analysten etc. zu begründen.

Indes wäre der Eindruck, dass sich Finanzmarktpublika durch eine progressive Dynamik der Selbstabschließung wohlhabender oder professionalisierter Eliten auszeichnen, einseitig. Denn zumal im 20. Jahrhundert erfolgten Schübe der Massenintegration von Anlagen durch Privatinvestoren – am prominentesten in den 1920er und dann wieder seit den 1980er Jahren (Deutschmann 2005) – die ein Florieren populärer Darstellungen (vgl. Stäheli 2007) von Finanzmarktprozessen bewirkten. Dieser doppelte Prozess ist dabei nicht nur als ein funktional sinnvolles Hinarbeiten auf mehr „financial literacy" (vgl. Langley 2007) eines zunehmend in Finanzmärkte investierenden Laienpublikums zu sehen. Ebenso zentral ist die Erwägung, dass öffentliche Einlassungen eines möglichst weiten Publikums stets auch Quelle der moralischen und normativen Rechtfertigung von Finanzmärkten gewesen sind, die sich niemals ganz aus dem Ruch der Nähe zum Glücksspiel freimachen konnten (de Goede 2005). Gerade die gegenwärtige Krise zeigt, dass auch die moralische Purifizierung des Finanzmarktes durch den (angeblichen) Professionalismus des ihn konstituierenden Publikums schnell ins Gegenteil, nämlich die Anklage von Unfähigkeit und Korruptheit, umschlagen kann. Drei Beiträge im vorliegenden Band befassen sich mit der Frage der Rolle moralischer Rechtfertigungen mit Blick auf spezifische Finanzmarktprodukte.

Lisa Knoll fragt in ihrem Beitrag nach den Gründen des institutionellen Erfolgs des CO_2-Handels bei gleichzeitigem klimapolitischem Misserfolg. Sie entwickelt in Bezug auf den Kompromissbegriff von Boltanski und Thévenot einen analytischen Rahmen, der es erlaubt, die Dynamik öffentlich-legitimatorischer Diskurse zu erfassen. Mit der öffentlichen Wahrnehmung von Klimaschutzproblemen als globale Probleme tritt eine diskursiv-legitimatorische Konstellation auf den Plan, die nach einer Regulierung durch einen theoretisch grenzenlosen Markt geradezu verlangt: ‚ein globaler Markt für ein globales Menschheitsproblem‘. Knoll untersucht nun die öffentlich-moralischen Zustände dieses kompromisshaften Konstrukts. So kann ein Kompromiss als moralisch stabil eingestuft werden, wenn die Kritik im Hinblick auf einen fehlenden Glauben an das kompromisshafte Konstrukt selbst zurückgewiesen wird. Moralisch instabiler ist ein Kompromiss, wenn er nicht mehr im Hinblick auf seinen Beitrag zur Vergrößerung des Gemeinwohls gerechtfertigt wird, sondern nur noch im Hinblick auf seine profane materiale Existenz. Derartige Sachzwangargumente deuten bereits auf Legitimationsprobleme hin. Gefährdet ist die moralische Integrität eines Kompromisses, wenn die Privatinteressen der Protagonisten zum Vorschein kommen und aus dem Kompromiss wieder ein offener Konflikt wird, wenn sich ‚Wirtschaftsretter‘ und ‚Klimaretter‘ erneut antagonistisch gegenüberstehen.

Barbara Grimpe setzt sich anhand des globalen Mikrofinanzmarkts mit der folgenden These auseinander: Die Sphären ‚Markt‘ und ‚Öffentlichkeit‘ sind als Kontinuum von Publikationen, die zwischen diversen Publika unterschiedlich weit zirkulieren und rezipiert werden, zu begreifen. Differenzierte ‚Ver-Öffentlichung‘ gehört demnach zum Wesen des Marktes. Erstens wird analysiert und kritisch reflektiert, wie Standard-Setting-Initiativen und Ratingagenturen versuchen, mittels Quantifizierung und Internet sozial Gutes (Sittlichkeit) und finanzielle Leistungen weltweit sichtbar (publik) und markförmig vergleichbar zu machen. Zweitens wird die auf Fondsebene zu beobachtende gegenläufige Praxis, Entscheidungen bezüglich finanzieller und sozialer Bewertungen nur bedingt zu publizieren, untersucht. Diese Intransparenz mutet ethisch fragwürdig an. Doch in dieser Sphäre der Vertraulichkeit existieren subtile, z.T. ungeplante Formen verantwortlichen Handels – sie scheinen, theoretisch gesehen, teils wie Praxiswissen zu emergieren. Parallel dazu wird die Überlegung angestellt, dass extreme, forcierte Transparenz keine Garantie für verantwortliches Handeln im Markt ist und sogar nachteilig sein kann.

Jürgen Schraten geht in seinem Beitrag von dem Webportal der Frankfurter Wertpapierbörse aus, dass die öffentliche Schnittfläche zur elektronischen Handelsplattform Xetra bildet. Dieses Portal ist um den Eindruck einer möglichst unmittelbaren
Teilnehmerschaft am Börsengeschehen für den Nutzer bemüht, ohne jedoch tatsächliche Handelseingriffe zu ermöglichen. Als Präsentationsfläche zur gesellschaftlichen
Öffentlichkeit lassen sich hier jedoch Reaktionsweisen des finanzmarktlichen Handels-
anbieters Deutsche Börse auf seine unweigerliche gesellschaftliche Einbettung auffinden
und analysieren. Die Etablierung eines ‚nachhaltigen‘ Investitionssegments sowie ein
auffälliger Warnhinweis vor Verlust des eingesetzten Kapitals bei der Ansicht bestimmter
Wertpapiere dienen Schraten als Exempel, um die Frage zu verfolgen, ob es sich hierbei
um die Folge einer Moralisierung des Handelsgeschehens oder um die unweigerliche Reaktion auf die in der Gesellschaft stattfindenden Ökonomisierungsprozesse handelt.

Eine weitere Perspektive auf Moralisierung in Finanzmarktpublika wird von *Carlo
Tognato* eingebracht, der sich mit der in vielen Ländern der Eurozone ausgebrochenen
europäischen Schuldenkrise auseinandersetzt, deren Signifizierung teilweise in
moralischen Begriffen geschah. Der Beitrag legt den Fokus auf die Existenz eines in der
breiten Öffentlichkeit entscheidenden Indikators bezüglich der wirtschaftlichen Konvergenz innerhalb der Europäischen Währungsunion: den ‚Spread‘ zwischen deutschen
Bundesanleihen und den Staatsanleihen der anderen Euro-Mitgliedsländer, also um
einen Indikator, der bis dahin nur bei einigen Entscheidungsträger, Experten und Analysten sowie Journalisten bekannt war. Nachdem der Spread in das Bewusstsein einer
breiteren Öffentlichkeit gelangt war, hat sich seine Natur radikal verändert, denn genau
zu dieser Zeit wurde dieses Konzept zum Zentrum eines Kampfes zwischen Ordnung und
Chaos, das heißt zu einem Vehikel öffentlicher Moralisierung nicht nur der Finanzwirtschaft, sondern auch der Nationalökonomie und schließlich der Nation selbst. Die dabei
zugrunde gelegte binäre Schwarz-Weiß-Logik hat sich von den von Experten traditionell
zu diesem Thema ausgeführten komplexen technischen Beurteilungen abgelöst. Tognato
thematisiert dieses gleichsam neue moralische Leben des Spread und dessen Ausbreitung
in der italienischen Öffentlichkeit seit dem Juni 2011, also zu dem Zeitpunkt, als sich
Italien vermehrt mit dem Zugriff der Finanzspekulation konfrontiert sah. Er zeigt in
seinem Beitrag, in welcher Weise der neo-Durkheimianische Rahmen des kultursoziologischen ‚Strong Program‘ ein Werkzeug bereitstellt, um die Funktionsweise und den
Sinn wichtiger wirtschaftlicher Phänomene unserer Zeit zu erhellen.

Die Untersuchungen, die in diesem Abschnitt des Buches versammelt sind, können
aus unterschiedlicher Richtung gelesen werden. Einerseits befassen sie sich mit Beispielen
einer Anrufung, wenn nicht gar Indienstnahme, von Öffentlichkeit im Allgemeinen oder
von spezifischeren Publika in Praktiken und Strategien des Publik-Machens finanzmarktlicher Vorgänge. Andererseits können diese Beispiele auch dahin gehend interpretiert werden, dass sich in ihnen je spezifische Momente des Oszillierens zwischen
strategisch-moralischer Involvierung eines Publikums und dem Sich-Ausliefern an
dessen moralische Urteile und Dynamiken offenbaren.

2   Finanzmarkt-, Gesellschafts- und Repräsentationskrisen

Finanzmarktöffentlichkeiten gelten mittlerweile als Teil einer ‚Meta-Krise' (vgl. Leggewie und Welzer 2009), d.h. sie sind keine spezifischen Öffentlichkeiten mehr, die sich auf die Finanzseiten von Zeitungen und einschlägigen Zeitschriften beschränken, sondern Teil der gesellschaftlichen Krisen-/Selbstbeschreibung geworden. Rückblickend betrachtet ist Öffentlichkeit für das Funktionieren von Finanzmärkten stets ein neuralgischer Punkt und ein mutmaßlicher Eintrittsort ernsthafter Störungen gewesen. Dies gilt sowohl für die Verweigerung wie für die Gewährung von Öffentlichkeit. Hatte Max Weber (1988 [1894/95]), wie erwähnt, am Ende des 19. Jahrhunderts die Öffentlichkeit im Sinne von allgemeiner Zugänglichkeit zum Börsenhandel kritisiert und für irrationale Schwankungen verantwortlich gemacht, treten nach der Weltwirtschaftskrise 1929 Gesetze in Kraft, die die Vorenthaltung und den exklusiven Gebrauch von Information, heutzutage als Insiderhandel bezeichnet, unter Strafe stellen. Für die Periode dazwischen hat die historische Finanzmarktforschung unterschiedliche Verläufe erstens des Kampfes der Finanzmarktgilde um exklusive Anrechte auf Börseninformationen, zweitens der Professionalisierung des Handels und damit der Errichtung neuer Zugangsschranken zum Handel nachgezeichnet (Preda 2009; Lounsbury 2002). Auf diese Weise ist der Kampf um Zutritt zur Finanzmarktöffentlichkeit stets mit Deutungen von Finanzmarktkrisen und ihren gesellschaftlichen Auswirkungen und Hintergründen verquickt gewesen – der Kampf um die öffentliche Deutung, worin genau eine ‚Krise' besteht und welche gesellschaftlichen Auswirkungen dieses oder jenes Mittel zu ihrer Abmilderung haben werden, entscheidet mit über die Maßnahmen, die dann tatsächlich (nicht) ergriffen werden.

Fragen nach der Darstellung und Repräsentation von Finanzmärkten in der Öffentlichkeit rücken den Zusammenhang zwischen Macht, Kritik und den (gesellschafts-) politischen Interessen in den Vordergrund. Politische Akteure und soziale Bewegungen versuchen im Hinblick auf eine demokratische Kontrolle der Finanzmärkte vielfältige Aktionsformen zu nutzen, die von der Aufklärungsarbeit für Öffentlichkeit und Medien über Lobbytätigkeit bis zum öffentlichkeitswirksamen Protest reichen. Dies scheint immer dann aussichtsreich, wenn Finanzkrisen, milliardenschwere Spekulationsverluste und das medienwirksam inszenierte Platzen von (Spekulations-)Blasen zu einer Erschütterung und Infragestellung der Kritik- und Lernmöglichkeiten seitens einer informierten Öffentlichkeit führen (Reinhart und Rogoff 2009). Andererseits ist eine solche Öffentlichkeit gegenüber Finanzmärkten kaum als autonom zu bezeichnen. Denn genauso wie die bürgerliche Öffentlichkeit einen genuin eigenständigen Herrschaftsanspruch des Bürgertums dem absolutistischen Staat gegenüber zu begründen suchte, so stellt die Formierung der Finanzmarktöffentlichkeit einen entsprechenden Anspruch gegenüber den übrigen Wirtschaftsakteuren dar (vgl. Kädtler 2005). Finanzkrisen treten daher als Ereignisse mit gesamtgesellschaftlicher Tragweite hervor, die zu einer Veränderung der Öffentlichkeit führen können. Der zweite Schwerpunkt des vorliegenden Bandes thematisiert diese multiplen Bedeutungen und Implikationen des Öffentlichen an

Finanzmärkten und reflektiert zugleich unterschiedliche soziologische Theoretisierungen jener Bedeutungen.

Der oben erwähnte Umstand, dass an Finanzmärkten Beobachtungs- und Handelspublikum ineinander übergehen, stellt eine spezifische Herausforderung für professionelle Finanzmarktakteure dar. Dies verdeutlicht der Aufsatz von *Kerstin Schmidt-Beck*, der einen Beitrag zur Klärung der Relation von Medien und *financial community* im Kontext krisenhafter Finanzmarktprozesse leistet. Kernperspektive ist der subjektive Blick professioneller Finanzmarktakteure auf die mediale Berichterstattung, ergänzt durch selbstkritische Innenansichten aus dem Wirtschaftsjournalismus. Die diachrone Betrachtung entlang der beiden großen Finanzmarktkrisen des letzten Jahrzehntes belegt zwar Parallelen bei der Beurteilung der medialen Berichterstattung, jedoch sind es die divergierenden Perspektiven der Akteure, die offenlegen, inwiefern Deutungsansprüche anhand von Grenzziehungsprozessen zwischen den professionellen Feldern ausgetragen werden. Hierbei erweisen sich die Subjekte durch ihre aktive *boundary work* als Mitkonstrukteure. Medienwissenschaftliche Studien erhellen, so Schmidt-Beck, wie Grenzziehungsprozesse über wissenschaftliche Kommentierungen diskursiv mitbestimmt werden. Welche Zukunftsszenarien zur Relation von *financial community* und (Wirtschafts-)Medien realistisch sind, wird sich daran fest machen, inwieweit sich ein ‚Eigen-Sinn‘ der jeweiligen professionellen Felder durchsetzen wird.

Spätestens seit der Weltfinanzkrise der späten 2000er Jahre wird deutlich, dass sich die Dynamik öffentlicher Verlautbarungen unter dem Eindruck der Rezeptions- und Handlungsstruktur von Finanzmarktpublika verändert. So sind im Zuge der Euro-Krise politische Akteure und ihre öffentlichen Stellungnahmen zunehmend unter den Druck der Beobachtungs- und Handelstaktung der globalen Finanzmärkte geraten. Gipfeltreffen fanden so bevorzugt am Wochenende statt, und etwaige Beschlüsse oder Absichtserklärungen mussten in der Welt sein, bevor die Börse in Tokyo öffnete (Langenohl und Wetzel 2011). In ähnlicher Manier wurden Urteile von Rating-Agenturen – eine der Hauptsäulen der Finanzmarktöffentlichkeit – von politischen Akteuren und Institutionen in einer Strategie der *securitization* (Wæver 1995) von Haushaltspolitik in Europa übernommen: tatsächlich erfolgte oder auch nur drohende Abwertungen der Qualität von Staatsschulden wurden als Argumente aufgegriffen, außerordentliche Maßnahmen in außerordentlicher Geschwindigkeit zu ergreifen. In diesem Sinne lässt sich argumentieren, dass die spezifische Rezeptions- und Handlungsorientierung von Finanzmarktpublika andere Modi des Öffentlichen zu überlagern beginnt.

Der Beitrag von *Jürgen Kädtler* stellt die Durchsetzung von Finanzmarktrationalität als dominantes Rationalitäts- und Legitimitätsprinzip für Wirtschaftlichkeit seit den 1990er Jahren in den Mittelpunkt der Analyse des finanzialisierten Kapitalismus und fragt nach Gründen für deren Unberührtheit von dramatischen Finanzkrisen. In Anlehnung an Kuhns Analyse der Stabilitäts- oder Umbruchsvoraussetzungen wissenschaftlicher Paradigmen wird Finanzmarktrationalität als das Produkt einer Finanzmarktöffentlichkeit begriffen, die letztlich darüber entscheidet, ob etwa eine Finanzmarktkrise mit den Mitteln von Finanzmarktrationalität oder als deren Infragestellung interpretiert werden kann und soll. Die zügige Ablösung einer globalen Finanzmarkt- durch eine verbreitete Staatsschuldenkrise nach 2008 illustriert die betreffende Immunisierungskapazität von Finanzmarktöffentlichkeit/en.

Eine ähnliche Frage lässt sich auch an gegenwärtige öffentliche Protestformen herantragen. Gerade für das Problem der Beziehung zwischen Finanzmarktkrise und Gesellschaftskrise ist zu fragen, inwieweit öffentlicher Protest nicht nur in seinen Inhalten, sondern auch in der Prozessstruktur seiner Performanzen in Bezug zur Veränderung von Verständnissen des Öffentlichen im Zuge des Bedeutungsgewinns der Finanzwirtschaft steht. Sind Bewegungen wie *Occupy* zureichend als Gegenöffentlichkeit konzeptionell erfassbar (vgl. Wimmer 2007), geht es ihnen doch darum, sich selbst als ein relevantes Segment von Finanzmarktpublika zu installieren? Und was ist eigentlich das gesellschaftlich Relevante an dieser Bewegung: die Erzeugung einer neuen Publikumsrolle (vgl. Osrecki 2011), einer öffentlichen, moralisierenden Repräsentation der Finanzwirtschaft (vgl. de Goede 2005) oder, wie etwa aus der Perspektive der *Social Studies of Finance*, einer neuen Gelenk- oder gar Schaltstelle finanzwirtschaftlicher Praktiken (vgl. Grimpe 2010; Kalthoff 2012)?

Dieser Fragen nehmen sich zwei Beiträge im vorliegenden Band an. *Peter Mörtenböck* und *Helge Mooshammer* stellen anhand der neuen Protestbewegungen der vergangenen Jahre die Frage nach Alternativen zur Vermarktung von Öffentlichkeit in der globalen Finanzwirtschaft. Die beiden Autoren nehmen dabei die weltweite Occupy-Bewegung in den Blick und untersuchen die komplexen Strukturen ihres Ringens um eine Erneuerung ökonomischer und politischer Prozesse. Sie argumentieren, dass sich ungeachtet der zahlreichen Aktionen und Interventionen im Stadtraum eine Krise der Repräsentation von Öffentlichkeit bemerkbar macht, die auch bei urbanen Protesten zu spüren ist. Deren Hintergrund scheint zum einen im veränderten Zusammenspiel von realen und symbolischen Räumen in der Konstitution von Öffentlichkeit zu liegen und zum anderen dem Umstand geschuldet zu sein, dass es den heutigen Machtkonzentrationen in der Ökonomie mühelos gelingt, auf die (außerökonomischen) Repräsentationen unseres Zusammenlebens zuzugreifen. Beide Phänomene bilden den Anlass, über die Chancen einer selbstbestimmten ‚Protestöffentlichkeit‘ nachzudenken, die sich nicht zwangsläufig den Regeln der Finanzmärkte fügt.

Richard Grusin fragt in seiner Auseinandersetzung mit Occupy danach, wie es Bewegungen gelingt, Öffentlichkeit herzustellen und Teilnehmende zu mobilisieren. Dies diskutiert Grusin am ebenso aktuellen wie umstrittenen Beispiel von occupywallstreet. Prämediation, verstehbar als eine zukünftige Ereignisse vorbereitende ‚mediale Formation‘, spielt dabei insofern eine zentrale Rolle, als diese es ermögliche, Besetzungen in der Zukunft zu imaginieren und in einem ‚Intervall‘ politische Räume für potenzielle Prozesse im Werden zu eröffnen. Dabei wird der häufig beklagte Mangel an konkreten Forderungen von Seiten der Occupy-Bewegung als Stärke und nicht als Schwäche interpretiert: Gerade deren Verzicht hätte eine schnelle Vereinnahmung verhindert und die Globalität der Bewegungen gefährdet. Aufgrund ihrer dezidierten Virtualität scheint es

#occupywallstreet gelungen, die Stimmung in der Öffentlichkeit zu beeinflussen und die Politik herauszufordern.

Transformationen der öffentlichen Repräsentation von Finanzmärkten unterhalb des Aggregats sozialer Bewegungen widmen sich *Mario Schranz* und *Mark Eisenegger*, die in ihrem Beitrag die Bedeutung von Finanzmärkten in der massenmedialen Öffentlichkeit der Schweiz analysieren und nach den Reputationsfolgen für die Akteure dieser Finanzmarktöffentlichkeit fragen. Während die Veröffentlichung von Preisinformationen ein konstituierendes Element der Wirtschaftspresse und der Wirtschaftsressorts darstellt, hat allmählich eine Ausdifferenzierung der Wirtschaftsressorts stattgefunden. Teilressorts und Rubriken sind entstanden, die den Finanzmärkten mehr Bedeutung verleihen. Zudem hat sich parallel dazu eine Wirtschaftspresse entwickelt, welche die Finanzmärkte vermehrt zu ihrem Thema machen. In den letzten Jahren hat sich vor allem die Veröffentlichung der Preisinformation in den Onlinebereich verschoben. Finanzmärkte sind auch als Thema der Medienberichterstattung wichtiger geworden, und zwar in zweifacher Hinsicht. Erstens hat die reflexive Berichterstattung über Finanzmärkte, ihre Akteure und Produkte zugenommen. Zweitens hat die öffentliche Bedeutung von Finanzmärkten und vor allem von Finanzmarktexperten an Bedeutung gewonnen, was sich insbesondere anhand der jüngsten Finanzmarktkrise nochmals deutlich zeigt – mit unterschiedlichen Folgen für die Reputation dieser Akteure. Während die regional und lokal verankerten Kleinbanken und auch Regulationsakteure wie die Schweizerische Nationalbank von positiven Reputationseffekten profitieren konnten wie die ganze produktionsbasierte Wirtschaft insgesamt, haben die global tätigen Großbanken und insbesondere ihr Führungspersonal starke Reputationsverluste erlitten, da sie generell für die Fehlentwicklungen an den Finanzmärkten verantwortlich gemacht wurden.

3   Finanzmarktpublika und imaginierte Teilhabe

Die Verknüpfungen zwischen (der Entstehung der) Börse und (der Genese der) Öffentlichkeit motivieren zu einer Neubefragung des Begriffs der modernen Gesellschaft selbst und damit zu epistemologischen Überlegungen, die den Sammelband beschließen. Die öffentliche Sphäre ist seit dem 17. Jahrhundert oftmals in Begriffen von Waren- und Geldzirkulation gedacht worden. Was den Reichtum ebenso wie die Nationen und ihre Kommunikationsräume hervorbrachte, war demnach der Kreislauf von Geld und Gut und die Metaphern, die er plausibel werden ließ – etwa die der ‚unsichtbaren Hand‘, die Güter und Geld ebenso wie Druckwerke zirkulieren ließ (Taylor 2002). Daran schließt das Argument an, die Moderne sei nicht nur in ökonomischer, sondern auch in symbolischer Hinsicht eine kapitalistische Moderne, da die Struktur ihrer Fließ-Öffentlichkeiten den Flüssen von Geld als Kapital nachgeformt sei; die abstrakte Entität des Kapitals korrespondiere der ebenso abstrakten „first-person subjectivity" (Gaonkar 2002) der Nation (vgl. Lee und LiPuma 2002).

Rob Aitken (2007) hat argumentiert, dass das demokratische Versprechen universeller Partizipation gemäß bestimmter, oft mit der US-amerikanischen Rechten in Verbindung gebrachter Lesarten im 20. Jahrhundert in der Teilhabe an einem unumschränkten Markt erblickt worden ist. Die ultimativ inklusive und partizipatorische Gesellschaft wäre somit diejenige, die in allen ihren Aspekten einem Markt gleicht. Wenn diese ‚neoliberale‘ Argumentation auch häufig zum Anlass von Kritik geworden ist (vgl. Gertenbach 2007), kommt man nicht umhin festzustellen, dass die Struktur des in ihr gegebenen Versprechens mit dem Versprechen universeller Teilhabe an modernen Gesellschaft im Medium der deliberativen Öffentlichkeit übereinstimmt. Dies wird sichtbar, wenn man bedenkt, dass sich sowohl der empirisch unfertige Markt wie auch die empirisch unvollständige Öffentlichkeit jeweils auf die *Norm* der Allinklusion und universeller Teilhabe berufen können. Marktliberale wie Modernisierungstheoretiker können sich so auf das zwar nie abgegoltene, aber stets gültige Prinzip der Teilhabe und der dadurch erwirkten Rationalität berufen – sei es die Rationalität öffentlicher Kommunikation oder die Rationalität transparenter Preisbildung. Das Motiv der versprochenen allumfassenden Teilhabe am Markt wird selbst noch in Modellierungen wie denen der *Behavioral Finance* verfolgt, insofern diese davon ausgehen, dass Marktdynamiken von den Handlungen aller Teilnehmenden (wenn auch im Modus der Masse) abhängen.

Leon Wansleben geht in seinem Beitrag der Bedeutung eines Marktes von Börsenratgebern bei der Entstehung von Praktiken der Amateurspekulation und der Mobilisierung eines Laienpublikums von Anlegenden nach. Es wird argumentiert, dass in entsprechenden Ratgebern sowohl konkrete Techniken der Beobachtung und Analyse von Finanzmärkten, als auch spezifische Subjektivierungsformen des Spekulanten/der Spekulantin popularisiert werden. Die Ratgeber versprechen keine großen Profite mit wenig Aufwand, sondern verkaufen Techniken und Technologien, bei denen sich die Spekulanten ihre Entscheidungen letztlich selbst zuschreiben müssen. Entsprechend sind diese Amateurratgeber Krisen-sicherer gebaut als die konkreten Anlageempfehlungen professioneller Berater. Dieses Argument wird historisch entwickelt: Es wird gezeigt, dass Ratgeber zu technischer Analyse (eine der populärsten Amateurpraktiken) schon in den 1930er Jahren, als Antwort auf die große Börsenkrise, Selbstverantwortlichkeit und die Aneignung eigener Kompetenzen durch Laien propagierten.

Der Beitrag von *Martin Bühler* und *Tobias Werron* stellt ein kommunikationstheoretisches Modell globaler Märkte vor, das Theorieentwicklungen in der ‚New Economic Sociology‘, Soziologie der Konkurrenz und neueren Globalisierungs- und Weltgesellschaftsforschung miteinander kombiniert. Das Modell bestimmt globale Märkte als öffentliche Kommunikationsprozesse, die Konkurrenz um ein universales Publikum konstruieren. Nach diesem Modell ergibt sich die Globalität von Märkten nicht aus dem geographischen Einzugsbereich der Anbieter oder Abnehmer, sondern aus der Öffentlichkeit des Marktprozesses und der Imagination eines universalen, im Einzelnen unbekannten Abnehmerpublikums. Im Hauptteil des Aufsatzes wird dieser Vorschlag in Auseinandersetzung mit der ‚New Economic Sociology‘ entwickelt und an den Beispielen der entstehenden globalen Weizen- und Baumwollmärkte im 19. Jahrhundert illustriert. Abschließend verdeutlichen Bühler/Werron die heuristische Fruchtbarkeit dieses Modells an Forschungsfragen zur Entstehung globaler Märkte im späten 19. Jahrhundert, zur Differenzierung unterschiedlicher Typen von Produktmärkten (Standardmärkte vs. Qualitätsmärkte) sowie zur Einbettung lokaler bzw. nationaler Märkte in globale Märkte.

Nina Boy verfolgt in ihrem Aufsatz die Konnotation von Öffentlichkeit in Staat, Finanzmarkt und Gesellschaft durch eine Untersuchung von *public credit*. Im Phänomen des *public credit* manifestiert sich auch die kollektive Akkreditierung einer Staats- und Gesellschaftsfiktion. Zwei Aspekte werden vertieft. Erstens wird das Verhältnis von *public credit* zum Sozialvertrag/*body politic* als traditionellem Modell für soziale Einheit und Kohäsion differenziert. In diesem Neuverständnis wird das Imaginäre in der Konstitution von Gesellschaft explizit: sowohl in der neuen Kategorie der *collective imagination*, die Individuen – außerhalb von Recht und Gesetz – in Euphorie und Krise bindet, als auch in einer effektiven Funktionsweise von imaginärer Selbstreferenz und einer neuen Steuerung durch Spiel und Sympathie. Zweitens werden die Glaubwürdigkeitskriterien einer kollektiven Akkreditierung von gesellschaftlicher Fiktion näher untersucht. Entgegen der subversiven Absichten des Romans und anderer literarischer Gegendiskurse scheinen insbesondere kritische Entlarvungsversuche und Finanzkrisen eine produktive Rolle in der Ausprägung von *public credit* gespielt zu haben und Öffentlichkeit notwendigerweise fiktiv zu sein.

Angesichts einer solchen Rekonstruktion der modernen Gleichursprünglichkeit von Kredit und Öffentlichkeit im Fiktiven stellt sich heute die Frage, ob die Übereinkunft von Öffentlichkeits- und Marktmodellen im Versprechen universeller Teilhabe und in Bezug auf kontrafaktische Normen und fiktive Imaginationen des Gesellschaftlichen nicht mittlerweile überholt ist. Denn gegen Modellierungen von Märkten, die, wie etwa auch noch die *Rational expectations hypothesis*, ihren Überlegungen die Annahme durchschnittlicher, d.h. regelhafter Teilhabe zugrunde legen, hat die *Rational finance* eingewandt, dass es um einzelne Individuen und deren Handeln geht, das man verstehen muss, um das Wesen von Marktdynamiken zu begreifen (Ross 2001; zitiert nach MacKenzie 2005). Damit fällt auch die Analogie zwischen heutigem Finanzmarkt und modernistischen Modellierungen von Öffentlichkeit in sich zusammen, denn am heutigen Markt scheint es weniger um eine Logik der Masse bzw. der Allgemeinheit, sondern um eine *Logik der Exemplarität* zu gehen. Nicht das, was alle tun, ist von Belang, sondern das, was wichtige Einzelne (etwa institutionelle Investoren) tun. Etwas hiervon scheint auf in den Arbeiten von Knorr Cetina und Bruegger (2000), die argumentieren, dass die Paradigmatizität der Finanzwirtschaft für heutige, postmoderne Formen der Vergesellschaftung nicht in einer Allinklusion in die Marktzirkulation besteht, sondern in der je spezifischen Weise, in der Individuen sich zu Märkten, wie auch zu Medien, in Beziehung setzen. Das Avantgardistische der Finanzmärkte liege darin, dass hier eine Subjektivierung am technischen, mit Interaktivität ausgestatteten Ding stattfinde, die richtungsweisend für gesamtgesellschaftliche Entwicklungen sei, etwa die zunehmenden Praktiken der Subjektivierung anhand medialer Apparaturen und Erzeugnisse (vgl.

Wetzel 2013). Diese, im Sinne eines Theorems vorgetragene, Analogisierung von Markt-
und Mediensubjektivierung deutet ein Verständnis des Öffentlichen an, in dem Praktiken
des Veröffentlichens nicht länger Bezug auf ein abstraktes Publikum, eine unterstellte
imagined community – sei es Nation oder eben ‚die Öffentlichkeit' – und deren ebenso
unterstellte normative Verankerung nehmen müssen, um vergesellschaftende Wirkung
zu entfalten.

Literatur

Adorno, Theodor W. und Max Horkheimer (1992) *Dialektik der Aufklärung. Philosophische Fragmente*. Fischer, Frankfurt am Main.

Aitken, Rob (2007) *Performing capital toward a cultural economy of popular and global finance*. Palgrave Macmillan, New York.

Ang, Ien (1993) *Dallas* and the ideology of mass culture. In: During, Simon (ed.) *The Cultural Studies Reader*. Routledge, London; New York, p 403–420.

Hannah Arendt (1967) *Vita Activa oder Vom tätigen Leben*. Piper, München.

Arnoldi, Jakob (2006) Frames and Screens: The Reduction of Uncertainty in Electronic Derivatives Trading: *Economy and Society* 35:3: 381–399.

Beckert, Jens (1997) *Grenzen des Marktes. Die sozialen Grundlagen wirtschaftlicher Effizienz*. Campus, Frankfurt am Main; New York.

Benhabib, Seyla (1992) Models of Public Space: Hannah Arendt, the Liberal Tradition, and Jürgen Habermas. In: Calhoun, Craig (ed.) *Habermas and the Public Sphere*, MIT Press, Cambridge, Mass.; London, p 88–95.

Boyd, Danah (2007) *Why Youth Heart Social Network Sites: The Role of Networked Publics in Teenage Social Life*. The Berkman Center for Internet & Society Research Publication Series 2007-16. Berkman Center for Internet & Society Research, Boston.

Butler, Judith (1991) *Das Unbehagen der Geschlechter*. Suhrkamp, Frankfurt am Main.

Callon, Michel (2007) What Does It Mean to Say That Economics Is Performative? In: MacKenzie, Donald; Muniesa, Fabian and Luca Siu (eds.) *Do Economists Make Markets? On the Performativity of Economics*. Princeton University Press, Princeton, p 311–357.

De Goede, Marieke (2005) *Virtue, Fortune and Faith: A Genealogy of Finance*. University of Minnesota Press, Minneapolis; London.

Deutschmann, Christoph (2005) Finanzmarkt-Kapitalismus und Wachstumskrise. In: Windolf, Paul (Hrsg.) *Finanzmarktkapitalismus. Analysen zum Wandel von Produktionsregimen*. VS-Verlag, Wiesbaden, S 58–84.

Eder, Klaus; Kantner, Cathleen und Hans-Jörg Trenz (2000) *Transnationale Öffentlichkeit und die Strukturierung politischer Kommunikation in Europa*, Antrag auf Förderung eines Forschungsvorhabens im Rahmen des DFGH-Schwerpunkts „Regieren in Europa", Berlin 2000, http://www2.rz.hu-berlin.de/struktur/ Forschung/transoeff/Euro-DFG-Antrag.pdf.

Eder, Klaus (2003) Öffentlichkeit und Demokratie. In: Jachtenfuchs, Markus und Beate Kohler-Koch (Hrsg.) *Europäische Integration*. 2. Auflage. Leske + Budrich, Opladen, S 85–120.

Fligstein, Neil (2001) *The Architecture of Markets: An Economic Sociology of Twenty-First-Century Capitalist Societies*. Princeton University Press, Princeton, NJ.

Foucault, Michel (1976) *Überwachen und Strafen: Die Geburt des Gefängnisses*. Suhrkamp, Frankfurt am Main.

Fraser, Nancy (1992) Rethinking the Public Sphere: A Contribution to the Critique of Actually Existing Democracy. In: Calhoun, Craig (ed.) *Habermas and the Public Sphere*, MIT Press, Cambridge, Mass.; London, p 112–18.

Freud, Sigmund (1977) *Massenpsychologie und Ich-Analyse/Die Zukunft einer Illusion*. Fischer, Frankfurt am Main.

Froot, Kenneth A.; Scharfstein, David S. and Jeremy C. Stein (1992) Herd on the Street: Informational Inefficiencies in a Market with Short-Term Speculation: *The Journal of Finance* 47:4: 1461–1484.

Gaonkar, Dilip Parameshwar (2002) Toward New Imaginaries. An Introduction: *Public* Culture: 14:1: 1-19.

Gertenbach, Lars (2007) *Die Kultivierung des Marktes. Foucault und die Gouvernementalität des Neoliberalismus*. Parados, Berlin.

Grimpe, Barbara (2010) *Ökonomie sichtbar machen. Die Welt nationaler Schulden in Bildschirmgröße: eine Ethnographie.* Transcript, Bielefeld.

Habermas, Jürgen (1962) *Strukturwandel der Öffentlichkeit. Untersuchungen zu einer Kategorie der bürgerlichen Gesellschaft.* Luchterhand, Neuwied; Berlin.

Habermas, Jürgen (1990) Volkssouveränität als Verfahren: Ein normativer Begriff der Öffentlichkeit. In: ders., *Die Moderne – ein unvollendetes Projekt: Philosophisch-politische Aufsätze 1977-1992.* Suhrkamp, Frankfurt am Main, S 180–212.

Habermas, Jürgen (1995) *Theorie des kommunikativen Handelns. Bd. 1: Handlungsrationalität und gesellschaftliche Rationalisierung.* Suhrkamp, Frankfurt am Main.

Habermas, Jürgen (1995) *Theorie des kommunikativen Handelns. Bd. 2: Zur Kritik der funktionalistischen Vernunft.* Suhrkamp, Frankfurt am Main.

Imhof, Kurt (2011) *Die Krise der Öffentlichkeit. Kommunikation und Medien als Faktoren des sozialen Wandels.* Campus, Frankfurt am Main; New York.

Kädtler, Jürgen (2005) Finanzmärkte: Zur Soziologie einer organisierten Öffentlichkeit: *SOFI-Mitteilungen* 33: 31–37.

Kalthoff, Herbert und Uwe Vormbusch (2012) Perspektiven der Wirtschafts- und Finanzsoziologie. In: Kalthoff, Herbert und Uwe Vormbusch (Hrsg.) *Soziologie der Finanzmärkte.* Transcript, Bielefeld, S 9–28.

Kluge, Alexander und Oskar Negt (1972) *Öffentlichkeit und Erfahrung. Zur Organisationsanalyse von bürgerlicher und proletarischer Öffentlichkeit.* Suhrkamp, Frankfurt am Main.

Knorr Cetina, Karin and Urs Bruegger (2000) The Market as an Object of Attachment: Exploring Postsocial Relations in Financial Markets: *Canadian Journal of Sociology* 25:2: 141–168.

Knorr Cetina, Karin and Urs Bruegger (2002) Global Microstructures: The Virtual Societies of Financial Markets: *American Journal of Sociology:* 107:4: 905–950.

Laclau, Ernesto and Chantal Mouffe (2010) *Hegemony and Socialist Strategy: Towards a Radical Democratic Politics.* Verso, London; New York.

Langenohl, Andreas (2010a) Imaginäre Grenzen. Zur Entstehung impliziter Kollektivcodierungen in EU-Europa: *Berliner Journal für Soziologie* 20:1: 45–63.

Langenohl, Andreas (2010b) Sinnverengung an Finanzmärkten. Zur finanzsoziologischen Produktivität des Erwartungsbegriffs. In: Pahl, Hanno und Lars Meyer (Hrsg.) *Gesellschaftstheorie der Geldwirtschaft. Soziologische Beiträge.* Metropolis, Marburg, S 241–269.

Langenohl, Andreas (2012a) Finanzparkett. In: Marquardt, Nadine und Verena Schreiber (Hrsg.) *Ortsregister. Ein Glossar zu Räumen der Gegenwart.* Transcript, Bielefeld, S 107–112.

Langenohl, Andreas (2012b) Ein Lob der Finanzwirtschaft. Talcott Parsons' Wirtschaftssoziologie, die „Dialektik der Aufklärung" und die Grenzen normativer Integration. In: Wetzel, Dietmar J. (Hrsg.) *Perspektiven der Aufklärung. Zwischen Mythos und Realität* (= Laboratorium Aufklärung, Bd. 12). Wilhelm Fink, München, S 116–131.

Langenohl, Andreas und Dietmar J. Wetzel (2011) Finanzmärkte und ihre Sinnformen: Handlungskoordination und Signalkommunikation: *Berliner Journal für Soziologie* 21:4: 539–559.

Langenohl, Andreas und Dietmar J. Wetzel (2012) Entfesselte Sinnverengung – Sinnformen an und jenseits von Finanzmärkten. In: Kraemer, Klaus und Sebastian Nessel (Hrsg.) *Entfesselte Finanzmärkte. Soziologische Analysen des modernen Kapitalismus.* Campus, Frankfurt am Main, S 63–81.

Langley, Paul (2007) Uncertain Subjects of Anglo-American Financialization: *Cultural Critique* 65: 67–91.

Le Bon, Gustave (1950) *Psychologie der Massen.* Kröner, Stuttgart.

Lee, Benjamin and Edward LiPuma (2002) Cultures of Circulation: The Imaginations of Modernity: *Public Culture* 14:1: 191–213.

Leggewie, Claus und Harald Welzer (2009) *Das Ende der Welt, wie wir sie kannten. Klima, Zukunft und die Chancen der Demokratie.* Fischer, Frankfurt am Main.

Lounsbury, Michael (2002) Institutional Transformation and Status Mobility: The Professionalization of the Field of Finance: *Academy of Management Journal* 45:1: 255–266.

MacKenzie, Donald (2005a) Opening the Black Boxes of Global Finance: *Review of International Political Economy* 12:4: 555–576.

Neidthard, Wilhelm (Hrsg.) (1994) *Öffentlichkeit, öffentliche Meinung, soziale Bewegungen.* (= Kölner Zeitschrift für Soziologie und Sozialpsychologie, Sonderheft 34.). Westdeutscher Verlag, Opladen.

Osrecki, Fran (2011) *Die Diagnosegesellschaft. Zeitdiagnostik zwischen Soziologie und medialer Popularität.* Transcript, Bielefeld.

Parsons, Talcott and Neil J. Smelser (1956) *Economy and Society: A Study in the Integration of Economic and Social Theory.* Routledge, New York.

Porsché, Yannik (2012) Public Representations of Immigrants in Museums. Towards a Microsociological Contextualisation Analysis. In: Jani Vuolteenaho; Lieven Ameel; Newby, Andrew and Maggie Scott (eds.) *Language, Space and Power: Urban Entanglements.* (= Studies across Disciplines in the Humanities and Social Sciences 13). Helsinki Collegium for Advanced Studies, Helsinki, p 45–72.

Preda, Alex (2009) *Framing Finance: The Boundaries of Markets and Modern Capitalism.* University of Chicago Press, Chicago; London.

Reinhart, Carmen M. and Kenneth S. Rogoff (2009) *This time is different. Eight centuries of financial folly.* University Press, Princeton.

Ross, Steven A. (2001) *Neoclassical and Alternative Finance.* Keynote Address at EFMA Meeting.

Sennett, Richard (1986) *Verfall und Ende des öffentlichen Lebens. Die Tyrannei der Intimität.* Fischer, Frankfurt am Main.

Staab, Joachim Friedrich (1990) *Nachrichtenwert-Theorie: formale Struktur und empirischer Gehalt.* Alber, Freiburg u.a.

Stäheli, Urs (2007) *Spektakuläre Spekulation. Das Populäre der Ökonomie.* Suhrkamp, Frankfurt am Main.

Steeg, Marianne van de (2003) Bedingungen für die Entstehung von Öffentlichkeit in der EU. In: Klein, Ansgar et al. (Hrsg.) *Bürgerschaft, Öffentlichkeit und Demokratie in Europa.* Leske + Budrich, Opladen, S 169–190.

Taylor, Charles (2002) Modern Social Imaginaries: *Public Culture* 14:1: 91–124.

Wæver, Ole (1995) Securitization and desecuritization. In: Ronnie D. Lipschutz (ed.) *On Security.* Columbia University Press, New York, p 46–86.

Weber, Max (1988 [1894/96]) Die Börse. In: ders., *Gesammelte Aufsätze zur Soziologie und Sozialpolitik.* Mohr, Tübingen, S 256–322.

Weiner, Annette B. (1992) *Inalienable Possessions: The Paradox of Keeping-While-Giving.* University of California Press, Berkeley; Los Angeles; Oxford.

Wetzel, Dietmar J. (2013) *Soziologie des Wettbewerbs. Eine kultur- und wirtschaftssoziologische Analyse der Marktgesellschaft* [Reihe: Wirtschaft und Gesellschaft]. VS-Verlag, Wiesbaden.

Wimmer, Jeffrey (2007) *(Gegen-)Öffentlichkeiten in der Mediengesellschaft. Analyse eines medialen Spannungsverhältnisses.* VS-Verlag, Wiesbaden.

Finanzen, Spiel, Spekulation

Marieke de Goede

1   Einleitung

Eine Hauptachse politischen Konflikts und politischer Debatten im Umfeld moderner Wertpapiermärkte betrifft deren Ähnlichkeit zum Glücksspiel und die auf ihnen anscheinend stattfindende Erzeugung von Reichtum unabhängig von Produktion und harter Arbeit.[1] Im 19. Jahrhundert zog man in verbreiteten Kritiken und politischen Debatten Parallelen zwischen Spekulation in landwirtschaftlichen Wertpapieren ohne Kenntnis der Landwirtschaft oder auch nur einem Interesse am Erwerb der den Papieren zugrunde liegenden Waren und dem Glücksspiel, wodurch umfassende Dispute betreffs der moralischen Legitimität von Wertpapierhandel und Spekulation entstanden.[2] Das Fehlen einer konzeptionellen Unterscheidung zwischen dem Finanzwesen, dem Glücksspiel und der Spekulation stellte zunehmend die Respektabilität des Handels in Wertpapieren, Aktien und Kreditzertifikaten in Frage. Eine Unterscheidung zwischen Glücksspiel und Finanzwesen kam erst im Zuge einer lang andauernden politischen, kulturellen und rechtlichen Auseinandersetzung im Umfeld der Bedeutungen und Abgrenzungen der ‚Finanzsphäre‘ und des Charakters und Verhaltens des ‚Finanzmenschen‘ in den Bereich des Denkbaren.

In diesem Abschnitt aus meinem Buch *Virtue, Fortune and Faith: A Genealogy of Finance* von 2005 untersuche ich diese moralischen und rechtlichen Debatten, unter anderem unter Bezugnahme auf die in den USA des späten 19. Jahrhunderts ausgetragene Debatte um ‚Winkelmakler‘ (*bucketshops*). *Bucketshops* kauften und verkauften keine tatsächlichen Wertpapiere, sondern benutzten allgemein zugängliche Wertpapierpreisinformationen als Grundlage dafür, dass eine größere Öffentlichkeit auf die Wertpapier-

---

1   Wiederabdruck mit einigen Veränderungen aus *Virtue, Fortune and Faith: A Genealogy of Finance*, Minneapolis 2005, Kapitel 3 mit freundlicher Genehmigung der University of Minnesota Press.

2   Zur Zeit der Abfassung des Kapitels, das dem vorliegenden Aufsatz zugrunde liegt, war das weite Feld sozialwissenschaftlicher und politikwissenschaftlicher Untersuchungen zum Finanzwesen wesentlich beschränkter als heute. Interessante frühe Arbeiten in diesen Forschungsfeldern sind u.a. Callon (1998), Germain (1997), Langley (2002), Maurer (1999), McDowell (1997), Leyshon und Thrift (1997) sowie Muldrew (1998).

preisbewegungen Wetten abschließen konnte. Ihre Existenz kompromittierte die umstrittene Legitimität der entstehenden Finanzmärkte, weil durch sie Wertpapierhandel und Glücksspiel öffentlich miteinander assoziiert wurden. Die *bucketshop*-Debatte wurde auf den Seiten von Zeitungen und gängigen Zeitschriften ausgetragen. Es war aber auch eine Rechtsdebatte, die in zahlreichen Prozessen auf Bundes- und Staatenebene zur Rechtskräftigkeit von Terminkontrakten zwischen ungefähr 1850 und 1930 zum Vorschein trat. Diese Fälle sind wichtig, weil sie auf rechtlichem Wege die Grenzziehungen zwischen Glücksspiel und Finanzwesen festschrieben, objektivierten und wieder umschrieben. In einigen Fällen legten die Gerichte daher finanzielle Konzepte fest, die noch heute in Gebrauch sind. Im Resultat drehten sich diese rechtlichen und moralischen Kämpfe um die Frage legitimer Partizipation in der Finanzsphäre. In ihnen wurde versucht, Professionen von Laienanlegern zu separieren und die öffentliche Teilhabe am neu entstehenden spekulativen Geschäft zu regulieren.

Dieser Aufsatz argumentiert, dass die Abgrenzung ‚legitimen‘ Wertpapierhandels von ‚illegitimem‘ Glücksspiel zum einen eine diskursive Separierung zwischen den beiden Bezirken erforderte, durch die Spekulation als legitimes Eingehen von Risiken, das auf Vorausschau und Berechnung basiert, dargestellt wurde, während Glücksspiel als frivole Unterhaltung repräsentiert wurde, die kraft Glück und Zufall operiert. Zum anderen war diese diskursive Abgrenzung eng mit einer räumlichen und funktionalen Separierung verknüpft, durch die Finanzwesen und Glücksspiel verschiedenen sozialen Sphären mit je eigenen Logiken, Regulationen und Räumen zugewiesen wurden. Jedoch bleibt diese Separierung unruhig und instabil, und der Glücksspielcharakter von Finanzpraktiken scheint in gegenwärtigen Debatten wieder auf, besonders in Zeiten von Finanzkrisen (z.B. Strange 1986).

2   Die moralische Problematisierung des Glücksspiels

Finanzpraktiken und Glücksspiel sind beides Strategien des Umgangs mit Zufall und Unsicherheit und wiesen als solche keine konzeptionellen Unterschiede im Europa der frühen Moderne auf. Glücksspiel wie Finanzpraktiken sind Strategien, mit unsicheren Zukünften umzugehen, und beinhalten gegenwärtige Investitionen in der Hoffnung auf zukünftigen Gewinn. Eine Anzahl von Praktiken, die wir heutzutage eindeutig im Finanzwesen ansiedeln würden, wie etwa staatliche Kreditaufnahme, Versicherungen und Wertpapierhandel, bildeten sich innerhalb eines Handlungsumfeldes heraus, das auch Praktiken förderlich war, die wir heute als Glücksspiel bezeichnen würden. Monetäre Netzwerke des 18. Jahrhunderts beinhalteten eine Vielzahl an Praktiken des Wettens auf unsichere Ereignisse – Tod, Feuer, Lotterieziehungen, Hochzeiten oder Geburten – in denen kein Unterschied zwischen Finanzwesen und Glücksspiel gemacht wurde (Clark 1999; Daston 1988; Zelizer 1983). Wie also konnten dem Finanzwesen und dem Glücksspiel bis zum frühen 20. Jahrhundert unterschiedliche moralische und rechtliche Sphären zugewiesen werden? Wie war es möglich, dass Glücksspiel als unmoralisch, nutzlos und gotteslästerlich verdammt wurde, während verwandte Praktiken wie etwa Versicherung und Spekulation für die Herausbildung von Umsicht und Voraussicht gepriesen wurden?

Was wir im Laufe des 18. Jahrhunderts beobachten, ist die moralische Problematisierung des Glücksspiels in Foucaults Sinn. In der *Geschichte der Sexualität* unterbreitet Foucault das Argument, dass moralische Diskurse, die sich anhand bestimmter Sexualpraktiken formten, dies gerade in der Abwesenheit rechtlicher Untersagung oder absoluter Verbote taten: „häufig kommt es vor, daß die moralische Beunruhigung dort intensiv ist, wo es gerade keine Verpflichtung und kein Verbot gibt. Das Verbot ist also eine Sache, die moralische Problematisierung ist eine andere. Die Frage, die als Leitfrage dienen sollte", so Foucault, „schien mir also folgende zu sein: wie, warum und in welcher Form ist die sexuelle Aktivität als moralischer Bereich konstituiert worden?" (Foucault 1986: 17) Ein ähnliches Argument lässt sich mit Blick auf das Glücksspiel in Anschlag bringen: die moralische Problematisierung des Glücksspiels fand in der Abwesenheit strikter Verpflichtungen und Untersagungen von Spielpraktiken statt und zielte darauf ab, diese Praktiken zu moderieren, zu regulieren und zu konditionieren. Die Problematisierung des Glücksspiels richtete zugleich „ein bestimmtes ‚Normalisierungsprofil'" ein, das, wie ich zeigen werde, das Hervortreten von Spekulation als legitime Praxis möglich machte (Foucault 1986: 19).

Im Laufe des 18. und 19. Jahrhunderts kam es zu einer Verbreitung moralischer Diskurse das Glücksspiel betreffend. Das Übel des Spiels wurde in ein Bedeutungsnetz eingefügt, in dem es mit anderen Lastern einschließlich Trunkenheit, Verbrechen und Prostitution in Verbindung gesetzt wurde (vgl. Campbell 1992). Kritiker der Lotterie klagten, dass die sich hinziehenden Lotterieziehungen und das Abhalten von Nebenwetten die Londoner von ihrer eigentlichen Arbeit abhielten und von Lärm, Trunkenheit, Tumulten und Taschendieberei begleitet würden, so in dem Gebiet rund um die Guildhall, wo die Ziehungen stattfanden (Munting 1996, S. 57). Ein Glücksspielgegner bekräftigte: „einfach ist's zu folgern, dass das Spiel die Menschen in schlechte Gesellschaft bringt. Es ist ein Einlass zu Trunkenheit und Ausschweifung. [...] Deine Spieler sind zumeist erledigte Wüstlinge, und ihre Moral ist ebenso schlecht wie ihre Rätselspiele" (Collier und Goldsmid 1885, S. 33, im Orig. engl.). Es wurde argumentiert, dass spielende Männer jeglichen Blick für ihre familiären und beruflichen Verantwortlichkeiten verlören, von ihrer Spielleidenschaft verzehrt würden und ihre Zeit vergeudeten. Vertieft in Spielaktivitäten, schrieben Collier und Goldsmid (1885, S. 8-35, im Orig. engl.), „kann ein Mann nicht mit seiner üblichen Stetigkeit und Kraft handeln. Denn wenn der Sinn sich trübt, verdunkelt sich die Sicht und die Urteilskraft verringert sich entsprechend." Besondere Bedenken wurden mit Blick auf spielende Frauen zum Ausdruck gebracht; es wurde gesagt, dass Frauen das Haushaltsgeld einsetzten und Haushalt und Kinder im Stich ließen (Munting 1996, S. 26). Moore (1790, S. 369, im Orig. engl.) widmete dem ‚Glücksspiel unter Frauen' ein ganzes Kapitel seines *Treatise on Gaming* und schrieb: „So sagt mir, ihr Töchter des eifrigen Spiels, wächst nicht die Begierde mit der Belohnung? Wird nicht alle Haushaltsarbeit dadurch schal und müde? [...] Ist da noch Musik im Plappern eurer Kleinen? [...] oder zählt ihr [...] die langwierigen Momente, bis die Stunde des Spiels gekommen ist und ihr aus dem Haus stürmt?" Zuweilen wurden spielende Frauen für die gesellschaftliche Verbreitung des Glücksspiels verantwortlich gemacht, da sie kein gutes Beispiel gäben. „Haben wir nicht von Damen gehört, die Hunderte Guineen in einer Spielrunde verloren?" schrieben Collier und Goldsmid (1885, S. 19, im Orig. engl.): „Und sind die Frauen daher wagemutig, so folgern die Männer, dass ihr eigenes Geschlecht nach kühnerer Unabhängigkeit verlangt: dass sie sich weiter in die Gefahr hinauswagen und tapferer den Ruin kommen sehen sollten." Wie auch die Praxis des Kleinhandels mit Börsenpapieren wurden die Exzesse des Glücksspiels mit weiblicher Widerspenstigkeit und mit Prostitution in Verbindung gebracht. „Wie sollte man dem Wesen von Frauen Respekt erweisen, die sich nicht genieren, ganze Nächte mit Männern am Spieltisch zu verbringen?" fragte Moore (1790, S. 369-370, im Orig. engl.): „Der ‚Mann‘, der jenseits seines Einkommens spielt, verpfändet seinen Besitz; die ‚Frau‘, ist ihr Spillgeld dahin, muss etwas anderes zum Beleihen finden. Der Ehemann verfügt über seine Ländereien, die Ehefrau über ihre Person."

Der Punkt ist hier, dass die moralische Problematisierung des Spiels und die Verbreitung von Diskursen darüber das Zulässige wie Unzulässige entstehender monetärer Praktiken definierte, klassifizierte und unterschied. Anstatt daher die Regulierung des Glücksspiels als ein reines Verbot zu deuten, kann sie als Code interpretiert werden, der bestimmte Praktiken, die bis dato vom Glücksspiel nicht zu unterscheiden waren, regulierte, modifizierte und normalisierte (Daston 1988, S. 175-176). Tatsächlich sah das 19. Jahrhundert eine Weiterverbreitung von Texten, die die Unmoral des so genannten „gambling in the forms of trade" betrafen (Dewey 1905).

3   Debatten über Spekulation

In den USA des 19. Jahrhunderts kam es zu einer Explosion der öffentlichen Debatte in Fragen der moralischen und rechtlichen Ambiguitäten von Spiel, Spekulation und den Praktiken an Finanzmärkten. Diese Debatte ist nicht lediglich eine rhetorische Fußnote sich wandelnder Wirtschaftsstrukturen, sondern gerade das Medium, durch das die Finanzsphäre definiert, ausgeformt und legitimiert wurde. Mit anderen Worten: der institutionelle, rechtliche und moralische Rahmen der Finanzsphäre des 20. Jahrhunderts kann zu diesen Debatten zurückverfolgt werden.

Der Großteil dieser Debatten fand nach dem Bürgerkrieg (1861-1865) statt, der den entstehenden Geldkreisläufen einen Aufschwung gegeben hatte. Die Unsicherheiten und Volatilitäten des Krieges hatten ungesehene Investitions- und Spekulationsgelegenheiten geschaffen, und die republikanische Armee war einer der maßgeblichen Käufer von Getreideterminkontrakten, um die Nahrungsversorgung der Truppen zu sichern (Dunbar 2000, S. 27). Die Chicagoer Handelskammer (*Chicago Board of Trade*, CBoT) installierte die ersten formalen Regeln für Termingeschäfte direkt nach dem Krieg in 1865 (Cronon 1991, S. 124). Termingeschäfte, auch ‚to-arrive contracts‘ genannt, erlaubten die zukünftige Lieferung von Mengen eines Produkts zu einem festen Preis; sie waren nicht neu und wurden beispielsweise im Glücksspiel und der Spekulation im Amsterdam des 17. Jahrhunderts eingesetzt (De Marchi and Harrison 1994). Was an den Getreidetermingeschäften der CBoT jedoch neu war, war deren Regulierung durch strikte Marktregeln, woraus sich ein präzedenzloser Zuwachs ihres Gebrauchs ergab. Standardisierung ermöglichte die Einführung von Differenzhandel – das Erfordernis eines zehnprozentigen Eigenkapitals beim Eingehen von Terminkontrakten. Differenzhandel erlaubte Marktteilnehmern, aus Preisdifferenzen Profite zu generieren, ohne das tatsächliche Produkt zu besitzen oder besitzen zu wollen, und erlaubte Einsätze, die weit über das bar Hinterlegte hinausgingen. Schnell wurde es Sitte, die Preisdifferenzen zwischen Kontrakten am Lieferdatum auszugleichen, anstatt die eigentliche Lieferung vorzunehmen. Seit 1872 überstiegen die Mengen landwirtschaftlicher Erzeugnisse, die an Börsen gehandelt wurden, die jährliche Pflanzenproduktion bei weitem, und die Anzahl der Terminkontrakte, die tatsächlich mit der Lieferung der Erzeugnisse oder Waren endeten, wurde in einem Bereich zwischen zehn und dem Bruchteil eines Prozents aller Termingeschäfte geschätzt (Cowing 1965, S. 5). Zum Ende des 19. Jahrhunderts brauchten Händler an der Chicagoer Börse nicht einmal zu wissen, wie Getreide aussieht, um es zu kaufen, zu verkaufen und Profit daraus zu schlagen. „A successful trader of wheat", schreibt Theodore Porter (1995, S. 48), no „longer had to spend his time at farms, ports, and rail terminals judging the quality of each farmer's produce.…[T]he knowledge needed to trade wheat…now consisted of price data and production data, which were to be found in printed documents produced minute by minute." In zunehmendem Ausmaß waren professionelle Spekulanten anstelle von Landwirten und Händlern an den Terminbörsen tätig. Wie ein Historiker es ausdrückte, waren die Terminmärkte ein Ort, wo „men who don't own something are selling that something to men who don't really want it" (quoted in Cronon 1991, S. 125).

In gängigen Kritiken dieser Entwicklungen klagte man Spekulanten derselben Laster wie Spieler an: Es wurde ins Feld geführt, dass sie ihren Verdienst ohne Anstrengung oder harte Arbeit erhielten und von der Arbeit Anderer profitierten, besonders der der Landwirte. Tatsächlich bildeten Landwirte und Landwirtschaftsorganisationen die mächtigsten Quellen von Kritiken an Spekulation und Termingeschäften in landwirtschaftlichen Erzeugnissen. Sie argumentierten, dass seit dem Ende des Bürgerkrieges Terminhandel enorme Volatilitäten der Preise solcher Erzeugnisse ausgelöst habe und dass die Praxis, auf einen Preisverfall zu spekulieren, finanzielle Akteure dazu animierte, Preise zum Sinken zu bringen. Landwirte attackierten Terminhandel als Glücksspiel mit Lebensmitteln und Landwirtschaftserzeugnissen und klagten professionelle Spekulanten des Handels in ‚fiktiven Waren' oder ‚wind wheat' an. „Während ein paar Männer Weizen tatsächlich [an der Börse] kaufen und verkaufen", schrieb ein Pastor in New England in 1888, „kauft und verkauft die Mehrheit der Spekulanten Versprechen" (Hubbard 1888, S. 6, im Orig. engl.). Reverend George Hubbard (1888, S. 7-8) machte die Spekulation für die Einkommensungleichheit in den USA verantwortlich und führte weiter aus:

„The paper contracts of the various Exchanges already mentioned, involving billions of dollars, imply an actual loss on one side and gain on the other of hundreds of millions. This enormous sum of money does not represent any benefit conferred upon the community, but is absorbed by the fortunate speculators without any return whatever, leaving the country at large so much poorer....Thousands of poor people may be starving for want of bread while millions of bushels of wheat lie stored away in the elevators held to compel a rise in prices." (ebd.)

Ein Landwirt in Minnesota, der sich in Unterstützung eines Gesetzes zur Besteuerung von Terminhandel in Landwirtschaftserzeugnissen mit einem Brief an das Landwirtschaftskomitee (*Committee on Agriculture*) wandte, verglich Spekulanten mit dem Teufel. „Das Spiel mit Lebensmitteln", schrieb dieser Landwirt, „zerstört schließlich alles, was man einen Markt nennen könnte. Was ist das für ein Geschäft, wenn ein Mann (oder Teufel) ein Lebensmittelprodukt verkauft oder zu verkaufen vorgibt, das er nicht besitzt? [...] Diese Männer, die in Handelskammern ‚agieren' (die man besser Spielhöllen nennen sollte), sind der Beachtung durch ehrliche Männer nicht würdiger, als es der Teufel eines Platzes im Himmel ist" (zitiert nach Fabian 1999, S. 153, im Orig. engl.).

Diese Debatten griffen das historisch relative stabile und einflussreiche Argument der Selbsterzeugung von Geld auf. Wie Spieler wurden Spekulanten bezichtigt, aus nichts Geld zu machen; sie seien „idlers who made profit even while they slept; [they] had money that reproduced itself without labour" (Fabian 1999, S. 159). Der bekannte Finanzjournalist Garet Garrett (1911, S. 2-3, im Orig. engl.) beschrieb die New Street im New Yorker Finanzdistrikt als „the Hall of Delusions", und klagte, „in der New Street erliegen alle Männer gleichermaßen der Täuschung, dass der Ticker eine Quelle des Reichtums ist – dass Reichtum durch das Auf und Ab der Preise geschaffen und vernichtet wird." Ein weiterer Kritiker des Finanzhandels, James Hamilton Howe, veröffentlichte 1882 ein vielgelesenes Traktat gegen Spekulation und Terminhandel, das auf die CBoT zielte. Er nannte die CBoT „the Dragon and Juggernaut of Speculation" und schrieb: „Der Drache zieht Vorteil aus Dürre, Hagel, Wind, Regen, Frost, Flut und Feuer [...] Der teuflischen Tricks, die er täglich ausbrütet, um die Tölpel zu betrügen, sind viele und raffinierte [...] Der Drache ist der mächtigste und gefährlichste Räuber der Gegenwart; und stört die normalen Preise der Lebensmittelprodukte der Welt, sogar bis ins ferne Sansibar" (Howe 1916, S. 38, im Orig. engl.). Howe behauptete in starken Worten, dass die CBoT ein riesiges Kasino sei, das die Unterstützung der Regierung und der mächtigsten Geschäftsinteressen der USA erhalte.

4   Die rechtliche Ambiguität der Spekulation

Zusätzlich zum hörbar werdenden Widerstand gegen Praktiken an Wertpapiermärkten und Landwirtschaftsbörsen sahen diese sich einigen rechtlichen Restriktionen ausgesetzt. Die meisten US-Staaten verabschiedeten im Laufe des 19. Jahrhunderts Gesetze gegen Spekulation, Terminhandel und Geschäftswetten. In den Staaten des Mittleren Westens, wo der Spekulation gegenüber feindlich eingestellte Landwirtschaftsorganisationen die höchste Schlagkraft besaßen, war die Opposition gegen den Terminhandel am stärksten. Noch 1927 klagte die *Harvard Law Review* über die Existenz von Gesetzen gegen Termingeschäfte, die die Wertpapier- und Landwirtschaftsbörsen behinderten. Seien solche Gesetze „wohl erwünscht, wenn sie auf Transaktionen bezogen werden, die, wie in *bucketshops*, nicht durch das Medium der Effekten und Lebensmittelbörsen stattfinden, entstehen aus ihrer Anwendung auf börsliche Terminkontrakte erhebliche Schwierigkeiten" (*Harvard Law Review* 1927, S. 638, im Orig. engl.).

Die Gerichte und andere Organe der Legislative in den USA zeigten häufig Empathie mit den Anliegen ruinierter Spekulanten und waren willens, spekulative Praktiken einzuschränken. Der Staat New York war 1812 unter den ersten, die ein Antispekulationsgesetz verabschiedeten, durch das Kontrakte zur zukünftigen Warenlieferung verboten wurden, wenn der Verkäufer die Waren nicht besaß (Leerverkäufe). Das „Gesetz zur Regulierung von Verkäufen bei öffentlichen Auktionen und zur Verhinderung von Spekulationsgeschäften" (*Act to Regulate Sales at Public Auction and to Prevent Stock Jobbing*) erklärte alle Termingeschäfte mit Waren oder Wertpapieren für nichtig, „sofern die verkaufende Vertragspartei zum Zeitpunkt des Vertragsschlusses nicht in tatsächlichem Besitz des Zertifikats ist" (Fayant 1913, S. 54-55, im Orig. engl.). Das New Yorker Statut war dabei mit Blick auf die Gesetzgebung auf Bundesstaatsebene umstritten, was sich daran zeigte, dass das Gesetz angefochten, 1830 aber wieder in Kraft gesetzt wurde. Das Statut wurde 1858 schließlich durch ein Gesetz aufgehoben, welches vorschrieb, dass kein Vertrag aus dem Grund nichtig oder anfechtbar sei, dass „der Verkäufer zum Zeitpunkt des Vertragsschlusses nicht der Eigentümer oder Besitzer des Zertifikats [...] oder eines anderen Nachweises solcher Schuld, Geschäftsbeteiligung oder solchen Zinses ist" (Dewey 1886, S. 18-19, im Orig. engl.).

Im Unterschied zur Gesetzgebung des Staates New York formulierten die meisten Bundesstaaten nach dem Bürgerkrieg Gesetze gegen Warenwetten, *bucketshops* und Terminhandel. Beispielsweise enthielt das Strafgesetzbuch der *Revised Statutes* des Staates Illinois von 1880 einen Abschnitt über ‚Wetten mit Getreide‘, der folgendes festlegte: „Wer einen Vertrag eingeht, zu einem zukünftigen Zeitpunkt die Option zu haben, sich oder einem anderen die Option zu gewähren, Getreide, andere Waren, Effekten [...] oder Gold zu kaufen oder zu verkaufen, [...] wird zu einer Geldstrafe von nicht unter \$100 und nicht über \$1000 oder zu Gefängnis bis zu einem Jahr oder zu beidem verurteilt; und alle Verträge, die unter Nichteinhaltung dieser Bestimmung geschlossen werden, gelten als Spielverträge und sind nichtig" (Cothran 1880, S. 471, im Orig. engl.). In ähnlicher Weise schrieb das „Gesetz von Georgia gegen Leerverkäufe" (*Georgia Statute against Short Sales*) vor, dass „ein Vertrag zum Verkauf und zukünftiger Auslieferung von Gütern, bei dem beide Parteien in Kenntnis sind, dass der Verkäufer einen eigenen Erwerb anstrebt, um den Vertrag zu erfüllen, und keinerlei Können und Arbeit oder Aufwand in Erwägung gezogen werden [...], eine reine Spekulation auf den Zufall ist, im Widerspruch mit dem Geist des Gesetzes steht und durch keine Vertragspartei eingeklagt werden kann" (Dewey 1886, S. 21, im Orig. engl.).

Oft wurde die Entscheidung darüber, ob Tauschtransaktionen durch die verschiedenen Statuten gegen Terminhandel und *bucketshops* beeinträchtigt würden, den Gerichten überlassen. Auf Bundes- und Staatenebene wurden zahlreiche Gerichtsfälle ausgefochten, die die Rechtlichkeit von Termingeschäften betrafen und in der Regel durch glücklose Spekulanten vorgebracht wurden, die hofften, ihre Verluste nicht zahlen zu müssen und die argumentierten, dass die betreffenden Verträge Wettverträge seien und daher als nichtig erklärt werden sollten. Richterliche Entscheidungen zugunsten solcher ruinierter Händler waren nichts Ungewöhnliches. Beispielsweise befand Richter Mulky im Verfahren Cothran vs. Ellis in Illinois im späten 19. Jahrhundert, dass Terminhandel eindeutig unter die Jurisdiktion der Anti-Glücksspielgesetze falle: „Dealing in futures or options, as they are commonly called, to be settled according to the fluctuations of the market, is void by the common law", meinte dieser Richter, und führte weiter aus:

> „It is not only contrary to public policy, but it is a crime – a crime against the state, a crime against the general welfare and happiness of the people, a crime against religion and morality, and a crime against all legitimate trade and business. This species of gambling has become emphatically and pre-eminently the national sin…In its pernicious and ruinous consequences, it is simply appalling. Clothed with respectability and entrenched behind wealth and power, it submits to no restraint, and defies alike the laws of God and man."
> (zitiert nach Howe 1916, S. 123)

Andere Gerichte kamen zu ähnlichen Entscheidungen. So annullierte ein Berufungsgericht in Tennessee 1896 eine Zahl von Kontrakten und begründete dies so: „dass Effektenspekulation dieser Art, bei der die Handelspartei die Bestände weder besitzt noch erwartet, sie zu erhalten und zu bezahlen, reines Spiel und illegal ist und darauf gegründete Verträge nichtig und uneinklagbar sind, ist unbestreitbar" (zitiert nach MacDougall 1936, S. 72, im Orig. engl.).

Im Laufe dieser Rechtskontroversen kristallisierte sich eine Anzahl von Themen heraus, die mit Blick auf die Frage, ob Terminkontrakte für nichtig erklärt werden sollten, entscheidende Bedeutung annahmen. Die hohe Zahl von Gerichtsfällen zu diesem Streitpunkt erzeugte verwirrende, widersprüchliche Sachlagen und unterschiedliche Definitionen von Terminhandel, Wetten und Spekulation. Jedoch schälte sich die ‚Absicht der Vertragsparteien zur Lieferung' als Gültigkeitstest für Terminkontrakte heraus und wurde bereits 1852 in der Bundesverhandlung Grizewood vs Blane in Anschlag gebracht. Wenn demnach die Vertragsparteien nicht die Absicht hätten, die zugrunde liegenden Bestände oder Waren auszuliefern, und wenn „die wahre Absicht lediglich ist, auf Preisanstieg und –verfall zu spekulieren", würde der Vertrag nichtig sein (Taylor 1933, S. 66-67, im Orig. engl.).

Dewey (1886, S. 76) gibt einen Überblick über „Tatsachen und Umstände, die von Gerichten als Indizien einer Wettabsicht herangezogen wurden", die, wie er zugibt, „unbefriedigend und widersprüchlich" seien. Zuerst, so Dewey (1886, S. 95-106, im Orig. engl.), wurden Wettabsichten zuweilen auf der Grundlage für gegeben erachtet, dass der Verkäufer des Terminkontrakts die verkauften Waren nicht besaß. Die Gerichtsentscheide, die Terminkontrakte auf dieser Basis annullierten, hatten somit denselben Effekt wie die oben erwähnten Rechtsstatuten gegen Leerverkäufe. Dewey legt dar, dass diese Argumentationsweise im Zentrum kritischer Diskussionen stand wie beispielsweise in einer Reihe von Gerichtsfällen im Staat Illinois, in denen Vertragsaufhebungen auf dieser Grundlage ausgesprochen, in Frage gestellt und zuletzt außer Kraft gesetzt wurden. Weitere Kriterien, die auf Wettabsichten hindeuteten, beinhalteten Hinweise auf Absichten des Käufers eines Terminkontrakts, den Kontrakt vor dem festgelegten Lieferdatum weiterzuverkaufen; weiterhin Hinweise, dass eine in Terminkontrakte involvierte Partei nicht in der Lage wäre, für die tatsächliche Auslieferung der zugrunde liegenden Bestände oder Waren zu zahlen, und daher lediglich darauf hinzielte, die Preisdifferenzen abzurechnen; und schließlich Hinweise, dass die Vertragsparteien in eine große Anzahl von Transaktionen an ein und demselben Tag involviert wären (Dewey 1886, S. 115-135). Letzteres Argument, dass Involvierung in eine große Zahl spekulativer Transaktionen auf Wettabsichten hindeute, kam beispielsweise in einem Gericht in Pennsylvania zur Sprache, das entschied: „Wenn sich neben diesem Vertrag zeigen sollte, dass viele andere, jenem ähnliche durch dieselbe Person und ungefähr zur selben Zeit eingegangen worden sind, würde dies die Überzeugung bestärken, dass der Kläger kein gutgläubiger Vertragschließender im Rahmen eines rechtmäßigen Geschäfts war" (zitiert nach Dewey 1886, S. 133, im Orig. engl.).

Noch 1933 sah der Oberste Gerichtshof der USA die professionelle und finanzielle Kapazität der Terminvertragsparteien als entscheidendes Kriterium für die Annullierung der Kontrakte an. Im Verfahren *Dickson vs Uhlmann Grain Company* sah das Gericht es als erwiesen an, dass Uhlmann eine Wetteinrichtung in der Kleinstadt Carrollton (Missouri) geführt habe, die den Einwohnern ermöglicht habe, auf die Fluktuation von Getreidepreisen zu wetten. Das Gericht sagte:

> „The accounts of the defendants were carried on margin; and the extent of their purported obligations exceeded their financial capacity....Between 40 and 50 local residents from widely divergent walks of life in no way connected with purchasing or selling grain became customers of the branch. Of the five defendants...who were the plaintiff's largest customers at Carrollton, two were farmers, two were clothing merchants, and one was an ice dealer. These defendants, who were not in the grain business, who had never traded on a grain exchange, and who had no facilities for handling grain, purported to buy and sell in amounts up to 50,000 bushels in a single transaction. In a period of nine months the total number of bushels involved in the transactions of four of the defendants, according to one of the plaintiff's witnesses, was 2,360,000."[3]

Hier wird ein Verständnis legitimer und illegitimer Handelspublika mobilisiert: Eishändler und kleingewerbliche Bekleidungskaufleute wurden nicht als legitime Teilnehmer an spekulativen Geschäften angesehen, und das Gericht machte das Uhlmann-

---

3 U.S. Supreme Court, Dickson v. Uhlmann Grain Co., 288 U.S. 188 (1933). Für den Volltext dieser Entscheidung s. http://laws.findlaw.com/us/288/188.html.

Unternehmen dafür verantwortlich, das ahnungslose Publikum zu komplexem und riskantem Getreideterminhandel verlockt zu haben.

5   Bucketshops vs Spekulanten

Die Debatte über die Legitimität von Spekulation und Terminhandel wurde durch das Aufkommen so genannter *bucketshops* in den 1870er Jahren befeuert (Fabian 1999). *Bucketshops* waren kleine Wettbüros, wo man auf die Bewegung von Wertpapierpreisen setzen konnte, ohne tatsächlich Wertpapiere zu kaufen. Sie machten Gebrauch von allen Insignien etablierter Börsen wie etwa Preisnotierungen und Tickerband und richteten sich in Finanzdistrikten ein, und zwar nicht nur in New York und Chicago, sondern in allen größeren Städten der mittleren und westlichen Vereinigten Staaten. *Bucketshops* nahmen kleine Wetten auf die Bewegung von Wertpapierpreisen an (wesentlich kleiner als von den Börsen geforderten Minimumanlagen), aber die meisten führten die Börsenorder ihrer Klienten nicht wirklich aus. Sie nahmen stattdessen einfach die Position einer Gegenwette ein und sicherten ihre Position zuweilen auf den Börsen ab. Ihrem Äußeren und ihren Praktiken nach brachten *bucketshops* Finanzhandel öffentlich mit Glücksspiel in Verbindung (Hieronymous 1971, S. 89-93). Kritikern zufolge waren Börsen wie die CBoT nichts als ein riesiger *bucketshop*.

Angesichts wachsender öffentlicher und rechtlicher Einsprüche gegen ihre Praktiken kamen die etablierten Börsen in Chicago und New York zu der Erkenntnis, dass sie sich öffentlich vom Glücksspiel distanzieren mussten, um die Legitimität ihrer Profession zu wahren. Ein Weg, der diesbezüglich beschritten wurde, bestand in einem Rechtskrieg gegen die *bucketshops*. Wenn es gelänge, *bucketshops* als die *eigentlichen* Spielhöllen darzustellen, wären die Börsen in der Lage, als legitime Geschäftsorte Respektabilität zu erlangen. Jedoch bestand das Problem der diskursiven Strategie, die die Börsen durch Zuschreibung des Glücksspiels auf die *bucketshops* legitimieren sollte, darin, dass es bislang unmöglich war, eine konsistente und grundlegende Unterscheidung zwischen den Praktiken der *bucketshops* und den auf den Börsen gehandelten Finanzinstrumenten vorzunehmen. Dies wird durch die zweideutige Formulierung verschiedener Gesetze gegen Terminhandel und den Rechtskampf um die Definition von Wettabsichten beispielhaft deutlich. Wie Fabian es ausdrückt (1999, S. 198): „For twenty years the Board of Trade tried to close the bucketshops, but the directors and their lawyers kept stumbling on their own troublesome similarity to bucketshops. How could the Board rid itself of its diabolical double without crippling itself and limiting the very practices that made modern markets possible?"

Die Börsen versuchten, die *bucketshops* zu verdrängen, indem sie ihnen Zugang zu Kursnotierungen von Wertpapieren und Landwirtschaftserzeugnissen verweigerten, sodass die *bucketshops* nichts hatten, worauf man hätte wetten können. Nachdem in den 1870er Jahren die ersten *bucketshops* eröffnet hatten, verbot die CBoT 1882 die Weiterverbreitung von Kursnotierungen. Zwischen 1882 und 1892 verstärkte sich der Konflikt um Kursnotierungen, und die CBoT enthielt sie den *bucketshops* wie auch der Western Union Telegraph Company, die die Notierungen in weiteren Bundesstaaten verbreitete, vor. Jedoch hielten viele Mitglieder der CBoT daran fest, die Notierungen gegen Gebühr an interessierte Parteien zu kommunizieren, und *bucketshops* stellten angeblich Agenten ein, um durch die Fenster der Börse zu blicken. 1892 nahm die CBoT die Sendung von Kursnotierungen mittels Telegrafen wieder auf, und 1895 gab es allein in Chicago schätzungsweise 80 *bucketshops*. In den späten 1890er Jahren wurde erneut zu Rechtsmitteln gegen die *bucketshops* gegriffen, und der CBoT gelang es, eine Reihe von ihnen wegen illegalen Spieloperationen verurteilen zu lassen. Diese gerichtlichen Schritte fanden ihren Höhepunkt in einem sich hinziehenden Gefecht zwischen der CBoT und einem großen *bucketshop* namens Christie-Street Commission Company in Kansas City, der allgemein als ‚bucketshop king‘ bekannt war (Boyle 1920, S. 89-97; Ferris 1988, S. 117-130).

Zwischen 1900 und 1905 kam es zu acht Gerichtsentscheidungen in Verfahren zwischen CBoT und Christie, von denen fünf zugunsten des *bucketshop* ausfielen (*Harvard Law Review* 1932, S. 914-915). Im Jahre 1900 bestätigte Richter Tuley in Cook County (Illinois) das Recht des CBoT, seine Kursnotierungen Christie vorzuenthalten, und entschied: „Dies Übel [der *bucketshops*] hat sich so weit verbreitet, dass man sagen kann, Wetten auf den Getreidepreis ohne Auslieferabsicht ist zum Wettspielbrauch der Nation geworden“ (zitiert in Ferris 1988, S. 123, im Orig. engl.). Jedoch erfolgte 1901 eine Wiedereröffnung von Christie unter dem Namen Christie Grain and Stock Company, und als die CBoT wiederum Rechtsmittel gegen den *bucketshop* einlegte, erreichte Christie einen signifikanten Sieg. 1903 akzeptierte das Berufungsgericht von St. Louis die Verteidigung Christies, dass es keinen wesenhaften Unterschied zwischen seinen eigenen Praktiken und denen der CBoT gebe. Das Gericht befand:

> „It is thus proven beyond all reasonable question that the Chicago Board of Trade [...] members [...] engage in making and carrying through deals in grains and provisions, in which it is not intended to make a future delivery of the article dealt in, but which are to be settled by payment of money only according to the fluctuations of the market and which are in all essentials gambling transactions [...] In seeking the aid of the Court [...] the Board of Trade does not come with clean hands, nor for a lawful purpose“ (zitiert nach Ferris 1988, S. 126).

Die CBoT legte gegen dieses Urteil Berufung ein, und 1905 wurde der Fall dem Obersten Gerichtshof der USA vorgelegt. In seiner Verteidigung führte Christie Grain nicht nur an, dass seine Aktivitäten von der CBoT ununterscheidbar seien, sondern auch, dass Preisnotierungen öffentliches Eigentum seien, und die Börse nicht das Recht habe, ihre Zirkulation zu beschränken.

Anwalt Charles D. Fullen, der den *bucketshop* vertrat, wies das Gericht darauf hin, dass 95% der Transaktionen an der CBoT nicht in der Auslieferung von Waren resultierten, sondern nur Preisdifferenzen ausglichen. Fullen schloss: „Es gibt keine Grenze, die man dem Finanzhandel der Handelskammer auferlegen kann [...] Es ist alles nur Handel

mit Wind und das Handelsvolumen ist in keiner Weise von [...] der Menge landwirtschaftlicher Erzeugnisse eines Landes abhängig" (zitiert nach Howe 1916, S. 117-118, im
Orig. engl.). Jedoch gelangte der Oberste Gerichtshof zu einer Meinung zugunsten der
CBoT, die zum Ziel hatte, Terminhandel unabhängig von einer tatsächlichen Lieferung
der zugrunde liegenden Wertpapiere und Erzeugnisse zu legitimieren. Richter Holmes,
der die Erklärung des Gerichts abgab, sagte:

> „People will endeavour to forecast the future, and to make agreements according to their
> prophecy. Speculation of this kind by competent men is the self-adjustment of society to
> the probable. Its value is well known as a means of avoiding or mitigating catastrophes,
> equalising prices, and providing for periods of want. It is true that the success of the strong
> induces imitation by the weak, and that incompetent persons bring themselves to ruin by
> undertaking to speculate in their turn. But legislatures and courts generally have recognised
> that the natural evolutions of a complex society are to be touched only with a very cautious
> hand."[4]

Das Gericht legte zudem folgendes fest: „In the view which we take, the proportion of
the dealings in the pit which are settled in this way [through price differences] throws no
light on the question of the proportion of serious dealings for legitimate business purpos-
es to those which fairly can be classed as wagers, or pretended contracts." Dieses Verdikt
präpariert eine professionelle Investitionssphäre gegenüber leichtgläubigen Handelspublika heraus, obwohl es zugleich besagt, dass ‚Nachahmung durch die Schwachen' nicht
verhindert oder verboten werden kann. Holmes versorgte die Börsen mit der rechtlichen
Munition, um *bucketshops* schließen zu lassen, indem er festsetzte, dass Preise ein ‚Han-
delsgeheimnis' und daher Privateigentum der Börse seien.

Indes muss festgehalten werden, dass der Oberste Gerichtshof trotz seines Urteils zugunsten der CBoT keine klare und konsistente Unterscheidung zwischen Börsenhandel
und *bucketshop*-Praktiken machte und machen konnte. Ungeachtet der Betonung, die
das Gericht auf rationale Vorausschau und Prognose legte, war der Sieg der CBoT nicht
von einer strikten diskursiven Separierung von Glücksspiel und Finanzwesen abhängig,
sondern von profaneren institutionellen Arrangements, vor allem von der Zurückhaltung von Preisinformationen. Obwohl die Entscheidung von 1905 einen historischen
Sieg für die CBoT darstellte und die Legitimität des Terminhandels auf höchster rechtlicher Ebene unterstrich, hatte sie nicht die sofortige Schließung aller *bucketshops*, die
zu diesem Zeitpunkt bereits kleine Maklerfirmen geworden waren, zur Konsequenz
(*Harvard Law Review* 1932, S. 915).

Die Argumentation einer Vielzahl von Gerichtsfällen betreffs *bucketshops*, einschließlich ihrer düsteren Stereotype des *bucketshop* als eines Ortes, an dem nichtsahnende
Publika zum Spiel verlockt wurden, war zu einer diskursiven Grundlage geworden, auf
der als Gegenentwurf die gewöhnliche Spekulation artikuliert werden konnte. Zugleich

---

4   U.S. Supreme Court, Board of Trade of City of Chicago v. Christie Grain & Stock Co., 198 U.S.
    236, (1905). Für den Volltext dieser Entscheidung s. http://laws.findlaw.com/us/198/236.html.

demonstriert die Zählebigkeit der (rechtlichen) Kämpfe, dass die Grenzlinie zwischen Spiel und Spekulation, wie auch die zwischen *bucketshop* und Makler, bis weit ins 20. Jahrhundert hinein umstritten blieb.

6   Die moralische Rechtfertigung der Spekulation

Alle in die *bucketshop*-Debatte involvierten Parteien, die Gerichte eingeschlossen, nahmen an, dass die Trennlinie zwischen Spiel und Spekulation ein moralisches Problem, nicht eine objektive ökonomische Unterscheidung sei. Außerhalb der Gerichte verbreitete sich die moralische Unterscheidung zwischen Spiel und Spekulation weiter. Die Börsen versuchten, Spekulation als normale Geschäftspraktik darzustellen, im Gegensatz zu den unmäßigen Lastern des Glücksspiels. Zur Unterstützung der Börsen wurde eine Reihe von Argumenten vorgelegt, die es unternahmen, die moralische Überlegenheit und wirtschaftliche Produktivität der Spekulanten herauszustellen.

Zunächst wurde dargelegt, dass Terminhandel und professionelle Spekulation moderne Märkte für Landwirtschaftserzeugnisse, die als eine Quelle nationaler Größe und Wohlstands galten, erst ermöglichten. Wie Brown (1910, S. 130) es ausdrückte: „Handel in Getreide und Fleischprodukten ist für den nationale Wohlstand wesentlich. Würde er abgeschafft, würde der Landwirt leiden und die Konsumenten hätten keinen Vorteil. Der Markt für diese Waren wäre desorganisiert und die Preise im Land wären nicht ebenmäßig." Ähnlich schrieb die CBoT (1892: 44) in einer Protestnote betreffs der Hatch Bill, kraft der Terminhandel besteuert werden sollte: „The idea, scheme and theory of contracting for future performance permeates our very lives. It is the blood and bone...of our National, personal, commercial and financial existence." Die CBoT (1892, S. 47) schrieb weiter, dass das „enormous capital", das an den Börsen investiert sei, „is an active, virile, substantial support to the values of agricultural products, and not, as many ignorant or poorly informed persons imagine, a source of depression", und setzte so nationalen Reichtum mit Virilität und Stärke gleich. Ebenso wie MacKenzie (1896), der Spiel als Aufgabe von Männlichkeit definierte, legte die CBoT dar (1892, S. 44-45), dass Terminhandel den nationalen Reichtum zeugungskräftig unterstützte, während „gambling pure and simple is carried on in bucketshops" und eine „depression of values" verursache.

Ein zweites, hiermit im Zusammenhang stehendes und von den Börsen vorgebrachtes Argument besagte, dass Spekulation eine natürliche menschliche Tätigkeit und Terminhandel lediglich eine kultiviertere Form jahrhundertealter Praktiken seien. Spekulation habe es somit schon immer gegeben, und zugleich stellt der Terminhandel die höchstmögliche Errungenschaft des zivilisierten Menschen dar. So bekräftigte H. S. Martin (1919, S. 1) in Verteidigung der New York Stock Exchange (NYSE), dass „speculation was born when men first exchanged one desirable object for another – eatables for wearables, necessities for ornaments." 1865 hieß es in einem Handbuch der NYSE: „Der Wunsch, seine Lage zu verbessern, Reichtum zu erwerben, ist dem Menschen zutiefst eigen. Es ist eine Leidenschaft, die, von vernünftigen Prinzipien reguliert, soziale Besserstellung und nationalen Wohlstand garantiert" (Hamon 1970, S. 141, im Orig. engl.). Ähnlich legte Chas D. Hamill (1892, S. 53, im Orig. engl.), der Präsident des CBoT, vor dem US-Senat dar, dass „der Geist der Spekulation dem Menschen angeboren ist. Die rastlose Veranlagung aller aufgeklärter Geister ist es, auf zukünftige Bedingungen und Ereignisse zu spekulieren; und gerade dieser Eigenschaft des Menschen schuldet die höchste Gattung der Zivilisation, überall, ihr Fortschreiten und ihre Stabilität." Schließlich vertrat John De Witt Warner, Mitglied des Repräsentantenhauses des Staates New York, in einer Rede vor diesem im Jahre 1894 die Ansicht, dass „das Geschäft des Terminhandels ein natürliches und wohltätiges ist" und ein hervorragendes Merkmal der zivilisierten Welt (Warner 1894, im Orig. engl.). Das Argument, dass Spekulation die normale und natürliche Folge menschlicher Evolution sei, unternahm somit den Versuch, die Rechtfertigung der Spekulation in der (menschlichen) Natur aufzufinden, und bediente sich dazu zeitgenössischer wissenschaftlicher und biologischer Diskurse.

Eine dritte Begründung der Legitimität von Spekulation besagte, dass Glücksspiel und Spekulation grundsätzlich verschiedenen Moralsphären angehörten. So bezog sich der New Yorker Banker George Rutledge Gibson in einer Rede vor der Association of American Bankers in New Orleans im Jahre 1891 auf dieses Argument. Während Spekulation ein geschäftliches Vorhaben darstelle, so Gibson (1891, S. 15), sei Glücksspiel lediglich nutzlose Unterhaltung: „In a moral sense, speculation is not gambling, because, while often resembling it in its uncertainties, the *principle* differs. When one voluntarily gives up his property in a moral way he either exchanges it for another value, which is commercial, or he makes a gift of it, which is benevolent. When he bets on the turn of a card or the result of a race, he relies wholly on chance; he is outside the pale of commerce" (Hervorhebung im Original). Eine solche moralische Differenz bestehe, so Gibson (1891, S. 16) weiter, unabhängig davon, ob eine Vertragserfüllungsabsicht vorliege: „The man who buys a hundred shares of stock and sells them the next day may have a gambler's instinct... but nevertheless his act is commercial." Aus diesem Grunde, argumentierte Gibson, seien *bucketshops* unmoralisch und sollten verboten werden, während Börsenhandel moralisch sei, obgleich er zuweilen im ‚Geiste des Spiels' durchgeführt würde.

Die gleiche Unterscheidung zwischen ‚wahrem' Geschäft und Spiel findet sich in den Arbeiten des Anwalts T. Henry Dewey, der zwei Leitfäden zur Gesetzgebung betreffs Terminhandel veröffentlichte. Er schrieb in der Einleitung zu einer dieser Publikationen (Dewey 1905, S. 5, im Orig. engl.): „in der Spekulation und im Wetten auf Preise hängt das Resultat von einem unsicheren zukünftigen Ereignis ab. Der Unterschied liegt darin, dass in ersterer die Parteien in rechtmäßige Geschäfte eintreten, die beiden zuträglich sind, während in letzterem sie einer vergeblichen und nutzlosen Beschäftigung verschrieben sind, die nur der siegreichen Partei Nutzen bringt und, sofern unmäßig betrieben, der Gesellschaft schädlich ist." Waren diese Argumente auch wichtig hinsichtlich der Zuweisung von Spiel und Spekulation zu verschiedenen Moralsphären, blieben sie doch verworren und zeigten sich unfähig, eine klare Trennung zwischen Spiel und Spekulation einzuziehen. Dewey (1905, S. 6-7, im Orig. engl.) selbst gab zu: „soweit wie die Dinge in einem *bucketshop* gehen, ist es unmöglich, sie von denjenigen in den Kontoren von Maklern oder Kommissionshändlern zu unterscheiden."

Eine letzte Begründung der Differenz zwischen Spiel und Spekulation stellte die Bekräftigung dar, dass Spekulanten mit umsichtiger Erwägung und Informiertheit vorgingen, während Spieler unbesonnen und schlecht informiert seien. S.A. Nelson (1964, S. 21, im Orig. engl.), ein Mitarbeiter der Nachrichtenagentur Dow Jones an der Wall Street, schrieb 1903: „die Begriffe werden häufig austauschbar gebraucht, aber Spekulation setzt intellektuelle Anstrengung voraus – das Spiel blinden Zufall." Einige Jahre später hielt der New Yorker Banker John Moody[5] in *The Art of Wall Street Investing* gleichfalls fest: „Derjenige, der in Aktien spekuliert, handelt auf der Grundlage von Information, die er auf irgendeine Weise ermittelt und analysiert hat", und weiter (1906, S. 108, im Orig. engl.): „Ein ‚Spiel' (*gamble*) hingegen besteht dort, wo jemand auf der Grundlage blinden Zufalls und ohne besonders gescheite Überlegungen kauft und verkauft, außer dass er denkt, es wird für eine Auf- oder Abwärtsbewegung des Marktes Zeit oder die Fonds und ‚großen Hände' wollen der Aktie einen Schups geben." Auf dieser Grundlage sollten *bucketshops* für ungesetzlich erklärt werden, so Moody (1906, S. 146): „pure betting is done in bucketshops, is of no use to the community, is destructive to the morals and pockets of young men, and cannot be too severely censured."

So sehen wir in den verschiedenen Argumenten, die von den Börsen und den sie Unterstützenden vorgebracht wurden, wie allmählich eine bestimmte Darstellung des Charakters und der Identität des ‚Finanzmenschen' Gestalt annimmt. Hatten Kritiker des Terminhandels Spekulanten bezichtigt, gierige und unbekümmerte Spieler zu sein, entwarf die Verteidigung der Spekulation Finanzmenschen als besonnene und rationale Wesen. Schon 1865 hieß es im Leitfaden der NYSE, dass Spekulation im Gegensatz zu Glücksspiel „nur von politischen und finanziellen Ereignissen abhängt, die Spekulanten im Verhältnis der Feinheit ihrer Intelligenz voraussehen können […] Besonnene Männer sind die glückreichsten Spekulanten, denn ehrliche Spekulation ist nichts anderes als das Ermessen, mit dem private oder öffentliche Wertpapiere bedacht werden" (Hamon 1970, S. 141-142, im Orig. engl.). Dieser Standpunkt wurde auch von der CBoT vertreten, die in einem Verfahren vor dem Obersten Gerichtshof im Jahre 1922 argumentiert, Finanzmarktregulation sei unnötig, da die Kammer „Charakter und Finanzverantwortung als Qualifizierung für Mitgliedschaft" erfordere.[6] Darüber hinaus sollte man Spekulation, so Martin in einer Broschüre der NYSE aus dem Jahre 1919, nicht auf der Grundlage verurteilen, dass einige Menschen erfolglos blieben. „Die Schuld," schrieb Martin (1919, S. 33, im Orig. engl.), „sollte nicht der *Art* des unternommenen Geschäftes gegeben werden, sondern der Art des *Menschen* und der Weise, auf die er es unternimmt" (Hervorhebung im Original).

---

5 Moody ist der Gründer von *Moody's Investors Service*, immer noch eine machtvolle Rating-Agentur (Sinclair 1994).

6 U.S. Supreme Court, Board of Trade of City of Chicago v. Olsen, 262 U.S. 1 (1923). Für den Volltext dieser Entscheidung s. http://laws.findlaw.com/us/262/1.html.

Einer der meistrespektierten und einflussreichsten Händler und Verteidiger der Spekulation im späten 19. Jahrhundert war Henry C. Emery, der ähnliche Argumente bezüglich des moralischen Charakters des Finanzmenschen vorbrachte. Emery war ein ehemaliger Broker, der 1896 an der Columbia University in New York eine Dissertation über die Spekulation geschrieben hatte (Cowing 1965, S. 47-49). In dieser Dissertation führte er aus, dass die negativen Folgen der Spekulation nicht Finanzpraktiken an sich innewohnten, sondern durch die Teilnahme von Amateuren am Wertpapierhandel verursacht würden. „The greatest evil of speculation", so Emery (1896, S. 187), sei „the moral evil of a reckless participation in the market by a wide outside public. The possibilities of making quick and large gains from fluctuations in prices lead thousands into the speculative market, who have no knowledge as to its condition, and no real opinion as to the course of prices. Such speculation is the merest gambling in spirit." Im Gegensatz hierzu investieren ‚wahre' Spekulanten nicht, so Emery (1895, S. 67) in einem Aufsatz im *Political Science Quarterly*, ohne „full consideration of all knowable circumstances bearing on the future price of their commodities, they enter the market to sell if they expect a fall, and to buy if they expect a rise." Nicht nur als ein wichtiger Verteidiger der Spekulation, sondern auch als einflussreicher Wortführer der Selbstregulation der Wertpapiermärkte führt Emery (1896, S. 181) aus, dass „the highest standard of honour and good faith" Ausdruck in den Regeln und Regulationen des Wertpapiermarkts finden sollte. So zog Emerys Argumentation eine machtvolle Unterscheidung zwischen ‚normaler Spekulation' und amateurhaftem Spiel ein, wobei erstere durch Börsenregulationen garantiert und in der moralischen Tugend von Finanzprofessionellen Ausdruck finden würde, während letzteres die Sache eines außenstehenden, waghalsigen und schlecht informierten Publikums sei.

Die Behauptung, Spekulanten seien rationale Wesen, die vor jedem Engagement am Terminmarkt alle verfügbaren Informationen auswerteten, stellte ein machtvolles und dauerhaftes Instrument zur Verteidigung des Wertpapierhandels dar, und dies trotz der Tatsache, dass *bucketshop*-Händler oder jegliche andere Spieler für sich beanspruchen konnten, auf der Grundlage umsichtigen Studiums und Informationssammlung zu handeln. Börsen und ihre Unterstützer konnten sich dieser Argumente bedienen, weil, wie Fabian (1999, S. 4-5) es ausdrückt, das Glücksspiel ein ‚negatives Analogon' geworden war, bzw. „the one form of gain that made all other efforts to get rich appear normal, natural [and] socially salubrious." Was ich daher die moralische Problematisierung des Spiels genannt habe, die das Spiel zusammen mit Trunkenheit, Tumulten und Prostitution als Teil eines Gespinstes von Lastern darstellt, ermöglichte es Spekulationsverteidigern, sich im Gegensatz zu diesen gesetzlosen Praktiken zu positionieren und die Respektabilität der Börsen zu betonen. Jenes Bedeutungsnetz, welches Spiel als Problem vor allem für die Arbeiterklasse und für Frauen kenntlich machte, schuf einen Kontrast zwischen finanzieller Verantwortungslosigkeit, weiblicher Unbotmäßigkeit und Faulheit und finanzieller Begabung, männlichem Rationalismus und aktiver Entscheidungsfindung.

Ein in der *bucketshop*-Debatte sich herauskristallisierender Gedankengang bildete Spekulation daher als normale und rationale Geschäftspraxis ab, die indes, wenn übertrieben, negative Folgen haben konnte. So legte etwa eine Broschüre der CBoT (1892, S. 44) dar, dass „the extent to which produce gambling is carried on in the legitimate exchanges of the country is immensely exaggerated. It bears about the same relation to the legitimate commerce and speculation of the country that the froth and foam of the Niagara do to the mighty volume of water underneath. It is the bubble and fuss and fury, the froth and foam upon the surface of trade and commerce that offends – not the trade and commerce itself." Demnach war ein Übermaß an Spekulation, nicht Spekulation selbst, zu verurteilen, was für die moralische Überlegenheit des Finanzmenschen jene Selbstzurückhaltung implizierte, die zur Enthaltung von diesen Prozessen erforderlich war. Dass Finanzprofessionelle, im Gegensatz zu sorglosen und ignoranten Amateuren, solche Zurückhaltung besaßen, konnte durch die Betonung der rationalen, besonnenen und minutiösen Natur der Spekulanten vermittelt werden. Wie Foucault (1986, S. 62) herausgestellt hat, ermöglicht die moralische Problematisierung eines Belangs und die begleitende Konstruktion von „quantitativen Abstufungen" der Handlung die Regulierung und Normalisierung des Belangs. Die Verkündung einer mythischen Trennlinie zwischen maßvoller Spekulation und unmäßigem Spiel – sozusagen zwischen dem Niagara-Fall und seiner Gischt – bedeutet, dass Unmoral nicht in der Natur einer Handlung (der Spekulation) liegt, sondern „immer mit der Übertreibung, dem Übermaß, dem Exzeß zu tun hat" (Foucault 1986, S. 61). Nur durch die Betonung des Exzessiven kann, mit anderen Worten, das *Normale* hervortreten.

7   Professionelle Risikoträger

Vermutlich war das wichtigste in Verteidigung der Spekulation vorgebrachte Argument dasjenige, dass Spekulanten professionelle Risikoträger seien, weil ihnen dadurch eine *produktive* Rolle im ökonomischen Prozess zugeschrieben wurde. Landwirte erhoben die Klage, sie schufteten auf dem Land und ernährten die Nation, während ihre Erzeugnisse Gegenstand der Wetten reicher Spekulanten würden. Obwohl daher die Wortführer der Spekulation darlegten, dass ihre Tätigkeit keinen Unterschied zum Kauf und Verkauf von Händlern aufweise und dass spekulative Tätigkeit Wissen und Anstrengung erfordere, blieb die Verteidigung der Spekulation solange heikel, wie Spekulanten für sich keinen *produktiven* Anteil am Wirtschaftsprozess zu reklamieren vermochten.

Eine solch produktive und wirtschaftliche Rolle konnten Spekulanten erst durch die Entgegensetzung des Normalen mit dem Maßlosen bzw. des Normalgeschäfts mit dem Mehrwert aus Glücksspiel für sich formulieren. Seit dem späten 19. Jahrhundert wurden Spekulanten mehr und mehr als *Träger natürlicher Geschäftsrisiken* dargestellt, während Spieler angeklagt wurden, sich der perversen und unnatürlichen Fabrikation von Zufallsereignissen zu erfreuen. Emery hieb als einer der ersten in diese Kerbe: „In speculation, as in gambling, the occurrence of a certain event results in gain for one party, while an occurrence of a different kind results in loss. What distinctions can be made between them?" fragte Emery (1896, S. 98), um die Frage sogleich zu beantworten: „Both depend on uncertainties, but, whereas gambling consists in placing money on artificially created risks of some fortuitous event, speculation consists in assuming the inevitable economic risks of changes in value" (Emery 1896, S. 101).

Obzwar es daher durchaus möglich war, auf natürliche Ereignisse wie Todesfälle, Geburten und Katastrophen zu wetten, beruhte die Relevanz und Dauerhaftigkeit von Emerys Argument auf seiner Betonung des *Risikos*. „It is in the element of risk that we have the key to the function of speculation", schrieb Emery (1896, S. 101):

> „It is often said that all business is to a certain extent speculative; in other words, there is an uncertainty as to the ultimate profits. These risks are inherent in all business, and are no more artificial than the whole commercial order in which we live. They are risks which thrust themselves upon business men and which business men must meet. Especially are the risks dependent on changes in value, and it is the assumption of such risks that constitutes speculation."

Für Emery (1896, S. 108-109) waren Spekulanten eine Berufsklasse von Risikoträgern, „a distinct body of men prepared to relieve [the trader] of the speculative element of his business....[I]nstead of all traders speculating a little, a special class speculates much." Emery grenzte somit Risiko strikt von alternativen Konzeptionen von Zufall und Ungewissheit ab, indem er es als natürlichen, unvermeidlichen und wesenhaften Teil des Geschäftslebens bestimmte.

Die Unterscheidung zwischen Spiel und Finanzwesen wurde von Charles O. Hardy, der eines der ersten Lehrbücher zur Theorie des Risikos verfasste, weiter ausgebaut. Hardy, ein Finanzökonom und Vizepräsident der Federal Reserve Bank von Kansas City, schrieb in seinem Buch *Risk and Risk-Bearing* von 1923, dass „gambling is speculating on *artificial* risks" (1923, S. 128, Hervorhebung M.d.G.). „The only thing which differentiates gambling from ‚legitimate' speculation", legte Hardy (1923, S. 128) dar, „is that in speculation the risks are inherent risks of industry, and must be borne by someone if production is to go on....In gambling, on the other hand, nothing of this sort is true. The risk is an artificial risk, created by the gambling transaction itself. Risk is increased for the sake of risk and for the sake of profiting by one's luck and skill at the expense of another."

Die Relevanz dieses Argument lag nicht nur darin begründet, dass Hardy Spekulationen als professionelle Risikoträger abbildete, sondern auch in seiner Betonung der Wissensproduktion bezüglich natürlicher und geschäftlicher Risiken als dem rechtmäßigen Metier dieser Profession. Hardy (1923, S. 4) definierte Spekulanten als „responsible men [who] anticipate the wants of the market and take the risks on their own shoulders", und führte aus, dass die Aktivität der Börsen in der Übertragung von Risiken an Spezialisten bestand. Selbst wenn daher Verträge aus rein spekulativen Absichten ge- und verkauft würden und die Auslieferung der Produkte weder beabsichtigt noch gewünscht sei, erfüllten Spekulanten, so Hardy, die wirtschaftliche und moralische Rolle, einen Markt für Risiken aufrechtzuerhalten.

Halter spekulativer Verträge, führte er aus (Hardy 1923, S. 239), spielten „an essential part in the hedging transaction by carrying for a part of the time the risk which ha[s] to be carried by someone all the time." Der Grund, aus dem Spekulanten zur Überbahme von Geschäftsrisiken geeignet seien, liege darin, dass ihre spezialisierte Funktion sie dazu zwinge, überlegenes Wissen zu erwerben (Hardy 1923, S. 73): „Someone must assume the risks; the fact that the one who assumes them is a specialist may mean that he has superior facilities for judging the situation." Tatsächlich, Erfolg beim Spekulieren „depends on the ability to forecast price changes, which in turn depends upon the ability to weigh the importance of complicated and conflicting indications of the movement of demand and supply", schloss Hardy (1923, S. 127) und deutete damit an, dass diejenigen, die sich nicht in die Materie vertieften, bald ruiniert seien.

Hardy positionierte das Risikokonzept somit im Kern der Finanzsphäre und folgerte daraus Mess-, Klassifizierungs- und Identifizierungsmethoden für Risiko. Er klassifizierte mögliche „forms and extent of business risk" gemäß ihrer Ursprünge, etwa Naturkatastrophen, Personenschäden und Marktrisiken (Hardy 1923, S. 1-8). Seine Anstrengungen, bei einer formalen Definition und Klassifikation aller möglichen Naturrisiken anzugelangen, ging mit einer Normalisierung und Regulierung der Finanzsphäre einher, die letztendlich durch die moralische Problematisierung des Glücksspiels möglich geworden war. Als Autor der 1920er Jahre war Hardy noch nicht in der Lage, seine Argumente ohne expliziten Hinweis auf ‚die moralischen und sozialen Übel des Spiels' vorzutragen. Er bekräftigte (Hardy 1923, S. 130), dass „the gambler is in an anti-social position. The whole drift of social evolution throughout the recorded history of the race has been toward the development of moral standards…which will promote cooperation. The gambler, however, gains only as others lose." Darüber hinaus argumentierte er (Hardy 1923, S. 130-133), dass Spieler ihre Energien vergeudeten, irrational seien und einem vergeblichen und nutzlosen Streben nachgingen. Die Hauptstoßrichtung seines Lehrbuches war jedoch die Formalisierung und Vergegenständlichung des Risikomanagements, wodurch Spekulation aus dem Anspruchskreis moralischer Problematisierung hinaus und in die, wie man zunehmend meinte, objektive Wirtschaftssphäre hinein manövriert wurde.

8   Fazit

In diesem Aufsatz habe ich dargelegt, dass Spekulation zu Beginn des 20. Jahrhunderts eine moralische wie ökonomische Funktion annahm, die sie vom Glücksspiel trennte. Es war nicht meine Absicht zu behaupten, dass es zwischen Spiel und Spekulation keinen Unterschied *gebe*, sondern zu argumentieren, dass dieser Unterschied eher ein politischer denn ein natürlicher ist. Die Möglichkeit, Spiel und Finanzwesen voneinander zu unterscheiden, hängt von Wahrnehmungen betreffs Moralität, Charakter und Unmaß ab und ist der Natur oder der Wirtschaft nicht einfach eingeschrieben. Im Zuge der *bucketshop*-Debatte wurden Spekulanten als verantwortungsvoll, intelligent, rational und maskulin porträtiert, im Gegensatz zu Spielern, die als verantwortungslos, faul, reizbar, irrational und feminin dargestellt wurden. Dies zog nicht nur eine *diskursive* Trennung nach sich, sondern wies Finanzwelt und Spielwesen zudem verschiedenen Sozialsphären mit ihren je eigenen regulatorischen und epistemologischen Räumen zu. Indem Glücksspiel, allmählich zunehmend, als Privatunterhaltung für Arbeitsscheue galt, wurde Spekulation mit einer öffentlichen und professionellen Funktion in Verbindung gebracht – der Übernahme von Risiken und der Ermöglichung wirtschaftlicher Sicherheit.

Im frühen 20. Jahrhundert trat daher Risiko als Definitionsmerkmal von Finanzpraktiken hervor, wodurch es möglich wurde, Spekulanten eine lebenswichtige Wirtschaftsrolle zuzuschreiben. Charles O. Hardys Lehrbuch lieferte dabei nicht so sehr eine objektive Aufzählung aller möglicher Geschäftsrisiken, sondern konstruierte dem Spekulanten vielmehr ein *rechtmäßiges berufliches Metier*, das gegenüber den moralischen, sozialen, religiösen und politischen Ambiguitäten, aus denen es hervorgegangen war, abgeschottet werden konnte. Abschließend ist darauf hinzuweisen, dass die diskursive Separierung von Glücksspiel, Spekulation und Finanzpraktiken bis zum heutigen Tage instabil geblieben ist und moderne Kreditpraktiken heimzusuchen fortfährt, besonders in Zeiten der Krise (vgl. de Goede 2009).

Aus dem Englischen übersetzt von Andreas Langenohl

Literatur

Boyle, James E. (1920) Speculation and the Chicago Board of Trade. MacMillan, New York.

Callon, Michel (1998) Introduction: the Embeddedness of Economic Markets in Economics. In: Callon, Michel (ed.) *The Laws of the Markets*. Blackwell, Oxford, S. 1–57.

Campbell, David (1992) *Writing Security: United States Foreign Policy and the Politics of Identity.* University of Minnesota Press, Minneapolis.

CBoT (Chicago Board of Trade) (1892) Memorial of the Board of Trade of the City of Chicago against the Passage of Senate Bill 1757 and House Bill 2699, Known as the 'Washburn' and 'Hatch' Bills Respectively. In: Dealings in 'Options' and 'Futures:' Protests, Memorials and Arguments against Bills Introduced in the 52nd Congress. L. H. Biglow, New York.

Clark, Geoffrey W. (1999) *Betting on Lives: The Culture of Life Insurance in England, 1695-1775.* Manchester University Press, Manchester.

Collier, Jeremya and Edmund Goldsmid (1885) *An Essay upon Gaming, in a Dialogue between Callimachus and Dolomedes.* Privately printed, Edinburgh.

Cothran, George W. (1880) *The Revised Statutes of the State of Illinois, as altered by subsequent legislation, together with the unrepealed statutory provisions of a general nature, passed from the time of the revision in 1874 to the year 1880.* E.B. Meyers, Chicago.

Cowing, Cedric B. (1965) *Populists, Plungers, and Progressives: a Social History of Stock and Commodity Speculation 1890-1936.* Princeton University Press, New Jersey.

Cronon, William (1991) *Nature's Metropolis: Chicago and the Great West.* Norton and Company, New York: W.W.

Daston, Lorraine (1988) *Classical Probability in the Enlightenment.* Princeton University Press, New Jersey.

Dunbar, Nicholas (2000) *Inventing Money: The Story of Long-Term Capital Management and the Legends Behind It.* John Wiley, New York.

de Goede, Marieke (2009) Finance and the Excess: the Politics of Visibility in the Credit Crisis: *Zeitschrift für Internationale Beziehungen* 16:2: 295–306.

Dewey, T. Henry (1886) *A Treatise on Contracts for Future Delivery and Commercial Wagers including 'Options', 'Futures' and 'Short Sales'.* Baker, Voorhis & Company, New York.

Dewey, T. Henry (1905) *Legislation Against Speculation and Gambling in the Forms of Trade.* Baker, Voorhis & Company, New York.

Emery, Henry Crosby (1895) Legislation Against Futures: *Political Science Quarterly* 10:18: 62–86.

Emery, Henry Crosby (1896) *Speculation on the Stock and Produce Exchanges of the United States.* Columbia University, New York.

Fabian, Ann Vincent (1999 [1990]) Card Sharps and Bucket Shops: Gambling in Nineteenth-Century America. Routledge, New York.

Fayant, Frank (1913) *Short-Sales and Manipulation of Securities.* Privately Printed, New York.

Ferris, William G. (1988) *The Grain Traders: the Story of the Chicago Board of Trade.* Michigan State University Press, Michigan.

Foucault, Michel (1986) *Der Gebrauch der Lüste.* Suhrkamp, Frankfurt am Main.

Germain, Randall D. (1997) *The International Organisation of Credit: States and Global Finance in the World-Economy.* Cambridge University Press, Cambridge.

Garret, Garet (1911) *Where the Money Grows.* Harper & Brothers, New York.

Gibson, George Rutledge (1891) *The Utilities and Ethics of Speculation: The Stock Exchange as an Economic Factor, Address held before the Convention of American Bankers.* Archives of the New York Historical Society, New Orleans, November 12.

Gibson, Thomas (1923) *The Facts about Speculation.* Thomas Gibson, New York.

Hamill, Chas D. (1892) Argument of Mr. Chas D. Hamill, President of the Chicago Board of Trade, before the Judiciary Committee of the United States Senate: In: *Dealings in 'Options' and 'Fu-*

tures:' Protests, Memorials and Arguments against Bills Introduced in the 52nd. L. H. Biglow, New York.

Hamon, Henry (1970 [1865]) *New York Stock Exchange Manual, Containing its Principles, Rules and its Different Modes of Speculation etc.* Greenwood Press, Connecticut.

Hardy, Charles O. (1923) *Risk and Risk-Bearing.* University of Chicago Press, Chicago.

Harvard Law Review (1927) *Dealings in Futures:* 40:4: 638–642.

Harvard Law Review (1932) *Legislation Affecting Commodity and Stock Exchanges:* 45 5: 912–925.

Howe, James Hamilton (1916 [1882]) *The Dragon and Juggernaut of Speculation, as Exemplified in Gambling in Prices of our Food Products.* Dragon Publishing Company, Seattle.

Hubbard, George H. (1888) The Economics of Speculation: *New Englander and Yale Review* 49: 220: 1–10.

Langley, Paul (2002) *World Financial Orders: an Historical International Political Economy*, Routledge, London.

Leyshon, Andrew and Nigel Thrift (1997) *Money/Space: Geographies of Monetary Transformation.* Routledge, London.

MacDougall, Ernest D. (1936) *Speculation and Gambling.* The Stratford Company, Boston.

MacKenzie, W. Douglass (1896) *The Ethics of Gambling.* Henry Altemus, Philadelphia.

Martin, H.S. (1919) *The New York Stock Exchange.* Francis Emery Fitch, New York.

Maurer, Bill (1999) Forget Locke? From Proprietor to Risk-Bearer in New Logics of Finance: *Public Culture* 11:2: 365–385

McDowell, Linda (1997) *Capital Culture: Gender at Work in the City.* Blackwell, London.

Moody, John (1906) *The Art of Wall Street Investing.* The Moody Corporation, New York.

Moore, Charles (1790) *A Full Inquiry into the Subject of Suicide: to which are added (as being closely connected with the subject) two Treatises on Duelling and Gaming.* Printed for J.F. and C. Rivington, London.

Munting, Roger (1996) *An Economic and Social History of Gambling in Britain and the USA,* Manchester University Press, Manchester.

Muldrew, Craig (1998) *The Economy of Obligation: the Culture of Credit and Social Relations in Early Modern England.* Macmillan, London.

Nelson, S.A. (1964 [1903]) *The ABC of Stock Speculation.* Fraser Publishing Company, Vermont.

Porter, Theodore M. (1995) *Trust in Numbers: The Pursuit of Objectivity in Science and Public Life.* Princeton University Press, Princeton.

Strange, Susan (1986) *Casino Capitalism.* Basil Blackwell, London.

Taylor, Telford (1933) Trading in Commodity Futures – A New Standard of Legality?: *Yale Law Journal* 48:1: 63–106.

Warner, John DeWitt (1894) *Anti-Option Legislation – Paternal Interference with Business, Speech in the House of Representatives.* Archives of the New York Public Library Washington, June 18.

Zelizer, Viviana A. Rotman (1983 [1979]) *Morals and Markets: The Development of Life Insurance in the United States.* Transaction Books, New Brunswick.

Die Kontinuierung des Emissionshandels

Ein öffentlicher Kompromiss und seine Bruchstellen[1]

Lisa Knoll

1   Einleitung

Die marktförmige Umgestaltung der Umwelt- und Klimaschutzregulierung der letzten zwei Jahrzehnte ist beachtlich. Die Etablierung des Emissionshandels als Idee und als regulatives Instrument zur Senkung von Treibhausgasemissionen steht in Zusammenhang mit einem Prozess der Finanzialisierung immer weiterer gesellschaftlicher Teilbereiche (Thrift und Leyshon 2007, S. 98). Der vorliegende Aufsatz wird sich der Frage nach der öffentlich-moralischen Dimension des Emissionshandels widmen und argumentieren, dass es der spezifisch *heterogene* diskursiv-legitimatorische Verweisungshorizont des Konzepts ist, der sein Fortbestehen sichert. Damit erweitert das hier vorgetragene Argument Analysen, die den Emissionshandel allein als erfolgreiche Durchsetzung der Markttheorie, als ökonomietheoretische Performanz (MacKenzie 2009) oder als ökonomisches *in vivo*-Experiment (Callon 2009) verstehen. Der Erfolg des Emissionshandels – so wird dargelegt – lässt sich *nicht* allein durch ökonomisches Wissen und Technologien begründen. Stattdessen müssen ökonomietheoretische Vorstellungen, um erfolgreich zu sein, übersetzt werden. Die Kontinuierung (Langenohl 2009, 2012) des Emissionshandels als politisches Regulativ, aber auch als Finanzmarkt, ist auf legitimatorische und interpretative Flankierung anderer Art angewiesen. Dies schließt an Boltanski und Chiapello an, die argumentieren, dass der Kapitalismus die Sozialkritik gerade dadurch zurückweisen konnte, indem er die Wertordnungen der Kreativität und des projektförmigen Netzwerkens erfolgreich in sich aufgenommen hat (Boltanski und Chiapello 2003, S. 67). Auch dem Emissionshandel gelingt es, ‚formfremde' Elemente in sich aufzunehmen (und im entscheidenden Moment wieder abzuschütteln) und so der Kritik, ein „Ablasshandel" (Altvater 2008) für Klimasünder zu sein, zu begegnen.

---

1 Ich danke den Herausgebern für wertvolle Hinweise.

Als ökonomietheoretische Idee ist der Emissionshandel seit Ende der 1960er Jahre in der Welt, als politisches Regulierungsinstrument seit den 1990er Jahren (in vielfältiger Ausgestaltung). Dabei ist bemerkenswert, dass der Erfolg des Instruments kaum auf seine umwelt- und klimapolitische Wirkung zurückgeführt werden kann. Der Erfolg ist vielmehr über seinen *ideellen Beitrag* zur Beantwortung von Distributions- und Verteilungsfragen zu begründen. Letztlich ist er auf eine diskursiv-legitimatorische Gemengelage aus ,Menschheit', ,Gleichheit', ,Gerechtigkeit', und ,Demokratie' zurückzuführen. Die damit vorgenommene Verknüpfung von Demokratie- und Marktvorstellungen hat eine lange Tradition. So wurde beispielsweise der Börsenticker als Demokratisierungsinstrument gefeiert, welches den Aktienhandel jedermann zugänglich machte (Stäheli 2004), und dem Konsum wird oftmals unterstellt, demokratiewirksam zu sein, etwa als „the economic citizenship of consumers" (Dubuisson-Quellier 2010, S. 1855). Wie im Folgenden gezeigt wird, reiht sich der Emissionshandel in diese legitimatorische Tradition der Kompromissformierung von Märkten ein.

Dazu ist der Beitrag in drei Abschnitte gegliedert. Auf eine knappe Skizze der historischen Entwicklung des Emissionshandels folgt eine Darstellung der französischen Soziologie der Kritik (Boltanski und Thévenot 2007, 2011), die eine besondere Perspektive für die Analyse von Finanzmarktpublika bereitstellt. Die Soziologie der Kritik bietet einen vielversprechenden analytischen Rahmen, um zu zeigen, wie der Emissionshandel seinen Beitrag zum Gemeinwohl auf vielfältige und sehr fluide Weise begründet. Hierbei nimmt das analytische Konzept des Kompromisses eine zentrale Stellung ein. Abschließend wird nach den Kontinuierungsbedingungen des Emissionshandels gefragt, dessen institutioneller Erfolg angesichts seines klimapolitischen Scheiterns besonders erklärungsbedürftig erscheint.

2   Die Historie des Emissionshandels

Der Zusammenhang zwischen vom Menschen verursachten Treibhausgasemissionen und der Erderwärmung wurde erstmals in den 1930er Jahren nachgewiesen (Callendar 1938, 1958). Im Jahr 1988 gründeten die World Meteorological Organization (WMO) und das Umweltprogramm der Vereinten Nationen (UNEP) das Intergovernmental Panel on Climate Change (IPCC). Das IPCC trägt weltweit Daten verschiedener Forschungsstätten zusammen, um zu einem gemeinsamen, international getragenen Befund der Bedrohung durch einen vom Menschen verursachten (anthropogenen) Klimawandel zu gelangen. Ergebnis dieses exzeptionellen internationalen und interdisziplinären Forschungszusammenschlusses ist das zum Symbol gewordene 2-Grad-Szenario, welches als anvisierte Obergrenze der Erderwärmung in die internationalen Klimaverhandlungen eingeht (Houghton, Jenkins und Ephraums 1990). Dieses 2-Grad-Szenario ist nicht allein für die ,Rettung des Weltklimas' (wie wir es kennen) wichtig, sondern insbesondere als Grundlage zur Bestimmung der Obergrenze (*cap*) eines globalen Emissionshandelssystems, welches über eine begrenzte Anzahl an Emissionsrechten ein politisch festgelegtes

Reduktionsziel über den Handel (*trade*) auf effiziente Weise erreichen soll. Es geht um die Bestimmung eines globalen *carbon budget*, welches insgesamt nicht überschritten werden darf und möglichst auf effiziente und gerechte Weise zwischen den Staaten und industriellen Branchen aufgeteilt werden soll.

Diese ökonomische Idee hat eine ganz eigene wissenschaftliche Geschichte. Ökonomen haben schon früh begonnen, Umweltschutzprobleme – in ihrer Sprache negative Externalitäten – in die ökonomische Gesamtrechnung einzubeziehen und einbeziehbar zu machen. Der klassische ökonomische Ansatz in diesem Zusammenhang ist die Besteuerung von Schadstoffemissionen (Pigou 1920). Besteuerung setzt jedoch den Staat als Steuerungsagenten notwendig voraus. Aus neoklassischer Sicht ist dies eine unbefriedigende Lösung, bedeutet sie doch die Grenze des eigenen Erklärungsanspruches. Es war schließlich Coase (1960), der zeigte, dass das Externalitätenproblem auch über den Markt gelöst werden kann, nämlich indem das Verschmutzungsproblem zwischen privaten Akteuren verhandelt und finanziell reguliert wird: Der Verschmutzer kompensiert denjenigen mit dem Verschmutzungsschaden, oder der Geschädigte bezahlt den Verschmutzer, so dass dieser auf die Verschmutzung verzichten kann. Von dieser Überlegung ist es nur noch ein relativ kleiner Schritt zur Erfindung handelbarer Emissionsrechte. Sie wurden schließlich in Kanada erfunden. Der Ökonom Dales beschäftigte sich mit dem Problem, wie die Anrainer der *Great Lakes* dazu angehalten werden könnten, ihre Abwässer und Abfälle insgesamt nur noch zu einem für das Seensystem verträglichen Maß einzuleiten (Dales 1968a, 1968b) – ein klassisches *collective action problem* (Olsen 1965). Die ökonomische Lösung bestand nun darin, verschiedene Qualitäten von Abfällen und Abwässern in ein quantifizier- und vergleichbares System von Tonnenäquivalenten zu überführen.[2] Indem eine begrenzte Anzahl an solchen Emissionsrechten an Anrainer verteilt würde, entstünde Knappheit und die Notwendigkeit zu kalkulieren, ob nicht kostengünstiger Verschmutzung verhindert werden kann als durch den Kauf von Emissionsrechten. Für Ökonomen besteht der Vorteil eines solchen *cap and trade*-Systems in einer volkswirtschaftlich effizienten Preisfindung. Nicht der Staat als marktexterner Steuerungsagent setzt den Preis (wie im Fall von Steuern und Abgaben), sondern die Summe aller Angebote und Nachfragen. Aus diesen Überlegungen ist eine ökonomische Subdisziplin erwachsen, die *Environmental Economics*, die sich der Frage des Marktversagens zuwendet und fragt, wie Märkte sein müssen, damit sie eben nicht versagen (z.B. Cline 1992), oder, um es mit Callon zu formulieren, „*more* markets will save us from the weaknesses of existing markets" (2009, S. 536, Hervorh. im Original).

Bereits in den 1970er und 1980er Jahren experimentierte die US Environmental Protection Agency mit Emissionshandelssystemen und etablierte in den 1990er Jahren das erste ernstzunehmende Emissionshandelssystem zur Reduktion des Schwefeldioxidausstoßes zur Bekämpfung des sauren Regens (Ellermann et al. 2000). Im Verweis auf die konkreten Erfahrungen aus diesem Emissionshandelssystem gelang der Clinton-Admi-

---

2   Ein Prozess, der in der Soziologie als *commensuration* verstanden wird (Espeland und Stevens 1998; Levin und Espeland 2002).

nistration in Kyoto ein erstaunlicher Verhandlungserfolg. Bereits auf der United Nations Framework Convention on Climate Change (UNFCCC) im Jahre 1992 in Rio de Janeiro, dem so genannten ‚Earth Summit', wurde die anthropogene Erderwärmung zum globalen Menschheits- und Gerechtigkeitsproblem erklärt: Wer emittiert am meisten? Wer leidet unter den Folgen? Wer trägt zur Einsparung von Emissionen am meisten bei? Wer trägt die Kosten? Wie sollen die Kosten verteilt werden? Auf der Vertragsstaatenkonferenz in Kyoto im Jahr 1997 (COP 3) wurde für all diese Gerechtigkeits- und Verteilungsfragen eine Lösung gefunden: der Markt. Die ökonomische Idee ist bestechend. Für ein *globales* Menschheitsproblem wurde eine *globale* Marktlösung etabliert. Svendsen rechnet z.B. vor, dass die Emissionsreduktion in Polen vier Mal billiger ist als die Reduktion in Dänemark. Der Handel mit Emissionsrechten führe also dazu, dass Emissionen dort reduziert würden, wo dies am günstigsten sei, wenn die Dänen den Polen deren zertifizierte Emissionsreduktionen abkauften. Zudem würden Geldströme von technologisch entwickelten Ländern in technologisch weniger weit entwickelte Länder gelenkt – eine Art Entwicklungshilfe. Und dem Weltklima sei es schließlich egal, wo CO_2 Emissionen reduziert würden (Svendsen 1999, S. 234).

Was so einfach klingt, ist ein hochgradig unwahrscheinliches politisches Unterfangen, denn die Schaffung eines internationalen Tausch- und Verrechnungssystems für zertifizierte Emissionsreduktionen setzt voraus, dass sich die Vertragsparteien darauf einigen, wer sich in welcher Höhe verpflichtet, seinen Treibhausgasausstoß zu reduzieren, so dass insgesamt mit einer Erderwärmung von maximal 2 Grad zu rechnen ist. Dies wiederum setzt voraus, dass sich alle Parteien zum 2-Grad-Ziel bekennen, hernach dann festgelegt werden kann, wer wie viel zu diesem Ziel beiträgt – „dem Ziel, innerhalb des Verpflichtungszeitraums 2008 bis 2012 ihre Gesamtemissionen solcher Gase um mindestens 5 v.H. unter das Niveau von 1990 zu senken" (Kyoto-Protokoll, Artikel 3,1).[3] Unter dem Kyoto-Rahmenabkommen können Industriestaaten nun ihre anteiligen Ziele erreichen, indem sie Emissionsminderungen im entscheidenden Zeitraum nachweisen, indem sie Emissionsreduktionszertifikate anderer Länder erwerben (AAU), und indem sie Emissionsausstoßberechtigungen aus Minderungsprojekten in Entwicklungs- (CER) und Transformationsländern (ERU) ankaufen.

Als die Ratifizierung des Kyoto-Protokolls durch die USA zurückgenommen wurde, übernahm Europa die Verantwortung für den globalen Emissionshandel und etablierte das erste internationale Emissionshandelssystem für industrielle und energieerzeugende Anlagen (Voß 2007; Braun 2009; Engels et al. 2008; Bailey 2010). Dieser weltpolitische Rollentausch ist beachtlich. Die kritischen Stimmen gegen einen internationalen Emissionshandel kamen in Kyoto noch aus Europa. Der dänische Umweltminister kritisierte

---

3   Nicht zuletzt deshalb stehen die Klimawissenschaften als *postnormal science* (Funtowicz und Ravetz 1993) unter besonderer öffentlicher Beobachtung. Es steht viel auf dem Spiel, der tradierte Umgang mit Energie genauso wie die Sicherheit gefährdeter Regionen. Klimawissenschaftler bedauern, dass diese aufgeregte politische Gemengelage ihre Arbeit enorm erschwert (von Storch 2009; Prins et al. 2009, S. 15). Die öffentlichen und medial aufbereiteten Skandale um die Wissenschaftlichkeit des IPCC sind in diesem Zusammenhang zu sehen.

den Emissionshandel zum Beispiel als „loophole designed to allow the world's biggest emitter of CO_2 to continue polluting" (zit. in Svendsen 1999, S. 232). Die europäische Entscheidung für ein Emissionshandelssystem hat schließlich auch damit zu tun, dass eine CO_2-Steuer unter das finanzpolitische Ressort gefallen wäre und hier die einzelnen Mitgliedsstaaten über Vetorechte verfügen, wohingegen das Emissionshandelssystem ins umweltpolitische Ressort fällt und mit einer 2/3-Mehrheit verabschiedet werden konnte (MacKenzie 2009, S. 155). Für Europa ist der Emissionshandel nunmehr ein erklärtes Schlüsselinstrument – „the EU's key tool for reducing greenhouse gas emissions from industry most cost-effectively" (EU Kommission 2012b) –, um das Kyoto-Reduktionsziel von 8 Prozent zu erreichen. Dieses Reduktionsziel wurde in einem Lastenverteilungsabkommen zwischen den Mitgliedsstaaten aufgeteilt, so dass z.B. Deutschland 21 Prozent, Großbritannien 12,5 Prozent und Frankreich +/-0 Prozent Emissionsreduktion erbringen müssen (Skjærseth und Wettestad 2008).

Ähnlich wie das internationale Kyoto-Abkommen ist also auch der europäische Emissionshandel ein „grand new policy experiment" (Kruger und Pizer 2004), welches die Interessen und die Befindlichkeiten verschiedener Länder berücksichtigen muss. In Nationalen Allokationsplänen (NAP) für die einzelnen Handelsphasen legen die Staaten unter Kontrolle der EU-Kommission fest, wie viele Tonnen Treibhausgasemissionen insgesamt ausgestoßen werden dürfen und wie diese Berechtigungen auf die einzelnen Anlagen verteilt werden. Die Schwierigkeit für eine politische Begrenzung der Zertifikate (*cap*) liegt in der unterschiedlichen Allokationspolitik der EU-Mitgliedsstaaten begründet (Ellerman, Buchner and Carraro 2007), die der Lobby-Politik verschiedener Branchenorganisationen ausgesetzt ist (Svendsen 2005). Nicht zuletzt deshalb, aber auch aufgrund der unvorhergesehenen Wirtschaftskrise, die zu einer zwischenzeitlichen Absenkung des Produktions- und damit Emissionsniveaus geführt hat, ist das europäische Handelssystem nun in der dritten Phase überausgestattet, und es wird darüber debattiert, ob und wie überschüssige Zertifikate aus dem System zu nehmen sind (EU Kommission 2012a).

Ein weiteres Legitimationsproblem des EU-Emissionshandels stellen die in der Vergangenheit realisierten *windfall profits* der Energieversorgungsunternehmen dar, die die Opportunitätskosten ihrer kostenlos zugeteilten Zertifikate (die einen Marktpreis haben) einpreisen und so an den Endkunden weitergeben konnten (Helbig 2010). Die deutschen Energiekonzerne verfügen aufgrund des im internationalen Vergleich hohen Kohlekraftwerkeanteils zusammen über ca. 50 Prozent aller Zertifikate aus dem EU-Handelssystem (Schafhausen 2006, S. 4), entsprechend hoch sind hier die positiven Bilanzeffekte des Emissionshandels (Bassen und Rothe 2009, S. 246). Bislang gilt ‚je schmutziger, desto lukrativer'; geradezu eine Umkehrung dessen, was politisch beabsichtigt ist. Um diese Problem zu lösen, schüttet die EU-Kommission seit 2013 keine kostenlosen Zertifikate mehr an Energieversorgungsunternehmen aus. Industrieunternehmen erhalten ihre Zertifikate in der Regel aber noch umsonst, jedoch nach einem verbesserten Verfahren,

das energieeffiziente Technologien gegenüber erneuerungsbedürftigen Technologien be-
vorteilt (*benchmarking*).[4]

Trotz der gravierenden Legitimationsprobleme und trotz des klimapolitischen Misserfolgs ist der Emissionshandel in institutioneller Hinsicht ein weltweiter Erfolg. Inzwischen gibt es nationale und regionale Emissionshandelssysteme z.B. in Neuseeland,
in Nordamerika, in Korea, in Japan etc. (Kossoy und Guigon 2012, S. 73-108). Sogar
China, das eine Verpflichtung zu nationalen Reduktionszielen in einem (noch nicht ver-
handelten) Kyoto-Folgeabkommen ablehnt, plant derzeit den Einstieg in ein nationales
Emissionshandelssystem für Industrieanlagen (ebd., S. 94 ff.).[5] Die Vision, die sich mit
dem Emissionshandel verbindet, ist die eines *globalen* Tausch- und Verrechnungssystems,
das die Verteilung der notwendigen weltweiten CO_2-Ausstoßminderungen *gerecht* und
über einen marktförmig ermittelten CO_2-Preis *effizient* gestaltet. Es geht darum, die EU-
Zertifikate langfristig in einem globalen *carbon budget* vergleichbar, austauschbar und
handelbar zu machen. Dafür braucht es die Klimawissenschaften, die der Weltstaaten-
gemeinschaft sagen können, wie viel Erwärmung die Erde verträgt bzw. welche Schäden
bei welchem Szenario erwartbar sind.

Der EU-Emissionshandel verfügt mit den so genannten ‚projektbasierten Mechanismen‘ bereits über ein Verrechnungssystem, in dem zertifizierte Emissionsreduktionen,
die in Entwicklungsländern generiert werden, innerhalb des EU-Handelssystems zur
Erfüllung der Rückgabeverpflichtung industrieller Anlagen eingesetzt werden können
(Böhm und Dabhi 2009). In diesem Zusammenhang sind auch die Bemühungen um eine
Verrechenbarkeit natürlicher Senken wie Wälder, Ozeane und Sümpfe zu sehen (Stephan
2012). Länder wie Brasilien drängen schon länger darauf, ökonomisch dafür entschädigt
zu werden, dass sie ihren Regenwald nicht abholzen. Die radikalere Forderung in diesem
Zusammenhang ist, sich nicht nur auf die natürlichen CO_2-Senken zu konzentrieren,
sondern auf den noch nicht zu Tage geförderten und noch nicht verbrannten Kohlen-
stoff (Lohmann 2006). Die Carbon Tracker Initiative hat errechnet, dass die Verbrennung
der bereits bilanzierten Öl-, Gas- und Kohlereserven der größten Förderunternehmen
das 2-Grad-Ziel unerreichbar werden lässt (Carbon Tracker Initiative 2011). Würden die
bereits bilanzierten Kohlenstoffreserven also nicht gefördert, wie bereits kalkuliert, käme
dies einer radikalen Entwertung dieser Unternehmensvermögen gleich.[6] In der Logik

---

4 Nach dem bislang angewendeten Verfahren (*grandfathering*) wurde jede Anlage entsprechend
   historischer Emissionen in einem Berechnungszeitraum ausgestattet, was dazu führte, dass
   diese Allokationsart von vielen beteiligten Unternehmen als ‚Lotterie‘ oder ‚Glückssache‘
   empfunden wurde (Knoll und Engels 2012). Wer zufällig – z.B. aufgrund einer guten Auftrags-
   lage – viel produzierte, hat viele Emissionsrechte bekommen, wer zufällig – z.B. aufgrund einer
   Kraftwerksrevision – wenig produziert hat, hat wenig erhalten.

5 Siehe auch die interaktive Weltkarte zur Verbreitung des Instruments: http://icapcarbonaction.
   com/index.php?option=com_wrapper&view=wrapper&Itemid=147 (Stand: 10.04.2013)

6 „The fossil fuel reserves held by the top 100 listed coal companies and the top 100 listed oil
   and gas companies represent potential emissions of 745 GtCO2. This exceeds the remaining
   carbon budget of 565 GtCO2 by 180 GtCO2. This means that using just the listed proportion

eines globalen Verrechnungssystems, welches auch Fragen der Nord-Süd-Gerechtigkeit in den Blick nimmt, ist die Kompensation derartiger Verluste folgerichtig. So fordert Ecuador eine Kompensation für Entwicklungsländer, die ihre fossilen Brennstoffe „in Gebieten mit hoher biologischer und kultureller Sensibilität" nicht ausbeuten.[7] Derartige Verteilungs- und Gerechtigkeitsfragen offenbaren die politische Brisanz, die hinter der Etablierung globaler Tausch- und Verrechnungssysteme liegt. Wie schwierig die Lösung dieser globalen Distributions- und Verteilungsproblematik ist, lässt sich an den bislang gescheiterten Bemühungen um ein Kyoto-Folgeabkommen ablesen – zuletzt in Doha auf der 18. internationalen Vertragsstaatenkonferenz (COP 18).

3 Die Soziologie der Kritik

„Die menschliche Gesellschaft ist eine Distributions- und Verteilungsgemeinschaft. Damit ist zwar nicht alles über sie gesagt, aber doch das Wesentliche, denn es sind tatsächlich der gemeinsame Besitz, die Verteilung und der Tausch von Dingen, die uns zweckhaft zusammenführen." (Walzer 1998, S. 26)

Die politische Philosophie hat verschiedene Vorstellungen darüber hervorgebracht, wie menschliches Zusammenleben zum Wohl des Ganzen bzw. der Gesellschaft gelingen kann. In *Über die Rechtfertigung* leiten Boltanski und Thévenot (2007) in einem „Rundgang durch die politische Philosophie" (2011, S. 53) sechs Rechtfertigungsordnungen her, die die Denkweise der Moderne über Menschheit, Gesellschaft und Gerechtigkeit begründen. Sie beziehen sich dabei auf Aristoteles, Augustinus, Hobbes, Smith, Bossuet, Montesquieu, Rousseau und Saint-Simon. Diese politischen Philosophien finden sich – so ihr Argument – mehr oder weniger explizit in unterschiedlichen öffentlichen Vorstellungen des Organisierens und Wirtschaftens unserer Zeit wieder. Indem die klassischen Texte mit aktuellen praxisrelevanten Texten in Bezug gesetzt werden, entsteht eine Liste (bzw. eine Tabelle, Boltanski und Thévenot 2011, S. 63) von relevanten Rechtfertigungsfiguren des öffentlichen Raums, die die Allgemeingültigkeit und die Gerechtigkeit von Personen und Dingen im öffentlichen Leben begründen.[8] Diese Erkenntnis gewinnen die Autoren aus empirischen Studien zur Bewältigung evaluativer Mehrdeutigkeit, so z.B. in *Finding*

---

of reserves in the next 40 years is enough to take us beyond 2°C of global warming. On top of this further resources are held by state entities. Given only 20% of the total reserves can be used to stay below 2°C, if this is applied uniformly, then only 149 of the 745 GtCO2 held by listed companies can be used unabated. Investors are thus left exposed to the risk of unburnable carbon. If the 2°C target is rigorously applied, then up to 80% of declared reserves owned by the world's largest listed coal, oil and gas companies and their investors would be subject to impairment as these assets become stranded." (Carbon Tracker Initiative 2011, S. 2)

7   Siehe http://yasuni-itt.gob.ec/inicio.aspx (Stand: 8.12.2012).

8   Für eine kritische Auseinandersetzung mit dieser „einseitige[n] Privilegierung der Moralphilosophie" siehe Honneth (2010, S. 146).

one's way in social space, in der die Ambivalenz statistischer Kategorisierungstätigkeiten und die Kompetenz der Akteure, diese zu bewältigen, anschaulich herausgearbeitet wurde (Boltanski und Thévenot 1983). Boltanski und Thévenot beobachten, dass sich Personen in öffentlichen Situationen auf eine *begrenzte Vielzahl* an gemeinhin anerkannten Rechtfertigungsordnungen beziehen, um ihr Handeln zu begründen. Damit erfährt der Gerechtigkeitsbegriff eine radikale Teilnehmerorientierung (vgl. auch Forst und Günther 2011) und eine Situationsorientierung. Boltanski und Thévenots Soziologisierung des philosophischen Pluralitätspostulats (Walzer 1998) stellt mit der Figur des *situated judgment* die mehrdeutige Situation und die Kompetenz der Akteure, zwischen legitimen und illegitimen Argumenten zu unterscheiden, an den Anfang der Überlegungen (Boltanski und Thévenot 2000). Die Frage nach der Gerechtigkeit beschäftigt hier nicht die Soziologen, sondern die involvierten Personen, die in einer Situation gemeinsam bestimmen müssen, was nun gilt, was gerecht und was richtig ist. „The model does not posit any universals to begin with, but poses universality as a horizon searched after by agents" (ebd., S. 210). Dabei müssen sich die involvierten Personen auf allgemeingültige Prinzipien des Zusammenlebens beziehen, um glaubhaft zu erscheinen und ihre Anliegen durchzusetzen.

Rechtfertigungsordnungen sind öffentliche Ordnungen, die jeweils für sich in Anspruch nehmen können, das Gemeinwohl zu vergrößern (Boltanski und Thévenot 2007, 2011). Gefährdet wird dieses öffentliche und allgemeingültige Niveau durch Privatinteressen, Sachzwangargumente und Dringlichkeitshinweise. Boltanski und Thévenot (2000, S. 209) konstatieren, dass die Ambivalenz mehrdeutiger Situationen zwar auch über Gewaltandrohung und Zeitdruckpostulate bewältigt bzw. aufgelöst wird, sie wenden jedoch ein, dass diese Art der Durchsetzung nicht auf Dauer gestellt werden kann. Auch die Ordnung des Marktes muss letztlich begründen können, dass es ihr um mehr geht als nur um private Einzelinteressen, nämlich um einen *volks*wirtschaftlichen Effizienzgewinn. Dagegen begründet z.B. die staatsbürgerliche Ordnung ihre Allgemeingültigkeit in einem demokratisch legitimierten Souverän, der die Gleichheit der Menschen gegen die Partikularinteressen des Einzelnen sichert. Personen sind hier bedeutend, wenn sie als Repräsentanten einer Gruppe auftreten. Dagegen ist die industrielle Ordnung am technischen Fortschritt orientiert. Die Zukunft wird mit Maschinen und Werkzeugen sowie in Plänen, Diagrammen und Tabellen bewältigt und setzt so dem kurzfristigen und atomistischen Tausch auf Märkten Planbarkeit entgegen. Zudem haben Thévenot und seine Mitarbeiter eine sogenannte ‚grüne' Ordnung ausgemacht, die den Schutz der Natur um ihrer selbst willen zum Thema hat (Lafaye und Thévenot 1993; Thévenot et al. 2000), wobei die Autoren zu dem Schluss kommen, dass die Wertigkeitsordnung des Umweltschutzes in der Praxis kaum ohne die argumentative Flankierung anderer Ordnungen vorkommt (siehe auch Knoll 2012a, S. 178 f.).

Die Rechtfertigungsordnungen zeichnen sich sowohl durch ihre Abstraktheit als auch durch ihre Vagheit aus (Favereau et al. 2002, S. 224). In der wirklichen Welt werden sie mit anderen Ordnungen verwoben, teilweise bis zur Unkenntlichkeit. Ähnlich, wie auch Callon (1998) von *framing* und *overflowing* spricht, sind die Rechtfertigungsordnungen im Moment ihrer Institutionalisierung den Unebenheiten und der Komplexität der Welt ausgesetzt. Bisweilen bedauern selbst Ökonomen diese Abweichung der Welt vom Ideal: „Die Welt ist gleichsam mit Unzulänglichkeiten behaftet, die in ihrer Unausweichlichkeit und ihren Auswirkungen dem Zustand nach der Vertreibung aus dem Paradies als Folge des biblischen Sündenfalls gleichen." (Haslinger und Schneider 1983, S. 36) Diesen Momenten des *overflowings* trägt der Begriff des Kompromisses von Boltanski und Thévenot Rechnung.

In Kompromissen können die Widersprüche verschiedener Ordnungen unkenntlich werden (Boltanski und Thévenot 2007, S. 369 ff.). Kompromisse sind deshalb in der Lage verschiedenen Ansprüchen gerecht zu werden. Diese Stärke ist jedoch gleichzeitig ihre Schwäche. Ihre Mehrdeutigkeit eröffnet die Möglichkeit zur Kritik und macht sie potenziell instabil. Kompromisse bedürfen deshalb aktiver Aufrechterhaltung und konkreter Forminvestitionen (Thévenot 1984). Indem Elemente unterschiedlicher Ordnungen in Objekten verwoben werden, entsteht Robustheit. So ist z.B. das Beschaffungsportfolio im Stromhandel ein institutionalisierter Kompromiss, der die Widersprüche zwischen langfristiger Energieerzeugungsplanung (industrielle Ordnung) und kurzfristiger Preisvolatilität (Ordnung des Marktes) überbrückt und beide Ansprüche in einem „mehrfach theoriegeladenen" Kalkulationsinstrument ineinander webt (Knoll 2012a, S. 79). Planungssicherheit wird dabei trotz Preisvolatilität über den Forwardmarkt sichergestellt und Handelsentscheidungen können sowohl preis- als auch bedarfsorientiert getroffen werden (Knoll 2012b). Die Unterschiede beider Ordnungen können im wirtschaftlichen Alltag jedoch hinter einer vordergründig marktförmigen Lexik (‚Optimierung', ‚Risiko') verborgen bleiben.

Kompromisse leben letztlich davon, dass die jeweiligen legitimatorischen Verweise im Allgemeinen und Unklaren bleiben: „clarification is the enemy of compromise" (Huault und Rainelli-Weiss 2011, S. 1413). So argumentieren etwa Huault und Rainelli-Weiss im Zusammenhang mit dem europäischen Markt für Wetterrisiken, dass dieses *composite setup* charity-orientierter Finanzinstrumente zur Lösung des globalen Hungerproblems (ebd., S. 1410, 1412) weitestgehend von den potenziellen Kundenunternehmen (z.B. Touristik- und Agrarbranche) als Profitinteresse der Banken- und Versicherungswirtschaft ‚entlarvt' wird und die Institutionalisierung eines Kompromisses und damit auch der europäische Markt für Wetterrisiken (bislang) marginal bleiben muss. Die These lautet hier, dass der Erfolg des Marktes davon abhängt, ob verschiedene Wertigkeitsordnungen integriert werden können, ohne dass die teilnehmenden Protagonisten die Verschiedenartigkeit der Ordnungen herausstellen und ohne dass der öffentliche und allgemeingültige Kompromiss zum Privatinteresse verkommt (ebd., S. 1400).

Die Soziologie der Kritik erlaubt es, verschiedene Ebenen der Allgemeingültigkeit zu unterscheiden. In der Weiterentwicklung der Soziologie der öffentlichen Rechtfertigungsordnungen differenziert Thévenot verschiedene Regimes des Engagiertseins, die sich durch unterschiedliche Grade der Allgemeingültigkeit auszeichnen (Thévenot 2011a, 2011b). Damit werden am Gemeinwohl orientierte Begründungsfiguren von partikularen, momentanen und individuellen Begründungsfiguren unterscheidbar. So können z.B. Dringlichkeitsverweise oder Sachzwangargumente unter anderem deswegen keine Allgemeingültigkeit begründen, weil sie Dispute schwieriger machen und eine öffentliche Debatte vermieden wird. Latour hat diesbezüglich auf einen interessanten Sonderfall hingewiesen. Er führt aus, was es heißt, von einem ‚technischen Problem' zu sprechen. Dann nämlich muss vom eigentlichen Ziel abgewichen werden und man muss sich in die Niederungen der Detailfragen begeben. Das große Ganze droht aus dem Blick zu geraten:

> „Wenn wir sagen, ‚das ist jetzt ein technisches Problem', bedeutet das, daß wir für einen Moment von unserem eigentlichen Ziel abweichen müssen und daß wir dann vielleicht zu ihm zurückkehren können, zurück in den ursprünglichen Verlauf unseres Handelns, um das es uns schließlich allein geht. Für einen Moment öffnet sich eine *black box* und schließt sich auch gleich wieder, vollständig unsichtbar im Hauptprogramm unseres Handelns. Zweitens dann bezeichnet *technisch* die untergeordnete Rolle von Leuten, Fertigkeiten oder Objekten, die diese zweite Funktion einnehmen, also anwesend sein und dabei gleichzeitig unentbehrlich wie unsichtbar. Es bezeichnet also eine ganz spezialisierte und präzise umschriebene Aufgabe, die eindeutig in der Hierarchie der Handlungen eine untergeordnete Position einnimmt. Drittens geht es dabei um den Haken an einer Sache, um eine Zwickmühle, ein verflixtes Problem in ansonsten wie geschmiert ablaufenden Subprogrammen; so wie wenn wir sagen, ‚da gibt es erst mal ein kniffliges technisches Problem zu lösen'. In diesem Fall führt uns die Abzweigung möglicherweise gar nicht mehr zurück auf die Hauptstraße, im Unterschied zur ersten Bedeutung besteht hier die Gefahr, das ursprüngliche Ziel ganz aufgeben zu müssen. Das *Technische* ist hier nicht mehr nur ein bloßer Umweg, sondern schon ein echtes Hindernis, eine Straßenblockade gewissermaßen. Was eigentlich nur ein Mittel sein sollte, wird zumindest für eine Weile zum Selbstzweck." (Latour 1998, S. 50-51, Hervorh. im Original)

Der Klärung technischer Detailfragen haftet damit etwas Lästiges, Zweifelndes und Kleinkariertes an. Der Gegenspieler öffentlicher und gemeinwohlbegründender Rechtfertigungsordnungen sind somit das Privatinteressen sowie das spezielle, konkrete Problem in einer besonderen Situation. Es sind diese Momente, die Max Weber (1988, S. 508) „das Verflachende des ‚Alltags'" genannt hat. Die abstrakte Vollkommenheit der Wertordnungen bricht sich im Moment ihrer Realisierung an der Profanität der Welt.

Der Kompromiss beinhaltet bei Boltanski und Thévenot die Möglichkeit, diesen Prozess der Profanisierung aufzuhalten. Indem sich verschiedene gemeinwohlbegründende Erklärungsfiguren zu einer neuen Form verbinden, werden die praktischen Unzulänglichkeiten für einen Moment unsichtbar. Dies bedeutet jedoch nicht, dass sie nicht auch wieder sichtbar werden können. Am Beispiel des Emissionshandels soll nun gezeigt werden, wie dieser Kompromiss zusammengehalten wird, seinen Bruchstellen zum Trotz.

4   Der öffentliche Kompromiss und seine Bruchstellen

Im Folgenden wird die Frage nach der paradoxen Kontinuierung des Emissionshandels gestellt. Der Emissionshandel ist institutionell erfolgreich, obwohl er klimapolitisch nicht erfolgreich ist: „during the period in which the most concern has been expressed about the need to reduce emissions, the world has become *more* carbon intensive" (Prins et al. 2009, S. 3). Mit derartigen Paradoxien hat sich auch schon die Organisationsforschung beschäftigt (Meyer und Zucker 1983). Die hier gefundene Antwort lautet, dass Organisationen immer dann überleben, ohne effizient zu wirtschaften, wenn sie gleichzeitig (sozusagen kompensatorisch) die rationalen und legitimierten Mythen ihrer Umwelt befriedigen können (Meyer und Rowan 1977). Übertragen auf den Emissionshandel bedeutet dies, dass dieser klimapolitisch ineffektiv sein kann, weil er seine Effizienz legitimatorisch begründet und so von seinen Unzulänglichkeiten ablenken kann (‚Entkopplung'). Diese analytische Figur wird hier aufgegriffen und verfeinert. Dazu wird die Debatte um den Emissionshandel auf ihre Kompromisshaftigkeit und auf ihre Allgemeingültigkeit hin untersucht, wobei zunächst der Emissionshandel als Kompromissfigur vorgestellt wird, um daran anschließend die Aufrechterhaltung und Bearbeitung der Kompromissfigur weiterzuverfolgen. Die leitende Frage lautet dabei, ob und wie die Allgemeingültigkeit des Emissionshandels trotz klimapolitischer Ineffektivität aufrechterhalten werden kann.

Eine wesentliche Bedingung für die Relevanz von Rechtfertigungsordnungen im Prozess der Kontinuierung des Emissionshandels ist, dass sich der Nachweis einer Kausalität zwischen der Beteiligung an einem Handelssystem und den emittierten Treibhausgasmengen schwierig gestaltet: „a firm link between EUA prices and investment in emissions reduction is something that can only be proven over time and is complicated" (Bailey 2010, S. 149). Wirtschaftskrisen, erneuerbare Energiegewinnung oder warme Winter reduzieren den Treibhausgasausstoß ebenfalls und es ist für die Europäische Umweltagentur nicht leicht, einen Emissionsrückgang auf die Einführung des Handels mit Emissionsrechten zurückzuführen. Der Einfluss kann immer nur im Nachgang von Handelsphasen statistisch begründet werden.[9] So ist es zu erklären, dass zur Begründung des klimapolitischen Erfolgs auf die Zukunft verwiesen wird, während sich der institutionelle Erfolg auf rationale Mythen gründet. Der rationale Mythos füllt sozusagen die Lücke, die die Abwesenheit der empiriebasierten Evidenz hinterlässt. Dieses Phänomen bringen Berger und Luckmann mit dem Abstraktionsgrad von Theorien in Verbindung:

---

9   Die EEA vergleicht zu diesem Zweck die Veränderungen der Emissionsniveaus der Länder, die am Emissionshandel teilnehmen, mit jenen, die nicht am Emissionshandel teilnehmen (siehe z.B. EEA 2011, S. 37, 2012, S. 7).

„Solange Theorien noch unmittelbar in Praxis umgesetzt werden, lassen sich Rivalitäten durch Bewährung in der Praxis unter Kontrolle halten. Bei konkurrierenden Theorien für die Jagd auf Wildschweine etwa können rivalisierende Clubs von Jagdexperten erworbene Rechte ins Feld führen. Die Entscheidung fällt relativ leicht, weil man sehen kann, auf Grund welcher Theorie die meisten Wildschweine erlegt werden." (Berger und Luckmann 1980, S. 127)

Diese unmittelbar erfahrbare Evidenz wird beim Emissionshandel an die Zukunft delegiert, und Rechtfertigungsordnungen spielen deshalb eine wichtige Rolle im Prozess der Legitimierung und damit auch der Kontinuierung des Emissionshandels.

Von Anfang an transportiert der Emissionshandel das Versprechen, Wirtschaftsinteressen und Klimaschutzinteressen zu vereinen. Mehr noch, der Emissionshandel symbolisiert eine Politik der Vernunft, die das politische Lagerdenken zur Rettung der Menschheit überwindet (Engels 2006, S. 335; MacKenzie 2009, S. 176). Die Kompromisshaftigkeit des Emissionshandels findet ihren Ausdruck im viel zitierten Satz: ‚Dem Klima ist es egal, wo CO_2 eingespart wird!' Genauso, wie das globale Menschheitsproblem nach einer grenzüberschreitenden, globalen Lösung verlangt, verlangt auch die Marktmetapher Grenzenlosigkeit und die Transzendierung des Nationalstaats. Man kann argumentieren, dass mit der öffentlichen Wahrnehmung des Klimaschutzproblems als *globale Menschheitsaufgabe* eine diskursiv-legitimatorische Konstellation auf den Plan tritt, die nach einer Regulierung durch einen theoretisch *grenzenlosen* bzw. *grenzüberschreitenden* Markt geradezu verlangt. Die Idee, CO_2-Emissionen nicht etwa zu besteuern oder durch Grenzwerte einzuschränken, sondern durch die Neuschaffung von Eigentumstiteln – 1 Tonne CO_2-Emissionsäquivalente – ein ehemals öffentliches Gut in ein Handelsgut zu verwandeln, basiert auf einem universellen Menschenbild nutzenoptimierender Akteure, die frei entscheiden, ob sie CO_2 zu einem bestimmten Preis ausstoßen wollen. Das Ziel, den globalen Treibhauseffekt zu minimieren, übersetzt das Handelssystem in die Möglichkeit und Notwendigkeit des ökonomischen Rechnens und Geldverdienens mit neu geschaffenen Eigentumstiteln. Der Klimaschutz soll damit explizit *indirekt* erreicht werden. Die politische Begrenzung (*cap*) soll es ermöglichen, dass der Einzelne gerade nicht mehr über Klimaschutz nachdenken muss, sondern der Klimaschutz quasi als Nebeneffekt seiner nutzenoptimierenden Einzelentscheidung (*trade*) ‚wie von selbst' eintritt (eine Wiederauflage der Smithschen ‚*invisible hand*'). In diesem marktwirtschaftlichen Postulat der freien Preisbildung auf Märkten führt die Summe aller Entscheidungen schließlich zu einem reduzierten CO_2-Ausstoß, *nicht* die Einzelentscheidung. Die Einzelentscheidung wird so von allen moralischen oder umweltschutzpolitischen Dimensionen entlastet: je nutzenoptimaler der Einzelne handelt, desto besser für das Klima. Die Kritik, der Emissionshandel sei ein „Ablasshandel" (Altvater 2008), trifft den Emissionshandel deshalb nicht ins Mark. Es geht nicht darum, dass sich ‚Klimasünder' moralisch erleichtern, sondern darum, dass wirtschaftliche Akteure das tun, was sie immer tun, worin sie legitimer Weise am besten sind: ihren Nutzen maximieren und gerade nicht über das Klima nachdenken. Der Emissionshandel erleichtert so von der

moralischen Last des Umweltfrevels, weil er diese Bürde im Kern abschafft. Es ist geradezu im Sinne des Klimas, wenn man nachkommastellenscharf kalkuliert. Das nutzen-
optimierende Handeln selbst wird zum Klimaschutz.

Diese moralische Entlastung der Einzelentscheidung steht und fällt jedoch mit der
politischen Durchsetzung einer Deckelung der ausgeschütteten Gesamtmenge an Aus-
stoßberechtigungen. Auffällig ist nun, dass schon die ersten Handelssysteme ihren Erfolg nicht darüber begründen konnten, dass sie Knappheit herzustellen vermochten und
tatsächlich Emissionen reduzierten. So gilt das US-amerikanische Schwefeldioxidsystem
zur Bekämpfung des sauren Regens allgemein als Erfolg, weil der Schwefeldioxidausstoß
zu äußerst geringen Kosten reduziert werden konnte. Zurückzuführen ist diese Kostenre-
duktion aber darauf, dass der Preis für Abgasreinigungsanlagen sank und dass Kohle mit
einem niedrigeren Schwefelanteil aufgrund von Deregulierungsmaßnahmen im Trans-
portsystem zu geringeren Kosten zu den Anlagen transportiert werden konnte. Auch in
Europa sank der SO_2-Ausstoß im selben Zeitraum, ohne dass ein Handelssystem etabliert
wurde (MacKenzie 2009, S. 142-148; Bowen und Wittneben 2011, S. 1034). Ein weiterer
wichtiger Vorläufer ist das konzernweite Emissionshandelssystem der Firma British Pe-
troleum (Akhurst et al. 2003; Victor und House 2006). Auch die Reduktionsziele von BP
waren leichter erreicht als gedacht. BP hatte dem eigenen Reduktionsziel optimistische
Wachstumsraten zugrunde gelegt, so dass letztlich zu viele Emissionsrechte im System
waren (MacKenzie 2009, S. 152). Trotzdem gilt auch dieses System als Erfolg, nicht zuletzt, weil John Browne, der frühere CEO von BP, sich mit diesem Vorstoß gegen seine
sehr kritischen Konkurrenten der Ölindustrie gestellt und die Etablierung weiterer, insbesondere europäischer, Emissionshandelssysteme politisch wahrscheinlicher gemacht
hat. John Browne wurde in Großbritannien später für sein Engagement für das Weltklima zum Lord ernannt (ebd., S. 153). An dieser Art der ‚Erfolgsgeschichte' hat sich bis
heute nichts geändert. Das internationale Kyoto-Handelssystem ist derzeit geschätzt mit
ca. 13 Milliarden Zertifikaten (AAUs) und das Europäische Handelssystem für Energie-
und Industrieanlagen ist mit bis zu 2 Milliarden Zertifikaten (EUAs) überausgestattet.
Der ‚Erfolg' besteht darin, dass es überhaupt Handelssysteme gibt.

Der moralische Zustand des Emissionshandels kann daran abgelesen werden, wie
abstrakt oder detailversessen der Emissionshandel in der Öffentlichkeit diskutiert wird.
Mit dem Begriff ‚Emissionshandel' kann im Jahr 2007 nur etwa ein Drittel der deutschen
Bevölkerung etwas anfangen – meist eher die gebildeten Schichten. Die Vorstellungen
zur konkreten Funktionsweise des Instruments bleiben im Vagen und im Ungefähren
(Deutsche BP Aktiengesellschaft 2007, S. 14). Dies liegt sicherlich daran, dass die technischen Detailfragen zu komplex für ein durchschnittliches Berichterstattungsformat sind,
aber auch daran, dass die Details bis dato (angesichts der großen Menschheitsaufgabe)
nicht im Detail interessiert haben. Erst gegen Ende der zweiten Phase des EU-Handelssystems – auch im Kontext der Klimakonferenz in Doha (COP 18) zu sehen – erhält der
Emissionshandel zwischenzeitlich eine größere Präsenz in den Medien und es wird deutlich, dass die Redakteure diesmal viel daran setzen, die technischen Details herauszu-
arbeiten und nicht nur die abstrakte Idee. Die Konkretheit, mit der über die technischen

Details berichtet wird, macht die Widersprüche zwischen Wirtschaftsschutz bzw. -för-
derung und Klimaschutz deutlicher sichtbar. Die immer öfter auftauchenden ‚Probleme'
des Emissionshandels in der öffentlichen Debatte (Überallokation, *windfall profits* der
Energieversorger, Umsatzsteuerbetrug) gefährden zunehmend die gesellschaftliche
Akzeptanz der universellen und allgemeingültigen Begründungsfigur ‚ein globaler
Markt für ein globales Menschheitsproblem'. Am Ende der zweiten Handelsphase des
EU-Handelssystems (im Übergang von 2012 nach 2013), als nun schon im achten Jahr zu
viele Emissionsrechte im System sind, gelangen die technischen Details immer öfter an
die Oberfläche der öffentlichen Debatte. Die Kritik wird lauter und es wird schwieriger,
die Detailfragen im Verweis auf die Allgemeingültigkeit des Kompromisses zurückzuweisen.

Im Folgenden werden verschiedene Niveaus der Aufrechterhaltung von Allgemeingültigkeit in der Debatte um den Emissionshandel rekonstruiert. Zu Anfang haftet den
technischen Detailfragen in der Konstruktion von Emissionshandelssystemen etwas
Lästiges an. Menschheitsfrage und Markt gehen einen vollkommenen Kompromiss ein,
welcher technische Detailfragen unwichtig erscheinen lässt. MacKenzie weist darauf hin,
dass technische Details im Zusammenhang dem Schwefeldioxidhandelssystems in der
damaligen Debatte kaum diskutiert wurden, obwohl diese Fragen, die „technopolitical
‚nuts and bolts' of the design of markets and of allocation mechanisms", essentiell für
die Funktionsweise von Emissionshandelssystemen sind (MacKenzie 2009, S. 176). Auch
in der ersten Phase des EU-Handelssystems werden derartige Kritiken am Allokations-
mechanismus (*grandfathering*, siehe Fußnote 4) oder an der Überallokation des Systems
typischer Weise zurückgewiesen, indem sie zu ‚Kinderkrankheiten' herabgestuft werden.
Das Problem wird so verkleinert und es wird auf eine Zukunft verwiesen, in der das
Problem behoben sein wird. Die Kritik wird also zurückgewiesen, indem klargestellt
wird, dass es sich *im Prinzip* um eine vollkommene Idee handelt, der man eben nur ihre
Zeit geben muss, um heranzureifen. Die frühen Kritiker des EU-Emissionshandelssystems waren so etwas wie Häretiker, die nicht an das große Ganze geglaubt haben.
Hier kann der Kompromiss also beanspruchen, das Gemeinwohl zu mehren, und Kritik
erscheint als Häresie.

Eine weitere rhetorische Figur, die Kritik am Emissionshandel zurückzuweisen, mutet
weniger religiös an. Sie konstatiert die vielen technischen Probleme als ernstzunehmend,
argumentiert jedoch, dass die Abschaffung des Systems mit hohen *sunk costs* verbunden sei, zudem wäre eine CO_2-Steuer politisch unrealistisch. Diese Argumentations-
form kann als profaner Realismus charakterisiert werden. Hier wird gelten gelassen,
dass man es auch anders machen könnte, es wird lediglich eingewandt, dass die Alternativen *unrealistisch* sind und dass das Emissionshandelssystem bereits *realisiert* ist.
Die Kontinuierung des Systems wird also mit der faktischen Materialität des Systems
gerechtfertigt. Hier kommen Elemente wie institutionelle Trägheit oder die ökonomische
Variante der erwähnten *sunk costs* ins Spiel, also die Aufrechterhaltung eines Programms
im vollen Bewusstsein seiner Mängel. Dieser Umgang mit Kritik deutet bereits auf ernstzunehmende Legitimationsprobleme hin. Üblicherweise werden derartig profane Recht-

fertigungsfiguren mit Ironie oder gar Sarkasmus begleitet. Boltanski und Thévenot (2000, S. 209) würden hier argumentieren, dass Systeme nicht auf Dauer gestellt werden können, wenn sie ihre Allgemeingültigkeit nicht früher oder später zurückerlangen.[10]

Eine weitere Eskalationsstufe in der Debatte um den Emissionshandel ist der Konflikt. Dies ist der Moment, indem der Kompromiss wieder in seine Einzelteile zerfällt. Dass der Kompromiss zumindest brüchig wird, kann man an den Verteidigungs- und Rechtfertigungsfiguren ablesen, die sich um die Frage drehen, wie und ob der EU-Emissionshandel reformiert werden soll (EU Kommission 2012a). Dieser Konflikt unterteilt die Protagonisten des Kompromisses erneut in ‚Klimaretter' und in ‚Wirtschaftsretter' und lässt die Unterschiedlichkeit der Wertordnungen, die im Emissionshandel bislang bis zur Unkenntlichkeit verwoben waren, wieder deutlicher werden. Im Folgenden werden zwei unterschiedliche Argumentationsfiguren der Debatte herausgestellt, die im Kontext der Abstimmung des Europaparlaments am 16. April 2013 über eine Verknappung der Zertifikate des EU-Handelssystems verhandelt wurden. Der Vorschlag der EU-Kommission, 900 Millionen Zertifikate zeitweise aus dem Markt zu nehmen (*backloading*), wurde in dieser Abstimmung mit knapper Mehrheit abgelehnt. Die Argumentationsfiguren dieser öffentlichen Debatte werden im Folgenden vorgestellt. Interessanter Weise halten beide Positionen am Kompromiss ‚ein globaler Markt für ein globales Menschheitsproblem' fest. Sie kommen jedoch zu unterschiedlichen politischen Schlussfolgerungen:

1. *Die Geburtsfehler des Systems müssen repariert werden. Ohne einen signifikanten Preis für den Ausstoß einer Tonne CO2 bleibt die klimapolitische Steuerungswirkung aus. Kohlestrom wird billig und die Investitionen in erneuerbare Energien und flexible Gaskraftwerke, die die erneuerbaren Energien flankieren können, werden vergleichsweise unrentabel. Die Unternehmen, die ihre Kohlestromkapazitäten ausgebaut haben, werden belohnt.*

2. *Der Emissionshandel funktioniert wie geplant. Dass sich das einmal politisch festgelegte cap als zu hoch herausstellt, ist gut für das Klima, denn dies bedeutet, dass weniger Treibhausgase ausgestoßen wurden als vorgesehen. Dem Klima ist es egal, ob das Reduktionsziel aufgrund einer Wirtschaftskrise oder aufgrund von grünen Investitionen erreicht wurde. Außerdem sind Markteingriffe durch den Staat grundsätzlich abzulehnen.*

Auffällig ist, dass beide Positionen ökonomische und klimapolitische Argumente eng miteinander verweben, dass die Schlussfolgerungen jedoch antagonistisch auseinanderlaufen. Darin zeigt sich die argumentative Flexibilität, die Kompromisse ermöglichen.

---

10 Gleichzeitig kann die argumentative Plausibilität in Bezug auf die materiale Welt auch erhöht werden. In so genannten ‚Prüfungen' oder ‚Tests' werden materiale Dinge herangezogen, um Situationsdeutungen zu begründen und zu erhärten (insb. Thévenot 2002). Es bleibt eine empirische Frage, inwieweit dieser rechtfertigende Bezug auf die materiale Welt mit Einbußen an Allgemeingültigkeit und Universalität erkauft werden muss – und welche Folgen dies für die Kontinuierung von Institutionen hat.

Einerseits ist der Kompromiss also noch am Leben, andererseits werden seine Bruchstellen über die Diskussion von technischen Detailfragen deutlicher.

Der Übergang vom Kompromiss zum Konflikt ist darüber hinaus fließend. Es ist interessant zu sehen, dass die zweite Position sich purer neoklassischer Marktformeln bedient, indem gefordert wird, dass allein Angebot und Nachfrage den Preis bestimmen dürfen und nicht der Staat. Dass der Emissionshandel von Beginn an ein staatlich geschaffenes System ist (mit ‚Geburtsfehlern', Position 1), blendet diese Argumentationsfigur stellenweise aus. Der Emissionshandel wird für einen Moment zum idealtypischen Markt. Der Kompromiss wird aber nur kurzzeitig aufgekündigt, um den Bezug zum politischen Klimaschutz sogleich wieder herzustellen. Die politisch verhandelte Begrenzung der Emissionen (*cap*) wird einerseits negiert *und* andererseits als Begründungsfigur herangezogen. Die Marktformel wird flexibel aus der Kompromissformel gelöst, um sogleich wieder mit ihr verwoben zu werden. Kompromisse sind erstaunlich elastisch. Es bleibt eine offene Frage, wie weit sich dieser Kompromissbogen spannen lässt, ohne dass seine Bruchstellen nachgeben.

5   Zusammenfassung

Es wurde argumentiert, dass mit der öffentlichen Wahrnehmung von Klimaschutzproblemen als *globale* Probleme eine diskursiv-legitimatorische Konstellation auf den Plan tritt, die nach einer Regulierung durch einen theoretisch *grenzenlosen* bzw. *grenzüberschreitenden* Markt geradezu verlangt: ‚ein globaler Markt für ein globales Menschheitsproblem'. Der Emissionshandel wurde als öffentlich-diskursives Konstrukt in seiner Entstehung und in seiner Kontinuierung nachvollzogen. Dabei wurde die Frage gestellt, wie der Emissionshandel trotz seines klimapolitischen Misserfolgs institutionell erfolgreich sein kann. Beantwortet wurde diese Frage in Bezug auf den Kompromissbegriff von Boltanski und Thévenot (2007). Kompromisse integrieren verschiedene öffentlich-moralische Vorstellungen über gerechtes und richtiges Zusammenleben und ermöglichen so vielfältige argumentative Verweise. Die Widersprüchlichkeiten der im Emissionshandel verwobenen moralischen Verweisungen werden über die Kompromissbildung unkenntlich gemacht. Dabei nützt es dem Emissionshandel auch, dass es schwierig ist, den tatsächlichen klimapolitischen *impact* des Emissionshandels zu bestimmen. Die Vagheit und die abstrakte Allgemeingültigkeit der Verweisungshorizonte können so eine Glaubwürdigkeit etablieren, die sich einer effektiven Überprüfung im Verweis auf die Zukunft entziehen kann.

Die Unterschiede der in einem Kompromiss verwobenen Rechtfertigungsordnungen können jedoch durch Kritik und Klarstellung der beteiligten Protagonisten sichtbar gemacht werden. Kompromisse bedürfen deshalb aktiver Aufrechterhaltung durch Rechtfertigung. An der Art und Weise des Umgangs mit Kritik kann der öffentlich-legitimierte Zustand eines Kompromisses abgelesen werden. So kann der Kompromiss als moralisch stabil eingestuft werden, wenn die Kritiker des Systems zu Häretikern werden, die nicht an den ‚globalen Markt zur Rettung der Menschheit' glauben. Moralisch instabil ist ein Kompromiss, wenn er nicht mehr im Hinblick auf seine Allgemeingültigkeit und seinen Beitrag zur Vergrößerung des Gemeinwohls gerechtfertigt wird, sondern nur noch im Hinblick auf seine profane materiale Existenz, wenn es z.B. heißt, dass eine CO_2-Steuer zwar besser wäre, aber der Emissionshandel realisiert oder politisch realistisch ist. Dies deutet bereits auf Legitimationsprobleme hin. Gefährdet ist ein Kompromiss, wenn die Privatinteressen der unterschiedlichen Protagonisten zum Vorschein kommen und aus dem Kompromiss wieder ein offener Konflikt wird. Zu Beginn der dritten Phase des EU-Emissionshandelssystems stehen sich die ‚Klimaschützer' und die ‚Wirtschaftsretter' wieder als Kontrahenten gegenüber und es ist unklar, ob diese tiefen Interessengegensätze weiterhin in einer übergreifenden – die Unterschiede verdeckenden – Kompromissformel vereint werden können. Interessant ist dabei, dass beide Parteien in ihren Begründungs-figuren den Kompromiss bemühen und an der allgemeingültigen Formel ‚ein globaler Markt für ein globales Menschheitsproblem' festhalten – auf ganz unterschiedliche Weise und im Hinblick auf ganz unterschiedliche politische Forderungen. Einerseits ist der Kompromiss also noch am Leben, andererseits werden seine Bruchstellen immer öfter und deutlicher sichtbar.

Indem der analytische Fokus auf den Kompromiss und seine moralischen Bruchstellen gelegt wird, kann die Dynamik paradoxer Kontinuierung, wie der des Emissionshandels, untersucht werden. Kompromisse verfügen über eine erstaunliche Elastizität, bedürfen aber aktiver Aufrechterhaltung. Diese Aufrechterhaltung bewegt sich im Spannungsfeld zwischen profaner Institutionalisierung und allgemeingültiger Rechtfertigung.

Literatur

Akhurst, Mark; Morgheim, Jeff and Rachel Lewis (2003) Greenhouse gas emissions trading in BP: *Energy Policy* 31:7: 657–663.

Altvater, Elmar (2008) *Ablasshandel gegen Klimawandel? Marktbasierte Instrumente in der globalen Klimapolitik und ihre Alternativen: Reader des Wissenschaftlichen Beirats von Attac.* VSA, Hamburg.

Bailey, Ian (2010) The EU emissions trading scheme: *Climate Change* 1:1: 144–153.

Bassen, Alexander und Sebastian Rothe (2009) CO_2-Risiken und Unternehmensbewertung: *Finanz Betrieb* 11:5: 240–246.

Berger, Peter L. und Thomas Luckmann (1980 [1969]) *Die gesellschaftliche Konstruktion der Wirklichkeit. Eine Theorie der Wissenssoziologie.* Fischer, Frankfurt am Main.

Böhm, Steffen and Siddhartha Dabhi (eds.) (2009) *Upsetting the Offset: The Political Economy of Carbon Markets.* MayFlyBooks, London.

Boltanski, Luc und Ève Chiapello (2003) *Der neue Geist des Kapitalismus.* UVK, Konstanz.

Boltanski, Luc and Laurent Thévenot (1983) Finding one's way in social space: A study based on games: *Social Science Information* 22:4/5: 631–680.

Boltanski, Luc and Laurent Thévenot (2000) The Reality of Moral Expectations: A Sociology of Situated Judgment: *Philosophical Explorations* 3:3: 208–231.

Boltanski, Luc und Laurent Thévenot (2007) *Über die Rechtfertigung. Eine Soziologie der kritischen Urteilskraft.* Hamburger Edition, Hamburg.

Boltanski, Luc und Laurent Thévenot (2011) Die Soziologie der kritischen Kompetenzen. In: Diaz-Bone, Rainer (Hrsg.) *Soziologie der Konventionen. Grundlagen einer pragmatischen Anthropologie.* Campus, Frankfurt am Main, S 43–68.

Bowen, Frances and Bettina Wittneben (2011) Carbon accounting: Negotiating accuracy, consistency and certainty across organisational fields: *Accounting, Auditing & Accountability Journal* 24:8: 1022–1036.

Braun, Marcel (2009) The evolution of emissions trading in the European Union – The role of policy networks, knowledge and policy entrepreneurs: *Accounting, Organizations and Society* 34:3/4: 469–487.

Callendar, Guy S. (1938) The artificial production of carbon dioxide and its influence on temperature: *Q.J.R. Meteorol. Soc* 64:275: 223–240.

Callendar, Guy S. (1958) On the Amount of Carbon Dioxide in the Atmosphere: *Tellus* X:2: 243–248.

Callon, Michel (1998) An essay on framing and overflowing: economic externalities revisited by sociology. In: Callon, Michel (ed.) *The Laws of the Markets.* Blackwell, Oxford, p 244–269.

Callon, Michel (2009) Civilizing markets: Carbon trading between in vitro and in vivo experiments: *Accounting, Organizations and Society* 34:3-4: 535–548.

Carbon Tracker Initiative (2011) Unburnable Carbon – Are the world's financial markets carrying a carbon bubble? URL: http://www.carbontracker.org/52769F33-6662-4BE8-B42C-A5A-B2E50CE72/FinalDownload/DownloadId-44555BF29F11EDF359E46E90C917C4AA/5276 9F33-6662-4BE8-B42C-A5AB2E50CE72/wp-content/uploads/downloads/2012/08/Unburn-able-Carbon-Full1.pdf [Stand 2012-12-08].

Cline, William R. (1992) *The Economics of Global Warming.* Institute for International Economics, Washington.

Coase, Ronald H. (1960) The Problem of Social Cost: *Journal of Law and Economics* 3: 1–44.

Dales, John H. (1968a) Land, water, and ownership: *Canadian Journal of Economics* 1:4: 791–804.

Dales, John H. (1968b) *Pollution property and prices: An essay in policy-making and economics.* University of Toronto Press, Toronto.

Deutsche BPAktiengesellschaft (2007) Was wissen die Deutschen über Kyoto, Öko-Steuer und Emissionshandel? Eine repräsentative Befragung der deutschen BP im Jahr 2007: Durchführung: TNS Emnid, Bielefeld; Bochum. Online im Internet: URL: http://www.tns-emnid.com/politik_und_sozialforschung/pdf/Emissionshandel.pdf [Stand 2012-11-21].

Dubuisson-Quellier, Sophie (2010) From Consumerism to the Empowerment of Consumers: The Case of Consumer Oriented Movements in France: *Sustainability* 2:7: 1849–1868.

EEA (2011) Greenhouse gas emission trends and projections in Europe 2011. Tracking progress towards Kyoto and 2020 targets. (EEA Report). Kopenhagen. URL: http://www.eea.europa.eu/publications/ghg-trends-and-projections-2011 [Stand 2013-05-17].

EEA (2012) Approximated EU GHG inventory: early estimates for 2011. (EEA Technical report). URL: http://www.eea.europa.eu/pressroom/publications/approximated-eu-ghg-inventory-2011/ [Stand 2013-05-17].

Ellerman, A. Denny; Buchner, Barbara and Carlo Carraro (eds.) (2007) *Allocation in the European emissions trading scheme: Rights, rents and fairness*. Cambridge Univ. Press, Cambridge.

Ellermann, A. Denny; Schmalensee, Richard; Bailey, Elizabeth M.; Joskow, Paul L. and Juan-Pablo Montero (2000) *Markets for Clean Air: The U.S. Acid Rain Program*. Cambridge University Press, Cambridge.

Engels, Anita (2006) Market creation and transnational rule-making: The case of CO_2-emissions trading. In: Djelic, Marie-Laure and Kerstin Sahlin-Andersson (eds.) *Transnational Governance. Institutional Dynamics of Regulation*. Cambridge University Press, Cambridge, p 329–348.

Engels, Anita; Knoll, Lisa and Martin Huth (2008) Preparing for the 'Real' Market: National Patterns of Institutional Learning and Company Behaviour in the European Emissions Trading Scheme (EU ETS): *European Environment* 18:5: 276–297.

Espeland, Wendy N. and Mitchell L. Stevens (1998) Commensuration as a social process: *Annual Review of Sociology* 24:1: 313–343.

EU Kommission (2012a) Structural reform of the European carbon market. URL: http://ec.europa.eu/clima/policies/ets/reform/index_en.htm [Stand 2012-11-21].

EU Kommission (2012b) What is the EU doing about climate change? URL: http://ec.europa.eu/clima/policies/brief/eu/index_en.htm [Stand 2012-12-02].

Favereau, Olivier; Biencourt, Olivier and François Eymard-Duvernay (2002) Where do markets come from? From (quality) conventions! In: Favereau, Olivier and Emmanuel Lazega (eds.) *Conventions and Structures in Economic Organization: Markets, Networks and Hierarchies*. Edward Elgar, Cheltenham, p 213–252.

Forst, Rainer und Klaus Günther (2011) Die Herausbildung normativer Ordnungen. Zur Idee eines interdisziplinären Forschungsprogramms. In: Forst, Rainer und Klaus Günther (Hrsg.) *Die Herausbildung normativer Ordnungen: Interdisziplinäre Perspektiven*. Campus, Frankfurt am Main, S 11–30.

Funtowicz, Silvio O. and Jerry R. Ravetz (1993) Science for the postnormal age: *Futures* 25:7: 739–755.

Haslinger, Franz und Johannes Schneider (1983) Die Relevanz der Gleichgewichtstheorie. Gleichgewichtstheorie als Grundlage der ordnungs- und wirtschaftspolitischen Diskussion. In: Gijsel, Peter de; Schmid-Schönbein, Thomas; Schneider, Johannes; Vogt, Winfried und Ulrich Wittmann (Hrsg.) *Ökonomie und Gesellschaft. Jahrbuch 1. Die Neoklassik und ihre Herausforderungen*. Campus, Frankfurt am Main, S 1-55.

Helbig, Eike (2010) *Windfall Profits im europäischen Emissionshandel. Rechtsdogmatische und rechtspolitische Erwägungen am Beispiel der deutschen Energiewirtschaft*: Nomos, Baden-Baden.

Houghton, John T.; Jenkins, G. J and Ephraums, J.J (eds.) (1990) *Climate Change: The IPCC Scientific Assessment: Report prepared for Intergovernmental Panel on Climate Change by Working Group I*. Cambridge University Press, Cambridge.

Huault, Isabelle and Hélène Rainelli-Weiss (2011) A Market for Weather Risk? Conflicting Metrics, Attempts at Compromise, and Limits to Commensuration: *Organization Studies* 32:10: 1395–1419.

Knoll, Lisa (2012a) *Über die Rechtfertigung wirtschaftlichen Handelns. CO$_2$-Handel in der kommunalen Energiewirtschaft.* VS Verlag, Wiesbaden.

Knoll, Lisa (2012b) Wirtschaftliche Rationalitäten. In: Engels, Anita und Lisa Knoll (Hrsg.) *Wirtschaftliche Rationalität – Soziologische Perspektiven.* VS Verlag, Wiesbaden, S 47–66.

Knoll, Lisa und Anita Engels (2012) Exploring the Linkages Between Carbon Markets and Sustainable Innovations in the Energy Sector: Lessons from the EU Emissions Trading Scheme. In: Jansen, Dorothea; Ostertag, Katrin and Rainer Walz (eds.) *Sustainability Innovations in the Electricity Sector.* Springer, Heidelberg, p 97–116.

Kossoy, Alexandre and Pierre Guigon (2012) *State and Trends of the Carbon Market 2012: Carbon Finance at the World Bank.* Washington D.C.

Kruger, Joseph and William A. Pizer (2004) Greenhouse gas trading in Europe. The grand new policy experiment: *Environment* 46:8: 8–23.

Lafaye, Claudette and Laurent Thévenot (1993) Une justification écologique? Conflits dans l'aménagement de la nature: *Revue Française de Sociologie* 34:4 : 495–524.

Langenohl, Andreas (2009) Finanzmarktöffentlichkeiten. Die funktionale Beziehung zwischen Finanzmarkt und öffentlichem Diskurs. In: Diaz-Bone, Rainer und Gertraude Krell (Hrsg.) *Diskurs und Ökonomie. Diskursanalytische Perspektiven auf Märkte und Organisationen.* VS Verlag, Wiesbaden, S 245–266.

Langenohl, Andreas (2012) Mathematische und professionelle Rationalität an Finanzmärkten. In: Engels, Anita und Lisa Knoll (Hrsg.) *Wirtschaftliche Rationalität – Soziologische Perspektiven.* VS Verlag, Wiesbaden, S 109–128.

Latour, Bruno (1998) Über technische Vermittlung. Philosophie, Soziologie, Genealogie. In: Rammert, Werner (Hrsg.) *Technik und Sozialtheorie.* Campus, Frankfurt am Main, S 29–82.

Levin, P. and Wendy N. Espeland (2002) Pollution futures: commensuration commodification and the market for air. In: Hoffman, Andrew Jand Marc J. Ventresca (eds.) Organizations, policy, and the natural environment: institutional and strategic perspectives. Stanford University Press, Stanford, p 119–147.

Lohmann, Larry (2006) Carbon Trading: A Critical Conversation on Climate Change, Privatisation and Power: *Development Dialogue* 48 (September): 4–359.

MacKenzie, Donald A. (2009) *Material markets: How economic agents are constructed.* Oxford Univ. Press, Oxford.

Meyer, John W. and Brian Rowan (1977) Institutionalized Organizations: Formal Structure as Myth and Ceremony: *American Journal of Sociology* 83:2: 340–363.

Meyer, John W. and Lynne G. Zucker (1983) Permanently Failing Organizations. Sage, Newbury Park.

Olsen, Mancur (1965) The Logic of Collective Action. Public Goods and the Theory of Groups. Harvard University Press, Cambridge, Mass.

Pigou, Arthur C. (1920) *The Economics of Welfare.* MacMillan, London.

Prins, Gwyn; Cook, Malcolm; Green, Christopher; Hulme, Mike; Korhola, Atte; Korhola; Eija-Riitta; Pielke, Roger; Rayner, Steve; Sawa, Akihiro; Sarewitz, Daniel; Stehr, Nico and Hans von Storch (2009) How to get climate policy back on course. URL: http://sciencepolicy.colorado.edu/admin/publication_files/resource-2731-2009.17.pdf [Stand 2012-11-22].

Schafhausen, Franzjosef (2006) Emissionshandel – Start frei zur zweiten Runde: *Zeitschrift für Energiewirtschaft* 30:1: 3–30.

Skjærseth, Jon B. and Jørgen Wettestad (2008) EU emissions trading: initiation, decision-making and implementation. Ashgate, Aldershot; Hampshire u.a.

Stäheli, Urs (2004) Im Takt der Börse. Inklusionseffekte von Verbreitungsmedien am Beispiel des Börsentickers: *Zeitschrift für Soziologie* 33:3: 245–263.

Stephan, Benjamin (2012) Bringing discourse to the market: the commodification of avoided deforestation: *Environmental Politics* 21:4: 621–639.

Storch, Hans von (2009) Climate research and policy advice: scientific and cultural production of knowledge: *Environmental Science and Policy* 12:7: 741–747.

Svendsen, Gert T. (1999) The idea of global CO_2 trade: *European Environment* 9:6: 232–237.

Svendsen, Gert T. (2005) Lobbying and CO_2 trade in the EU. In: Hansjürgens, Bernd (eds.): *Emissions Trading for Climate Policy. US and European Perspectives*. Cambridge University Press, Cambridge, p 150–161.

Thévenot, Laurent (1984) Rules and implements: investment in forms: *Social Science Information* 23:1: 1–45.

Thévenot, Laurent (2001) Organized Complexity. Conventions of Coordination of Economic Arrangements: *European Journal of Social Theory* 4:4: 405–425.

Thévenot, Laurent (2002) Conventions of co-ordination and the framing of uncertainty. In: Fullbrook, Edward (ed.) *Intersubjectivity in Economics*. Routledge, London, p 181–197.

Thévenot, Laurent (2011a) Die Person in ihrem vielfachen Engagiertsein. In: Diaz-Bone, Rainer (Hrsg.) *Soziologie der Konventionen. Grundlagen einer pragmatischen Anthropologie*. Campus, Frankfurt am Main, S 231–254.

Thévenot, Laurent (2011b) Die Pluralität kognitiver Formate und Engagements im Bereich zwischen dem Vertrauten und dem Öffentlichen. In: Diaz-Bone, Rainer (Hrsg.) *Soziologie der Konventionen. Grundlagen einer pragmatischen Anthropologie*. Campus, Frankfurt am Main, S 255–274.

Thévenot, Laurent, Moody, Michael and Claudette Lafaye (2000) Forms of valuing nature: arguments and modes of justification in French and American environmental disputes. In: Lamont, Michèle and Laurent Thévenot (eds.) *Rethinking comparative cultural sociology: Repertoires of evaluation in France and the United States*. Cambridge University Press, Cambridge, p 229–272.

Victor, David G. and Joshua C. (2006) BP's emissions trading system: *Energy Policy* 34:15, 2100–2112.

Voß, Jan-Peter (2007) Innovation Processes in Governance: The Development of 'Emissions Trading' as a New Policy Instrument: *Science and Public Policy* 34:5: 329–343.

Walzer, Michael (1998) *Sphären der Gerechtigkeit. Ein Plädoyer für Pluralität und Gleichheit*. Fischer, Frankfurt am Main.

Streng vertraulich in der Weltöffentlichkeit: Moral im Mikrofinanzmarkt

Barbara Grimpe

1   Einleitung

Wie lässt sich das Verhältnis von Finanzmarkt und Öffentlichkeit bestimmen? Diese Frage wird anhand eines Finanzbereichs untersucht, in dem „Gabentausch und Markttransaktionen miteinander verbunden sind" (Beckert 2012, S. 253), nämlich dem noch jungen globalen Markt für Mikrofinanzierung.[1] Hier tätigen immer mehr ausländische Kapitalgeber Investitionen in Organisationen, die relativ armen Kleinunternehmern in den sog. Entwicklungs- und Schwellenländern Kredite gewähren. Neben einem finanziellen Gewinn steht für die Investoren ein moralischer Nutzen in Aussicht: Es wäre möglich, sozial Gutes zu tun, oder zumindest den Endkreditnehmern keinen Schaden zuzufügen. Allgemeiner ist Mikrofinanzierung Teil der Vision einer verantwortungsvollen Finanzwirtschaft (vgl. McKee et al. 2011, S. 1; SPTF 2012a, d). Konkret werden z.B. entwicklungspolitische Verbesserungen versprochen, etwa der Aufbau funktionierender Finanzsysteme, ein Beitrag zur Armutsminderung oder die Stärkung von Frauenrechten (z.B. Ledgerwood 1999, S. 3-4, 37-39; World Bank 2012).

Auf den ersten Blick wird also ein sehr spezifischer Finanzmarkt untersucht. Allerdings hat Beckert darauf hingewiesen, dass auch andere Märkte sowie ökonomisches Handeln insgesamt auf verschiedene Arten von „Sittlichkeit" geprägt sind. Im vorliegenden Fall handelt es sich gemäß seiner analytischen Unterscheidung um eine „marktbegleitende Sittlichkeit", während andere ökonomische Bereiche durch eine „marktermöglichende" oder „marktbegrenzende Sittlichkeit" gekennzeichnet seien (Beckert 2012, S. 250-256). Beckert behandelt zahlreiche empirische Beispiele für Marktmoral eher kursorisch und konzentriert sich auf eine Kritik an wirtschaftswissenschaftlichen Effizienz- und sozio-

1   Diese Publikation und das zugrunde liegende Forschungsprojekt wurden unterstützt durch den SNF. Des Weiteren gilt mein besonderer Dank Marietta Meier, Andreas Langenohl und Dietmar Wetzel für wertvolle Kommentare und Kritik. Ich danke auch allen Mikrofinanzexperten und -expertinnen, die sich zu Interviews mit mir bereit erklärten und zum Schutz ihrer Persönlichkeit hier nicht namentlich genannt werden. Zudem danke ich Larissa Fischer sehr: Sie hat den Großteil meiner Interviews und Konferenzmitschnitte im Rahmen des Projekts transkribiert.

logischen Differenzierungstheorien, welche der tatsächlichen Verschränkung von Wirtschaft und Gesellschaft nicht Rechnung tragen würden (und aus seiner Sicht wäre die Theorie sozialer Felder eine bessere theoretische Alternative; Beckert 2012, S. 250, 256ff.). Der vorliegende Beitrag liefert nicht nur eine Antwort auf die zentrale Frage zum Verhältnis von Finanzmarkt und Öffentlichkeit, sondern auch eine empirisch umfassendere Begründung für seine These, dass „ethische Werthaltungen offensichtlich Teil des Markthandelns und von Marktstrukturen sind" (Beckert 2012, S. 253) – und auf welche Weise genau sie es sind.

Folgende These wird geprüft: Der globale Mikrofinanzmarkt und die Öffentlichkeit stehen in einem derart engen Wechselverhältnis, dass eine strenge begriffliche Unterscheidung nicht aufrechterhalten werden kann. Damit der Markt tatsächlich als ‚Markt' funktionieren kann, muss er sich zu einem gewissen Grad öffnen und relevante Informationen für die (Anlage-)Entscheidungen aktueller sowie potenzieller Investoren sichtbar machen. Dies schließt Informationen über vermeintlich respektierte bzw. zu erzielende ethische Werte ein. In diesem Sinn gehören eine partielle Öffnung und Sichtbarmachung, also sozusagen eine *Öffentlichkeit als Praxis* (‚Ver-Öffentlichung'), zum Wesen des Marktes. Mit anderen Worten, Markt und Öffentlichkeit sind nicht mehr als getrennte Sphären zu denken.

Diese These bestätigt sich auf der Grundlage empirischer Daten, die von 2010 bis 2012 im Rahmen eines mikrosoziologisch ausgerichteten Forschungsprojekts erhoben wurden.[2] Das Projekt untersucht mit dem Instrumentarium der Social Studies of Finance u.a. das Zusammenspiel von individuellen Akteuren mit Artefakten – technischen Systemen und schriftlich-numerischen Repräsentationen – im Alltag von Finanzexperten (vgl. Kalthoff 2009, S. 271), und im vorliegenden Fall auch Entwicklungsexperten. Dies schließt eine Berücksichtigung von makrosozialen Strukturen und kollektiven Akteuren nicht aus, im Gegenteil (vgl. Knorr Cetina und Bruegger 2002). Im vorliegenden Fall zeigt sich diese Gleichzeitigkeit von mikrosozialer und makrosozialer Organisation z.B. darin, dass eine Internetplattform, welche von mehreren internationalen Standard-Setting-Initiativen beworben sowie mit Daten gefüttert wird, eine Weltöffentlichkeit adressiert und damit die Möglichkeit zur Etablierung eines kulturell-historisch neuartigen weltweiten Beobachtungs- und Vergleichsraums für Mikrofinanzierung eröffnet (vgl. Heintz 2010).

Der nächste Abschnitt 2 führt in das Untersuchungsfeld ein und erläutert die wissens- und kultursoziologischen Grundbegriffe der weiteren Analyse. Anstelle des monolithischen Konzepts von Öffentlichkeit werden in Anlehnung an Kalthoff und Vormbusch

---

2   Von 2010 bis 2012 habe ich zwölf qualitative Interviews mit verschiedenen Mikrofinanz-experten geführt (darunter z.B. fünf Mitarbeiter von Fonds bzw. Investmentfirmen) und fünf internationale Mikrofinanzkonferenzen teilnehmend beobachtet und aufgezeichnet (insgesamt ca. sieben Tage). Zudem besteht ein großer Teil der Datenerhebung in der Analyse formaler Dokumente und Websites verschiedener Akteure des Feldes. Im Weiteren werden Interviewpartner, Konferenzteilnehmer usw. immer in männlicher Form zitiert, obgleich es im Mikrofinanzsektor auch viele Expertinnen gibt. Dies dient der Anonymisierung.

(2012, S. 10) die differenzierten, eher praxis- und prozessbezogenen Begriffe „Publika" (für verschiedene Teilöffentlichkeiten) und „Publikationen" (für verschiedene schriftlich-numerische Repräsentationen) gebraucht. Abschnitt 3 analysiert die Praktiken der Öffnung und Sichtbarmachung des Marktes. Untersuchungsgegenstand sind zwei Arten von Publikationen: erstens Daten, die auf der o.g. Plattform präsentiert werden, und zweitens Ratings, mit denen auf Mikrofinanzierung spezialisierte Agenturen die sozialen und finanziellen Leistungen von Institutionen, die Kleinkredite vergeben, bewerten (z.B. M-CRIL 2012; MicroRate 2012). Mithilfe dieser beiden Publikationsarten können auch solche Akteure, die über keine jahrelange Mikrofinanzexpertise verfügen, jedoch an einer Beteiligung am Mikrofinanzmarkt interessiert sind (also vor allem direkte und indirekte Investoren), nicht nur die finanziellen Bedingungen, sondern auch sozial Gutes bzw. verantwortliches Handeln scheinbar sicher identifizieren und in ihren (Anlage-) Entscheidungen berücksichtigen. Die scheinbar sichere Identifizierbarkeit beruht auf dem Umstand, dass beide Arten von Publikationen direkt oder indirekt mit Quantifizierungen, d.h. numerischen Werten, welche sozial Gutes und Verantwortlichkeit zu fassen versuchen, operieren. Mag das Potenzial des neuen weltweiten Beobachtungs- und Vergleichsraums in entwicklungspolitischer Hinsicht durchaus zu würdigen sein, ist diese scheinbar sichere Identifizierbarkeit doch analytisch-kritisch zu hinterfragen, was in Abschnitt 3 erfolgt.

Abschnitt 4 untersucht demgegenüber, wie sich der Mikrofinanzmarkt nach außen abgrenzt und viele Interessierte bewusst ausschliesst. Genauer gesagt, anhand einer Fallstudie über einen Mikrofinanzfonds wird ein zunächst paradoxer Zusammenhang thematisiert und interpretiert: Der Fonds publiziert viel, verschließt sich aber trotzdem einer breiteren Öffentlichkeit. Diese in der Fondsindustrie vermutlich verbreitete Geheimhaltungspraxis kann Außenstehende daran zweifeln lassen, ob Mikrofinanzinvestitionen wirklich so ‚sozial' bzw. ‚verantwortungsvoll' umgesetzt werden, wie oft behauptet wird. Zahlreiche Fonds-Entscheidungen entziehen sich auf diese Weise einer äußeren Prüfung. Nichtsdestotrotz scheinen auf Fondsebene *andere* Formen verantwortungsvollen Handeln zu existieren. Diese Verantwortlichkeit lässt sich kaum trennen von den spezifischen Arbeitskontexten und Problemzusammenhängen, mit denen die Fondsmitarbeiter im Alltag konfrontiert sind, und sie lässt sich auch kaum quantifizieren. Abschnitt 4 gibt drei Beispiele für diese verborgene, eher qualitativ zu fassende Praxis der Verantwortlichkeit. In der Zusammenfassung werden diese und weitere, im Lauf des Beitrags erarbeitete Einsichten zu verantwortlichem (moralischem) Handeln wieder auf die Ausgangsfrage zum Verhältnis von Markt und Öffentlichkeit bezogen.

2   Weltweite Repräsentationsarbeit:
Publika und Publikationen im Mikrofinanzmarkt

Während Mikrofinanzierung diverse Teilbereiche umfasst, konzentriert sich die vor-liegende Studie aus forschungspraktischen Gründen nur auf Kredite.[3] Die vielen ver-schiedenen Organisationen, die in den sog. Entwicklungs- und Schwellenländern relativ armen Kleinunternehmern und -unternehmerinnen Darlehen gewähren, werden heute oft unter dem Begriff „Mikrofinanzinstitutionen" (MFIs) zusammengefasst (z.B. Ledgerwood 1999, S. 1; Robinson 2001, S. 28). Zwischen 2006 und 2010 hat sich der Anteil des ausländischen Kapitals am Gesamtkapital dieser MFIs vervierfacht – unter maßgeb-licher Beteiligung neuer Akteure, nämlich individueller und institutioneller Investoren (CGAP 2011, S. 1). Dies ist wahrscheinlich darauf zurückzuführen, dass viele MFIs zu-nehmend in der Lage sind, kostendeckend zu arbeiten und Gewinn zu erzielen. Es handelt sich um eine bedeutende Veränderung: Jahrzehntelang dominierten Spenden und Sub-ventionen staatlicher und internationaler Entwicklungsorganisationen den Sektor (vgl. Ledgerwood 1999, S. 2; Robinson 2001, S. 52-53). Zudem ist seit ca. Mitte der 1990er Jahre ein neuer Typ Finanzintermediär entstanden, die sog. „Microfinance Investment Vehicles" (MIVs), d.h. auf Mikrofinanzierung spezialisierte Fonds. Ihre Zahl ist auf über 100 gestiegen (LUMINIS 2012).

Während dieses Marktwachstum vermutlich eine Zunahme an persönlichen Inter-aktionen und persönlichem Informationsaustausch zwischen den verschiedenen Be-teiligten – etwa Mitarbeitern von MFIs, MIVs und institutionellen Investoren – impliziert, soll im Weiteren der Fokus auf dem Zuwachs an (unpersönlichem) schriftlichem und numerischem Informationsaustausch liegen. Denn Schriftlichkeit und Zahlenförmigkeit scheinen wichtige Komponenten eines tatsächlich *globalen* Marktes zu sein. Damit ist ein Handlungs- und Koordinationszusammenhang gemeint, in dem weltweit verstreute aktuelle und potenzielle Investoren nicht nur schnell Übersicht über verschiedenste MFIs und deren Geschäftstätigkeit gewinnen, sondern diese auch besonders rasch *ver-gleichen* können – was sie letztlich in die Lage versetzt, in großem Umfang über große Entfernungen hinweg legitime (Anlage-)Entscheidungen zu treffen (vgl. Heintz 2010, S. 169-170).

Anders gesagt geht es hier weniger um ‚tatsächliche' Beziehungen, sondern um deren Repräsentation mittels verschiedener zahlenförmiger, schriftlicher und technischer Medien. Mit diesem Fokus auf schriftlich-numerische und technische Repräsentationen geht auch ein differenziertes Verständnis von ‚Öffentlichkeit' einher. So lässt sich das Zu-sammenspiel verschiedener Akteure und Repräsentationen in Anlehnung an Kalthoff und Vormbusch (2012, S. 10) als facettenreiches globales „Drama" bezeichnen. Die beiden Autoren identifizieren mindestens drei „Publika", für die sich das „Geschehen an den Finanzmärkten" in Form von „Aufführungen" darstellt. Die ersten beiden dieser „Publika" sind offensichtliche Marktteilnehmer:

---

3   Andere Bereiche sind z.B. Spareinlagen, Versicherung, Zahlungs- und Überweisungssysteme.

„[Das] Geschehen an den Finanzmärkten richtet sich an verschiedene Publika: Es richtet sich erstens an die Finanzhändler selbst, die die ersten Zuschauer ihrer eigenen Aufführungen sind und damit in einem Bild leben, das sie von sich selbst und ihrer Community erzeugen; es richtet sich zweitens an (potentielle) Kunden, die ökonomisch sinnvolle Transaktionen und Kalkulationen erwarten; und es richtet sich drittens an (Fach-)Öffentlichkeiten, die der der ökonomischen Realität [...] (sozialen) Sinn abzuringen versuchen" (Kalthoff und Vormbusch 2012, S. 10).

Markt und Öffentlichkeit bilden in dieser Perspektive ein gemeinsames Feld, bestehend aus diversen Blickrichtungen und Berichtswegen. Dieser Ansatz lässt sich auf den Mikrofinanzmarkt übertragen.[4] Der Mikrofinanzmarkt ist komplex in dem Sinne, dass er wesentlich auf dem (globalen) Zusammenspiel diverser Publika und Publikationen beruht. Vereinfacht lässt sich dieses Zusammenspiel zunächst an vier Akteurstypen und drei zwischen ihnen aufgespannten Kreditbeziehungen darstellen: lokaler Kleinunternehmer – MFI; MFI – Fonds; Fonds – Investor (vgl. Abb. 1).

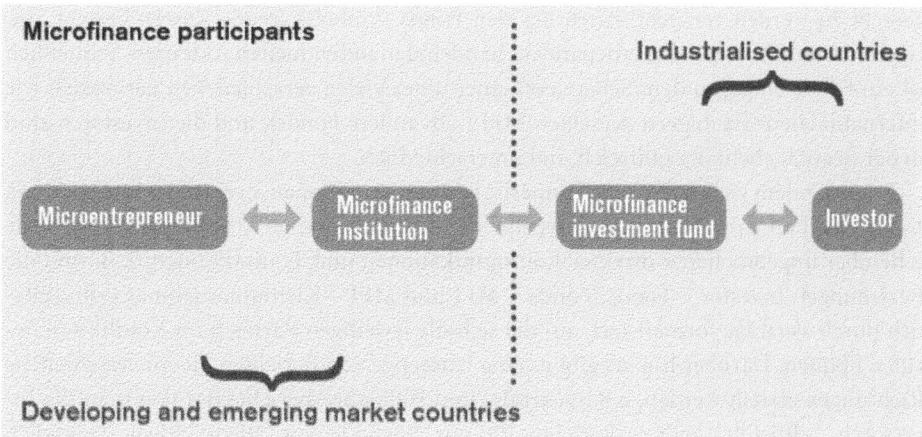

Abbildung 1 Globale Mikrofinanz-Investitionen (Quelle: CSSP 2010, S. 28)

Die Abbildung ist dem Handbuch einer auf Mikrofinanz-Investitionen spezialisierten Beratungsfirma entnommen. In der Realität sind allerdings weitaus mehr Akteure – individuelle wie kollektive – in die Transaktionen von Darlehen in die eine Richtung (hier: von rechts nach links) und in die Rückzahlungen einschließlich Zinszahlungen in die andere Richtung (hier: von links nach rechts) direkt und indirekt involviert. Man

---

4 Viele der Mikrofinanzexperten sind sich allerdings bewusst, dass sie mit zum Teil sehr selektiven und hochverdichteten Repräsentationen arbeiten (vgl. Vormbusch 2012, S. 329-330). Sie suchen deshalb auch immer wieder Gelegenheiten, ihr relativ abstraktes schriftliches und Zahlenwissen mit verkörperter, möglichst unmittelbarer Ortserfahrung abzugleichen. Abschnitt 4 wird auf diese und weitere Formen der alternativen Wissensgenerierung näher eingehen.

nehme z.B. den „Microfinance investment fund" als Ausgangspunkt dieser Betrachtung. Ein Fonds vermittelt das Geld seiner Investoren an mehrere, u. U. Dutzende von Mikrofinanzinstitutionen, die in verschiedensten Ländern weltweit und damit in diversen nationalen Rechtsordnungen, aber auch, in einem allgemeineren Sinn, in verschiedenen „Institutionsballungen, die wir Gesellschaft nennen" (Berger und Luckmann 1969/2007, S. 59, 72), situiert sind. Diese haben ihrerseits je Hunderte bis Tausende Kunden. Indem letztere mit ihren Krediten wiederum oft Verwandte und Freunde finanzieren, sind unzählige weitere Akteure tangiert. Der links außen dargestellte „Microentrepreneur" ist damit die größte Vereinfachung im Schema. responsAbility beispielsweise, eine in der Schweiz ansässigen Investmentfirma, berichtete, mit seinem „Global Microfinance Fund" am Ende des vierten Quartals 2012 „in 257 Institutionen investiert" zu sein, welche über 35 Länder verteilt seien, und insgesamt weit über 500.000 Mikrounternehmer zu erreichen (responsAbility 2012, S. 2-3).[5] Außerdem ist diesem wie vielen anderen Fonds eine aus mehreren Mitarbeitern bestehende formale Organisation angegliedert, die der Menge von MFIs und Endkunden grundsätzlich durch interne Spezialisierung und Arbeitsteilung gerecht zu werden versucht. Auch der den Fonds symbolisierende Kasten besteht also eigentlich aus mehreren, interdependent handelnden individuellen Akteuren. Schließlich ist ein Fonds entgegen dem Schema oft einer unter vielen verschiedenen nationalen wie internationalen Gläubigern derselben MFI (z.B. andere Fonds), und die Investoren sind in der Realität ebenfalls zahlreich und unterschiedlich.

Es gibt zudem viele schriftlich-numerische Repräsentationen anstelle der in Abbildung 1 dargestellten drei einfachen Doppelpfeile, d.h. aufwändige Übersetzungen anstelle scheinbar ungebrochener direkter Kommunikationen und Transaktionen. Z.B. sind die Beziehungen Investor – Fonds, Fonds – MFI und MFI – Kleinunternehmer grundsätzlich durch Verträge formalisiert, auf die sich die jeweiligen Parteien im Konfliktfall berufen können. Darüber hinaus gibt es eine Unmenge von Berichten, die in verschiedene Richtungen erstellt werden, z.B. Quartals- und Halbjahresberichte des Fonds an die Investoren. Schließlich gibt es Berichte, die nur einer kleinen Öffentlichkeit zugänglich gemacht werden, d.h. sehr lokal publiziert werden. Abschnitt 4 untersucht diese relativ geheim gehaltenen Publikationen anhand eines Fonds genauer.

Wichtig ist schließlich, dass das Schema einige kollektive Akteure komplett ausblendet, z.B. die diversen internationalen Standard-Setting-Initiativen, die jenseits staatlicher Gesetzgebungen die durch die Kette hindurch laufenden Markttransaktionen – immer mehr MFIs sowie Fonds konkurrieren inzwischen mit anderen MFIs bzw. Fonds – zu formatieren versuchen (vgl. Rottenburg et al. 2000, S. 22). Konkret fordern die Standard Setter diese beiden Akteursgruppen auf, neben den finanziellen auch die sozialen Dimensionen ihres Kreditgeschäfts zu managen, insgesamt ihren Kunden sowie der eigenen Mitarbeiterschaft gegenüber verantwortlich zu handeln und über diese Palette unterschiedlicher „Leistungen" (*social and financial performance*) regelmäßig Bericht zu

---

5   Der „Global Microfinance Fund" gehörte in 2008 zu den zehn grössten MIVs weltweit (CGAP 2008, S. 6).

erstatten (SPTF 2012b, S. 1; SPTF 2012c; Sinha 2010, S. 1; vgl. Smart Campaign 2012; CERISE 2012). Ratingagenturen sind ebenfalls wichtige Interaktionspartner von MFIs und zunehmend auch von Fonds: Sie erstellen selbst Berichte über die verschiedenen Leistungsaspekte und komprimieren ihre Analysen schließlich in einfachen numerischen oder alphabetischen Noten. Es gibt diverse Organisationen, die Ratingdienste für Mikrofinanzierung anbieten (z.B. M-CRIL 2012; MicroRate 2012). Diese beiden Akteursgruppen – Standard Setter und Ratingagenturen – spiegeln mit ihren Analysen unzählige, eigentlich schwer einsehbare und überschaubare lokale Organisationsrealitäten (von MFIs und MIVs) kompakt nach außen an Dritte. Diese Dritten sind u.a. aktuelle sowie potenzielle Investoren, d.h. ein Teil der weltweiten Internetöffentlichkeit.

Diese globale Spiegelung ist aber keine einfache Wiedergabe. Es handelt sich um eine wissenskulturelle Apparatur, die kompakt zahlreiche schriftlich-numerische Repräsentationen zu einer – in sich dann dennoch relativ komplexen – Informationswelt zusammenführt, *diese* an Dritte zurückwirft und deren Anschlusshandlungen beeinflussen kann (vgl. Knorr Cetina 2006, S. 555). Man kann den Handlungs- und Koordinationszusammenhang, der mithilfe dieser Informationswelt aufgebaut wird, als „skopisch" bezeichnen (Knorr Cetina 2006, S. 551, 555). Konkret besteht die Informationswelt aus den Websites der einzelnen Organisationen (also z.B. der Ratingagenturen) und eigens eingerichteten Internetplattformen wie dem sog. „Microfinance Market" (MIX 2012a). Seit 2010 gibt es auch eine auf die Analyse von MIVs spezialisierte Internetplattform (LUMINIS 2013a). Diese Websites und Internetplattformen versammeln listen- und tabellenförmig sowie graphisch präsentierte Kennzahlen und kurze Beschreibungen der Leistungen von MFIs (bzw. im Fall von LUMINIS: von MIVs), sowie umfangreichere (Rating-)Berichte, die Zahlen und textförmige Beschreibungen und Deutungen auf wenigen Seiten kompakt zusammenführen. Da sich die verschiedenen Informationsdienste z.T. untereinander zitieren (z.B. LUMINIS 2013b), bilden sie auch in diesem Sinn einen Weltzusammenhang. Der nächste Abschnitt 3 geht auf diese Informationswelten – welche konzeptuell gesehen immer schon im Übergangsbereich von Markt und Öffentlichkeit liegen – näher ein und arbeitet heraus, wie genau der Mikrofinanzmarkt soziale Leistungen bzw. verantwortliches Handeln nach außen kommuniziert.

3   Moral via Internet: zur globalen Kommunikation verantwortlichen Handelns

Ein Wesensmerkmal des Mikrofinanzmarktes besteht darin, dass aktuellen und potenziellen Investoren nicht nur finanzielle, sondern auch „soziale Gewinne" versprochen werden (z.B. CGAP 2008). Wie genau werden diese sozialen Leistungen, die MFIs vermeintlich erbringen, an Außenstehende kommuniziert? Allgemeiner gesagt, was genau macht der Markt nach außen hin sichtbar, wie adressiert er eine breitere Öffentlichkeit? Die Antwort auf diese Fragen lässt sich ausgehend von den Standard-Setters im Mikrofinanzmarkt entwickeln. Eine der im Feld oft zitierten Standard-Setting-Initiativen, die „Social Performance Task Force" (SPTF), propagiert ein Modell von „Responsible Finance", welches auf der Prämisse beruht, dass soziale Realität und verantwortliches Handeln global grundsätzlich eindeutig und unzweifelhaft bestimmt werden können. Sie definiert soziale Leistung als die „effektive Übersetzung" der Ziele („mission") einer Mikrofinanzinstitution in Praxis – und zwar „in Einklang mit allgemein akzeptierten sozialen Zielen" (Übersetzung aus dem Englischen; SPTF 2012d). Verantwortungsvolle Finanzwirtschaft, so konstatierte ein SPTF-Vertreter auf einer internationalen Konferenz in einem Vortrag, sei die Bereitstellung von Dienstleistungen in gleichzeitig „transparenter und gerechter Weise"; und soziale Verantwortung sei „die Aufgabe aller Akteure" („stakeholders") in der Mikrofinanzindustrie. Anhand einer Grafik (vgl. SPTF 2012d) erläuterte er, es gebe einen „Minimum-Standard" für gute soziale Leistungen einer Mikrofinanzinstitution, womit gleichzeitig der Mindestanspruch einer verantwortungsvollen Finanzwirtschaft erfüllt werde. Dieser bestehe darin, bei den Endkunden, also in diesem Fall bei den lokalen Mikrokreditnehmern, „keinen Schaden anzurichten" („do no harm"). Noch besser sei es, „ethisch zu handeln" („act ethically"). Das Optimum schließlich bestehe darin, sich zu einem positiven Wandel zugunsten der Kunden zu verpflichten, was auch über die Maßgabe verantwortungsvoller Finanzwirtschaft hinausgehe („commit to positive change for clients"). Konkret propagiert die SPTF zusammen mit einer zweiten Standard-Setting-Initiative, dem Microfinance Information Exchange oder kurz „MIX" (vgl. MIX 2012a), dass MFIs mehrere Fragebögen ausfüllen, mit denen ihr aktueller sozialer Leistungsstand bzw. das Ausmaß an verantwortlichem Handeln sichtbar gemacht werden könne. Die Fragebögen beinhalten fast nur geschlossene Fragen bzw. Aussagen mit vorgegebenen Antwortkategorien, die anzukreuzen bzw. auszuwählen oder durch eine Ziffer, zum Teil in der Art eines Rankings, zu komplettieren sind (MIX 2012b und c).[6] Schaut man sich denjenigen Abschnitt an, in dem explizit Fragen unter der Überschrift „Social Responsibility to Clients" gestellt werden, so fällt auf: es handelt sich um textförmige, im Grunde aber binär kodierte Repräsentationen von (vermeintlich) verantwortlichem Handeln. Es sind nämlich vorgegebene Aussagen, die nur mit „Ja" oder „Nein" zu beantworten sind. Drei dieser insgesamt neun binär kodierten Aussagen seien hier herausgegriffen (vgl. Abb. 2; MIX 2012c). Mit diesen und anderen Daten zeichnen die beiden Standard-Setter soziale Realität und verantwortungsvolles Handeln unter den Bedingungen globaler Finanzintermediation als einen grundsätzlich überschaubaren, kontrollierbaren Raum, in dem sich die Qualität verantwortungsvollen Handelns in drei eindeutigen Stufen (von „do no harm" über „act ethically" zu „commit to positive change to clients") unterscheiden lässt.

---

6   Beispiele für die beiden numerischen Antwortformen (Ziffer und Ranking) sind: „number of active borrowers – female"; „Which of the following clients represent your target market? Please rank them in order of importance" (MIX 2012c).

Acceptable and unacceptable debt collection practices are clearly spelled out in a code of ethics, book of staff rules or debt collection manual.	☐ Yes ☐ No
The organization's corporate culture values and rewards high standards of ethical behavior and customer service.	☐ Yes ☐ No
A mechanism to handle customer complaints is in place, has dedicated staff resources, and is actively used. (Suggestion boxes alone are generally not adequate.)	☐ Yes ☐ No

Abbildung 2 Moral binär kodiert – Ausschnitt aus dem „MIX"-Fragebogen

Heimer und Staffen (1998, S. 6-7) definieren Handeln als „verantwortungsvoll", sofern es auf die „Wohlfahrt der anderen" ausgerichtet sei; dabei setze die Wahrnehmung von Handeln als „verantwortungsvoll" einen gesellschaftlichen Konsens über (entsprechend) normgerechtes sowie abweichendes Verhalten voraus. Wenn die SPTF und implizit MIX nun für „alle Akteure" der Mikrofinanzindustrie „allgemein akzeptierte soziale Ziele" (s.o.) propagieren, so vertreten sie damit das Konzept einer globalen Gesellschaft, die normativ homogen und prinzipiell für alle ihre Mitglieder gleich einsehbar sowie verstehbar ist (sofern nur genug standardisierte Daten bereitgestellt werden). In dieser Wahrnehmung einer gleichförmigen Gesellschaft gibt es, ähnlich wie bei einem elektrischen Schaltkreis, der durch ‚On' oder ‚Off' läuft oder eben nicht, für einige Bereiche offenbar eindeutige optimale Zustände, die entweder erfüllt sind oder nicht. Dies drückt sich aus in den idealerweise mit „Ja" zu bestätigenden Aussagen in Abbildung 2.

Dabei sind diese „Jas" tatsächlich breit interpretierbar, was die Aussagekraft der Angaben in Frage stellt. So lässt zum Beispiel die erste der in Abbildung 2 angeführten Aussagen offen, ab wann akzeptable und inakzeptable Praktiken als „klar ausbuchstabiert" gelten; und man kann sich weitergehend fragen, ob eine *formale* Erfassung von Praktiken überhaupt aussagekräftig ist, da es in vielen Organisationen eine Diskrepanz zwischen formalen Vorgaben und informeller Praxis gibt. Bei der nächsten Aussage lässt sich z.B. einwenden, dass mit dem Ausdruck „hohe Standards für ethisches Verhalten" nicht geklärt ist, wessen Standards überhaupt angelegt werden und was diese konkret beinhalten. Auch die dritte Aussage ist in mehrfacher Hinsicht interpretationsoffen: ab wann bezeichnet man z.B. eine Praxis als „Mechanismus", um Kundenbeschwerden zu handhaben? Wenn etwa unter diesen „Mechanismus" bzw. unter „Handhaben" aus Sicht einer MFI auch schlichte Ablehnungen fallen, ist dann damit auch den Vorstellungen der MIX- und SPTF-Vertreter Genüge getan? Und bei allen drei Aussagen wie auch bei den übrigen Punkten des Fragebogens ist unklar, aus welcher Mitarbeiterperspektive hier ‚die' MFI repräsentiert wird. Wer nämlich füllt effektiv die Bögen aus?

Statt diese und weitere Aspekte des Fragebogens im Detail zu hinterfragen, könnte man aber auch der Auffassung sein, dass eine große Menge von „Jas" sowie anderer positiv anmutender Angaben (z.B. eine relativ hohe Anzahl weiblicher Kreditnehmer) doch in der Summe, alles in allem, verantwortungsvolles Handeln einer MFI ausreichend repräsentieren kann. Teilt man diese Auffassung und die zuvor skizzierte spezifische Wahrnehmung von Realität als eines überschaubaren, kontrollierbaren Raumes, so eröffnen sich ganz neue Möglichkeiten globaler Armutshilfe: Je schneller und leichter (und also auch kostensparender) Mikrofinanzinstitutionen und ihre Beziehungen zu den lokalen Kreditnehmern erfasst werden können, wofür sich Quantifizierung als Repräsentations- und Kommunikationsmodus anbietet, desto mehr potenzielle Investoren weltweit werden angesprochen (vgl. SPTF 2012b, S. 3). Nun können viel weiterreichende Vergleichsoperationen durchgeführt werden, auch über die vermeintlichen Grenzen sozialer und finanzieller Dimensionen von MFIs hinweg. Denn mithilfe der Quantifizierung ist Soziales mit Finanziellem „kommensurabel" gemacht (wobei Kommensurierung durchaus problematisch ist; Espeland und Stevens 2008, S. 408 ff.).[7] Und wenn auf dieses Weise letztlich mehr internationales Kapital in den Sektor fließt, so könnte die einigen Diskursstimmen zufolge weltweite große Nachfrage („unmet demand") von Armen nach Finanzdienstleistungen gestillt werden – was in dieser Perspektive einer indirekten Form der Armutsminderung bzw. gelungener Entwicklung gleichkommt (Meehan 2004, S. 2, 6; vgl. Matthäus-Maier 2008, S. VII-IX; IFC 2012).

Wenn sich aktuelle und potenzielle Investoren auf die oben erläuterten (quasi-) numerischen Repräsentationen verlassen könnten bzw. sie für ausreichende Repräsentationen der Geschäftstätigkeit und sozialen Leistungen von MFIs hielten, so wäre dies der Fall einer globalen sozialen Veränderung, die durch die Aggregation von Einzelhandlungen bewirkt wird (vgl. Coleman 1991, S. 6) – welche ihrerseits das konzertierte Zusammenspiel *anderer* Einzelhandlungen voraussetzen. Gemeint ist hier folgender zweistufiger Mikro-Makro-Wirkungszusammenhang: Ein groß angelegter Kapitaltransfer zugunsten von Armutsbekämpfung und weiteren entwicklungspolitischen Zielen würde auf dem Wege zahlreicher ‚kleiner', weltweit verteilter Investitionen, die ihrerseits auf detaillierter distribuierter Quantifizierungsarbeit beruhten, zustande kommen. Man kann sagen, dass sich die Befürworter der standardisierten sozialen (und finanziellen) Leistungserfassung in der Tat darum *bemühen*, einen solchen Mikro-Makro-Funktionszusammenhang aufzubauen: Die Informationen des o.g. Fragebogens werden seit einigen Jahren von immer mehr MFIs weltweit erhoben, um diese dann auf einer globalen Internetplattform, dem sog. „MIX Market" (MIX 2012a), der Weltöffentlichkeit zugänglich zu machen. In seinem Vortrag nahm der SPTF-Vertreter auf diese Weltöffentlichkeit als „ex-

---

7   Kommensurierung schließt die Quantifizierung des Sozialen ein; und Quantifizierung geht oft mit Bewertung einher (eine MFI erscheint ‚mehr' oder ‚weniger' sozial, so wie sie mehr oder weniger finanziell rentabel erscheint); und solche Bewertungen können für die Bewerteten – in diesem Fall MFIs – folgenreich sein: „Ressourcen, Status […] und Möglichkeiten werden [neu] verteilt" in Abhängigkeit vom vermeintlich erzielten Level sozialer Werte (Espeland und Stevens 2008, S. 412; Übersetzung aus dem Englischen).

ternes Publikum" („external audience") Bezug. Insgesamt entsteht so seit einigen Jahren ein kulturell-historisch neuartiger, globaler Beobachtungs- und Vergleichsraum zur Abbildung der sozialen (und finanziellen) Leistungen von Mikrofinanzinstitutionen. Eine dritte, mit SPTF und MIX eng zusammenarbeitende Standard-Setting-Initiative bringt diese Neuartigkeit wie folgt auf den Punkt: Die Indikatoren zur Messung sozialer Leistung und deren Publikation in Form standardisierter Analysen würden vorbildlich agierenden MFIs erlauben, „Distanz zu den unverantwortlichen Praktiken der ‚schwarzen Schafe' unter den MFIs zu erzeugen" (CERISE 2010, S. 3; Übersetzung aus dem Englischen).

Allerdings gibt diese indirekte, mikrosoziale Form der globalen Armutsverminderung und allgemeiner einer verantwortungsvollen Finanzwirtschaft eher einen bestimmten Idealdiskurs wieder. Dies zeigt sich u.a. darin, dass die Informationen der MIX-Plattform auf *Selbst*einschätzungen der MFIs beruhen. Die eingangs zitierten Fragebögen werden ja von ihnen selbst ausgefüllt. Man kann die Angaben also schon in dieser grundlegenden Hinsicht nicht beim Wort nehmen. Vielmehr, so stellte der o.g. SPTF-Vertreter während seines Vortrags fest, müssten in der Beurteilung der Angaben u.a. Ratings mit herangezogen werden, um sicher zu gehen, dass die Selbstbeschreibungen der MFIs keine bloßen Beschönigungen seien. Erst dann könnten „die Öffentlichkeit, die externen Interessengruppen den präsentierten Daten Vertrauen schenken" (Übersetzung aus dem Englischen):

> „[R]ating tools are very important to evaluate how well ehm the information is presented. You know we need ratings to verify the information that's reported to the MIX. Because, it's self-reported information. We want the public, we want external stakeholders to feel confidence in the data that's presented. So rating can provide that validation."

Einerseits muss man angesichts dieser selbstkritischen Einschätzung der MIX-Daten durch den SPTF-Vertreter die eingangs entwickelte Interpretation relativieren: Die von dieser und der Annahme nach auch weiterer Standard-Setting-Initiativen als normativ einheitlich imaginierte globale Gesellschaft ist doch nicht vollständig einsehbar und verstehbar insofern, als (absichtlich oder unabsichtlich produzierte) verzerrte Selbstdarstellungen von MFIs denkbar sind, die andere Parteien täuschen können. Andererseits wird das Gesellschaftskonzept mit der dazugehörigen ‚On-/Off'-Auffassung von Realität und verantwortlichem Handeln auch mit dieser Rede letztlich nicht aufgegeben. Es bleibt ja die Vorstellung, eine zweite Beobachtungsinstanz – die Ratingagenturen – könnten wiederum eine eindeutige Beurteilung einer MFI erlauben, indem sie die Selbstdarstellungen „verifizieren" bzw. „validieren". Das Konzept einer grundsätzlich binär kodierten, entsprechend durch einen Beobachter auch binär zu dekodierenden Realität – Verifikation versus Falsifikation – bleibt erhalten.

Die Ratingagenturen, auf die der SPTF-Vertreter hier anspielt, bewerten *per definitionem* komplexe Realitäten mit einfachen zahlen- oder buchstabenförmigen Noten. Interessant ist allerdings, dass diese Noten in der Regel mit umfangreichen, sehr beschreibungsintensiven Berichten kombiniert sind, die neben zahlenförmigen Repräsentationen auch viele textförmige, narrative Passagen enthalten. Mit anderen Worten, ein Rating (eine Note) ist nur auf den ersten Blick eine globale Repräsentation und Publikation, mit der sich die Daten auf der ebenfalls globalen MIX-Plattform verifizieren oder falsifizieren lassen – auf den zweiten ist sie ein Wissenswerk, das buchstäblich eigene quantitative und qualitative Komplexitäten mit sich bringt. In einem Sonderbericht zweier Ratingagenturen ließen sich sogar Passagen finden, die die eindeutige Messbarkeit sozialer Realität und verantwortungsvollen Handelns grundlegend in Frage stellen – und das, obwohl derselbe Bericht einleitend konstatiert, mit Ratings könne die „tatsächliche soziale Leistung" von MFIs erfasst werden, was wie das Pendant zum o.g. Verifizierungsanspruch anmutet (MicroFinanza/M-CRIL 2009, S. v). Diese Ratingagenturen pflegen also ein spannungsreiches Wissen: Es ist numerisch wie narrativ, scheinbar objektiv wie (selbst-) kritisch und relativierend.[8]

Eine dieser Passagen, in der die Frage aufgeworfen wird, was „als zwangsweise oder missbräuchliche Praktiken der Schuldeneintreibung gilt", wird nun genauer interpretiert (MicroFinanza/M-CRIL 2009, S. 18). Daran lassen sich abschließend wichtige Merkmale praktischen verantwortlichen Handelns und insofern Aspekte der im Mikrofinanzmarkt tatsächlich vorherrschenden vieldeutigen Moral herausarbeiten. Diese vieldeutige Moral entzieht sich einer einfachen globalen Beobacht- und Vergleichbarkeit:

> *„What counts as coercive or abusive debt collection practices*? Some conventional approaches are now seen to be quite coercive and have resulted in clients complaining about them (e.g., keeping an entire group in a meeting until full repayment is made). Nevertheless, an MFI does have to show discipline and seriousness in following up on default. Staff need very careful guidance and support to strike the right balance, backed up by a carefully stated process. Details of this process are best agreed with clients as part of ongoing communication. Guidelines should include questions such as: If a client does not turn up at meetings and is never at home during the day, is it acceptable to visit his or her home after 10 pm at night?" (MicroFinanza/M-CRIL 2009, S. 18; Hervorhebungen im Original).

Der letzte Satz des Zitats zeigt an, dass verantwortliches Handeln erstens eine Frage unzähliger alltagspraktischer Details ist („ist es akzeptabel, das Haus eines Kunden nach 22 Uhr nachts aufzusuchen?"). Zweitens wird klar, dass die Zuschreibung von Handeln als verantwortlich perspektivabhängig ist, vermutlich unaufhebbar: Von welcher Warte aus sollte für alle Beteiligten einer Kreditbeziehung entschieden werden, was für alle gleichermaßen akzeptabel ist? Wer nämlich darf sich anmaßen, eine Entscheidung über eine beiderseits „akzeptable" Uhrzeit zu treffen?[9] Diese und weitere Fragen stellen sich in kon-

---

8   Es könnte sein, dass diese Bandbreite an spannungsreichem Wissen zur Macht der Ratingagenturen beiträgt: Vielleicht ermöglicht dieses Repertoire den Agenturen ein flexibel-reflexives Agieren. Dazu habe ich aber im vorliegenden empirischen Fall – in Bezug auf den Mikrofinanzsektor – keine entsprechenden empirischen Daten, da ich den praktischen Einfluss der dortigen Ratingagenturen nicht näher untersuchen konnte.

9   Die Zuschreibung hängt also nicht nur von der Perspektive, sondern noch handgreiflicher von der Macht der involvierten Akteure ab, die sich aus unterschiedlichen Quellen speisen dürfte.

kreten Situationen und Interaktionen, lassen sich aber nicht auf diese reduzieren. Dass es allgemeinere, nämlich bis ins Globale reichende Sinndimensionen gibt, die verantwortliches Handeln mit beeinflussen, deutet sich im Zitat mit dem Satz an, eine MFI müsse „Disziplin und Ernsthaftigkeit zeigen", wenn sie Kunden, die ihren Rückzahlungsverpflichtungen nicht nachkommen, verfolge. Dies führt zu einem dritten wichtigen Merkmal verantwortlichen Handelns: Es wird interaktiv und situativ umgesetzt, ist dabei aber durchaus auch *makro*sozial organisiert. Hat nämlich eine MFI den Anspruch, eine finanziell eigenständige oder sogar profitgenerierende Organisation zu sein – ein Anspruch, der seit ca. den 1970er Jahren unter dem Stichwort der finanziellen Nachhaltigkeit zu einer festen globalen Diskurslinie geworden ist (vgl. Robinson 2001, S. 52-54) – so ‚muss' sie in der Tat, wie das Zitat andeutet, Schulden so konsequent wie möglich eintreiben. Damit kommt sie aber u.U. in einen Zielkonflikt, der nicht zuletzt durch die internationalen Standard-Setter und ihre Betonung doppelter Leistungen, also nicht nur finanzieller, sondern auch sozialer, forciert wird: Wie lassen sich finanzielle Nachhaltigkeit und verbesserte Kundenrechte in Einklang bringen? Diese Frage lässt sich auch deshalb nicht leicht beantworten, da Kundenrechte – genauer gesagt, die Wahrnehmungen, welche Rechte ein Kunde haben sollte – nicht unbedingt im Zeitverlauf stabil sind. Dies ist ein viertes wichtiges Merkmal verantwortlichen Handelns, es deutet sich im Zitat im ersten Satz an: Einige „konventionelle Ansätze" würden „jetzt" als Zwangsmaßnahmen angesehen, über die Kunden sich beschweren würden (z.B., eine ganze Gruppe von Kreditnehmern nicht eher gehen zu lassen, bis nicht jede bzw. jeder einzelne seine Raten bezahlt habe). Was als verantwortliches Handeln gilt oder nicht, lässt sich also nicht ein für alle Mal fixieren. Zusammengefasst erscheint es fraglich, inwieweit die in diesem Abschnitt besprochenen beiden Modi der Repräsentation von Moral und speziell verantwortlichen Handelns, die Internetplattform und Ratingnoten, dem Phänomen wirklich gerecht werden können, indem sie auf schnellstmögliche (d.h. eindeutig quantifizierende und nicht etwa mehrdeutig narrative) und scheinbar universale, also perspektivunabhängige globale Kommunikation der ‚tatsächlichen' sozialen Leistungen von MFIs setzen.

4 Streng vertrauliche Moral: verantwortliches Handeln unter Ausschluss der breiteren Öffentlichkeit

Im Unterschied zum vorherigen geht dieser Abschnitt darauf ein, wie sich Akteure des Mikrofinanzmarkts gegen eine breitere Öffentlichkeit abgrenzen, d.h. ihre Praxis gerade nicht mithilfe von schriftlichen und numerischen Repräsentationen in die Welt hinaus kommunizieren – aber trotzdem, so legen erste empirische Ergebnisse nahe, verant-

---

Empirisch gesehen ist dies der nächste Schritt: Diese (Definitions-)Macht je Akteursgruppe wäre ausführlicher zu untersuchen. Nachfolgend wird nur eine makrosoziale Machtdimension – eine bestimmte globale Diskurslinie – thematisiert.

wortlich handeln. Es sind verantwortliche Handlungen in spezifischem Sinn: (1) nach dem Kriterium der Sorgfaltspflicht (gegenüber Investoren); (2) indem die Experten für mangelnde Informationen von Dritten kurzfristig ‚einstehen‘; (3) und indem wichtige Entscheidungen in Gruppenarbeit abgewogen und getroffen werden. All dies wird am Beispiel eines auf die Finanzierung von Mikrofinanzinstitutionen spezialisierten Fonds herausgearbeitet. Nachfolgend werden seine vielfältigen *internen* Publikations- und Verantwortungsstrukturen untersucht, insbesondere in ihrer Interdependenz. Um die Identität dieses Fonds zu schützen, wird er im Weiteren „Interfonds“ genannt und nicht näher spezifiziert.[10] Der Grund dafür ist u.a., dass ein Manager dieses Fonds relativ detailliert Auskunft über die interne Arbeitsweise gegeben hat und dabei auch auf Dokumente, die eigentlich als vertraulich deklariert waren, Bezug nahm. Entsprechend werden alle Dokumente, die nachfolgend zur Sprache kommen, nicht bei ihren Originalnamen genannt, sondern umschrieben. Theoretisch gesprochen schirmt diese Anonymisierung damit gerade das ab, was, trotzdem, im Weiteren so weit wie möglich mikrosoziologisch sichtbar gemacht wird: Das im Unterschied zu Abschnitt 3 eher implizite, sublime ‚verantwortungsvolle‘ Handeln dieses und anderer Marktteilnehmer.

Ein Fonds muss in der Praxis in die verschiedensten Richtungen verantwortlich handeln. Eine wesentliche Grundspannung, die er auszuhalten hat, bezieht sich grob gesagt auf die in Abb.1 dargestellten drei anderen Parteien: auf der einen Seite die zahlreichen lokalen Mikrokreditnehmer sowie die zahlreichen unter Vertrag genommenen MFIs, auf der anderen Seite die eigenen Investoren, welche durch den Fonds hindurch diese MFIs finanzieren. In den „Principles for Investors in Inclusive Finance“ (UNPRI 2012), einem von den UN unterstützten und von diversen kollektiven Akteuren gezeichneten Regelwerk mit Richtlinien zu verantwortungsvoller Finanzwirtschaft, das sich inhaltlich mit diversen Anliegen der bisher erwähnten Standard-Setter überschneidet, ist diese Triade von Verantwortungsbeziehungen impliziert, ohne dass sie allerdings problematisiert wird. Die Unterzeichner würden sich dazu verpflichten, die aufgeführten Prinzipien, die den lokalen Mikrokreditnehmern und den MFIs dienen sollen, zu erfüllen und zu propagieren, während gleichzeitig die treuhänderische Verantwortung („fiduciary responsibility“) gegenüber den eigenen Investoren aufrecht erhalten werde (UNPRI 2012, S. 2). Dieses Versprechen ist aber nicht leicht einzuhalten – ein Fonds, so lässt sich vorwegnehmen, muss permanent in allen möglichen Details jeder Partei innerhalb dieser Triade immer wieder neu gerecht werden. Dies geschieht zum Teil mit Rückgriff auf verschiedene Publikationen.

Die mehrjährige Kreditbeziehung des Interfonds mit jeder seiner Mikrofinanzinstitutionen ist durchsetzt von einer regelmäßigen Berichterstattung, die auf verschiedene Akteure verteilt ist und einer relativ klaren Zeitstruktur folgt. Die Berichte enthalten eine große Menge an Berechnungen und Schlüsselzahlen, darunter z.B. Länder-

---

10 Zum Beispiel könnte man angeben, unter welchem nationalen Recht er registriert ist, was inhaltlich sehr relevant ist, um Verantwortungsstrukturen im Sinn juristischer Haftungsstrukturen aufzuzeigen.

risiko-Ratings oder Kreditrisiko-Prozentzahlen. Diese arbeitsteilige Dokumentations- und Kalkulationsarbeit kann in Anlehnung an Hughes et al. (2005, S. 101, 103) als ein „Prüfpfad" („audit trail") bezeichnet werden, mit dem eine Organisation, die Darlehen gewährt, sich selbst versichert, dass sie „verantwortungsvoll Entscheidungen über die Kreditvergabe trifft" (Übersetzung aus dem Englischen). In der Begrifflichkeit von Kalthoff und Vormbusch (2012, S. 10) können die meisten der in diesem Prüfpfad enthaltenen Dokumente und Zahlenwerke als „eigene Aufführungen" der Fondsmitarbeiter bezeichnet werden. Denn mit diesen weitestgehend intern produzierten und zirkulierten Berichten macht sich der Fonds zunächst *selbst* ein „Bild" von den diversen MFIs, in die die Investoren dann letztlich Geld anlegen.

Zum verantwortungsvollen Prüfpfad im Sinn von Hughes et al. gehören im Fall des Interfonds mindestens die folgenden sieben Dokumente:[11] Zu Beginn einer möglichen Investition in eine Mikrofinanzinstitution produziert ein Analyst des Fonds einen mehrseitigen ersten Lagebericht. Ein Manager füllt zusätzlich ein knapperes Kontrollblatt aus. Beides wird dem Verwaltungsrat des Fonds vorgelegt, der formal die Investitionsentscheidung fällt. An dieser Stelle können die bisherigen Dokumente also erstmals als „Rationalisierung und Rechtfertigung" einer Verwaltungsratsentscheidung dienen (Hughes et al. 2005, S. 103). Danach muss die Mikrofinanzinstitution vierteljährlich einen Bericht über die eigene Portfolioentwicklung erstellen. Der Fonds greift hier auf ein standardisiertes Excel-basiertes Berichtsformat zurück. Der o.g. Analyst und seine Kollegen fertigen aus Teilen dieses Berichts und selbst ermittelten Kontextinformationen (z.B. über aktuelle wirtschaftspolitische Entwicklungen im Land der betreffenden MFI) einen gesonderten Quartalsbericht an. Ein weiterer Bericht, der ebenfalls vierteljährlich erstellt wird und wiederum auf Informationen aus dem Quartalsbericht zurückgreift, beinhaltet Angaben und Erläuterungen über den aktuellen finanziellen Wert einer MFI. Falls sich z.B. der Finanzwert gemäß der dokumentierten Einschätzung der Analysten und Manager stark verschlechtert hat, so wird in diesem Bericht angegeben, mit wie viel Prozent die dazugehörige Position im Gesamtportfolio des Fonds abgewertet wird – was zu einer gewissen Wertminderung der Papiere, die der Fonds an seine Investoren ausgibt, führt. Dem Bewertungsprozess liegt wiederum ein anderes Dokument zu Grunde: die Bewertungsrichtlinien. Auch die Quartalsberichte werden dem Verwaltungsrat vorgelegt, der dann z.B. der vorgeschlagenen Abwertung einer Position zustimmt. Schließlich ist die gesamte Kreditbeziehung im Vertragsdokument formalisiert.

Unter diesen Dokumenten sind allerdings mindestens der erste Lagebericht sowie das Kontrollblatt streng vertraulich. Auf Nachfrage teilte der interviewte Manager mit, es handele sich um „Entscheidungsdokumente", die „intern" gehalten würden. „In der ganzen Investmentindustrie" würde man „keine Veröffentlichung dieser Dokumente finden"; da sei „immer irgendwas vertraulich". Es müsse, wie er weiter ausführte, „eine

---

11 Es dürfte weitere relevante Dokumente geben. Die nachfolgenden Angaben stützen sich nur auf zusammenhängende Informationen, die ein Manager des Interfonds in zwei Interviews gab.

bestimmte Sphäre der Vertraulichkeit geben, in der diese Entscheidungen getroffen werden".

Warum sollte es legitim sein, wenn dieser und andere Fonds eine Sphäre der Vertraulichkeit aufrechterhalten? Diese Frage stellt sich umso mehr, als der interviewte Manager auf eine entsprechende Rückfrage im Interview sogar einräumte, dass der laufende Entscheidungsprozess, den die o.g. Dokumente zum Teil reflektieren, im Fonds „immer einzelne Schwachstellen" habe. Würden viele der Dokumente, so fuhr er fort, nicht vertraulich gehalten, so würden „diese Dinge dann sofort natürlich zur Infragestellung von so Entscheidungsprozessen führen". Er ergänzte:

> „Wenn man zum Beispiel sagt: hier die Frage mit [...] [ein Rechtsproblem mit einer bestimmten MFI] ist ja gar nicht geklärt wie kann man da investieren ja? [...] Wenn wir das ins Internet stellen würden dann wär garantiert, kämen – kämen bestimmt ständig der Punkt oder der Punkt oder jener Punkt und das – also – dann würden wir wahrscheinlich keine Entscheidung mehr machen können [lacht leicht]. [...] [Ziel ist] dass man sozusagen diese Entscheidungen und wesentlichen Vorgänge in dem Fonds eh auf ner ganz operativen level in dieser Struktur belässt."

Der Manager fügte hinzu, man versuche, „diese Prozesse, dass man im Grunde genommen diese Entscheidungshoheit der Organe – eh irgendwie bewahrt". Doch wenn, wie der Manager selbst sagt, alle möglichen Aspekte des Entscheidungsprozesses hinterfragt werden können – warum sollte die Entscheidungshoheit der Fondsmitarbeiter *überhaupt* gewahrt werden? Verletzt der Fonds hiermit nicht absichtsvoll das o.g. triadische Verantwortungsprinzip, d.h. gegenüber den Investoren („fiduciary responsibility") sowie gegenüber Kunden und MFI, wenn er diese und weitere Publika – etwa eine durch das angesprochene „Internet" zu erreichende Weltöffentlichkeit – aus den „wesentlichen Vorgängen" des Fonds ausschließt?

Diese Frage ist schwer zu beantworten. Unter anderem deshalb, weil sich empirisch gesehen in dem Bereich, den der Manager als „Sphäre der Vertraulichkeit" bzw. als den „ganz operativen level" bezeichnet, Handlungs- und Wissensformen der Fondsmitarbeiter identifizieren lassen, die auf *andere* Art ebenfalls als verantwortlich bezeichnet werden können. Auf diesen anderen, sublimeren Verantwortungsbereich konzentriert sich die verbleibende Analyse (ohne ihn erschöpfend darstellen zu können).[12] Am Ende werden diese Untersuchungsergebnisse in eine allgemeinere theoretische Fragestellung überführt.

Der Begriff der Verantwortung beinhaltet buchstäblich das Moment der ‚Antwort'; im Englischen entsprechend ‚response' in ‚responsibility'. Strathern (2000, S. 316) hat darauf aufmerksam gemacht, dass die Leistung einer Organisation nicht „programmiert" werden könne, sondern in unvorhersehbarer Weise aus der „Interaktion zwischen (minimalen) organisationalen Ansprüchen *und* individuellen Antworten" emergiere (Übersetzung

---

12 Dies liegt z.T. am Feldzugang durch qualitative Interviews. Teilnehmende Beobachtung wäre wohl die Methode der Wahl, um das Praxiswissen von Fondsmitarbeitern besser zu erfassen.

aus dem Englischen; Hervorhebung im Original). Im vorliegenden Fall könnte der aus verschiedenen Dokumenten bestehende Prüfpfad, mit dem sich der Fonds, so die bisherige Interpretation, für sich selbst seine Verwaltungsratsentscheidungen rationalisiert und legitimiert, als „organisationaler Anspruch" definiert werden. Er ist selbst schon eine Verantwortungsstruktur, vor der und durch die hindurch sich aber nun eine Reihe weiterer Verantwortungsformen entfalten. Diese hängen eng mit der Praxis der Wissensgenerierung innerhalb des Fonds zusammen. Es lassen sich, genauer gesagt, auf Fondsebene wenigstens drei Wissensformen ausmachen, die analytisch voneinander zu unterscheiden sind; in der Praxis hängen sie aber vermutlich eng zusammen: verkörpertes Wissen, Kontextwissen und kollektives Wissen.

Verkörpertes Wissen und die Sorgfaltspflicht gegenüber den Investoren: Die Entscheidung, ob mit einer Mikrofinanzinstitution ein Kreditvertrag abgeschlossen wird und insofern überhaupt eine mehrjährige Kreditbeziehung beginnt, wird nicht allein auf der schriftlichen Grundlage des ersten Lageberichts und des Kontrollberichts gefällt. Eine wesentliche Komponente dieser ersten Arbeitsphase sind die Experten selbst (einer oder mehrere) mit teils bereits jahrelangen vorausgehenden Ortserfahrungen (im betreffenden Land oder in anderen Ländern). Sie suchen die in Frage kommende Mikrofinanzinstitution auf, um die bis dahin existierende Papier- und Zahlenwirklichkeit (die Publikationen der MFI selbst, etwa deren in ,mission statements' festgehaltenen Leistungsversprechen, und auf anderen Wegen eingeholte Informationen) mit den in persönlichen Interaktionen gewonnenen Eindrücken abzugleichen. Für dieses Verfahren der verkörperten Wissensgenerierung bzw. der Kontrastierung von Papierwirklichkeit und persönlicher Erfahrung ist unter Mikrofinanzexperten der Ausdruck „due diligence"-Phase verbreitet.[13] Man kann sagen, dass das Konzept der „due diligence" der Tatsache Rechnung trägt, dass soziale Realität immer zeit- und ortsgebunden ist (vgl. Strathern 2000, S. 318). Eine „due diligence"-Phase dauert verschiedenen bisherigen Interviewpartnern zufolge ein bis drei Tage. Im Fall des Interfonds gibt es immer je einen Analysten, der, so der interviewte Manager, die „Primärverantwortung" für eine Mikrofinanzinstitution trage und sein (verkörpertes) Wissen in den Fonds einbringe, welches durch mindestens einmal jährliche „Visiten" sowie Telefonkontakt im Lauf der späteren Kreditbeziehung aufgefrischt werde. Er selbst nehme auch manchmal an Ortsbesuchen teil. Ziel sei es, auf diese Weise ein „Gefühl" dafür zu bekommen, wie die „Qualität dieses Zusammenspiels zwischen dieser lokalisierten Institution [MFI] und den Leuten [d.h. den Mikrokreditnehmern sei], denen sie im Grunde genommen in erster Linie dient". So käme man zu einem ungefähren Verständnis von der „Mission dieser Institution", welche sich nicht notwendigerweise mit dem offiziellen „mission statement" der MFI decke – diese seien oft sehr „plakativ".

---

13 Im engeren Sinn bedeutet der Begriff „angemessene Sorgfalt" bei der Prüfung eines Unternehmens, etwa im Vorfeld eines Unternehmenskaufs oder, wie im vorliegenden Fall, vor der Gewährung eines Kredits; im weiteren Sinn umfasst er aber „ein ganzes Bündel von vorzunehmenden Maßnahmen bei der Durchleuchtung eines Unternehmens" (Beisel und Andreas 2007, S. 3).

Kontextwissen und die situative Übernahme von Verantwortung: Jede MFI ist, wie in der Diskussion des Prüfpfads erwähnt, aufgefordert, vierteljährlich einen Standardbericht über die eigene Portfolioentwicklung an den Fonds zu schicken, wo dieses und andere Dokumente zur Bewertung der entsprechenden Position im Gesamtportfolio des Fonds beitragen. Allerdings halten sich nicht unbedingt alle MFIs daran[14] – was, wie der Manager schlussfolgerte, „natürlich dann bei uns auch zu Konflikten" führe, weil der Fonds „auf ner sehr konkreten Ebene [...] damit dann wiederum verantwortlich [...] gegenüber jemand anderem" sei. Gemeint sind hier vermutlich die Investoren, die am *Ende* der Dokumentationskette über Wertänderungen informiert werden müssen. Es handele sich eigentlich um „harte Anforderungen", es stehe „in allen Verträgen drin": Der jeweiligen Institution blieben „20 Arbeitstage nach Ende des Quartals", um ihren Berichte zu schicken. Obgleich die verspäteten MFIs also auf der Grundlage des Vertrags als eines formalen Rechtsdokuments relativ leicht zur Verantwortung gezogen werden könnten, scheint der Fonds diese Möglichkeit in wenigstens zwei Fällen nicht zu nutzen. Warum genau, ist nach jetzigem Forschungsstand nicht klar. Das nachfolgende Zitat zeigt mit Blick auf einen der beiden Fälle aber einen interessanten Aspekt, der vermutlich dazu beiträgt, dass die Vertragsklausel nicht einfach eingeklagt wird: Die Fondsmitarbeiter können die Verspätung kontextualisieren, und auf diese Weise wird sie ihnen nachvollziehbar. Effektiv *übernimmt* der Fonds unter Berücksichtigung dieses Kontextwissens gegenüber den Investoren *situativ* ein Stück der Verantwortung, welche formal (vertraglich) einer eigentlich eigenen Partei zugeschrieben ist, der MFI.

> Manager: „[Diese MFI arbeitet] natürlich auch in nem komplizierten Kontext [...] und wir verstehen auch warum das länger dauert [...] [Es dauert länger weil] die zu Jahresende dann die Konsolidierung vornehmen von all ihren lokalen [...] [Kreditvergabestellen], und das ist natürlich n wahnsinnig aufwändiger Vorgang das ist Papier eh – und das braucht dieses Mal sehr viel Zeit. Und wir können natürlich nur darauf hinweisen dass das absolut für uns wesentlich ist dass wir diese Informationen bekommen [...]."

Kollektives Wissen und angemessene Antworten (Ver-Antwortung): Schließlich pflegt der Fonds in der Sphäre der Vertraulichkeit in großem Umfang kollektives Wissen. Der interviewte Manager sagte u.a., dass es über Dokumentierbares hinaus – etwa bestimmte Schlüsselindikatoren, die verfolgt würden – „natürlich viel Diskussion" gebe, und führte dies im Lauf des Interviews in verschiedenen Zusammenhängen aus. Diskussionen lassen sich als praktische Realisierung kollektiven Wissens deuten: Bestimmte Wissensbausteine, etwa schriftliche Informationen oder individuelle verkörperte Erfahrungen, werden spontan im Gespräch zusammengeführt, und es entsteht dadurch offenbar mehr

---

14 Ich habe leider keine empirischen Daten zu der Frage, warum MFIs nicht strikt und ausnahmslos an die Vertragsvereinbarungen gebunden sind, und insbesondere, wie genau ihr Handlungsspielraum dann aussieht, wenn ein Vertrag nicht von vornherein rigoros eingehalten werden muss.

als die Summe dieser Teile – ein größeres oder neues Bild der Situation einer MFI, und mehr Möglichkeiten, wie sich der Fonds dazu adäquat verhalten kann. So sprach der Manager etwa davon, dass es immer Fälle im Portfolio gebe, „die schwierig sind oder die viel diskutiert" würden. Er nannte beispielhaft eine MFI, die von „ihrer finanziellen Struktur relativ schwach" sei, nämlich eine „ganz geringe Eigenkapitalausstattung habe", aber wichtige „finanzielle Basisarbeit" in einer ländlichen Region leiste. Dies sei einer der Fälle, über die „sehr viel öfter [zu] diskutieren" sei; es werde „drüber geredet, was kann man da machen, was sind die angemessenen Antworten auf so ne Situation". Verantwortliches Handeln kommt hier in wenig spektakulärer Form in der Formulierung „angemessene[r] Antworten" zum Ausdruck. Es kann als eine Art kooperative Verantwortung oder emergierende Ko-Verantwortung bezeichnet werden, die erst im Diskussionsprozess zwischen den Fondsmitarbeitern sukzessive, und ohne viel formales Aufhebens, entsteht.

Zusammengefasst lassen sich also innerhalb des Fonds vorläufig drei sublime Formen verantwortlichen Handelns identifizieren, die eng mit der Art der Wissensgenerierung der Fondsmitarbeiter zusammenhängen:[15] Erstens versucht der Fonds mithilfe verkörperten Wissens, der Sorgfaltspflicht gegenüber den Investoren gerecht zu werden; zweitens geht mit dem Kontextwissen der Mitarbeiter (über die oft schwierigen Rahmenbedingungen, unter denen eine MFI operiert) eine gewisse Bereitschaft einher, implizit die vertragliche Eigenverantwortung der MFI ein Stück weit zu übernehmen, auch wenn dies wiederum mit Blick auf die finanziellen Interessen der Investoren riskant ist; und drittens handelt es sich um eine *en passant* realisierte, d.h. nicht großartig geplante oder propagierte Form verantwortlichen Handelns, wenn die Fondsmitarbeiter in internen Diskussionen und genauer im Prozess kollektiver Wissensgenerierung nach adäquaten „Antworten" auf Missstände bei einer MFI suchen, ohne dieser zu kündigen und damit eventuell in der betreffenden Region den Zugang zu Finanzdienstleistungen zu verschlechtern. Abschließend können diese Untersuchungsergebnisse in folgende allgemeinere theoretische Fragestellung überführt werden: Lässt sich Verantwortlichkeit möglicherweise ähnlich konzipieren wie (wissenschaftliches) Wissen in Andrew Pickerings (1993) Lesart? Demnach könnte man verantwortliches Handeln als wichtige Komponente menschlichen Handelns ansehen („human agency"), welche wiederum in der Praxis eine große Bandbreite verschiedener Antworten („responses") bzw. Anpassungen („accomodations") an kleine und größere lokale, situative Widerstände („resistances") umfasst (Pickering 1993, S. 569). Pickerings Interpretation zufolge können diese „Antworten" nicht im Voraus geplant und im Arbeitsprozess selbst auch kaum gesteuert werden. Vielmehr wären einige – sicher nicht alle – Formen verantwortlichen Handeln bzw. von Verantwortlichkeit ähnlich wie Wissen als Emergenzphänomene zu bezeichnen.

---

15 Es ist klar, dass es sich um Untersuchungsergebnisse handelt, die weiter zu prüfen sind: Abgesehen vom Interfonds müssten die internen Arbeitsprozesse weiterer Mikrofinanzfonds rekonstruiert werden, soweit dies forschungspraktisch möglich ist (der Feldzugang ist ja unter den Bedingungen der o.g. Geheimhaltungspraxis systematisch schwierig).

5   Fazit: Verantwortlichkeit auch ohne öffentliche accountability

Der Mikrofinanzmarkt besteht aus diversen Teilöffentlichkeiten, die von einer über das Internet adressierten Weltöffentlichkeit bis zu kleinsten Interaktionen zwischen Individuen – etwa Mitarbeiter eines Fonds – reichen. Über dieses ganze Spektrum nutzen Marktteilnehmer schriftlich-numerische Berichte, um ihre jeweiligen Publika über die finanziellen und die als ,sozial' oder ,verantwortungsvoll' bezeichneten Dimensionen von Investitionen zu informieren. Besonders im Fall der globalen Berichterstattung durch Standard-Setting-Initiativen, zum Teil auch durch Ratingagenturen, wird soziale Realität rigoros quantifiziert und so mit Finanzzahlen kommensurabel gemacht. Soziale Realität wird also so re präsentiert, dass sie buchstäblich vermarket werden kann. Aktuelle und potenzielle Investoren können nun scheinbar leicht nicht nur finanzielle Kennzahlen vergleichen und entsprechende Gewinnchancen oder Verlustrisiken identifizieren, sondern auch ,soziale' – und sich auf dieser erweiterten Informationsbasis für oder gegen eine Investition entscheiden. Die betreffenden Internetplattformen liefern diese Informationen derart kompakt, dass relativ viele (potenzielle) Geldgeber weltweit relativ schnell Entscheidungen treffen können. Auf diese Weise könnte also effizient verhältnismäßig viel Kapital mobilisiert und in die so genannten Entwicklungs- und Schwellenländer gelenkt werden, um dort vielen Kleinunternehmern und -unternehmerinnen zugute zu kommen.

Abschnitt 3 zeigte dieses Potenzial auf, arbeitete aber auch heraus, dass diese Informationsbasis trügerisch ist, weil sie eine korrespondenztheoretische Wissenskonzeption voraussetzt. Nach jetzigem Kenntnisstand unterschlägt sie mindestens vier wichtige Merkmale verantwortlichen Handelns und repräsentiert insofern, allgemeiner gesprochen, Moral im Mikrofinanzmarkt nur unzureichend. (1) Ob jemand verantwortlich handelt oder nicht, ist eine Frage, die sich in unzähligen, nicht einfach addierbaren Alltagsdetails stellt. (2) Die Einschätzung von Handeln als ,verantwortlich' ist – wahrscheinlich unaufhebbar – perspektivabhängig. (3) Verantwortliches Handeln ereignet sich auf mikrosozialer Ebene, untersteht aber auch makrosozialen Einflüssen, die zu Zielkonflikten führen können (etwa, indem ein globaler Diskurs Profitgenerierung als Ziel definiert). (4) Schließlich wandeln sich die Wahrnehmungen, was als verantwortungsvoll gilt und was nicht, im Zeitverlauf, d.h. es lässt sich sozusagen nicht ein für alle Mal eine Landkarte der Moral fixieren, an der man sich beständig orientieren könnte.

Abschnitt 4 behandelte zunächst verschiedene Publikationen und Publika innerhalb eines Fonds und in dessen direktem Umfeld und argumentierte, dass diese komplexe Publikationsstruktur selbst schon eine Verantwortungsstruktur ist. Dann wandte sich die Analyse zwei Arbeitsdokumenten zu, die hingegen unpubliziert bleiben. Es zeigte sich, dass sie Bestandteile von umfangreichen internen Bewertungs- und Entscheidungsprozessen sind, die der Fonds bewusst gegen eine breitere (Internet-)Öffentlichkeit abschirmt. Diese systematische Intransparenz, so lässt sich kritisch einwenden, könnte unverantwortlichem Handeln auf Fondsebene Tür und Tor öffnen. Allerdings konnten empirische Anhaltspunkte gesammelt werden, wonach Fondsmitarbeiter in dieser Vertraulichkeitssphäre verkörpertes, kontextbezogenes und kollektives Praxiswissen pflegen und weiter entwickeln, welches durchaus mit verschiedenen Verantwortungsformen zu korrespondieren scheint. Es gibt buchstäblich persönliche (von bestimmten Mitarbeitern verkörperte) Verantwortlichkeiten; es gibt situativ von anderen Parteien vorübergehend übernommene Verantwortung; und es gibt viele Entscheidungen, die auf Grundlage gemeinsamer Diskussionen unter den Fondsmitarbeitern getroffen werden, so dass die Verantwortung für die Entscheidung hier erst in der Kooperation entsteht und implizit auf die Gruppe verteilt ist, also als praktische Ko-Verantwortung bezeichnet werden könnte. Zusammengenommen ist Verantwortlichkeit also nicht gleichzusetzen mit formaler Zurechenbarkeit (*accountability*). Diese ist ja in diesem Fall tatsächlich nicht gegeben, wichtige Entscheidungen bleiben Außenstehenden verschlossen. Stattdessen gibt es Verantwortlichkeit in inkorporierter Form und in organisationsinternen Öffentlichkeiten.

Die bisherigen Untersuchungsergebnisse sind in Zukunft zu ergänzen und weiter zu prüfen. Es kann vorläufig festgehalten werden, dass sich das Handeln verschiedener Akteure im Mikrofinanzmarkt nicht leicht als entweder verantwortungs*voll* oder verantwortungs*los* klassifizieren lässt. Ein ‚Mangel‘ an Transparenz oder Öffentlichkeit bedeutet nicht gleichzeitig notwendigerweise einen Mangel an verantwortungsvollem Handeln; und umgekehrt, so kann vermutet werden, erzeugt mehr Transparenz oder Öffentlichkeit nicht zwangsläufig verantwortliches Handeln. Es gibt in dieser Hinsicht sogar besonders skeptische Stimmen. Strathern beispielsweise geht davon aus, dass das Ideal der Transparenz in der Praxis einer „Tyrannei" gleichkommt. In Anlehnung an Tsoukas (1997) weist sie darauf hin, dass Transparenz – im Sinn einer zunehmenden Akkumulation und Veröffentlichung von Informationen – eigentliches *Verstehen* verhindern könne, und auch das Vertrauen in Expertensysteme untergraben könne, welches nötig sei, damit diese effektiv funktionieren (Strathern 2000, S. 309, 313; vgl. Lew 2011, S. 102). Und je mehr Akteure mit unterschiedlichen Perspektiven und Interessen in die globale Finanzintermediation involviert sind (im vorliegenden Fall sind es viele), desto mehr Interpretationen moralischen Wohl- und Fehlverhaltens gibt es; desto mehr zerfällt die Grobunterscheidung zwischen ‚verantwortlich‘ und ‚unverantwortlich‘ in lauter kleine, z.T. unsichtbar bleibende alltägliche Verantwortlichkeiten, die mehr oder weniger übernommen, mehr oder weniger gemieden werden. In Bezug auf Mikrofinanz-Investitionen scheint es in diesem Sinn keine absolute „strukturierte Verantwortungslosigkeit" zu geben – eine Diagnose, die Honegger et al. (2010) im Vorfeld der jüngsten internationalen Finanzkrise der „Bankenwelt" stellten.

Literatur

Beckert, Jens (2012) Die sittliche Einbettung der Wirtschaft. Von der Effizienz- und Differenzierungstheorie zu einer Theorie wirtschaftlicher Felder: *Berliner Journal für Soziologie* 22:2: 247–266.

Beisel, Daniel und Andreas E. Friedhold (2007) *Beck'sches Mandats-Handbuch Due Diligence.* Beck, München.

Berger, Peter und Thomas Luckmann (2007 [1969]) *Die gesellschaftliche Konstruktion der Wirklichkeit. Eine Theorie der Wissenssoziologie.* Fischer, Frankfurt am Main.

CERISE (2012) *CERISE, the Microfinance Knowledge Network.* Abgerufen am 30. Oktober 2012 (http://www.cerise-microfinance.org/spip.php?page=article&id_article=263).

CERISE (2010) *Social Audits in Microfinance: What Have We Learned about Social Performance?* Abgerufen am 30. Oktober 2012 (http://www.cerise-microfinance.org/IMG/pdf/Analyse_de_204_audits_-_liens_entre_performances_sociales_et_financieres.pdf).

CGAP (2008) *Foreign Capital Investment in Microfinance. Balancing Social and Financial Returns.* Washington. Abgerufen am 31. August 2012 (http://www.cgap.org/gm/document-1.9.50967/FN71.pdf).

CGAP (2011) *Foreign Capital Investment in Microfinance. Reassessing Financial and Social Returns.* Abgerufen am 31. August 2012 (http://www.cgap.org/gm/document-1.9.2584/FN44.pdf).

CSSP (2010) *Microfinance – A New Type of Investment for Socially Oriented Clients.* Engelsdorfer Verlag, Leipzig.

Coleman, James (1991) *Grundlagen der Sozialtheorie: Handlungen und Handlungssysteme.* Oldenbourg (Scientia Nova), München.

Espeland, Wendy und Mitchell Stevens (2008) A Sociology of Quantification: *Archives Européennes de Sociologie* 49:3: 401–436.

Heimer, Carol Anne und Lisa Staffen (1998) *For the Sake of the Children: the Social Organization of Responsibility in the Hospital and the Home.* The University of Chicago Press, Chicago.

Heintz, Bettina (2010) Numerische Differenz. Überlegungen zu einer Soziologie des (quantitativen) Vergleichs: *Zeitschrift für Soziologie* 39:3: 162–181.

Honegger, Claudia: Neckel, Sighard und Chantal Magnin (2010) *Strukturierte Verantwortungslosigkeit. Berichte aus der Bankenwelt.* Suhrkamp, Berlin.

Hughes, John; Martin, Dave und Mark Rouncefield (2005) Some Notes on the Social Organization of Responsibility. In: *Proceedings of the 5th Annual DIRC Research Conference.* Edinburgh, p 100–110.

IFC (2012) IFC and Microfinance. Abgerufen am 30. Oktober 2012 (http://www1.ifc.org/wps/wcm/connect/ef58a800486a807bbe89fff995bd23db/SM12_IFCIssueBrief_Microfinance.pdf?MOD=AJPERES).

Kalthoff, Herbert (2009) Die Finanzsoziologie: social studies of finance. Zur neuen Soziologie ökonomischen Wissens. In: Beckert, Jens und Christoph Deutschmann (Hg.) *Wirtschaftssoziologie, Sonderheft 49, Kölner Zeitschrift für Soziologie und Sozialpsychologie.* VS Verlag, Wiesbaden, S 266–287

Kalthoff, Herbert und Uwe Vormbusch (2012) Einleitung: Perspektiven der Wirtschafts- und Finanzsoziologie. In: dies., (Hg.) *Soziologie der Finanzmärkte.* Transcript, Bielefeld: S 9–28.

Knorr Cetina, Karin (2006) The Market: *Theory, Culture & Society* 23:2-3: 551–556.

Knorr Cetina, Karin und Urs Bruegger (2002). Global Microstructures: The Virtual Societies of Financial Markets: *American Journal of Sociology* 107:4: 905–950.

Ledgerwood, Joanna (1999) *Microfinance Handbook: An Institutional and Financial Perspective.* World Bank, Washington.

Lew, Robyn (2011) The Politics of Transparency: *McMaster Journal of Communication* 8:1: 99–116.

LUMINIS (2012) About Microfinance Investment Funds. Abgerufen am 31. August 2012 (https://www.luminismicrofinance.com/MicrofinanceInvestment).

LUMINIS (2013a) Luminis Microfinance. Abgerufen am 2. Mai 2013 (https://www.luminismicrofinance.com/Logon?ReturnUrl=%2f).

LUMINIS (2013b) Luminis Microfinance – PRSM Analysis. Abgerufen am 2. Mai 2013 (https://www.luminismicrofinance.com/MicrofinanceInvestment/PRSM).

Matthäus-Maier, Ingrid (2008) Preface: New Partnerships for Innovation in Microfinance. In: Matthäus-Maier, Ingrid und J.D. von Pischke (eds.) *New Partnerships for Innovation in Microfinance*. Springer, Berlin, S VII–XI.

McKee, Katherine; Estelle Lahaye und Antonique Koning (2011) *Responsible Finance: Putting Principles to Work*. Abgerufen am 29. Oktober 2012 (http://www.cgap.org/publications/responsible-finance-putting-principles-work).

M-CRIL (2012) M-CRIL – Micro Credit Rating International Ltd. Abgerufen am 30. Oktober 2012 (http://www.m-cril.com/).

Meehan, Jennifer (2004) *Tapping the Financial Markets for Microfinance: Grameen Foundation USA's Promotion of this Emerging Trend*. Abgerufen am 31. August 2012 (http://www.haas.berkeley.edu/HaasGlobal/docs/gfusacapitalmarketswp1004.pdf).

MicroFinanza Rating und M-CRIL (2009) *Overview Report: Promoting the Development of Social Ratings of Microfinance Institutions*. Abgerufen am 30. Oktober 2012 (http://www.m-cril.com/BackEnd/ModulesFiles/Publication/TheDevelopmentOfSocialRating.pdf).

MicroRate (2012) Home – MicroRate. Abgerufen am 30. Oktober 2012 (http://www.microrate.com/).

MIX (2012a) About MIX. Abgerufen am 30. Oktober 2012 (http://www.mixmarket.org/about).

MIX (2012b) MIX Institutional Data Collection. Abgerufen am 30. Oktober 2012 (http://www.mixmarket.org/sites/default/files/2011_dct_en_final_2.xls).

MIX (2012c) MIX Profile Update Form. Abgerufen am 30. Oktober 2012 (http://www.mixmarket.org/sites/default/files/mix_profile_update_form_2012_en.xls).

Pickering, Andrew (1993) The Mangle of Practice: Agency and Emergence in the Sociology of Science: *The American Journal of Sociology* 99:3: 559–589.

responsibility (2012) responsAbility – responsAbility Global Microfinance Fund. Q4. Abgerufen am 3. Mai 2013 (http://www.responsability.com/domains%5Cresponsability_ch/data/secure_pdf/Quarterly%20rAGMF%20DE.pdf).

Robinson, Marguerite S. (2001) *The Microfinance Revolution. Sustainable Finance for the Poor*. World Bank, Washington.

Rottenburg, Richard; Kalthoff, Herbert und Hans-Jürgen Wagener (2000) Introduction. In Search of a New Bed: Representations and Practices. In: Kalthoff, Herbert; Rottenburg, Richard und Hans-Jürgen Wagener (eds.) *Facts and Figures: Economic Representations and Practices*, Ökonomie und Gesellschaft. Metropolis, Marburg, S 9–34.

Sinha, Frances (2010) *Promoting Accountability and Transparency on Social Performance of Microfinance Investment Vehicles*. Abgerufen am 30. Oktober 2012 (http://www.m-cril.com/Backend/ModulesFiles/NewsEvents/13.FSDCaseStudy_PromotingInvestors%27_SocialPerformance+Transparency.pdf).

Smart Campaign (2012) The Smart Campaign – Keeping Clients First in Microfinance. Abgerufen am 30. Oktober 2012 (http://www.smartcampaign.org/).

SPTF (2012a) Frequently Asked Questions. Abgerufen am 29. Oktober 2012 (http://sptf.info/what-is-social-performance/faqs#5).

SPTF (2012b) Introduction to the SPTF Universal Standards for Social Performance Management. Abgerufen am 30. Oktober 2012 (http://www.sptf.info/images/sptf%20usspm_final%20english.pdf).

SPTF (2012c) SP Task Force. Abgerufen am 30. Oktober 2012 (http://sptf.info/sp-task-force).

SPTF (2012d) What Is Social Performance? Abgerufen am 30. Oktober 2012 (http://sptf.info/hp-what-is-sp).

Strathern, Marilyn (2000) The Tyranny of Transparency. *British Educational Research Journal* 26:3: 309–321.

Tsoukas, Haridimos (1994) The Tyranny of Light: the Temptations and Paradoxes of the Information Society: *Futures* 29:9: 827-843.

UNPRI (2012) *Principles for Investors in Inclusive Finance*. Abgerufen am 31. Oktober 2012 (http://www.unpri.org/files/2012.05.02%20PIIF.pdf).

Vormbusch, Uwe (2012) Zahlenmenschen als Zahlenskeptiker. Daten und Modelle im Portfoliomanagement. In: Kalthoff, Herbert und Uwe Vormbusch, *Soziologie der Finanzmärkte*. Transcript, Bielefeld, S 313–337.

World Bank (2012) News & Broadcast – Microfinance and Financial Inclusion. Abgerufen am 29. Oktober 2012 (http://web.worldbank.org/WBSITE/EXTERNAL/NEWS/0,,contentMDK:20433592~menuPK:34480~pagePK:64257043~piPK:437376~theSitePK:4607,00.html).

Börsenportale im Web zwischen Ökonomisierung des Gesellschaftlichen und Moralisierung der Märkte

Jürgen Schraten

1 Einleitung

Der vorliegende Artikel diskutiert die Leistung und Funktion des Börsenportals www.frankfurter-boerse.de an der Schnittstelle zwischen der Frankfurter Börse als Markt und dem World Wide Web als Monitor einer breiten Öffentlichkeit.

Dieses Portal stellt den paradigmatischen Fall einer globalen Entwicklung dar. Zwar wurde bereits 1971 mit der NASDAQ in New York die erste vollelektronische Börse der Welt gegründet, aber erst ab den 1990er Jahren setzte sich eine Tendenz durch, in der der open outcry-Handel durch elektronisch vermittelten Handel zunächst ergänzt und schließlich vielerorts vollständig ersetzt wurde (Arnoldi 2006, S. 381f.).

Die Folgen dieses Wandels auf der Seite der Marktakteure wurden im Hinblick auf die postsoziale Realität von rein elektronisch erzeugten und präsentierten Märkten, auf die performative Anwendung vor allem wirtschaftsmathematischer Theorien, und auf die Ersetzung physischer Stärke durch soziale Cleverness bereits analysiert (Knorr Cetina und Bruegger 2002; Beunza und Stark 2004; Arnoldi 2006; MacKenzie 2008).

Der vorliegende Artikel untersucht die andere, der Öffentlichkeit zugewandte Seite. Elektronische Handelssysteme eröffnen in Verbindung mit dem Internet die technische Möglichkeit, sehr zeitnah und sehr unmittelbar das Handelsgeschehen am privaten Computermonitor auftauchen zu lassen. Auf diese Weise gewinnt der Börsenhandel selbst eine andere Präsenz in der gesellschaftlichen Öffentlichkeit, und es stellt sich die Frage, welche Auswirkungen dies hat.

Die vorliegende Untersuchung will diese Frage jedoch nicht im Sinne einer Bifurkation verstanden wissen – ein autonomes Marktgeschehen an der Börse einerseits und eine öffentliche Reflexion des ökonomischen Geschehens andererseits. Zwar hat die Doppelbewegung von politischer Ermöglichung neuer finanzmarktlicher Produkte (Harvey 2007) und kommunikationstechnologischer Entwicklung komplexer elektronischer Handelssysteme zu einer Intensivierung des Börsenhandels geführt (Beunza und Stark 2004, S. 370), diese bleiben jedoch unmittelbar in andere gesellschaftliche Kontexte eingebettet. Dies kann als ein Prozess der offenen Schließung (Luhmann 1994, S. 48-51) interpretiert werden, weil am Finanzmarkt in hochspezialisierten und beschleunigten Verfahren nur noch Verträge auf der Grundlage von Risikokalkulationen gehandelt werden, die jedoch von den ihnen zugrunde liegenden Geldzahlungen nicht etwa abgekoppelt sind oder diese dominieren, sondern sogar in stärkerem Maße von ihnen abhängen. Finanzmarktakteure müssen eine erhöhte, und nicht etwa eine reduzierte, Sensibilität für die gesellschaftliche Umwelt aufbringen, um nicht die operative Schließung ihres Handels dadurch zum Zusammenbruch zu bringen, dass sich Unverhältnismäßigkeiten aufbauen, die sich nur noch durch radikale Anpassungen des Geldwerts der Vertragsobjekte ausgleichen lassen.[1]

Alternativ zu Entkopplungs- oder Dominanzthesen über den Finanzmarkt, scheint es daher vielversprechender, dem „pragmatic turn" (Muniesa et al. 2007, S. 1) der Wirtschaftssoziologie zu folgen. Analytische Leitfrage ist dabei, ob sich im vorliegenden Fall eine begrenzende Einbettung marktwirtschaftlicher Eigendynamik beobachten lässt (Polanyi 1957; Beckert 2012) oder ob es sich eher um einen *overflow* von Marktprinzipien in die gesellschaftliche Umwelt handelt, die dortige Tendenzen einer Ökonomisierung verstärken (Muniesa et al. 2007, S. 3; Callon 2007, 1998b).

Der Begriff des *overflows* wird hierbei im Deutungsrahmen seines Urhebers Michel Callon behalten, der damit die Unvermeidlichkeit von durch ökonomische Rahmensetzungsversuche ausgelöste soziale Folgen betont (Callon 2007, S. 143-145) Diese Sichtweise erübrigt den Anschluss handlungstheoretisch motivierter Ansätze, um die Folgen des Überschreitens gesetzter Grenzen zu deuten (Langenohl und Wetzel 2011, S. 547-552). Vielmehr wird in Übereinstimmung mit systemtheoretischen Annahmen davon ausgegangen, dass bereits die Grenzziehung ökonomischer Prozesse die Formgebung einer *Gegenbewegung* auslöst (Callon 2007, S. 142; Luhmann 1998, S. 44-59). Callon betont, dass eine erhebliche zeitliche Verzögerung der Fall sein kann. Zentral für die vorliegende Argumentation ist, dass als Auslöser der Gegenbewegung nicht notwendig soziale Intentionen anzusetzen sind. Im vorliegenden Falle wird davon ausgegangen, dass die zunehmende Unabweisbarkeit negativer ökologischer Folgen einen erheblichen Druck auf ökonomische Konzeptualisierungen des Finanzmarktes ausübt, die eine Neu-Rahmung hervorrufen, wie es im Falle der Frankfurter Börse im Investitionssegment „Nachhaltig" vorzufinden ist.

Damit ist indirekt die Frage bereits angesprochen, ob es sich bei der Etablierung eines nachhaltigen Investitionssegments um das Ergebnis von Kommunikationsdynamiken im weitesten Sinne handelt, oder um das Ergebnis intentionaler Prozesse auf der sozialen Mikro- (Stehr 2007) oder Makro-Ebene (Beckert 2012). Die Öffentlichkeit bildet hierbei

---

1 Die Banken- und Finanzmarktkrise nach 2006 war ein paradigmatischer Fall hierfür. Der Handel von abstrakten Wertpapieren, die auf risikobehafteten Hypotheken basierten, ohne eine vertretbare Einschätzung der erwartbaren Hypothekenrückzahlungen zu beachten, löste ein plötzlich grassierendes Misstrauen in die Wertpapiere und einen drohenden Zusammenbruch aller damit verkoppelten Geschäfte aus (Bank for International Settlements 2007, S. 11-33; Bank for International Settlements 2008, S. 11-40). Die Folge war der unvermeidbare, wenn auch vorübergehende, politische Eingriff in das Handelsgeschehen.

die Schnittstelle, die eine soziologische Analyse der Frage nach Verursachung von Veränderungen in den Sinnformen des Finanzmarkts ermöglicht.

Die empirische Grundlage bildet das Webportal der Frankfurter Wertpapierbörse. Die Deutsche Börse Frankfurt, deren erster Vorläufer 1585 gegründet wurde, ist gemäß ihrer Marktkapitalisierung die zweitwertvollste Börse Europas und belegt im weltweiten Maßstab Rang acht. Sie wurde 1993 in eine eigenständige Aktiengesellschaft umgewandelt.

1991 wurde ein erstes elektronisch betriebenes System für den Wertpapierhandel eingeführt. 1997 löste die elektronische Börsenplattform Xetra dieses System ab, und zum 23. Mai 2011 wurde der open outcry-Handel vollständig beendet. Xetra bedient ein Webportal unter der URL http://www.boerse-frankfurt.de, auf dem diverse Schichten des elektronischen Handelssystems präsentiert werden.

Zwei Aspekte dieses Webportals greifen die Eingangsfrage nach Ökonomisierung des Gesellschaftlichen oder Moralisierung der Märkte auf: Erstens wurde ein Marktsegment „Nachhaltig" eingeführt, das auffällig quer zu den anderen Kategorien des Webportals liegt. Und zweitens werden Nutzer des Webportals vor der Ansicht bestimmter Wertpapiere mit einem ausführlichen Disclaimer konfrontiert, der die ausdrückliche zur Kenntnisnahme des „Risikos eines Totalverlusts des Kapitals"[2] verlangt.

2   Das Webportal www.boerse-frankfurt.de

Das Webportal steht in deutscher und englischer Sprache zur Verfügung.[3] Gemäß der Leserichtung dieser Sprachen wird die Titelseite von links nach rechts, dann von oben nach unten betrachtet. Dabei ist die Aufmerksamkeitslenkung durch die Redaktion der Webseite einzubeziehen, die sich dazu vor allem zweier Mittel bedient, nämlich grafischer und teilweise animierter Werbeflächen sowie einer Variation der Textgröße. Zu beachten ist weiterhin, dass häufig nur der obere Teil einer Webseite auf dem Bildschirm erscheint, und damit als Aufmerksamkeitsfänger fungieren kann. Im unteren Bereich einer Webseite steigt die Wahrscheinlichkeit der Missachtung rapide an.

In der Titelleiste präsentiert die Webseite neben dem Logo „Xetra | Deutsche Börse Group" sechs Börsenindizes, die einen in Deutschland basierten, europäisch gerahmten und in Richtung New York gehenden Blick auf den aktuellen Stand des Weltmarkts bieten.[4] Die Zahlenwerte werden im Sekundentakt aktualisiert. Dem Besucher der Webseite wird auf diese Weise der Eindruck vermittelt, sich inmitten jenes Geschehens zu befinden, welches er von den Schlagzeilen der Zeitungen und aus dem Börsenteil von

---

2   www.frankfurter-boerse.de, zuletzt abgerufen 30. Mai 2013.

3   www.boerse-frankfurt.de/de/start; www.boerse-frankfurt.de/en/start; zuletzt abgerufen 30. Mai 2013.

4   Dabei handelt es sich im Einzelnen um die aktuelle DAX-Entwicklung in absoluter Punktzahl und mit Veränderungstendenz gegenüber dem Schlusskurs des Vortags, neben ihm dieselben Angaben für MDAX, TecDAX, Euro Stoxx, NASDAQ und dem Dow Jones.

Nachrichtensendungen kennt. Letzteres wird im Frankfurter Fall für deutsche Benutzer dadurch abermals verstärkt, dass sich in der linken Spalte der zweiten Lesezeile ein Livebild der „DAX-Kamera" befindet. Diese Kamera filmt die Anzeigentafel im Frankfurter Börsensaal, die auch den illustrativen Hintergrund zahlreicher Börsennachrichtensendungen auf verschiedenen Fernsehkanälen bildet.[5]

Die zweite Lesezeile enthält die erste Irritation, denn hier ermöglichen zehn Schaltflächen die Anwahl bestimmter Investitionssegmente der Wertpapierbörse. Neun der Schaltflächen färben sich blauviolett, sobald sie mit dem Mauszeiger berührt werden, und ein Anklicken führt den Nutzer in den spezialisierten Bereich einer bestimmten Produktart.[6] Die zehnte Schaltfläche jedoch färbt sich grün und führt in den Bereich ‚nachhaltige Wertpapiere' zu deren Erläuterung es heißt: „Mit diesem Angebot möchten wir Sie bei der Einbeziehung ökologischer und sozialer Kriterien sowie Aspekte der Unternehmensführung in Ihre Investments unterstützen."[7]

In der dritten Lesezeile wird dem Besucher in der linken Spalte ein Login angeboten. Nach einer kostenlosen Registrierung kann der regelmäßige Nutzer der Webseite hier individuelle Anpassungen vornehmen, die zum Teil jedoch kostenpflichtig sind und die dem Zweck der schnellen und zielgenauen Beobachtung besonders interessierender Kurse und Indizes dienen. Beispielsweise lässt sich in der beschriebenen Titelzeile die Reihenfolge der sechs Kursindizes ändern und abspeichern, und dem Abonnenten eines so genannten Realtime-Dienstes stehen gegen eine geringe monatliche Gebühr mehr als 2600 Börsenindizes zur Auswahl.

Rechts vom Login beginnt unterhalb eines Werbeblocks die komplexe Marktpräsentation des Webportals. Über blauviolett aufscheinende Schaltflächen anwählbar, können neun an der Frankfurter Börse konzeptionierte Indizes angewählt werden. In einem vierflächigen Bereich wird ein Chart mit der grafischen Darstellung des jeweiligen Tageskurses, eine mit jeweils drei Einträgen versehene Auflistung der Tages-Gewinner und -Verlierer, eine Auflistung von zehn global bedeutsamen Marktindikatoren mit ihrer Tendenz gegenüber dem Vortageskurs und ein Nachrichtenbereich mit fünf Meldungen der „Börse Frankfurt News" eingeblendet. Jeder dieser Bereiche bietet Weblinks an, über die vertiefende Informationen abgerufen werden können.

In der vierten Lesezeile begegnen dem Leser sechs Flächen mit Informationen, die bereits eine Distanz zum eigentlichen Marktgeschehen aufweisen, wie etwa die täglich

---

5   Dies ist umso bemerkenswerter, als der Börsensaal erst 2007 vollständig renoviert wurde, obgleich bereits damals bereits 98 Prozent des Handels elektronisch über Xetra abgewickelt wurde und das Ende des Parketthandels absehbar war. Auf dem Parkett bewegen sich heute nur noch Skontroführer einiger Bankhäuser. Der Deutschen Börse AG erschien diese Investition zur Verteidigung einer auch öffentlich sichtbaren Marktführerschaft in Deutschland offenkundig lohnenswert.

6   Die Produktarten sind Aktien, Anleihen, ETFs (Exchange Traded Funds), ETCs und ETNs (Exchange Traded Commodities und Exchange Traded Notes), Fonds, Rohstoffe, Zertifikate, Währungen und Futures.

7   www.boerse-frankfurt.de/de/nachhaltige+wertpapiere, zuletzt aufgerufen 30. Mai 2013.

aktualisierte Kolumne[8] eines Marktanalysten zu jüngeren Entwicklungen, mit Wirtschaftsnachrichten, Neuigkeiten und mit einer Liste der auf dem Webportal selbst am häufigsten aufgerufenen Kurse.

Erst darunter, und tatsächlich klein gedruckt, findet sich (nur im deutschsprachigen Angebot) das sprichwörtlich Kleingedruckte, bestehend aus Bedienungshinweisen und einem weiterführenden Bildungsangebot. Da unterstellt wird, dass ein an wiederholter Nutzung des Webportals interessierter Besucher nach Informationen Ausschau hält, die ihm eine kontrollierte Nutzung der zahlreichen Angebote der Webseite ermöglichen, soll ein strukturierter Überblick über diesen Bereich gewährt werden, obwohl er sich im häufig von Webnutzern vernachlässigten unteren Teil der Seite, dem so genannten Trail, befindet.

Als zentrale Funktion des Webportals wird die Möglichkeit benannt, Börse durch „Zugriff auf Realtime-Aktienkurse"[9] verfolgen zu können. Begleitet wird dies von einem Hinweis auf kostenpflichtige individuelle Anpassungsoptionen.

Dem interessierten Besucher werden dann drei Bereiche zum Wissenserwerb angeboten, ein „Börsenlexikon", welches zahlreiche Begriffe von A bis Z kurz erläutert[10], einem Bereich „Börse für Einsteiger"[11] und „Wissen rund um die Börse"[12]. Diese drei Bereiche bieten Wissen in dreistufiger Komplexität an.

Das Börsenlexikon ist auf die schnelle Anwahl von Begriffen ausgerichtet, zu denen lexikonartige Erläuterungen, eventuell mit Querverweisen zu verwandten Begriffen versehen, angezeigt werden. Die Funktion dieses Bereichs liegt in der schnellen Auskunft, um das Weiterverfolgen des eigentlichen Informationsangebots des Webportals nicht durch unverstandene Begriffe zu blockieren.

Das Angebot „Börse für Einsteiger" ist um die stringente Einführung in die aktive Beteiligung am Börsenhandel bemüht und richtet sich daher an Besucher, die an einer Nutzung des Webportals als begleitende Information für eigenes Investment an der Börse interessiert sind. Hier wird dem Nutzer eingangs verdeutlicht, dass er auf dem Webportal selbst keine aktiven Eingriffe in das Marktgeschehen vornehmen kann. „Dazu brauchen Sie zunächst ein Depot bei einer Bank oder einem Internet Broker. Denn Investoren haben – wie an allen anderen Börsen auch – keinen direkten Zugang zu unseren Markt-

---

8 Der Aktualisierungsrhythmus wird von der Nachrichtenlage beeinflusst. Bis zu vier Aktualisierungen pro Tag sind durchaus üblich, häufig bleibt es aber bei einer Kolumne pro Tag. Die Frequenz neuer Informationen ist hier in jedem Fall bereits deutlich geringer als im oberen Teil des Webportals.

9 Bis Mai 2013 wurden Kurse nur mit 15minütiger Zeitverzögerung präsentiert, und die Option, ‚in Echtzeit' zu partizipieren war Teil des kostenpflichtigen Zusatzangebots. Da ein direkter Handel auf dem Webportal ohnehin nicht möglich ist, erfüllte diese Option eine eher subjektiv empfindbare symbolische Funktion. http://www.boerse-frankfurt.de/de/start, letzter Zugriff 30. Mai 2013

10 www.boerse-frankfurt.de/de/lexikon, letzter Zugriff 30. Mai 2013.

11 www.boerse-frankfurt.de/de/einsteiger, letzter Zugriff 30. Mai 2013.

12 www.boerse-frankfurt.de/de/wissen, letzter Zugriff 30. Mai 2013.

plätzen. Ein Umweg, der heutzutage kaum bis gar nicht spürbar ist."[13] Der letzte Satz soll den Eindruck des direkten Kontakts zu Prozessen erwecken, an denen eine Mitwirkung dennoch nicht möglich ist. Damit bleibt zunächst offen, ob es sich bei dem Webportal um ein Marktinstrument handelt, da es zumindest nicht direkt zur Marktteilnahme befähigt.

Der Beginn des Einführungskurses zum Investment hat den Charakter einer Werbebotschaft. „Lisa ist Ende 20 und hat seit gut einem Jahr ihren ersten festen Job. Jetzt möchte sie mehr aus ihrem Geld machen. Daher hat sie sich entschlossen, an der Börse zu investieren."[14] Dieser sehr konkret und lebensnah gefärbte Beginn soll den Leser offenbar animieren, sich in der Rolle eines investitionswilligen Börsenneulings einzufinden. Die Redaktion der Webseite gibt sich hier den Anstrich einer Quelle gewinnbringenden Wissens und verbindet dies mit ideologischen Charakterisierungen, etwa wenn ein Abschnitt „Vom ängstlichen Sparer zum gewieften Aktionär"[15] betitelt wird. Die Botschaft ist eindeutig: Der Sparer sei nicht etwa besonnen oder vorsichtig, und auch der behutsame Aktionär gilt nicht als optimales Vorbild.

Die sachbezogenen Hinweise verdeutlichen dem Interessenten unweigerlich die Komplexität des Handels und auch seine tatsächliche Distanz zum Börsenhandel, wenn ihm der „Weg einer Order", verbunden mit der Möglichkeit von „Kurszusätzen" dargelegt wird, deren Nutzung ihm jedoch die Kenntnis von „Handelsqualitäten"[16] am Börsenplatz abverlangt. Jede dieser Rubriken hat eine eigene Unterseite, wobei der Weg der Order aus einer Beschreibung mit sechs Unterabschnitten besteht und die Erläuterung von Order-Limits die Fähigkeit folgenreicher Unterscheidungen über die Gültigkeitsbedingungen erteilter Orders unterstellt, und die Handelsqualitäten in weitere fünf Bereiche unterteilt sind. Neben einem Überblick des Marktgeschehens werden hier intensive Einblicke in die Investmentsegmente „Aktien", „ETFs und Fonds", „Anleihen" und „Zertifikate und Optionsscheine"[17] geboten. Zum Abschluss der Einführung wird auf ein Fondshandbuch mit Erläuterungen zu mehr als 8000 aktiv verwalteten Fonds, auf ein ETF-Handbuch mit Wissen über passives Wertpapiermanagement sowie auf den abermals weiterführenden Bereich des Webportals „Wissen rund um die Börse" verwiesen.

Spätestens an diesem Punkt ist dem interessierten Besucher klar, dass die aktive Nutzung des Webportals nur über Umwege möglich ist, erheblichen Zeitaufwand und intellektuelle Anstrengung erfordern, und dass es sich um die Bewältigung einer äußerst komplexen Materie handelt.

---

13 www.boerse-frankfurt.de/de/einsteiger, letzter Zugriff 30. Mai 2013.

14 Interessanter Nebenaspekt ist die implizite Zuschneidung der Zielgruppe: Offenbar werden Investitionen nur von Universitätsabsolventen erwartet, denn Schulabgänger mit Ausbildung dürften ihr erstes Berufsjahr viel früher als mit „Ende 20" absolviert haben. www.boerse-frankfurt.de/de/einsteiger, letzter Zugriff 30. Mai 2013.

15 www.boerse-frankfurt.de/de/einsteiger, letzter Zugriff 30. Mai 2013.

16 www.boerse-frankfurt.de/de/einsteiger, letzter Zugriff 30. Mai 2013.

17 www.boerse-frankfurt.de/de/handelsqualitaeten, letzter Zugriff 30. Mai 2013.

Der dritte Bildungsabschnitt, „Wissen rund um die Börse", fokussiert zunächst auf die volkswirtschaftliche, rechtliche und historisch-kulturelle Einbettung des gegenwärtigen Börsenhandels, um dann abermals auf die detaillierte Darstellung der Anlageformen zu verweisen. Im Unterschied zum Einsteiger-Bereich werden hier weniger potenzielle Investoren adressiert als vielmehr eine wirtschaftspolitisch interessierte Öffentlichkeit. Das Webportal stellt sich zunächst als vermittelnde Sektion einer vielschichtigen Volkswirtschaft und in dieser als Überwachungsorgan von privaten Handelsvorgängen dar, ergänzt um historisches und funktionales Wissen. In der Erläuterung von Marktplätzen, Marktsegmenten und Handelsindizes überwiegt die Perspektive des interessierten Beobachters anstelle des angehenden Kleinanlegers, denn hier fehlen Hinweise zum Einstieg über den Umweg konzessionierter Händler, und die Betonung des Textes liegt eher auf der gesellschaftspolitischen Überwachungsfunktion als auf den Erfolgsaussichten des „gewieften Aktionärs", wenn es etwa heißt: „Aktien im Entry Standard sind Insiderpapiere und werden im Hinblick auf Regeln zu Insiderhandel und Marktmissbrauch vom Bundesanstalt für Finanzdienstleistungsaufsicht (BaFin) beaufsichtigt. Die Überwachung der Preisfindung liegt bei der Handelsüberwachungsstelle (HÜSt)."[18]

Die angebotenen Wissensressourcen sind gegenüber dem Bereich „Börse für Einsteiger" um eine Stufe komplexer, weil hier nicht mehr die Perspektive eines investierenden Akteurs gewählt wird, dem ein möglichst hindernisfreier Weg zu eigenen ökonomischen Aktivitäten gebahnt wird, sondern ein dem Börsengeschehen enthobener und um reflexiven Überblick bemühter Leser angesprochen wird.

Von diesen seitwärts führenden Verweisen zurück auf der Titelseite, sind ein Newsletter und eine Seite mit weiteren Publikationen zum kostenlosen Download[19] zu finden. Insgesamt gab es hier zum Stichtag 67 PDF-Dateien und einen Film im Umfang von über 100 Megabyte, diese Ressourcen boten eine große Menge an Wissen sowohl aus der Kategorie „Börse für Einsteiger" als auch aus „Wissen rund um die Börse" an. Der damit ermöglichte Wissens- und Bildungserwerb erreicht durchaus Spezialistenniveau, wie aus den mitunter komplexen Zusammenhängen hervorgeht. Die Verknüpfung von politischen, naturwissenschaftlichen und ökonomischen Wissensressourcen, die über eine kritische Beurteilung von Preissignalen weit hinausgehen, ist Thema zahlreicher dieser Veröffentlichungen. Neben allgemeinen Einführungen wie „Ordertypen im Börsenhandel" und Bewerbung der eigenen Dienstleistung in „Xetra – Die führende Handelsplattform für ETCs und ETNs im Euroraum" sind ausführliche Informationen unter Titeln wie „Emerging Markets – Boom ohne Ende?" oder „Kampf um Rohstoffe"

---

18 www.boerse-frankfurt.de/de/wissen/marktsegmente/entry+standard, letzter Zugriff 31. Mai 2013.

19 Die Option der Zusendung von gedruckten Informationen ist seit geraumer Zeit mit Hinweis versehen, dass „alle Publikationen vergriffen" sind (http://www.boerse-frankfurt.de/de/publikationen, letzter Zugriff 31. Mai 2013).

verfügbar. Ein weiterer Schwerpunkt liegt auf kritischer Reflexion von Investitions-
strategien unter Titeln wie „Raus aus der Renditefalle" oder „Risiko Staatsanleihen".[20]

Nach einigen weiteren Hinweisen auf Serviceangebote wie dem Informationsbesuch
des Börsensaals findet sich in den letzten drei Sätzen der Webseite eine kurze Selbstbeschreibung: „An der Börse werden Angebot und Nachfrage nach Wertpapieren zusammengeführt und durch Preisfeststellung und Ausführungen zu diesen Preisen
ausgeglichen, im Parketthandel vermittelt durch Spezialisten (Market Maker). Ziele
des Börsenhandels sind eine gesteigerte Markttransparenz, höhere Liquidität, die Ver-
ringerung der Transaktionskosten sowie Sicherheit vor Manipulationen." Prägnanter
hätte Max Webers Studie „Die Börse" von 1894 (Weber 2000) nicht zusammengefasst
werden können.

Die Analyse der Titelseite in Leserichtung, das eingehende Orientierungs- und
Informationsbedürfnis eines interessierten Lesers unterstellt, führt zu dem ersten
Zwischenergebnis, das Webportal der Frankfurter Wertpapierbörse nicht als Markt-
instrument, sondern als Repräsentation zu interpretieren.

Erstens ist das tatsächliche Marktgeschehen viel zu komplex, um über transparente
Webinterfaces so dargestellt werden zu können, dass jeder Beobachter auch unmittelbar zum Marktakteur werden könnte. Nicht ohne Grund arbeiten Broker häufig mit
mehr als einem Monitor gleichzeitig. Faktisch sind die Zutrittsbarrieren zum Handel
denn auch hoch. Es gilt nach wie vor die Beschränkung, dass er nur von konzessionierten
Kommissionären und Maklern durchgeführt wird, wie schon Max Weber (2000, S. 323)
dies beschrieb. Dennoch bieten die Webinterfaces zahlreiche Wissensressourcen an, die
als Einstieg in das Markthandeln angepriesen werden. Damit wird der Einstieg in aktives
Markthandeln beworben, ohne eine rechtlich und politisch gebotenen Barriere einzu-
reißen.

Der eigentliche Handel findet jedoch nur scheinbar transparent vor den Augen der
Beobachter statt. Zeitliche Verzögerungen der Kursabbildung, faktische Komplexität der
Handelstätigkeit der Marktakteure und Verlagerung erheblicher Teile des Handels in das
Over the Counter- und Block Trading-Geschäft (Arnoldi 2006, S. 392-395) stützen die
These, dass nur ein Abbild des Handels präsentiert wird.

Zweitens sind die angebotenen ökonomischen Informationen zwar von großer gesellschaftspolitischer Wichtigkeit, gehören aber nicht zum Kern finanzmarktlicher Belange.
Handeln am Finanzmarkt findet vor allem unter Anwendung von informationstechno-
logischen und wirtschaftsmathematischen Verfahren statt (Beunza und Stark 2004, S.
735; Knorr Cetina und Bruegger 2002). Ein Großteil der in Webportalen abrufbaren Informationen würde von Händlern zur Fundamentalanalyse herangezogen werden, die
jedoch zumeist nur noch als Ergänzung zur Kursbeobachtung und -interpretation dient.
Im real existierenden kapitalistischen Börsenhandel wird weitestgehend mit Chartanaly-
sen agiert (Arnoldi 2006, S. 387). Der technologische Wandel hat selbst diese Umstellung
forciert. „This mix of formulae, data to plug into them, computers to calculate them, and

---

20 http://www.boerse-frankfurt.de/de/publikationen, letzter Zugriff 31. Mai 2013.

electronic networks to connect them was explosive, leading to a decisive shift to *quantitative finance*." (Beunza und Stark 2004, S. 370)

Von großer Bedeutung sind die fundamentalen Daten der Webportale jedoch für eine politische Öffentlichkeit, die sich über ihre eigene ökonomische Entwicklung verständigen will. Der Grund hierfür liegt in der Etablierung der „quantitative finance" selbst, da Handel auf fundamentalen nicht-wirtschaftlichen Voraussetzungen beruht. Diese sind nicht nur Vorbedingung für den Vertragsschluss (Hicks 1969, S. 25-41), sondern begleiten den Wirtschaftsprozess selbst, weil Handel in einer instabilen Umwelt stattfindet (Durkheim 1997, S. 158). Die zunehmende Orientierung der Wirtschaft auf ihre eigenen Preissignale erhöht deren Volatilität erheblich, weil am Markt in einem reflexiven Schluss bereits auf die mögliche Veränderung von Preisen reagiert wird. Zugleich wächst mit der Ausdehnung der gesellschaftlichen Bereiche, die auf eine Preissteuerung zumindest Rücksicht nehmen müssen, die Abhängigkeit nicht-wirtschaftlicher Bereiche von der Erfüllung ökonomischer Funktionalität in der Wirtschaft an (Luhmann 1994, S. 11). Das in Unruhe und ständige Dynamik geratende Wirtschaftssystem erfordert eine aufmerksame Umwelt, wenn das gesellschaftliche Ganze stabil bleiben soll. Daher müssen andere gesellschaftliche Bereiche sorgsam um Wahrnehmung von sich ändernden Preissignalen bemüht sein, und die Wirtschaft ihrerseits ist auf eine sorgsame Beobachtung insbesondere aus der rechtlichen und politischen Sphäre angewiesen (Luhmann 1994, S. 30-32).[21]

Dieses Argument wurde von Michel Callon im Begriff des *overflow* erweitert. Demnach handelt es sich bei finanzmarktökonomischen Eingrenzungsversuchen nicht um ein konzeptuelles, sondern ein empirisches Vorgehen, das Folgen der Exklusion zeitigt. Aus der ökonomischen Perspektive erscheinen diese Exklusionen als ökonomische Folgekosten, die dennoch von irgendwem in Rechnung zu stellen sind. Die Herausbildung von politischen Gruppen der Betroffenheit ist unweigerliche Folge, und nicht das Ergebnis moralischer oder politischer Einsicht (Callon 2007, S. 145). Die Bereitstellung eines umfangreichen Informationsportals durch die Deutsche Börse AG kommt somit einem doppelten Bedürfnis nach, das durch den Erfolg ihrer eigenen wirtschaftlichen Aktivität entsteht.

Damit soll nicht bestritten werden, dass die unmittelbare Funktion der Webportale in der Anpreisung von Börsenhandel liegt. Die Börsen selbst als eigenständige Unternehmen nutzen ihre Webpräsenzen zu einer Popularisierung und einer Propagierung der Nützlichkeit des Börsenhandels. Die Entscheidung zur Teilnahme am Börsenhandel findet jedoch zwangsläufig an anderer Stelle – nämlich im Vertragsschluss mit einem Broker – und aufgrund anderer Voraussetzungen – dem Vorhandensein einer Grundmenge an Liquidität – und genau deswegen nicht auf den Webportalen der Börsen statt.

---

21 Ausdruck findet diese Tendenz in der strikten rechtlichen Vermeidung von intransparenten Produkten genauso, wie im Boom von derivativen Finanzmarktinstrumenten, deren Preisentwicklungen externe Einschätzungsmöglichkeiten angesichts intransparenter unternehmerischer Akteure liefern.

3   Ambivalente Präsentation des Offenen Orderbuchs

Nach diesem Überblick der komplexen Angebote des Webportals widmet sich die Darstellung der Kernkomponente des Webportals, dem „offenen Orderbuch". In ihm kann
die Grundfunktion des Börsenhandels, die Einigung von Käufern und Verkäufern auf
einen Preis und der Vollzug eines Handels, verfolgt werden.

Wer den eigentlichen Online-Marktplatz betritt, muss zunächst zur Unterscheidung
des DAX-Kursindex vom DAX-Performance-Index befähigt sein, denn der zuerst
präsentierte Wert ist nicht etwa der aus massenmedialen Nachrichten bekannte Performanceindex, sondern der allein an Preisen orientierte und um Preisabfälle nach
Dividendenzahlungen bereinigte Kursindex, der deutlich niedriger als „der DAX" an-
setzt.

Im Beispiel betreten wir das Orderbuch jedoch im bekannteren DAX.[22] Zu sehen ist
das bereits beschriebene viergliedrige Feld, eingeleitet vom Tages-Chart des DAX, der
bei Abtastung mit dem Mauszeiger den zeitpunktgenauen Kurs einblendet. Um nun
den faktischen Handel verfolgen zu können, wird aus der Liste der gegenwärtige Tagesgewinner herausgesucht, bei dem es sich zufällig um die Deutsche Börse AG selbst handelt.
Nach der Auswahl mit dem Mauszeiger wird ein sehr umfassendes Informationsangebot
aus Charts, News, Kurshistorie, Stammdaten, Unternehmensangaben, Kennzahlen und
Nachhaltigkeit präsentiert, auf die hier nicht im Einzelnen eingegangen werden kann.

Bereits ohne Auswahl einer Schaltfläche bieten sich dem Leser eine Menge Daten. Rechts
vom Tages-Chart werden der aktuelle Kurs mit Geld- und Briefwert, die Stückelung der
Aktie, die Geld-Brief-Spanne, die Differenz zum Vortag und die sekundengenaue Angabe
dieses Kurses angezeigt.

Darunter befindet sich eine weitere Tabelle mit zwölf detaillierten, aber teilweise redundanten Kursinformationen, wie etwa dem Tageshoch und -tief oder dem
52-Wochen-Hoch und -Tief. Unterhalb des Tages-Charts gibt es eine grafische Detail-
ansicht der aktuellen Kursentwicklung, und darunter kann mit einer Schaltfläche das
Xetra-Orderbuch zum Wertpapier aufgerufen werden.

Im Orderbuch kann öffentlich verfolgt werden, was auf dem open outcry-Börsenparkett
niemals möglich gewesen wäre, in dessen hektischen und lautstarken Treiben sich
der unerfahrene Beobachter „von Gott verlassen" (Weber 2000, S. 323) vorkam. Im
elektronischen Orderbuch werden Kaufinteressenten und Anbieter jedoch in farblich rot
und grün voneinander abgesetzten Balkendiagrammen miteinander konfrontiert.

Zum Einstiegszeitpunkt finden sich 369 Bids (Kaufabsichten) zum Preis von 49,465
EUR gegenüber 100 Asks (Angeboten) zu 49,470 EUR, also einen halben Cent pro Stück
auseinander. In der Zeile darunter findet sich das zweitpassendste Angebot, für 111

---

22 Zur Auswahl stehen des Weiteren MDAX, TecDAX, dem aus 50 auf den MDAX folgenden
   Unternehmen bestehenden SDAX, dem deutlich risikoreicheren Entry Standard, der alle an der
   Frankfurter Börse gehandelte CDAX, der Performanceindex Euro Stoxx 50 und sein Kursindex
   Stoxx 50.

Aktien werden 49,460 EUR geboten, und es stehen 13 Aktien für 49,480 EUR zum Verkauf. Darunter folgen in weiteren acht Zeilen die nächstpassenden Angebote.

Eine Aktualisierung der Anzeige bringt einen tendenziell steigenden Kurs zum Vorschein: Nun werden 1382 Aktien zum Preis von 49,475 EUR nachgefragt, ihnen stehen nur 13 Aktien zum Preis von 49,500 EUR gegenüber – einen weiteren Kursanstieg andeutend, weil die Nachfrage überwiegt.

Dem entsprechend bringt eine weitere Aktualisierung denn auch 900 Nachfragen zum Preis von 49,480 EUR zum Vorschein, der unverändert gebliebenen Angebotspalette von 13 Aktien zum Preis von 49,500 EUR gegenüber gestellt. Es sind also 900 von 1382 Kaufwilligen einem höheren Gebot gefolgt, ohne ein Entgegenkommen auf der Angebotsseite zu bewirken. Die vergleichsweise hohe Nachfrage lässt ein Absenken des Angebotspreises nicht rational erscheinen.

Alternativ kann das offene Orderbuch auch innerhalb des gegenwärtig ausgewählten Kursindex aufgerufen werden. Die Liste der zehn besten Bids und Asks erscheint dann im Kontext der anderen Index-Kurse, die sekündlich aktualisiert werden. Neben der Gegenüberstellungen von Kaufabsichten und Angeboten kann in dieser Ansicht mit demselben Blick auch der letzte Kaufabschluss mit Preis, Stückzahl und sekundengenauer Zeitangabe erfasst werden sowie der Vortageskurs zum Vergleich.

Im Augenblick der neuen Perspektivwahl wechseln dann tatsächlich 38 Aktien zum geforderten Preis von 49,500 EUR den Besitzer, diese Posten verschwinden aus dem Orderbuch, und 49,500 erscheint kurzzeitig als aktueller Börsenkurs. Eine Einigung zwischen Käufern und Verkäufern kommt nicht notwendigerweise auf dem Preislevel der nächstliegenden Gebote zustande, und so kann es durchaus sein, dass als faktischer Kurs des letzten vollzogenen Abschlusses ein niedrigerer oder höherer Betrag aufscheint, als laut Orderbuch zu erwarten wäre.

Hinsichtlich der kritischen Berücksichtigung von overflow-Effekten wird es dann interessant, wenn sich der Interessent einem riskanteren Marktsegment zuwendet. Die in der Finanzkrise hervorgerufenen und nicht mehr zu leugnenden Effekte von hochgradig risikobehafteten Finanzmarktinvestitionen erfordern vom Webportalanbieter die Einblendung eines Warnhinweises, der vor der Beteiligung am angepriesenen Handel warnt. Die Schaltflächen in der Eingangsdarstellung animieren zur Auswahl des Entry Standard Index. Dieser Index verzeichnet Wertpapiere, die nicht alle Anforderungen der EU-Richtlinien für organisierte Märkte erfüllen, wie beispielsweise eine zweimal jährlich erfolgende Zwischenberichterstattung oder die Anwendung internationaler Rechnungslegungsstandards. Auch an die Risiko minimierende Kapitalstreuung und das Grundkapital werden geringere Anforderungen gestellt. Als Informationsgrundlage für ein gelistetes Unternehmen reicht die Vorlage eines Firmenprospekts aus.

Bei der Beobachtung dieses Marktes fällt umgehend auf, dass die Marktaktivität signifikant geringer ist. Letzte Umsätze liegen teilweise mehrere Stunden zurück, und die jeweiligen Stückzahlen eines Abschlusses betrugen zum Stichzeitpunkt jeweils eins oder zwei.

Wird nun ein konkretes Wertpapier angewählt, erscheint ein Warnhinweis:

„Hinweis – Wertpapiergeschäfte sind mit Risiken, insbesondere dem Risiko eines Total-verlusts des eingesetzten Kapitals, verbunden. Sie sollten sich deshalb vor jeder Anlage-entscheidung eingehend persönlich unter Berücksichtigung Ihrer persönlichen Ver-mögens- und Anlagesituation beraten lassen und Ihre Anlageentscheidung nicht auf die auf dieser Website veröffentlichen [sic] Informationen stützen, sondern alle für eine An-lageentscheidung erforderlichen Unterlagen und Information [sic] berücksichtigen. Bitte wenden Sie sich hierzu an Ihre Kredit- und Wertpapierinstitute, eine Beratung durch die Deutsche Börse AG erfolgt nicht. Die Zulässigkeit des Erwerbs eines Wertpapiers kann an verschiedene Voraussetzungen, insbesondere Ihre Staatsangehörigkeit gebunden sein; bitte lassen Sie sich auch hierzu vor einer Anlageentscheidung entsprechend beraten.

Die auf dieser Website enthaltenen Informationen stellen weder eine Anlageberatung noch ein Angebot zum Kauf oder Verkauf oder eine Aufforderung zur Abgabe eines Angebots zum Kauf oder Verkauf oder zur Zeichnung von Finanzinstrumenten dar.

Deutsche Börse AG übernimmt mit Ausnahme der Haftung für Vorsatz und grobe Fahrlässigkeit keine Haftung oder Gewähr für die auf dieser Website veröffentlichten Informationen; diese können – etwa aufgrund von Fehlern Dritter – unzutreffend, unvoll-ständig oder veraltet sein. Insbesondere übernimmt die Deutsche Börse AG im Falle der Verwendung eines Wertpapierprospekts keine Prospektverantwortlichkeit oder Prospekt-haftung und ist nicht Anbieter von Wertpapieren.

Die nachfolgenden Wertpapiere sind weder zum regulierten Markt der Frankfurter Wert-papierbörse (FWB*) zugelassen, noch in diesen einbezogen. Anleger und Investoren müssen sich über die Tatsache bewusst sein, dass deshalb die EU-vereinheitlichten hohen Trans-parenzanforderungen und strengen Anlegerschutzbestimmungen für organisierte Märkte nicht gelten.

Wenn Sie die vorstehend aufgeführten Warnhinweise gelesen haben und diese akzeptieren, bestätigen Sie dies bitte durch einen Klick auf das Feld *Ich stimme zu*; hierdurch gelangen Sie zu dem gewünschten Inhalt." (http://www.boerse-frankfurt.de, letzter Aufruf 31. Mai 2013)

Die Alternative zur Zustimmung liegt in der Anwahl eines „zurück"-Buttons, der in die Übersicht des Entry Standard Index zurückführt.

Bei diesem Disclaimer handelt es sich um eine Schutzmaßnahme im Sinne markt-begrenzender Sittlichkeit (Beckert 2012, S. 254-256). So einsichtig der Warnhinweis bezüglich der höheren Risikobehaftung des zugrunde liegenden Papiers ist, so fragwürdig erscheint er vor dem Hintergrund der generellen Dienstleistung des Webportals. Ins-besondere der Bereich „Börse für Einsteiger" animiert den Besucher, sich vom „ängst-lichen Sparer zum gewieften Aktionär" zu entwickeln, daher scheint die generelle Be-hauptung fragwürdig, beim Webportal der Deutschen Börse AG handele es sich nicht um Beratung, Angebot oder Aufforderung zum Investment. Vielmehr handelt es sich für den Portalbetreiber um eine Gradwanderung, denn er muss freilich an der Risikobereitschaft seiner Kunden im Sinne einer nutzenorientierten Tauschbereitschaft interessiert sein, denn die „marktermöglichende Sittlichkeit" (Beckert 2012, S. 250-252) schließt zwar arglistige Täuschung aus, erfordert aber das Ziel der optimierten Bedürfnisbefriedigung.[23] Die geringen Transparenzanforderungen an Unternehmen im Entry Standard Index mögen nun tatsächlich zur Charakterisierung führen, hier liege zumindest eine höhere Wahrscheinlichkeit für Arglist vor – und die Vorgängerindizes NEMAX und NEMAX 50 wurden tatsächlich als Folge von Betrugs-Skandalen eingestellt – allerdings führt eine solche Einschätzung im vorliegenden Falle nicht zum Ausschluss vom Handel, sondern eben nur zur rechtlichen Absicherung seitens der Deutschen Börsen AG durch den beschriebenen Disclaimer. Die Marktplattform zum Handel wird nichtsdestotrotz bereitgestellt.

Dies ist bedenklich vor dem Hintergrund der Schlussfolgerungen des vorangegangenen Abschnitts. Wesentliches Ziel marktbegrenzender Sittlichkeit muss eine Verhinderung kontaminierender Auswirkungen auf andere gesellschaftliche Bereiche sein, was freilich nicht gewährt ist, wenn die Eindämmung gefährlichen Finanzmarkthandelns auf einen Warnhinweis beschränkt wird. Auch die Funktion der Deutschen Börse AG selbst ist in erheblichem Maße auf ein Funktionieren marktbegrenzender Sittlichkeit angewiesen, da viele Finanzkrisen seit den 1990ern die Tätigkeit der Börse selbst gefährdeten. Der Zusammenbruch des Vorgänger-Index des Entry Standard ereignete sich im Nachklang der so genannten Dotcom-Krise und wurde durch die Ermöglichung des Handels mit betrügerischen Wertpapieren hervorgerufen.

Schließlich müsste die Eingangswarnung des Disclaimers vor einem „Totalverlust des eingesetzten Kapitals" sich freilich auch auf die transparenteren Marktsegmente erstrecken. Angesichts einer stets ungewissen Zukunft in einem Markt mit extremer Volatilität ist eine eindeutige Grenzziehung bezüglich des Begriffs „finanzielles Risiko" kaum möglich.

Das nachhaltige Marktsegment

Bereits bei einer ersten Übersicht der Titelseite des Webportals stach das nachhaltige Investitionssegment ins Auge. Hierbei handelt es sich nicht um eine spezifische Produktpalette wie bei den anderen neun Segmenten, vielmehr finden sich hier Wertpapiere, die in den anderen Segmenten bereits auffindbar waren, jedoch unter anderen Unterscheidungskriterien gelistet und bewertet werden.

Der Begriff der Nachhaltigkeit bezieht sich auf eine gesonderte Bewertung von ökologischer Umweltverträglichkeit des Unternehmens, der Sozialverträglichkeit und der Unternehmensführung. Der Nutzer des Webportals selbst kann eine Gewichtung dieser Kriterien vornehmen. Die Bewertung von Wertpapieren wird dann aufgrund einer Kalkulation vorgenommen, die diese individuelle Präferenzsetzung mit Werten in Verbindung bringt, die im Auftrag der Deutschen Börse AG über die Unternehmen erhoben worden sind.

---

23 Immer noch ist häufig von einer Maximierung die Rede, was jedoch für ökonomisches Handeln die Anzahl zulässiger Optionen drastisch reduzierte. Es scheint theoretisch sinnvoller, von der Notwendigkeit brauchbarer Entscheidungen auszugehen. (Luhmann 1994, S. 29)

Die Angaben werden von Sustainalytics bereitgestellt und richten sich nach einem vom Deutschen Verband der Finanzanalysten beschlossenen Standard. Die mögliche Frage, was sich hinter Indikatoren etwa des Sozialen verbergen könnte, wird sehr konkret beantwortet. Neben Kundenzufriedenheit und Verhalten gegenüber Mitarbeitern und dem gesellschaftlichen Umfeld werden auch politisch als kritisch einzuschätzende Kriterien beobachtet: „Im Bereich Soziales wird geprüft, ob Unternehmen gegen Arbeitnehmerrechte verstoßen, Kinder- oder Zwangsarbeit tolerieren, Kartelle bilden, Preisabsprachen treffen, Qualitätsstandards verletzen oder negativ auf ihre direkte Umwelt, den Gemeinden, in den die wirtschaften [sic!], wirken."[24] Auch über die Gewinnung der Daten wird auf den Seiten der Börse Frankfurt konkrete Auskunft gegeben: „Für die Ermittlung der Schlüsselindikatoren nutzt Sustainalytics eine große Bandbreite an Quellen, wie etwa Unternehmenskommunikation, Unternehmens-Websites, Medienberichte, Informationen von so genannten NGOs – Nicht-Regierungsorganisationen, staatlichen Stellen und der direkte Dialog [sic!] mit dem Unternehmen selbst. Internes Qualitätsmanagement soll zudem Konsistenz und Qualität der Analysen sicherstellen." (Ebd.)

Die Deutsche Börse AG selbst als Unternehmen möchte sich hier als gesellschaftspolitisch verantwortlich handelnder Akteur verstanden wissen. „Wir möchten mehr bewegen als Kapitalströme und stellen uns der Verpflichtung, unsere Unternehmensziele verantwortungsvoll umzusetzen, gezielt gesellschaftliche Aktivitäten zu fördern und dabei umweltfreundlich zu agieren."[25]

Auf den ersten Blick scheint es sich hier um einen Ausdruck der Moralisierung der Märkte zu handeln. Die hervorgehobene und offenkundig expandierende Bedeutung dieses „nachhaltigen" Segments scheint darauf hinzudeuten, dass es beim Wertpapierhandel der Börse nicht mehr um rein ökonomische Nutzenoptimierung geht. Eine Deutungsoption wäre, dass ein funktionaler Wandel von Statten geht, im Zuge dessen nicht mehr nur Unternehmen, die auf einen Absatzmarkt für ihre Produktpalette zielen, quasi auf der Rückseite dieses Produktionsprozesses und unabhängig von ihm, nach passiv Mitwirkenden an der Finanzierung der Kosten an der Wertpapierbörse nachsuchen. Alternativ könnte es so verstanden werden, dass der Bedeutungszuwachs des Börsenhandels und die Ausbreitung der Beteiligung an ihm in weiten Schichten Bevölkerung die Notwendigkeit auftauchen lassen, ökologische, soziale und moralische Kriterien in den Produktions- und Servicebereich selbst einfließen zu lassen, um auf diese Weise die Performance an den Finanzmärkten zu verbessern. Dies wäre im Sinne einer Aufwertung der Bedeutung von Konsumenten, die aktive Akteure im Wirtschaftsbereich werden und über die Produktwahl beim Konsum wie auch die wissensgestützte Auswahl von Finanzprodukten einen aktiven Einfluss auf die Entwicklungstendenz der Ökonomie nehmen (Stehr 2008, S. 63).

Eine Analyse des Nachhaltigkeitsbereichs von www.boerse-frankfurt.de fördert allerdings zutage, dass es sich bei einem solchen Szenario zumindest um sehr optimistische

---

24 www.boerse-frankfurt.de/de/nachhaltige+wertpapiere/sustainalytics, Zugriff 28. Mai 2013.

25 www.boerse-frankfurt.de/de/nachhaltige+wertpapiere, letzter Zugriff 31. Mai 2013.

Zukunftsmusik handelt. Dazu reichte am Stichtag die Auswahl des zweitplatzierten aus der offerierten Liste der Tagesgewinner. Es handelte sich um Thomas Cook Group plc., deren existenziellen ökonomischen Probleme in 2011 noch in Erinnerung waren.

Die erste Unverträglichkeit mit dem Etikett der Nachhaltigkeit ergab sich daher daraus, dass bei Anwahl des Wertpapiers der bereits ausführlich dokumentierte Disclaimer erschien. Verschärfte Transparenzrichtlinien der Europäischen Union werden vom Wertpapier also offenkundig nicht erfüllt, was eine Listung unter die nachhaltigen Tagesgewinner jedoch nicht verhinderte.

Nach Zustimmung wurden dann die genaueren Zahlen des Unternehmens sichtbar, und diese offenbarten weitere Widersprüchlichkeiten. Das Datenblatt zeigt Thomas Cook Group als Akteur in dem Marktsegment Freiverkehr. Im Bereich „Nachhaltig" erhielt das Unternehmen – für einen Anbieter im Urlaubs-Reiseverkehr wenig verwunderlich – einen mittelmäßigen Wert für die ökologische Komponente von 60. Allerdings gab es zwei recht hohe und positive Werte für Sozialverträglichkeit und Unternehmensführung (von 90 bzw. 88). Diese Angaben beziehen sich freilich auf die Vergangenheit, und die Thomas Cook Group war 2011 vom Konkurs bedroht – gute Werte der Sozialverträglichkeit und Unternehmensführung waren mit drohendem Kapitalverlust im Falle der Investition gepaart. So bietet die Übersicht beispielsweise den Reiter „Kennzahlen". Diese weisen für die vergangenen beiden Jahre im Falle von Thomas Cook einen negativen Jahresüberschuss von mehr als einer halben Milliarde EUR aus. Das Ergebnis vor Steuern wies Verluste von fast 400 Millionen EUR in 2011 und fast 500 Millionen EUR in 2012 aus. Damit erweist sich die Investition in diesen Tagesgewinner als riskantes Manöver.

Doch damit nicht genug. Denn die positiven Werte für Unternehmensführung und Sozialverträglichkeit werden nun unter der Schaltfläche „Unternehmensnachrichten" von einer Meldung der Nachrichtenagentur dpa konterkariert, die im Titel von einem verschärften Sparkurs berichtet und die Wortwahl „schmerzhafte Sanierung" mit einer einschlägigen Nachricht erläutert: „2.500 Jobs stehen auf der Kippe. In den vergangenen beiden Geschäftsjahren hatten sich die Verluste wegen immenser Abschreibungen und Problemen in Großbritannien und Frankreich jeweils auf mehr als eine halbe Milliarde Pfund summiert. Nur der Verkauf von Flugzeugen und Hotels sowie ein teures Kreditpaket der Banken sicherte Thomas Cook das Überleben." (dpa 2013) An diesem Fall zeigt sich, dass es verfrüht wäre, eine umfassende Moralisierung der Märkte zu diagnostizieren, die durch eine das ökonomische Nutzenoptimierungskalkül aushebelndes, reflektierte Urteile bildendes Wissen hervorgerufen wurde. Ein Unternehmen in finanziellen Nöten greift zur Sanierung auf klassische Sparmaßnahmen zu Lasten der eigenen Arbeitnehmer zurück und fühlt sich dabei durch Folgen in der Auflistung an einem nachhaltigen Investitionssegment nicht irritiert. Dazu wird es auch durch das Investitionsverhalten der Anleger motiviert, dessen Motive ohnehin verborgen bleiben. Aber als gewiss kann gelten, dass ein Interesse an finanziellen Verlusten nicht gegeben ist.

Ob zumindest von einer „marktbegleitenden Sittlichkeit" (Beckert 2012, S. 252-254) die Rede sein kann, soll unter Auswertung aller geschilderten Phänomene im abschließenden Abschnitt geklärt werden.

4   Ökonomisierung des Gesellschaftlichen oder sittliche Einbettung der Ökonomie?

Die vorliegende Analyse des Webportals der Frankfurter Wertpapierbörse, betrieben von der Deutschen Börse AG und fußend auf den technologischen Möglichkeiten des elektronischen Handelssystems Xetra, eignet sich zur Diskussion der Frage, welche konzeptionelle Rahmung zur Analyse finanzmarktlicher Entwicklungen am besten geeignet ist, gerade weil es sich *nicht* um ein Marktinstrument handelt. Wird die einschlägige Definition von „market devices" (Muniesa et al. 2007, S. 2) zugrunde gelegt, kann das Webportal einer solchen Kategorie nicht zugerechnet werden, weil es keine Befähigung zur aktiven Partizipation am Markthandeln beisteuert. Als Nutzer des Webportals sind individuelle Investoren und wirtschaftspolitisch interessierte Bürger anvisiert, die jedoch selbst nicht in den Börsenhandel eingreifen können. Und auch wenn das Portal eine ganz erhebliche Menge an Kenntnissen und Informationen bereit stellt, eine sehr zeitnahe Präsentation von Marktentwicklungen gewährleistet und eine nicht unbeachtliche Tiefe der Analyse befördert, werden konzessionierte Börsenhändler sich nicht auf diese Informationsquelle beschränken können. Sie sind auf mehr und vielfältigere Informationen sowie zahlreiche andere „market devices" angewiesen, um handeln zu können (MacKenzie 2006).

Aber gerade weil es kein unmittelbares Marktinstrument ist, repräsentiert es die Rolle der Finanzmärkte *in* der Gesellschaft an einer kommunikativen Schnittstelle mit einer Öffentlichkeit.

Diese Schnittstelle eignet sich zur Beobachtung der Frage, ob wir gesellschaftliche Zeugen einer Tendenz der weitergehenden politischen, rechtlichen und moralischen Einhegung der Ökonomie sind oder ob sich Tendenzen der Ökonomisierung bisher nicht ökonomisch orientierter Sphären der Gesellschaft beobachten lassen. Die bisherigen Betrachtungen haben zwei konkurrierende Ansätze zur Interpretation genutzt.

Beckert favorisiert den handlungstheoretischen Ansatz der sittlichen Einbettung der Wirtschaft. Beeinflusst von Polanyi (1957) und inspiriert von der Feldtheorie Bourdieus (Beckert 2012, S. 261), tendiert seine theoretische Konzeption dazu, das Handeln von Akteuren im wirtschaftlichen Feld als Ergebnis konfligierender Handlungsorientierungen zu deuten:

> „Die Akteure im Feld der Wirtschaft sind Unternehmen und Konsumenten, aber auch der Staat und Intermediäre wie Regulierungsbehörden, Gewerkschaften, Lobbygruppen und soziale Bewegungen. Die Handlungen der Akteure sind geprägt durch die Positionen, die sie im Feld einnehmen, und die sozialen Kräfte, die auf sie einwirken und sich in ihrem Habitus manifestieren. Hierzu zählen Netzwerke ebenso wie Institutionen und normative und kognitive Rahmungen." (Beckert 2012, S. 261)

Die im Zuge der Analyse verwendeten Typisierungen von marktermöglichender, marktbegleitender und marktbegrenzender Sittlichkeit als gröbere Kategorien solcherart zustande kommender, nicht-ökonomisch geprägter ökonomischer Handlungsweisen hat sich bei der Analyse des Webportals als nützlich erwiesen. Das Börsenportal als von Finanzmarktakteuren bereit gestellte öffentliche Präsentation des eigenen Handlungs- raums reagiert in seiner Selbstdarstellung offenkundig nicht allein auf eine nutzen- orientiert investierende Öffentlichkeit, sondern berücksichtigt auch Interessen von Regulierungsbehörden und Konsumenten – hier in der Form von Kleinanlegern.

Explizite Warnungen vor besonders risikobehafteten Produkten wie im Falle des diskutierten Disclaimers bringen marktbegrenzende Sittlichkeit zum Ausdruck und bestätigen Beckerts These, dass die Unterstellung der interessegeleiteten Natur des homo oeconomicus in den vorherrschenden ökonomischen Theorien selbst das Ergeb- nis historisch und sozial kontingenter Prozesse ist: „Soweit utilitaristische Handlungs- orientierungen bestehen, sind sie vielmehr Teil eines historischen Prozesses moralischer Entwicklung." (Beckert 2012, S. 252) Oder sie sind, wie im vorliegenden Fall des Disclaimers, das Ergebnis sozial gelenkter, rechtlicher Einhegung ökonomischer Hand- lungen und formen ihrerseits eine marktermöglichende Sittlichkeit, die zu großes Risiko scheut.

Die Etablierung eines auf Nachhaltigkeit orientierten Investitionssegments, das sich als Schicht über die rein nutzenoptimierend orientierten Bewertungen der Börse zu legen scheint, kann als Beispiel für marktbegleitende Sittlichkeit dienen, in der indirekte Kommunikation mit Gewerkschaften, Lobbygruppen und sozialen Bewegungen erfolgt, die sich an hohen Standards der Umwelt- und Sozialverträglichkeit sowie an sozial und kulturell akzeptablen Formen der Unternehmensführung interessiert zeigen. Dass in der Umsetzung noch Widersprüche zwischen einer positiven Bewertung der Sozial- verträglichkeit und negativen Aktivitäten aufscheinen, wie im Falle eines sozial rück- sichtslosen Sparkurses eines vom Konkurs bedrohten Unternehmens, kann dabei dem noch jungen Stadium einer solchen Entwicklung zugeschrieben werden.

Dennoch bleibt diese theoretische Konzeption unbefriedigend. Auch wenn das wirtschaftliche Feld in dieser Konzeption ausdifferenziert wird und als komplexes Hand- lungsfeld erscheint, scheint unsichtbar zu bleiben, *wie* konfligierende Interessen zwischen wirtschaftlichen, rechtlichen, politischen und moralischen Interessen letztlich einzelne Handlungen orientierende Wirkung entfalten. Ausdruck findet diese theoretische Un- schärfe, wenn die Wirkung kumulierter Einzelhandlungen theoretisch auf den Punkt ge- bracht werden soll: „Akteure versuchen den Handlungsraum – das Feld – in politischen Kämpfen in ihrem Sinn zu verändern." (Beckert 2012, S. 261) Fragwürdig erscheint dies angesichts der konkreten Form sozialer Handlung. Die Wahl eines sozialverträglichen und umweltfreundlichen Anlagepapiers an der Börse kann Ausdruck einer moralischen Überzeugung sein (Beckert 2012, S. 252f.), aber eine Beeinflussung der Funktionsweise des Feldes scheint ausgeschlossen. Dem Unternehmen bleiben die Motive des Käufers verborgen, und selbst wenn sie bekannt wären, könnten sie getrost vergessen werden, da wirtschaftlich allein der erfolgte (oder: nicht erfolgte) Geldfluss eine Rolle spielt (Luhmann 1994, S. 19). Daher wird eine Unternehmenssanierung in einem wettbewerbs- orientierten Kapitalismus mit Blick auf die Rentabilität des Unternehmens erfolgen, auch wenn dies Entlassungen von Arbeitnehmern und zukünftig schlechtere Bewertungen bei der Sozialverträglichkeit bewirkt.

Ursache für die theoretische Unschärfe scheint die Vernachlässigung der „devices" zu sein, von denen Kommunikationen an dieser Schnittstelle nicht nur übermittelt, sondern auch gelenkt, gekoppelt und im Konfliktfall überblendet werden. Unter „devices" werden jene Geräte verstanden, die selbst eine Verbindung bei sozialer Kontaktunterbrechung herstellen oder die soziale Kontaktaufnahme angesichts einer solchen Unterbrechung bewirken (Muniesa et al. 2007, S. 2). Im vorliegenden Fall des Webportals der Frankfurter Börse werden komplexe Informationsflüsse kombiniert, um auf diese Weise Preissignale auszusenden, die letztlich in einer Entscheidung über Kauf-Ordern am Finanzmarkt münden. Diese Kommunikation wird durch die Geldform bestimmt. Dabei sind die Informationsflüsse nicht nur komplex, sondern auch multidirektional, und dies liegt an der Kommunikationsform des Internets als dezentrale Vernetzung einer vorab unbestimmten, großen Anzahl von Kommunikationen.

Interessanterweise gewinnt Beckert seine Position durch eine Kritik der Differenzierungstheorien, die er in unscharfer Weise bündelt. Mögen die Ausführungen zu Habermas mit der Grundauffassung des ökonomischen Systems als normfreier Sozialität und in Bezug auf Parsons' Uneindeutigkeit der Systemkategorie zwischen Analyseinstrument und essentialistischem Gesellschaftsbild zutreffend sein, unterliegen sie im Falle von Luhmanns Systemtheorie einem Missverständnis. Zwar ist richtig, dass Luhmann die Ausdifferenzierung des Wirtschaftssystems in der Form einer „Ausbettung" ökonomischer Handlungen aus anderen Verweisungszusammenhängen konstruiert (Beckert 2012, S. 258). Aber zum einen stellt Luhmann ein solches Wirtschaftssystem gerade nicht „der Gesellschaft" gegenüber, sondern als einen integralen Bestandteil der komplexen Gesellschaft dar, das mit zunehmender Geschlossenheit seiner Systemoperationen eine wachsende – und nicht schrumpfende – Abhängigkeit zu anderen Teilsystemen aufweist (Luhmann 1994, S. 11, 43-51). Zum anderen wird die Grundperspektive der Systemtheorie handlungstheoretisch fehlgedeutet, wenn unterstellt wird, dass in dieser Theorie „die Akteure [...] nutzenmaximierend handeln: Sie wollen lieber mehr Geld als weniger Geld" (Beckert 2012, S. 259). Kerngedanke der Systemtheorie ist vielmehr, dass die Funktionsweise des Kommunikationsmediums Geld bestimmte Auswahlen präfiguriert. Das Paradox des Geldes liegt in der Kombination von wirtschaftlicher Universalität mit funktionaler Nutzlosigkeit begründet. Alles, was käuflich ist, kann mit Geld gekauft werden, aber mit Geld kann man nur kaufen und sonst nichts. Und wenn man mit Geld kauft, verliert man es und ist zur Reakquirierung von Geld genötigt, weil man sonst nicht wieder kaufen kann. Das Medium Geld selbst verlangt nach Auffrischung *und* Verausgabung des Bestandes zugleich (Luhmann 1994, S. 53f.). Beckerts Ausführung, dass ökonomische Akteure mehr Geld wollen, wird erst richtig, wenn man ergänzt, dass ökonomische Akteure dies wollen, um mehr Geld ausgeben zu können.

Der durch dieses Paradox in Gang gesetzte Kreislauf kennzeichnet die Funktionsweise der Wirtschaft und formt auch das Webportal der Börse. In Bezug auf die feldtheoretischen Deutungen Beckerts erlaubt diese Konzeption Zweifel anzumelden, weil intentional vorhandene Motivationen der Akteure, wie etwas moralische Überzeugungen, durch die Funktionsweise von Geld minimiert sind. Ein Unternehmen ist darauf angewiesen, an Börsen für hinreichende Liquidität zur fortgesetzten Beteiligung an einem kompetitiven Kapitalismus zu erwerben, und muss deshalb der Aussicht auf Rendite eine Priorität gegenüber guten Bewertungen in der Sozialverträglichkeit beimessen. Und auch Kleinanleger wollen ihr eingesetztes Kapital nicht minimieren oder gar verlieren, sondern ziehen moralische Überzeugungen nur ergänzend heran, wenn hinreichende Verzinsung des Geldes gewährt ist. Die Ursache für beides liegt in der Funktionsweise des Kommunikationsmediums Geld begründet. Investiertes – also ausgegebenes – Geld muss sich rentieren. Das Medium bestimmt, welche der konfligierenden Interessen die Oberhand gewinnen. Akteure, die sich dem nicht fügen, verlieren ihr Kapital und sind deswegen von der weiteren Teilnahme an der Börsenkommunikation ausgeschlossen.

Diese Erkenntnis verleitet dazu, auch bezüglich des zweiten, entscheidenden Untersuchungsfokus die konkrete Formung der Kommunikation in die Analyse einzubeziehen. Für die Wirkung des Webportals als funktionaler Schnittstelle zwischen Markthandeln an der Börse und einer an diesen Vorgängen zunehmend interessierten Öffentlichkeit sind die Rahmungen des Internets von zentraler Bedeutung. Die Frage, ob ökonomisches Denken in andere gesellschaftliche Bereiche eindringt, oder rechtliche, politische und moralische Forderungen durch die Akteure in die Ökonomie, hängt von der Funktionsweise des Internets entscheidend ab. Dabei scheinen drei grundlegende Aspekte entscheidend.

Erstens, die technischen Möglichkeiten eines Webportals, mit den rahmenden Gestaltungsmöglichkeiten der Redaktion, entscheiden darüber, welche Kommunikationen von den Akteuren letztlich überhaupt durchgeführt werden können. Die Berücksichtigung nachhaltiger Kriterien bei den Investitionsentscheidungen der Kleinanleger hängt von der Bereitstellung solcher Informationen durch den Webportalbetreiber ab.

Zweitens bleibt entscheidend, dass die Kommunikation auf Preissignale fokussiert. Zahlreiche weitere, gesellschaftspolitisch relevante Informationen sind im Webportal verfügbar und ermöglichen, wie gezeigt, die kritische Hinterfragung von Informationen und Bewertungen, die an anderer Stelle gegeben sind. Jedoch fokussieren alle diese Kommunikationsprozesse auf eine bestimmte Form: Den steigenden oder fallenden Börsenkurs als Preis eines Wertpapiers. Die Beteiligung an Kommunikationen über Börsenhandel ist letztlich auf die Vermehrung eingesetzten Kapitals festgelegt und damit auf das gesellschaftspolitische Ziel des wirtschaftlichen Wachstums. Dies entzieht sich der individuellen Motivation der Akteure und liegt in der Funktionsweise von Geld begründet.

Drittens, die Akteure eines Webportals agieren als Webnutzer vereinzelt und sind dabei Informationen ausgesetzt, die massiv kumulierte ökonomische Handlungen darstellen. Die technische Form bewirkt in doppelter Hinsicht eine Individualisierung. Zum einen ist das Webportal auf den einzelnen Leser ausgerichtet. Webseiten können durchaus auf die Verknüpfung individueller Kommunikationen abzielen, beispielsweise wenn öffentliche Kommentarfunktionen oder Diskussionsforen eingerichtet werden. Im vorliegenden Fall wird aber auf die individuelle Informationsverarbeitung durch einzelne Leser als Normalfall abgestellt. Soll die Information eine ökonomische Handlung auslösen, ist zwar eine Folgekommunikation – mit einem Broker, der zu Kauf und Verkauf an der Börse berechtigt ist – vorgesehen, aber hier wirkt der zweite individualisierende Faktor: Es geht um den Einsatz von individuell besessenem Kapital. Nicht der Broker verliert Geld, wenn in das falsche Wertpapier investiert wird. Der Charakter des Webportals selbst hat eine individualisierende Funktion (Callon 2007, S. 139).

Trotzdem ist die Wirkung des Webportals nicht eindirektional. Es ist nicht auszuschließen, dass es trotz seiner individualisierenden Kommunikationsform und trotz der Funktionsweise von Geld zu einer stärkeren gesellschaftspolitischen Einbettung und Rahmung des Börsenhandels beitragen wird. Zur theoretischen Erklärung wird ein Ansatz favorisiert, der das Webportal als Kommunikationen hervorbringendes „device" deutet und dabei auf eine vorab erfolgende Zuordnung zu einer wirtschaftlichen oder politischen gesellschaftliche Sphäre verzichtet, sondern stattdessen untersucht, wie hier wirtschaftliche und politische Kommunikationen verknüpft und ineinander über geleitet werden. Dabei scheinen die Begriffe der „Rahmung" und des „Überfließens" außerordentlich hilfreich (Callon 1998).

Die diskutierten Präfigurationen der Kommunikation dienen dabei als Rahmung. Sie haben eine normierende Wirkung, weil die Zielrichtung des Webportals fraglos eine ökonomische ist. Allerdings rufen diese Kommunikationen andersartige Betroffenheiten hervor, die zur Beteiligung an der Kommunikation motivieren (Callon 2007, S. 146f.). Dies kann als Überfließen der Kommunikation begriffen werden. Diese Andersartigkeiten sind vielfältig und erstrecken sich auf alle Akteure. Sie sind nicht auf Kleinanleger beschränkt, die politische und moralische Kriterien in ihre Investitionsentscheidung einfließen lassen, wenn sie das Informationsangebot „Nachhaltig" zur maßgeblichen Entscheidungshilfe heranziehen. Ein zentrales Überfließen der eigentlichen Rahmung findet auch auf Seiten der Webseiten-Redaktion statt, wenn sie eine solche ,nachhaltige' Kategorie einführt oder das Aufscheinen eines Warnhinweises beim Abruf bestimmter Wertpapiere einrichtet. In letzterem Fall fließen rechtliche Kategorien in einen ökonomischen Entscheidungsprozess ein, der dennoch maßgeblich bleibt, weil zum Handel der überdurchschnittlich risikobehafteten Papiere durch Bereitstellung von Informationen motiviert wird. Schließlich kann eine Moralisierung der Märkte durch das Überfließen moralischer Überzeugungen der Kleinanleger in die Unternehmensentscheidungen von Wertpapieremittenten nicht ausgeschlossen werden. Statt jedoch eine solche Tendenz schlichtweg zu behaupten, erlaubt das theoretische Konzept die empirische Beobachtung, ob sich eine solche Tendenz durchsetzt oder nicht.

Zum gegenwärtigen Zeitpunkt ist das Webportal ein Beitrag zur Ökonomisierung vormals nicht-wirtschaftlicher Debatten. Eine Berücksichtigung gesellschaftspolitischer Rahmungen in der Produktionssphäre aufgrund der Kommunikationen des Webportals kann derzeit nicht ausgemacht werden; stattdessen scheinen klassische Renditeabwägungen weiterhin die Unternehmenspolitik uneingeschränkt zu dominieren. Dies gilt auch für den Betreiber des Webportals, die Deutsche Börse AG, selbst. Zwar wird mit der hervorgehobenen Produktion eines nachhaltigen Investitionssegments und dem erhobenen Anspruch, „gesellschaftliche Aktivitäten zu fördern und dabei umweltfreundlich zu agieren", auch ein Beitrag zum Überfließen moralischer Erwägungen in die Bewegungsrichtung der Kapitalströme angeregt. Das Vorgehen in der rechtlichen Rahmung von ökonomischen Vorgängen beim Umgang mit Wertpapieren, die gesetzliche Vorgaben der Europäischen Union nicht erfüllen, deutet jedoch in die entgegengesetzte Richtung. Eine konsequente rechtliche Rahmung, die ein Überfließen ökonomischer Interessen verhinderte, bestünde in einer Verweigerung, die Handelsplattform für solche Wertpapiere bereit zu stellen. Stattdessen belässt es das Webportal jedoch bei einem Warnhinweis und überträgt – als weiterer Schritt zur Individualisierung – die Verantwortung in die Entscheidung des Kleinanlegers. Der rechtlich gesetzte Rahmen wird hier vom ökonomischen Interesse einer Steigerung des Handelsvolumens auf den Plattformen der Deutschen Börse AG überflutet.

Und schließlich fließen ökonomische Diskurse über die verstreuten Computerbildschirme, auf denen das Webportal aufgerufen wird, in Kommunikationsräume ein, die bisher eine größere Distanz zum Börsengeschehen aufwiesen. Auch zu Zeiten des open outcry-Handels wurden private Kommunikationen durch Börsennachrichten ökonomisch beeinflusst, aber durch das Börsenportal ist der Nutzer nun mittendrin statt nur dabei. Seine Überlegungen zur gewinnbringenden Geldanlage werden während des Aufenthalts auf dem Webportal von einem Informationsfluss über wachstumsorientierte Investitionen gerahmt. Das Ziel des Webportals ist nicht die Warnung vor, sondern die Motivation zur Investition in den Börsenhandel. Hier fließen finanzmarktliche Erwägungen in den privaten Raum ein.

Ein zukünftiges Überfließen moralischer Erwägungen in den finanzmarktlichen Handelsraum ist nicht ausgeschlossen, kann aber gegenwärtig nicht konstatiert werden und erscheint angesichts der Funktionsweise des Kommunikationsmediums Geld auch unwahrscheinlich. Das Webportal der Frankfurter Börse repräsentiert die diesbezügliche Wahrnehmung seitens des Börsenbetreibers, der kritisch agierende ‚Betroffenengruppen' antizipierend in seinem Angebot zu berücksichtigen versucht.

Literatur

Arnoldi, Jakob (2006) Frames and screens: the reduction of uncertainty in electronic derivatives trading: *Economy and Society* 35:3: 381–399.

Bank for International Settlements (2007) *77th Annual Report. 1 April 2006 – 31 March 2007*. Basel.

Bank for International Settlements (2008) *78h Annual Report. 1 April 2007 – 31 March 2008*. Basel.

Beckert, Jens (2012) Die sittliche Einbettung der Wirtschaft. Von der Effizienz- und Differenzierungstheorie zu einer Theorie wirtschaftlicher Felder: *Berliner Journal für Soziologie* 22:2: 247–266.

Beunza, Daniel and David Stark (2004) Tools of the trade: the socio-technology of arbitrage in a Wall Street trading room: *Industrial and Corporate Change* 13:2: 369–400.

Callon, Michel (1998) An essay on framing and overflowing: economic externalities revisited by sociology. In: Callon, Michel (ed.) *The Laws of the Markets*. Blackwell Publishers, Oxford, p 244–269.

Callon, Michel (2007) An Essay on the Growing Contribution of Economic Markets to the Proliferation of the Social: *Theory, Culture & Society* 24:7/8: 139–163.

Durkheim, Emile (1997) *The Division of Labor in Society*. The Free Press, New York.

Erturk, Ismail; Froud, Julie; Johal, Sukhdev; Leaver, Adam and Karel Williams (2007) The democratisation of finance? Promises, outcomes, and conditions: *Review of International Political Economy* 14:4: 553–575.

Harvey, David (2007) *A Brief History of Neoliberalism*. OUP, Oxford.

Hicks, John (1969) *The Theory of Economic History*. OUP, Oxford.

Knorr Cetina, Karin und Urs Bruegger (2002) Global microstructures: the virtual societies of financial markets: *The American Journal of Sociology* 107:4: 905–950.

Langenohl, Andreas und Dietmar J. Wetzel (2011) Finanzmärkte und ihre Sinnformen: Handlungskoordination und Signalkommunikation: *Berliner Journal für Soziologie* 21:4: 539–559.

Luhmann, Niklas (1994) *Die Wirtschaft der Gesellschaft*. Suhrkamp, Frankfurt am Main.

MacKenzie, Donald (2006) *An Engine, not a Camera. How Financial Models Shape Markets*. MIT Press: Massachusetts.

MacKenzie, Donald (2008) *Material Markets. How economic Agents are Constructed*. OUP, Oxford.

Muniesa, Fabian; Millo, Yuval and Michel Callon (2004) An introduction to market devices. In: Muniesa, Fabian; Millo, Yuval and Michel Callon, Michel (eds.) *Market Devices*. Blackwell Publishing, Oxford, p 1–12.

Polanyi, Karl (1957) *The Great Transformation. The political and economic origins of our time*. Beacon Press, Boston.

Stehr, Nico (2008) The Moralization of Markets in Europe. *Society* 45:1: 62–67.

Stoxx (2013) Factsheet/1. Euro Stoxx 50 Index. Stand 3-0. April 2013. Abrufbar unter http://www.stoxx.com/download/indices/factsheets/sx5e_fs.pdf Zuletzt abgerufen 30. Mai 2013.

Weber, Max (2000) Stock and Commodity Exchanges. Die Börse [1894]. Translated by Steven Lestition: *Theory and Society* 29:3: 305–338.

(Un-)Heiliger spread: Zur öffentlichen Sakralisierung finanzwirtschaftlicher Indikatoren

Carlo Tognato

1   Einleitung

Seit dem Ausbruch der europäischen Schuldenkrise hat die Öffentlichkeit in vielen Ländern der Eurozone, die unter den Druck der Finanzmärkte geraten sind, von der Existenz eines wichtigen Indikators ökonomischer Konvergenz innerhalb der Europäischen Währungsunion erfahren, mit dem bis dahin nur ein relativ kleiner Kreis von Experten vertraut gewesen war. Es handelt sich um den *spread*, das heißt die Zinsdifferenz, zwischen deutschen Bundesanleihen und langfristigen Staatsanleihen anderer Mitgliedsstaaten der Euro-Zone. Hatten Experten die Konvulsionen dieser Zinsdifferenz traditioneller Weise zum Gegenstand kühler ökonomischer Analyse gemacht, veränderte sich die Natur des *spread* in dem Moment, da er die Öffentlichkeit erreichte. Er ist zu einem Fokus emotional aufgeladener Debatten geworden, deren binäre Logik einen agonalen Kampf zwischen Ordnung und Chaos, zwischen Gut und Böse auf den Plan ruft und nicht einen abgeklärten Austausch zwischen Experten über ökonomische Angelegenheiten.

Erst seit kurzem beginnt sich eine kulturelle Soziologie[1] der Ökonomie innerhalb des *Strong Program* der *Cultural Sociology* zu formen, die das Ziel verfolgt, den Einfluss von Kultur auf die Wirtschaft systematisch in Rechnung zu stellen und insbesondere diejenigen kulturellen Transformationen auszuweisen, die ökonomisches Handeln und ökonomische Institutionen beim Eintritt in die Öffentlichkeit durchlaufen. Innerhalb dieses sich formenden Forschungsfeldes hat De Santos (2009, S. 467) eine kulturelle Soziologie ökonomischer Indikatoren vorgelegt, um das kulturelle Leben ökonomischer Indikatoren und ihrer Transformationen in Kernsymbole, oder wie es De Santos ausdrückt, ‚Tatsachen-Totems' zu erörtern, welche „condense social attention and evoke passionate responses from broad audiences". Der vorliegende Aufsatz baut auf De Santos'

---

1   Der Begriff ‚Cultural Sociology' wird im Folgenden mit ‚kulturelle Soziologie' übersetzt, um ihn sowohl von der Kultursoziologie wie von der Soziologie des Kulturellen abzugrenzen (Anm. d. Übersetzers).

wichtigem Artikel auf und führt die Analyse weiter, in dem er diejenigen symbolischen Ressourcen, die im Prozess der Transformation ökonomischer Indikatoren in Tatsachen-Totems mobilisiert werden, einer vertiefenden Analyse unterzieht. Insbesondere werde ich argumentieren, dass Repräsentationen aus den semantischen Feldern Medizin und Hygiene, Militär und Krieg sowie Religion und Magie offenbar eine wichtige Rolle dabei spielen. Ihr Wiederauftauchen im Zuge einer kulturellen Transformation ökonomischer Phänomene in Belange, die in den Anspruchskreis kollektiver Identität fallen, ruft wiederum zahlreiche Fragen auf den Plan, die neue Forschungszugänge innerhalb einer vergleichenden kulturellen Soziologie der Ökonomie wie auch einer eher historischen kulturellen Soziologie der Ökonomie eröffnen. Auf diesen Punkt werde ich im Schluss-abschnitt zurückkommen.

In empirischer Hinsicht fokussiert der vorliegende Aufsatz auf die kulturellen Transformationen, die die Zinsdifferenz – der *spread* – zwischen langfristigen italienischen Anleihen und Bundesanleihen in der italienischen Öffentlichkeit seit Juni 2010 durchlaufen hat. Diese Konzentration auf den italienischen Fall ist durch die internationale Bedeutsamkeit motiviert, die italienische Staatsschulden besitzen. Deren Berg- und Talfahrten sind aufgrund ihrer Umfänglichkeit schließlich nicht nur für die Stabilität der gesamten Eurozone relevant, sondern auch für die Stabilität der globalen Finanzmärkte.

Die Berichterstattung des *Corriere della Sera* über die Krise, die im Juni 2010 ausgebrochen war, und über den sich anschließenden Anstieg des *spread* bildet den Hauptbezugspunkt der empirischen Analyse. Der *Corriere della Sera* ist eine von zwei großen italienischen Tageszeitungen. Sein diskursiver Stil hat keinerlei Tendenz zur Sensationsberichterstattung – besonders zu ökonomischen Themen zielt seine Berichterstattung darauf ab, wohlinformiert, wohlüberlegt, wohlbegründet und relativ emotionslos zu sein. Obwohl die Zeitung sich zu Berlusconi recht kritisch äußerte, spricht sie eine Leserschaft an, die breit genug ist, um auch Wähler der Koalition Berlusconis zu erreichen. Daher vermutete ich, dass – anders als im Falle der anderen italienischen Tageszeitung *La Repubblica*, die sich stark gegen Berlusconi wendet – die Behandlung des Themas *spread* durch den *Corriere della Sera* zumindest im Vergleich weniger zur Dramatisierung neigen würde und daher besagte kulturelle Transformation der Zinsdifferenz in etwas, was jenseits des Ökonomischen liegt, weniger bezeugen würde. Im Umkehrschluss würden Spuren jener Transformation in der Berichterstattung des *Corriere della Sera* einen starken Hinweis auf die allgemeine Bedeutsamkeit der kulturellen Dynamik des *spread* in der italienischen Gesellschaft und somit Anlass geben, eine systematische Untersuchung über ein breites Spektrum von Medien sowohl auf nationaler wie auf regionaler Ebene anzustreben.

2   Eine kulturelle Soziologie ökonomischer Konvergenz

Lange Zeit haben Gesellschaftstheoretiker die Warnung ausgegeben, dass die moderne Gesellschaften prägende Kolonisierung der gesellschaftlichen Dynamik durch technische Rationalität zunehmend die Wirkmächtigkeit jeglicher kulturellen Logik unterminieren würde und dass die rationale Entzauberung die Ökonomie am stärksten durchdringen würde.[2] Jedoch erzählt das Wirtschaftsleben selbst eine andere Geschichte, gemäß welcher Kultur weiterhin eine lebendige Kraft darstellt. Dies bezeugen die Arbeiten wichtiger Wirtschaftssoziologinnen und -soziologen wie etwa Mitchel Abolafia, Karin Knorr Cetina, Nicole Biggart und Viviana Zelizer.[3]

Indes hat es die kulturalistische Strömung innerhalb der Wirtschaftssoziologe bislang nicht vermocht, jenseits spezifischer institutioneller Arenen die Wirkungsweise von Kultur nachzuzeichnen, und ist daher unempfänglich für ihre Vielgestaltigkeit gewesen. So wurden etwa Phänomene der Beteiligung makroökonomischer Indikatoren im agonalen Kampf zwischen Ordnung und Chaos von der Wirtschaftssoziologie bislang übersehen. Zwar versuchten die Funktionalisten der 1960er Jahre durchaus eine Korrektur, indem sie Verbindungen zwischen einzelnen institutionellen Arenen und den zentralen Mythen und Ritualen thematisierten, die dem Funktionieren der Gesellschaft zugrunde liegen. Jedoch scheiterte ihre am Wertbegriff orientierte Soziologie daran, die Rolle von Mythen und Ritualen angemessen zu berücksichtigen (Parsons und Smelser 1956; Smelser 1963). Innerhalb der letzten beiden Jahrzehnte ist es dem *Strong Program* in der kulturellen Soziologie gelungen, dieses Problem zu lösen.

Jeffrey Alexander, Phil Smith und Steven Sherwood veröffentlichten 1993 das intellektuelle Manifest für einen Ansatz, der später als *Strong Program in Cultural Sociology* bekannt werden sollte (Alexander et al. 1993). Unter Bezugnahme auf Durkheim plädierten sie für eine Rückbesinnung auf die Zentralität von Bedeutung und kulturell vermitteltem Sinn in der Gesellschaftsanalyse. Sie sprachen die Warnung aus, dass „[t]he rationality of the social scientific method must not be conflated with the rationality of the society to which it applies." (Alexander et al. 1993, S. 10) Jegliches Handeln ist in einen Horizont von Affekt und Bedeutung eingebettet, und selbst „institutions no matter how impersonal or technocratic, have an ideal foundation that fundamentally shapes their organization and goals and provides the structured context for debates over their legitimation" (Alexander und Smith 2002, S. 136). Bis dahin hatte die Sozialwissenschaft Kultur wegerklären wollen, indem sie sie auf eine Zahl unterliegender sozialer Strukturen – etwa Organisationen, Schichtungssysteme und politische Gruppierungen – reduzierte. Im Gegensatz hierzu forderten die Autoren die Soziologie auf zu begreifen, dass Kultur in autonomer Weise auf das gesellschaftliche Leben einwirken kann. Dies bedeutete, dass die ältere Kultursoziologie einer neuen kulturellen Soziologie weichen müsste, die

---

2   S. etwa Marx (1964 [1844]), Durkheim (1947 [1893]), Weber (1998 [1904]), Simmel (1978 [1900]), Habermas (1984).

3   Knorr Cetina (2005), Abolafia (1996), Biggart (1989), Zelizer (1979, 1985, 1994, 2005).

systematische ,dichte Beschreibungen' der Codes, Narrative und Symbole vornehmen (Geertz 1973) und diejenigen Kausalprozesse, durch die Kultur sich auf das gesellschaftliche und institutionelle Leben auswirkt, minutiös rekonstruieren würde.

Es war am Ende dieser Versuch, Kultur von sozialen Strukturen zu entkoppeln, dessentwegen das Forschungsprogramm *Strong Program in Cultural Sociology* genannt wurde. Schließlich bestand eine Parallele zu den analytischen Operationen des *Strong Program in the Sociology of Science* der 1970er Jahre, indem kognitive Inhalte von ihrer natürlichen Determinierung gelöst und stattdessen gezeigt wurde, dass wissenschaftliche Ideen kein ungetrübter Spiegel der Natur sind, sondern eher kulturelle und linguistische Konventionen (Bloor 1976).

In den letzten drei Jahrzehnten hat das *Strong Program* einer kulturellen Soziologie sich mit den Arbeiten des späten Durkheim, wie etwa *Die elementaren Formen des religiösen Lebens*, befasst, um die fortdauernde Rolle von Kultur in der modernen Gesellschaft zu verstehen. Wie Smith und Alexander kürzlich gezeigt haben, ermöglichte die homologische Konzeption religiösen Lebens und sozialer Organisation Durkheim, die Macht und den Zwang sowohl religiöser wie sozialer Symbole in modernen Gesellschaften, die Transformation von Wertkonflikten in einen agonalen Kampf zwischen dem Heiligen und dem Profanen, die regelhafte Bewegung von Akteuren weg von moralischer Kontamination und hin zu Reinheit sowie schließlich die andauernde Macht des Rituals in der Erzeugung von Kohäsion in modernen Gesellschaften in den Blick zu nehmen (Smith und /Alexander 2005, S. 26; Alexander 1988, S. 177). Indes haben Wissenschaftler, die innerhalb dieses Paradigmas arbeiten, erkannt, dass der Durkheimianische Rahmen die tatsächliche Realität der modernen Gesellschaft nicht erfassen kann. Schließlich ist gesellschaftliche Integration aufgrund von struktureller Differenzierung, Konflikten, Wettbewerb und Reflexivität heutzutage weit schwieriger zu erzielen, und die Erfahrbarkeit von Bedeutung gestaltet sich als Folge ihrer Mediation durch Theatralisierung wesentlich weniger unmittelbar (Smith und Alexander 2005, S. 26). Aus diesen Gründen benötigt man einen gegenüber dem späten Durkheim wesentlich umfassenderen theoretischen Rahmen, um moderne Gesellschaften zu verstehen. Alexanders Theorie sozialer Handlungen als Performanz, so schließen die Autoren, sei hierfür geeignet (Alexander 2006). Unter Bezugnahme auf Shils (1975) geht das *Strong Program* daher davon aus, dass moderne Gesellschaften ein heiliges Zentrum aufweisen, welches als ihr „letzter und irreduzibler" transzendenter Kern fungiert (Shils 1975, S. 3). Ihre Identität und die Letztstruktur ihrer Realität werden durch das heilige Zentrum definiert, das zugleich eine Quelle der Legitimation für die Gesellschaftsmitglieder und die Institutionen darstellt, die zu ihm Bezüge herstellen. Hierauf aufbauend geht das *Strong Program* ebenfalls davon aus, dass alle gesellschaftlichen Sphären nach wie vor mit jenem heiligen Zentrum symbolisch verbunden sind. Durch die Aktivierung solcher latenten Verbindungen wird es sozialem Handeln möglich, den Profanbereich der Routine zu verlassen und den heiligen Bezirk der kollektiven Identität zu betreten. Eine solche Aktivierung, so Smith und Alexander, erfolgt durch kulturelle Performanzen.

Damit nicht der Eindruck zurückbleibt, dass die Verknüpfung von Shils' (1975) mit Alexanders (2006) kulturellem Pragmatismus Widersprüche aufweist, möchte ich darlegen, dass Alexander Shils' Verständnis des Zentrums der Gesellschaft zu schärfen hilft. Shils (1975) geht von der Sakralität dieses Zentrums aus und argumentiert, dass alle Gesellschaften, selbst die säkularsten, einen religiösen Kern aufweisen. Es entsteht so der Eindruck, dass für Shils das Zentrum als solches mit einer sakralen Aura ausgestattet ist und auf dieser Grundlage Heiligkeit in die Gesellschaft ausstrahlt. Alexander (2006) dagegen fasst Heiligkeit als Produkt einer erfolgreichen kulturellen Sinnperformanz auf, die erfolgt, indem sich Sinnelemente zu einem Ganzen zusammenfügen und die so erreichte Bedeutungsdichte von einem Akteur auf ein Publikum überspringen kann. Es wäre jedoch übers Ziel hinausgeschossen, wenn man hieraus schlösse, dass für Alexander Heiligkeit überhaupt kein Proprium bestimmter sozialer Bereiche oder Aspekte des gesellschaftlichen Lebens darstelle. Denn Alexanders Kulturpragmatistik scheint folgende Annahme zugrunde zu liegen: Solange Handeln sich auf der funktionalen Ebene bewegt, wo Zweckrationalität und Interessenverfolgung allein das Sagen haben, bleibt Bedeutung dünn; eine Verdichtung von Bedeutung, schließlich die Bedeutungsdichte des Heiligen, stellt sich nur dann ein, wenn Handeln sich in den Bezirk kollektiver Identität hineinbegibt. Zugleich stellt dies indes noch keine Garantie dafür dar, dass Handeln tatsächlich einen Prozess der Sakralisierung durchläuft, ähnlich wie man ein Fußballspiel nicht schon dadurch gewinnt, dass man sich auf das Spielfeld begibt. Hierzu bedarf es einer kulturellen Performanz. Sakralisierung kann dabei analytisch in zwei Schritte zerlegt werden: Zuerst muss soziales Handeln in den Bezirk kollektiver Identität im symbolischen Zentrum der Gesellschaft vordringen, und dort muss es kulturelle Performanzen erzeugen, die die Machtquelle des Heiligen in Reichweite bringen.

Während der letzten 25 Jahre hat das *Strong Program* der kulturellen Soziologie zur Erforschung eines breiten Spektrums gesellschaftlicher Felder wie Politik, Medien, *race* und Migration, Religion, soziale Bewegungen, Trauma, Materialität und Wissen beigetragen. Obwohl aber das unlängst erschienene *Oxford Handbook of Cultural Sociology* seinen zweiten Teil der kulturellen Soziologie der Wirtschaft widmet (Alexander et al. 2011), hat die Ökonomie bislang eher einen zweitrangigen Gegenstand in dieser Forschungsrichtung gebildet. Seit kurzem jedoch ändert sich dies. Alexander selbst hat beispielsweise die Notwendigkeit erkannt, die Kategorie der Bedeutung an den Markt selbst heranzutragen und sie nicht nur in seinem Umfeld in Anschlag zu bringen (Alexander 2011). Und erst kürzlich haben die Arbeiten von Wherry (2012), Spillman (2012a, b) und Tognato (2012a, b) zur Konturierung einer kulturellen Soziologie der Wirtschaft beigetragen, der auch der wichtige Artikel von De Santos (2009) zur kulturellen Soziologie der Statistik zuzurechnen ist. Insgesamt hat die kulturelle Soziologie der Ökonomie, die auf das *Strong Program* zurückgeht, im Verein mit der kulturalistischen Strömung der Wirtschaftssoziologie erkannt, dass Kultur und kulturelle Praktiken in modernen Gesellschaften immer noch eine lebendige Kraft sind. Sie hat aber auch herausgefunden, dass die Wirtschaft mit dem heiligen Zentrum der Gesellschaft in Verbindung steht und, wann immer diese

Verbindungen aktiviert werden, ökonomisches Handeln daher in den Bezirk kollektiver Identität geraten kann.

Es ist dabei insbesondere De Santos' Studie, die den Einstiegspunkt meiner Analyse im vorliegenden Aufsatz bildet. De Santos (2009) merkt an, dass soziologische Untersuchungen sich bislang hauptsächlich mit der Frage befasst haben, wie Statistiken konstruiert werden (Wherry 2004; Baer und Chambliss 1997; Block und Burns 1986), wie sie gesellschaftliche Wirklichkeit (Callon 1998; MacKenzie 2004) und soziale Probleme formen (Best 1989; Gusfield 1981; Orcutt und Blake 1993; Reinarman und Levine 1989; Best 1987, Best 2001) und wie die Politik sie auffasst (Crettaz von Roten 2006). Nicht beachtet wurde die Transformation der Statistik in bedeutungsvolle Symbole und kollektive Repräsentationen auf ihrem Weg in die Öffentlichkeit. In seiner Untersuchung der kulturellen Dimensionen länderspezifischer Kreditausfallrisiken mit Bezug auf Argentinien 2001 zeigt de Santos (2009), dass ökonomische Statistiken gelegentlich in den Fokus medialer Aufmerksamkeit geraten, die Phantasie verschiedener Publika ansprechen und mit Narrativen kollektiver Identität verknüpft werden (Tognato 2012a, b). In diesem Prozess, so De Santos weiter, findet eine umfassende Transformation solcher Statistiken statt: sie verwandeln sich in ‚Tatsachen-Totems' (*fact-totems*).

De Santos' kulturelle Soziologie ökonomischer Statistiken stellt einen idealen Hintergrund dar, um eine kulturelle Soziologie ökonomischer Konvergenz zu formulieren. Ökonomische Konvergenz bildete eine grundlegende Dimension des gesamten Prozesses der Herausbildung einer Gemeinschaftswährung in Europa. Während der 1990er Jahre konzentrierten sich Debatten zu ökonomischer Konvergenz zumeist auf die so genannten Maastricht-Kriterien, die europäische Regierungen mit Beitrittsabsichten zur europäischen Währungsunion erfüllen mussten. Schon damals nahmen Beobachter eine spezifische Transformation jener Indikatoren auf ihrem Weg in die Öffentlichkeiten europäischer Gesellschaften wahr, auf dem sie den profanen Bezirk kühler ökonomischer Analyse zu verlassen schienen. Ein Leser der Financial Times brachte dieses Phänomen bereits zu diesem Zeitpunkt in einem Brief an die Redaktion auf den Punkt:

> „The difference between happiness and misery is a 0.2 per cent deficit of the gross domestic product! A 2.9 per cent deficit is fine and enables one to live in happiness and bliss, while a 3.1 per cent deficit condemns a country to chaos, misery, and eternal damnation."[4]

Die vor kurzem ausgebrochene europäische Schuldenkrise hat das Thema ökonomischer Konvergenz erneut ins Zentrum der Aufmerksamkeit vieler Europäer gerückt. Dabei war es insbesondere ein Indikator, der die Aufmerksamkeit nahezu monopolisierte und so zu einem ‚Tatsachen-Totem' in De Santos' (2009, S. 467) Sinn wurde, also ein zentrales Symbol, welches in der Lage ist, „[to] condense social attention and evoke passionate responses from broad audiences". Es handelt sich um die Zinsdifferenz, den *spread*,

---

4 In: „No sense in strict 3% deficit as the magic figure for Emu. Letters to the Editor", *The Financial Times*, 3.Juni 1997, USA-Edition, S. 12.

zwischen den Zinsen auf langfristige Schuldverschreibungen der von der Schuldenkrise betroffenen Länder und denjenigen deutscher Bundesanleihen.

De Santos argumentiert, dass die Transformation eines ökonomischen Indikators in einen die kollektive Identität berührenden Belang ihn zu einem ‚Tatsachen-Totem‘ macht. Ähnlich wie in der argentinischen Finanzkrise 2001, die De Santos analysiert, hat die dramatische Erweiterung der Zinsdifferenz zwischen langfristigen italienischen Anleihen und den Bundesanleihen Italien in der nationalen Statushierarchie, die traditioneller Weise das Selbstverständnis der Italiener informiert, abgewertet. Insbesondere ist Italien in den letzten Jahren und als Folge der europäischen Schuldenkrise von internationalen Beobachtern häufiger in einer Reihe mit Griechenland, Portugal und Spanien genannt worden. Tatsächlich haben zahlreiche Italiener sich zugutegehalten, dass Italien Gründungsmitglied der Europäischen Gemeinschaft, Mitglied der G8-Runde und die zweitgrößte Industrienation in Europa ist. Daher ist die Einreihung in den Kreis der anderen südeuropäischen Nationen von vielen als degradierend wahrgenommen worden, obwohl darauf hingewiesen werden sollte, dass sich diese kulturelle Wahrnehmung mit der Zeit veränderte, vor allem seit Ende 2012.[5]

Indes geht es mir im vorliegenden Papier weniger darum, das Ausmaß zu ergründen, in dem der *spread* im Zuge der Krise zu einem Indikator kollektiver Identität wurde. Stattdessen werde ich die symbolischen Ressourcen beleuchten, die daran beteiligt waren, den *spread* aus dem Bereich profaner ökonomischer Kalkulation und politischer Interessen heraus- und in den sakralen Raum kollektiver Identität hineinzutragen. Anschließend an Tognato (2012a) werde ich zeigen, dass eine Konstellation medizinischer bzw. hygienischer, militärischer und religiöser Repräsentationen in diesem Prozess mobilisiert wurde. Das Wiedererscheinen dieser spezifischen kulturellen Ressourcen erzeugt in der Literatur bislang nicht adressierte Fragen, auf die ich am Ende des Aufsatzes zurückkommen werde.

3   Die kulturelle Dynamik des spread

Vor dem Juni 2011 war das Fremdwort *spread* der italienischen Öffentlichkeit praktisch unbekannt. Seit jedoch die italienischen Staatsschulden Ziel der Finanzspekulation geworden sind, wurde sein Gebrauch in den italienischen Medien ubiquitär und schließlich

---

5   Bereits im Februar 2012 hielt Gad Lerner, einer der führenden Journalisten Italiens, eine Folge seines Programms *L'Infidel* auf LA7, Italiens drittem Programm, mit dem Titel „Griechenland sind wir" ab. Er betonte zu Beginn des Programms, dass es in Europa nach wie vor wenig Solidarität für Griechenland gebe, weil die Menschen überall vor Angst gelähmt seien. Dennoch, insistierte er, gebe Griechenland ein Beispiel, das eine tiefere Reflexion der europäischen Krise anleiten könne. Die Idee „Griechenland sind wir" – alternativ zu derjenigen, dass die Italiener besser seien oder zumindest ein besseres Standing als die Griechen hätten – gewann im Laufe des Jahres 2012 an Eindringlichkeit, als die Italiener zu verstehen begannen, dass ein Licht am Ende des Tunnels nicht in Sicht war und weder 2012 noch 2013 gesichtet werden würde.

ein integraler Teil der Alltagssprache des Durchschnittitalieners.[6] Vermutlich definierte
es gar das gesamte Jahr 2011.[7] Und Ende 2012 merkten Kommentatoren an, dass die
Italiener „365 Tage im Schatten des *spread*" lebten.[8]

Obwohl die Funktion dieses Begriffs als Thermometer der Krise[9] oder als „kraftvolle
Reformmaschine"[10] gewiss wichtig war, ist er aus einem anderen Grund für die sozio-
logische Analyse interessant. Seine intellektuelle Attraktivität steht eher im Zusammenhang mit seiner Transformation in eine Größe, die sich von allen anderen ökonomischen
Indikatoren unterscheidet, wenngleich der Begriff von ökonomischem Standpunkt aus
schon länger zentral war. Im Laufe weniger Monate gewann der *spread* in Italien eine
Wirkung „größer als Erdbeben, Jobs, Kriege, politische Allianzen und das Parlament".[11]
Er wurde zum Fokus einer „kollektiven Psychose". Die Leute begannen, den „Schrecken
des *spread*" zu fürchten.[12] Der preisgekrönte Schriftsteller Edoardo Nesi bezeichnete
ihn als einen Indikator der Gelassenheit der Italiener. „Wenn er ansteigt, schlafen die
Leute weniger und schlechter."[13] Mit anderen Worten, der *spread* verwandelte sich in
einen „Albtraum".[14] Der mit einem Oscar ausgezeichnete Schauspieler Roberto Benigni
sagte seinerseits, der *spread* sei wie ein unsichtbarer und unberührbarer Feind: „Man
kann nicht einfach seine Krücke nach dem *spread* werfen."[15] *L'Indipendent* setzte die Behauptung in die Welt, dass der *spread* selbst die Sexualgewohnheiten der Italiener (in

---

6   Gennaro Matino, „Andiamo oltre la religione dello spread", *Il Denaro*, 26. Oktober 2012.
    http://denaro.it/blog/2012/10/26/andiamo-oltre-la-religione-dello-spread/; „Spread: la parola
    dell'anno, sei lettere diventate un incubo", *Il Fatto Quotidiano*, December, http://emanuelefina.
    promotorionline.it/2011/12/27/spread-la-parola-dellanno-sei-lettere-diventate-un-incubo/.

7   Ebd.

8   Matino, „Andiamo oltre la religione dello spread".

9   Federico Fubini, „Il questionario di Davos", *Corriere della Sera*, 28. Januar 2012, http://www.
    corriere.it/editoriali/12_gennaio_28/fubini-questionario-di-davos_3f27bf5e-4977-11e1-a339-
    d42b0f14f392.shtml.

10 „Draghi:'Evitata una crisi di liquidità'", *Corriere della Sera Online*, **27**. Januar 2012, http://www.
    corriere.it/economia/12_gennaio_27/draghi-davos_d76690c4-48f0-11e1-b976-995c60acee8e.
    shtml

11 http://www.parrocchiaspiritosanto.org/?itemid=274.

12 „Crisi e spread, aver paura non serve", *Famiglia Cristiana*, 25. Juli 2012, http://www.
    famigliacristiana.it/articolo/spread.aspx; Gianni Zorzi, „Le banche e i tassi di cartone: il terrore
    dello spread", 15. Juni 2012, http://www.giannizorzi.it/public/joomla/index.php?option=com_
    content&view=article&id=126:le-banche-e-i-tassi-di-cartone-il-terrore-dello-spread&catid=4
    6:finanza&Itemid=96.

13 Edoardo Nesi, „E il Cavaliere Bianco globale arrivò dopo Mangiafuoco nel nostro Paese dei
    Balocchi", *Corriere della Sera*, 28. Februar 2012, http://www.corriere.it/cultura/12_febbraio_28/
    cavaliere_bianco_nesi_28208678-61d8-11e1-9e7f-339fb1d47269.shtml.

14 „Spread: la parola dell'anno, sei lettere diventate un incubo", *Il Fatto Quotidiano*.

15 Roberto Benigni, „Dizionario di un paese che mi fa commuovere", *Corriere della Sera*, 18. März
    2012, http://www.corriere.it/politica/12_marzo_18/intervento-roberto-benigni-dizionario-di-
    un-paese-che-mi-fa-commuovere_7ae177fe-70cf-11e1-8a4c-5b31135cad1f.shtml.

Neapel) verändert habe: im Zeitalter des *spread* wären sie häufiger als noch in den 1980er Jahren sexuell im Auto aktiv.[16] Im Dezember 2011 wurde auf neapolitanischen Märkten ein illegales Feuerwerk namens *o'spread* verkauft.[17] Im selben Monat sang Adriano Celentano, einer der berühmtesten italienischen Popsänger aller Zeiten, über den *spread* auf einem Album, das sich in drei Wochen 200.000 Mal verkaufte.[18] Januar 2012 legte die italienische öffentliche Fernsehstation RAI ein neues Komikprogramm mit dem Titel *Glob Spread* auf.[19] Ein anderes Komikprogramm auf einem von Berlusconis Fernsehkanälen, *Striscia La Notizia*, machte sich gar über das schreckenerregende Image des *spread* lustig, indem es eines seiner Maskottchen, einen possierlichen und friedfertigen Hund, *Spread* taufte.[20] Und schließlich erschien auf einem Karnevalsumzug in der Stadt Putignano ein Wagen mit einem Bildnis des ‚Spread', während andere den ‚Bankrott' und die ‚Ansteckung' zeigten.[21]

Dass die Macht des *spread* als kulturelles Symbol ein schier überwältigendes Ausmaß erreichte, zeigte sich daran, dass er zunehmend bei der Artikulation von Strategien bezüglich eines breiten Spektrums sozialer Probleme referenziert wurde. In anderen Worten, indem politische und religiöse Führungspersonen, Analysten und Kommentatoren sich auf den *spread* beriefen, zielten sie nicht nur auf eine Kritik an Italien als politischem Nachzügler in bestimmten Bereichen ab, sondern beschuldigten indirekt die Italiener des moralischen Nachzüglertums, wenn sich nichts an der jeweiligen Situation ändere. So identifizierte Papst Benedikt XVI. beim Thema sozialer Ungleichheit zwischen Reich und Arm einen „Wohlfahrts-*spread*".[22] Andere Beobachter beriefen sich auf den Begriff *spread* in Bezug auf die italienische Gesetzgebung zu gleichgeschlechtlichen Ver-

---

16 „Napoli secondo l'Indipendent: lo spread si «combatte» col sesso (in automobile)", *Corriere del Mezzogiorno Online*, 28. Januar 2012, http://corrieredelmezzogiorno.corriere.it/napoli/notizie/cronaca/2012/28-gennaio-2012/napoli-spread-si-combatte-col-sesso-1903051888953.shtml.

17 „Botti di Capodanno, arriva ‚o Sprèd," *Corriere del Mezzogiorno Online*, 12. Dezember 2011, http://corrieredelmezzogiorno.corriere.it/napoli/notizie/cronaca/2011/12-dicembre-2011/botti-capodanno-arriva-o-spread-1902502359421.shtml.

18 „Claudia Mori: «Adriano? Resta un mistero pure per me»", *Corriere della Sera Online*, 27. Dezember 2011, http://www.corriere.it/spettacoli/11_dicembre_27/oggi-claudia-mori-celentano-un-mistero-pure-per-me_22bf144a-308e-11e1-8f40-f15d26f90444.shtml.

19 „Bertolino, ridere della crisi", *Corriere TV*, 10. Januar 2012, http://cinema-tv.corriere.it/cinema/segnaliamo/12_gennaio_10/glob_spread_ffdcee6c-3b95-11e1-9a5f-c5745a18f471.shtml.

20 „Da Emilio Fido a Spread, tutti i cani di Striscia La Notizia", 21. März 2013, http://tv.fanpage.it/da-emilio-fido-a-spread-tutti-i-cani-di-striscia-la-notizia/.

21 Michela Ventrella, „Dallo «spread» al «made in Cina», La crisi económica e' satira sui carri", *Corriere del Mezzogiorno*, 18. Januar 2012, http://corrieredelmezzogiorno.corriere.it/napoli/notizie/spettacoli/2012/18-gennaio-2012/inuovi-bozzetti-carri-putignano-1902912194886.shtml.

22 „Benedetto XVI: Non rassegnarsi allo 'spread del benessere sociale' mentre si combatte quello della finanza", *Vita Diocesana Pinerolese*, http://www.vitadiocesanapinerolese.it/index.php/chiesa/sentieri-dello-spirito/benedetto-xvi-non-rassegnarsi-allo-spread-del-benessere-sociale-mentre-si-combatte-quello-della-finanza.

bindungen,[23] hinsichtlich Umweltschutzregulierungen,[24] Geschlechterbeziehungen,[25] un-
gleichen Zugangs zu Bürger- und sozialen Rechten in Italien,[26] des Ranges der Künste in
Italien gegenüber dem Rest der Welt[27] und selbst Unterschieden zwischen italienischen
Parteien.[28] In einem Interview mit einer hochbegabten Jungpianistin, die von Süditalien
nach Hamburg gezogen war, beklagt diese, dass mit Blick auf klassische Musik der *spread*
zwischen Italien und Deutschland weit höher als bei den 350 Zählern, dem damaligen
Wert der Zinsdifferenz, liege. „Er liegt über tausend", schloss sie.[29]

Mit der Vertiefung der Krise seit Juni 2011 erhöhte sich nicht nur die Zahl öffentlicher
Bezugnahmen auf den wachsenden *spread*. Es verschoben sich auch die fundamentalen
Strukturen jener öffentlichen Repräsentationen, indem sie sich allmählich aus dem
Profanbereich der Expertenkommunikation ins Zentrum eines Kampfes zwischen
Ordnung und Chaos und zwischen Gut und Böse verlagerten. Die Binarität dieses
Kampfes bereitete den Einzug des Konzeptes in den heiligen Bezirk kollektiver Identität
vor.

Auf diesem Wege der Sakralisierung wurden verschiedene symbolische Ressourcen
mobilisiert. Dabei war der Gebrauch symbolischer Repräsentationen aus dem
semantischen Feld der Religion und der Magie sicherlich wichtig. Mitten in der sich be-
schleunigenden Krise im September 2011 sprach beispielsweise Raffaele Fitto, Mitglied
in Berlusconis Kabinett, vom *spread* als einer „magischen Zahl".[30] 2012 registrierten

---

23 Luigi Manconi, „Un altro spread: le unioni civil", *L'Unita'*, 17. November 2011, http://www.
    unita.it/commenti/luigimanconi/un-altro-spread-le-unioni-civili-1.353777.

24 Francesco Bertolini, „Lo spread dell' aria", *Corriere della Sera*, 26. November 2011, http://
    milano.corriere.it/milano/notizie/cronaca/11_novembre_26/spread-aria-francesco-
    bertolini-1902314961036.shtml.

25 „«Cresce il divario salariale tra uomini e donne»", *Corriere della Sera*, 2. Februar 2012, http://
    www.corriere.it/economia/12_febbraio_02/gap-salario-donne-uomini_9c6f913e-4db7-11e1-
    bd39-8bec83f04289.shtml.

26 Mario Domella „'Spread experiences': raccontare la crisi attraverso la fotografia", *Corriere
    del Mezzogiorno Online*, 15. Februar 2012, http://corrieredelmezzogiorno.corriere.it/napoli/
    notizie/sociale/2012/15-febbraio-2012/spread-experiences-raccontare-crisi-attraverso-
    fotografia-1903297670045.shtml.

27 „Un italiano al timone della Biennale di Venezia", *Corriere della Sera*, January 31, 2012, http://
    www.corriere.it/cultura/12_gennaio_31/mastrantonio-gioni-biennale_7654bbf6-4c17-11e1-
    8f5b-8c8dfe2e8330.shtml.

28 „Riccardi e la frase sulla «politica schifosa», rivolta Pdl: mozione per sfiduciare il ministro",
    Corriere della Sera Online, 8. März 2012, http://www.corriere.it/politica/12_marzo_08/monti-
    spread-partiti-belgrado_24bd9c7a-691f-11e1-96a4-8c08adc6b256.shtml.

29 Francesco Mazzotta, „Beatrice, un talento senza confìni", *Corriere del Mezzogiorno*, February
    24,   2012,   http://corrieredelmezzogiorno.corriere.it/napoli/notizie/spettacoli/2012/24-
    febbraio-2012/beatrice-talento-senza-confiniex-enfant-prodige-pianoforte-1903422898860.
    shtml.

30 Raffaele Fitto, „'Più maturi i tempi per riflettere sulle instabilità e la crisi che scuote l'Occidente'",
    Corriere del Mezzogiorno, 10. September 2011, http://corrieredelmezzogiorno.corriere.it/

viele Beobachter die Entstehung einer „Religion des *spread*" in Italien.[31] „Eine neue Gottheit namens Spread ist geboren", sagten andere.[32] Und wieder andere fügten hinzu, dass „Gott Spread uns hört und sieht", weswegen man aufpassen müsse, was man sage.[33] Einige Kommentatoren lehnten die Religion des *spread* als Rückfall in eine Form des finanziellen Animismus ab:

> „Wir sind wieder beim Animismus angekommen, haben atmosphärische Phänomene gegen die Finanzmärkte vertauscht. Ganz ebenso wie in der Zivilisation vor Kolumbus schreiben wir den Märkten göttliche Macht und überlegene Rationalität zu. Wenn der *spread* nach oben geht, bedeutet dies, dass die Gottheit uns zürnt. Wir haben etwas Schlechtes getan und müssen es durch weitere Opfer wiedergutmachen, weil derer, die wir brachten, nicht genug sind (hoffend, dass uns die Gottheit dieses Mal geneigt sein wird). Die Idee, unser Verhältnis zu den Finanzmärkten zu verändern, beschädigt uns gar. Sie ist gotteslästerlich und erzeugt in uns Schuldbewusstsein."[34]

Diesem Bild entspricht auch die allgemeinere Repräsentation von Finanzmärkten als Moloch, ein blutrünstiger antiker phönizischer Gott.[35]

Solche Repräsentation eines „Gott Spread", der mit von wirtschaftlicher Struktur-anpassung geforderten ökonomischen Opfern kaum je zufriedenzustellen ist, wurden besonders populär während Mario Montis Regierung seit November 2011. In einem Cartoon mit dem Titel „Der Fluch des Montezuma" stellte einer von Italiens führenden Cartoonisten, Vauro, Mario Monti im Gewand eines aztekischen Königs und im Voll-zug eines Menschenopfers dar, um den Zorn des Gottes Spread zu zähmen.[36] Tatsächlich

napoli/notizie/politica/2011/10-settembre-2011/-piu-maturi-tempi-riflettere-instabilita-crisi-che-scuote-occidente--1901497945055.shtml.

31 Matino, „Andiamo oltre la religione dello spread"; Luca Davi, „Per l'Italia torna l'incubo spread", *Il Sole 24 Ore*, 5. September 2011, http://www.ilsole24ore.com/art/finanza-e-mercati/2011-09-05/italia-torna-incubo-spread-170618.shtml?uuid=AaPJym1D;   Luigi Campiglio, „In incubo chiamato spread", *Famiglia Cristiana*, 15. November 2011 http://www.famigliacristiana.it/articolo/liberarsi-dello-spread_151111160406.aspx.

32 „Cos'è lo spread?", http://www.parrocchiaspiritosanto.org/?itemid=274; Raniero La Valle, „Servire Dio e los spread", Micromega Blog, 5. April 2012, http://blog-micromega.blogautore.espresso. repubblica.it/2012/04/25/raniero-la-valle-servire-dio-e-lo-spread/; „Siamo diventati tutti esperti economisti?" Festival Internazionale della Letteratura in Mantova, 2. September 2012, http://www.festivaletteratura.it/news.php?azione=dettaglio&id=1018.

33 Luigi Contessa, „Monti e lo Spread tra miti, leggende e realtà!" 9. Juli 2012, http://luigicontessa. blogspot.it/2012/07/monti-e-lo-spread-tra-miti-leggende-e.html.

34 Leonardo Becchetti, „Spread a 460, animismo finanziario e l'inettitudine europea", 30. Mai 2012, http://felicita-sostenibile.blogautore.repubblica.it/2012/05/30/spread-a-460-animismo-finanziario-e-l%E2%80%99inettitudine-europea/.

35 Andrea Baranes, „L'Italia, spread permettendo, è una Repubblica fondata sul lavoro", *Huffington Post Italia*, 14. November 2012, http://www.huffingtonpost.it/andrea-baranes/litalia-spread-permettend_b_2116269.html

36 http://vauro.globalist.it/Detail_News_Display?ID=6782&typeb=0.

wurde ein Bild von Mario Monti – „Priester des Hyperkapitalismus, Verehrer des Gottes Spread"[37] und „Techno-Prophet des mächtigen und unersättlichen Gottes Spread"[38] – gezeichnet als jemandes, der gerufen worden war, Italien vor dem Zorn des *spread* zu retten auf der Grundlage, dass der „Schaman-Professor" in der Lage sei, ihn zu beeinflussen.[39] Jedoch schlossen Kommentatoren im Laufe des Jahres 2012, dass „der Gott Spread weder dankbar noch ein barmherziger Vater [ist]. Wie Chronos verspeist er seine Kinder." Und in der Tat geschah genau dies mit Monti.[40]

Es muss an diesem Punkt betont werden, dass es Variationen hinsichtlich des Kontextes und der Intentionalität hinter dem Gebrauch derartiger religiöser Darstellungen des *spread* gab. Manche Kommentatoren schienen tatsächlich an die Existenz eines göttlichen *spread* zu glauben. Andere machten nicht den Eindruck, persönlich diesen Glauben zu teilen, bezogen sich darauf aber dennoch in diesen Begriffen, weil sie verspürten, dass einige innerhalb ihres Publikums tatsächlich daran glaubten. Ihre Bezugnahme auf den *spread* in solchen sakralen Begriffen, egal ob auf melodramatische oder tragische oder ironische Weise und selbst wenn dies mit einer expliziten Demaskierung von „Gott Spread" als komplett erfunden einherging, zielte darauf ab, das Gewissen ihrer Publika zu erschüttern und es, so war zu hoffen, von der Herrschaft des *spread* zu befreien. Egal ob Kommentatoren an die Vergöttlichung des *spread* glaubten, ob sie glaubten, dass andere (vielleicht) daran glaubten, oder ob sie glaubten, keiner könne so naiv sein, daran zu glauben – was auch immer die Intentionalität hinter derartigen religiösen Darstellungen des *spread* war, so weist ihr öffentlicher Gebrauch auf etwas Signifikantes hin und muss zur Kenntnis genommen werden. Der *spread* hatte die Profanzone des ökonomischen Diskurses verlassen und bewegte sich innerhalb eines Repräsentationsfeldes, welches dem heiligen Raum kollektiver Identität strukturell näher zu liegen schien. Dabei muss man indes die spezifischen pragmatischen Umstände beachten, innerhalb derer die religiösen Repräsentationen des *spread* stattfinden, weil nur sie Auskunft darüber geben, in welche Richtung sich die Repräsentation des *spread* jeweils verschob. Eine überzeugende ironische Bezugnahme auf den ‚Gott Spread' würde beispielsweise einen Fall bilden, der dazu führen kann, den Status des *spread* als eine Tatsache zu unterminieren und somit zu dessen Desakralisierung beizutragen.

Im vorliegenden Aufsatz gebe ich einen Überblick über diejenigen semantischen Felder, die der *spread* im öffentlichen Diskurs im Zuge des Prozesses der Dramatisierung der Krise durchquerte, um diejenigen symbolischen Ressourcen zu identifizieren, auf

---

37 Vito Biolchini, „Come Crono, il Dio Spread divora anche Mario Monti", 23. Juli 2012, http://www.vitobiolchini.it/2012/07/23/come-crono-il-dio-spread-divora-anche-mario-monti-e-allora-perche-il-pd-pensa-di-unirsi-alludc-perche-ritiene-il-partito-di-casini-il-suo-alleato--naturale/.

38 Contessa, „Monti e lo Spread tra miti, leggende e realtà!".

39 Marco Ventura, „Monti, il poltergeist dello spread", *Panorama*, 4. December 2012, http://news.panorama.it/marco-ventura-profeta-di-ventura/Monti-lo-sciamano-che-ha-abbassato-lo-spread.

40 Biolchini, „Come Crono, il Dio Spread divora anche Mario Monti".

die gesellschaftliche Akteure in diesem Prozess zugriffen. Dies ist der eine Teil der Geschichte, die die kulturelle Soziologie erzählen kann und muss. Um eine Metapher zu benutzen: was ich tun möchte, ist die Katalogisierung der Materialen, die ein Architekt zusammenstellt, um ein Haus zu errichten, oder des Rüstzeugs, das ein General zusammenbringt, um eine Schlacht zu schlagen. Hierauf liegt der Schwerpunkt des vorliegenden Artikels. Jedoch gibt es einen zweiten Teil in dieser Geschichte, der mit der tatsächlichen Bewegung des *spread* durch jene symbolischen Felder zu tun hat und der eine Konzentration auf die Pragmatik im Prozess der Dramatisierung verlangt. Dieser zweite Teil der Geschichte fokussiert daher auf die Verfahren, die der Architekt auf seine Materialien und der General auf seine Waffen anwenden. Die Rechtfertigung dafür, diese beiden analytischen Momente getrennt zu halten – und mit Blick auf die Entwicklung einer vergleichenden kulturellen Soziologie und einer historischen kulturellen Soziologie ökonomischer Indikatoren – liegt in der Möglichkeit beschlossen, dass verschiedene Gesellschaften und sogar verschiedene Modernisierungsphasen einer einzigen Gesellschaft auf unterschiedliche Ressourcen zugreifen oder sie in unterschiedlicher Weise nutzen, um soziales Handeln in den Bezirk der kollektiven Identität zu verlagern und Handeln somit zu sakralisieren.

Die Verlagerung öffentlicher Repräsentationen des *spread* in das semantische Feld von Religion und Magie erfolgte nicht geradlinig. Hierhin führten erst verschiedene Repräsentationsweisen aus anderen semantischen Feldern, weswegen es entscheidend ist, den Gang der öffentlichen Kommunikation über den *spread* seit dem Ausbruch der Krise im Juni 2011 engmaschig nachzuverfolgen.

Bis zur ersten Junihälfte gab es Finanzakteure, die Italien immer noch mit einem Optimismus in den Blick nahmen, der darauf beruhte, dass die Zinsdifferenz zwischen italienischen langfristigen Staatsanleihen und Bundesanleihen noch sehr niedrig war.[41] Dann sandte die Befürchtung, dass Griechenland seinen Staatsbankrott erklären müsste, eine Schockwelle durch die europäischen Schuldenmärkte, worauf der *spread* in Italien mit einem Anstieg um mehr als 200 Zähler reagierte.[42] Danach begann der lange Marsch des *spread*, auf dem er zu immer neuen Höhepunkten fand.[43]

Zu dieser frühen Phase hatte die öffentliche Kommunikation über den *spread* noch einen eher technischen Charakter. Allenfalls riefen Kommentatoren zu ‚Anstrengungen‘ und ‚dringenden Signalen‘ seitens der italienischen Regierung auf, um dem Markt zu vermitteln, dass Italien entschlossen sei, ‚den richtigen Weg‘ zu nehmen und die strukturellen

---

41 Marco Sabella, „Due ricette per il cambio di clima", *Corriere della Sera*, 13. Juni 2011, http:// www.corriere.it/economia/fondi/11_giugno_13/sabella-portafogli-ricette-cambio-clima_ d088734a-95a8-11e0-822f-1a3a3d1370d0.shtml.

42 „Titoli di stato: si allarga oltre i 200 punti il divario tra quelli italiani e quelli tedeschi", *Corriere della Sera Online*, 16. Juni 2011, http://www.corriere.it/economia/11_giugno_16/spread-titoli-stato_6e51ed1a-97ff-11e0-843c-2676a120f5f5.shtml.

43 „Titoli di stato in difficoltà: nuovo record storico dello spread con quelli tedeschi", *Corriere della Sera Online*, 27. Juni 2011, http://www.corriere.it/economia/11_giugno_27/spread-btp-bund_90f7f088-a0a8-11e0-b2f7-bc745ffd716f.shtml.

Schwächen der italienischen Ökonomie an der Wurzel anzugehen. Zu diesem Zeitpunkt stellte die Aussicht, dass die Zinsdifferenz der italienischen Anleihen zu den deutschen Bundesanleihen die Höhe der spanischen erreichen könnte, Anlass zur Sorge bezüglich zu erwartender negativer Konsequenzen für die Bewältigung der italienischen Staatsschulden dar[44] – aber nicht viel mehr. Sie wurde, mit anderen Worten, nicht als ein Fall nationaler Statusdegradierung gerahmt, wie es später geschehen würde. Dennoch drängten die ersten Kommentatoren schon damals in Richtung einer Moralisierung der öffentlichen Krisendebatte. Beispielsweise sprach Ende Juni ein führender Journalist beim *Corriere della Sera*, Sergio Rizzo, die Warnung aus, dass die Zeit für Mut gekommen sei[45], und rahmte das Krisenmanagement damit als eine Charakterfrage. Der Direktor der Zeitung, Ferruccio de Bortoli, bestand seinerseits später auf diesem Punkt. „Mehr Mut" sei nötig auf dem Reformweg, denn ein Mangel an Entschiedenheit seitens der italienischen Behörden würde durch negative Reaktionen der Märkte und einen weiteren Anstieg des *spread* sofort „verheizt".[46]

Es dauerte indes nicht lange, bis sich ein moralisierender Diskurs konsolidierte. Mario Draghi, damals Direktor der Bank von Italien und designierter Nachfolger von Jean-Claude Trichet auf den Vorsitz der EZB, bediente sich eines moralisierenden Skriptes bereits im Juli, als er die italienische Gesellschaft aufrief, den Kampf zwischen partikularen und parteigeistigen Interessen zu überwinden. Das internationale Umfeld sei nicht mehr günstig und die Zeit vorbei, da Italien seine Kreditwürdigkeit von anderen, stärkeren europäischen Ländern borgen könne. Nun würde das Land auf Grundlage seiner eigenen Verdienste handeln müssen.[47] Abkürzungen dürfe es nicht mehr geben. Es sei nicht länger die Zeit der Anklagen und der Sündenbocksuche. Der „Drohung des Notstandes" sei mit Entschlossenheit zu begegnen.[48] Interessanterweise rahmte Draghis Argumentation die Antwort auf die Krise nicht nur als eine Charakterfrage, sondern auch als eine Frage der Ehrlichkeit. Italien, mit anderen Worten, musste eine niedrige Zinsdifferenz *verdienen*.

---

44 Ibid.; „Piazza Affari in calo, titoli di Stato in crisi Unicredit e Intesa perdono oltre il 6%", *Corriere della Sera Online*, 11. July 2011, http://www.corriere.it/economia/11_luglio_11/borse-europee_8a1f3614-ab83-11e0-a665-5070e23b7a33.shtml; Francesca Basso, „Dai rating alla speculazione, Il dizionario dell'incertezza", *Corriere della Sera*, 11.Juli 2011, http://www.corriere.it/economia/11_luglio_11/dai-rating-alla-speculazione-il-dizionario-dell-incertezza-francesca-basso_6a5b1c66-ab7f-11e0-a665-5070e23b7a33.shtml.

45 Sergio Rizzo, „La direzione del coraggio", *Corriere della Sera*, 30. Juni 2011, http://www.corriere.it/editoriali/11_giugno_30/rizzo-direzione-coraggio_13a75712-a2d9-11e0-9bbf-ebc35d9cc61e.shtml.

46 Ferruccio de Bortoli, „Ora Più Coraggio", *Corriere della Sera*, 12. Juli 2011, http://www.corriere.it/editoriali/11_luglio_12/debortoli-coraggio_2f210414-ac45-11e0-96a7-7cc3952b9d04.shtml.

47 „Draghi: «Nuovi tagli alla spesa pubblica o l'aumento delle tasse è inevitabile»", *Corriere della Sera Online*, 13. Juli 2011, http://www.corriere.it/economia/11_luglio_13/bankitalia-decisioni-rapide_d5d51800-ad25-11e0-83b2-951b61194bdf.shtml.

48 Paola Pica, „Imprese e sindacati: «Basta scorciatoie»", *Corriere della Sera*, 4. August 2011, http://www.corriere.it/economia/11_agosto_04/partisociali-documento-accordo-governo_156a7860-be7a-11e0-aa43-16a8e9a1d0c7.shtml.

Im August jedoch verschlechterte sich die Situation weiter. An den Aktienbörsen breitete sich Panik aus.[49] Die EZB intervenierte und kaufte italienische Staatsanleihen im Versuch, eine weitere Vergrößerung des *spread* zu stoppen. Im September allerdings warnte Trichet angesichts der Verzögerungen in der Ausführung glaubhafter Reformen seitens der Regierung Berlusconi, dass die Hilfen der EZB von Italien nicht dazu benutzt werden sollten, seinen eigenen Verantwortlichkeiten zu entgehen.[50] Zu diesem Zeitpunkt hatte der öffentliche Diskurs über den *spread* bereits eine stark moralische Färbung angenommen. Das italienische Kabinett wurde dafür angeprangert, innerhalb eines Monats die den europäischen Institutionen zugesicherten Anpassungsmaßnahmen viermal „umfrisiert" zu haben. Dieser Bezug auf „Umfrisieren" unterstreicht nicht nur die Oberflächlichkeit der Interventionen der italienischen Regierung, sondern deutet auch eine potenziell betrügerische Absicht an.[51]

Zum September 2011 wurde tendenziell jegliche Assoziierung Italiens mit Spanien, Portugal und Griechenland als Statusdegradierung gerahmt. Beispielsweise erwähnte Dario Di Vico, eine führende Stimme beim *Corriere della Sera*, den „Tanz der Zahlen", den die Regierung Berlusconi vor einem internationalen Publikum anlässlich eines an Davos erinnernden Treffens am Comer See aufführte, bei dem sie ihre eigene politische Antwort auf den Finanznotstand vorstellte. Di Vico fügte hinzu, dass bei dieser Gelegenheit selbst der spanische Regierungssprecher sich ironisch zu Italiens Anpassungsmaßnahmen geäußert und Italien mit Griechenland in der Schandhalle der „Untergehenden der Finanzmärkte" in einen Topf geworfen habe. Bei einer anderen Gelegenheit klagte Ferruccio de Bortoli, dass Italien, nachdem es die Kritik von Spanien und Portugal auf sich gezogen habe, weiter abrutschen könne, um am Ende selbst der Kritik der Griechen ausgesetzt zu sein. Italien, fügte er hinzu, habe einen Beweis nationaler Würde zu erbringen und sein Schicksal in die eigenen Hände zu nehmen.[52]

Diese implizite Bezugnahme des öffentlichen Diskurses über den *spread* auf eine nationale Statushierarchie bestätigt die Erkenntnisse De Santos' (2009) bezüglich der Art und Weise, wie ins Zentrum gerückte statistische Indikatoren auf grundlegende Narrative kollektiver Identität aufgepfropft werden. Der italienische Fall nun ist des-

---

49 Paola Pica, „Paniconelle Borse, Milano -5 % Anche Wall Street in picchiata", *Corrieredella Sera*, 4. August 2011, http://www.corriere.it/economia/11_agosto_04/apertura-borsa-mercati_bec87e42-be67-11e0-aa43-16a8e9a1d0c7.shtml.

50 Marika de Feo, „La tentazione di Francoforte, smettere di difendere i titoli italiani", 3. September 2011, http://www.corriere.it/economia/11_settembre_03/la-tentazione-di-francoforte-smettere-di-difendere-i-titoli-italiani-marika-de-feo_6e2fb4da-d5f7-11e0-a2ab-ce11126458a9.shtml.

51 Dario Di Vico, „Mettete un punto", *Corriere della Sera*, 7. September 2011, http://www.corriere.it/editoriali/11_settembre_07/mettete-un-punto-dario-di-vico_45089270-d90d-11e0-91da-5052c8bbe100.shtml.

52 Ferruccio de Bortoli, „Ce la facciamo (anche da soli)", *Corriere della Sera*, 11. September 2011, http://www.corriere.it/editoriali/11_settembre_11/de-bortoli_ce-la-facciamo-anche-da-soli_d10afbfe-dc47-11e0-a4d3-b67952ef5c68.shtml.

wegen so interessant, weil er verschiedene Verfahren zu erkennen gibt, durch die dies erreicht wird. In einem bekannten Kommentar für den *Corriere della Sera* verankerte Mario Monti den *spread* gleich zweifach in der italienischen ethnischen Identität. Seit den Tagen der italienischen Stadtstaaten vom Spätmittelalter bis zum 18. Jahrhundert, so schrieb er, hätten die Italiener kontinuierlich nach dem Eingreifen irgendeines fremden Herrn gerufen (*il podestá forestiero*), um Ordnung zu bringen und unpopuläre Reformen durchzuführen, anstatt solche Reformen auf der Grundlage eines Einvernehmens, das in einer Debatte unter Bürgern zu erreichen wäre, selbst anzugehen. Italien, bemerkte er, solle heute Charakter und Würde zeigen, diese Reformen selbst umzusetzen.[53] Interessanterweise ist die Erfahrung eines *podestá forestiero* eine charakteristische Komponente relevanter Abschnitte der italienischen Geschichte. Daher stellt der Versuch, die Diskussion über den *spread* damit in Verbindung zu bringen, ein Verfahren dar, die Diskussion auf das Feld kollektiver Identität zu verlagern. Zugleich gab Montis Aufruf, dass Italien von fremden Herren zu emanzipieren sei und die Italiener sich ihrer Verantwortlichkeiten vor der Geschichte direkt annehmen sollten, überdies den Einsatz für eine Idee, die eine Säule des italienischen *Risorgimento* darstellt, einer weiteren wichtigen Periode italienischer Geschichte.

Auch auf der Grundlage zweier anderer wichtiger Dimensionen italienischer Identität gelang *spread*-Diskursen eine Verschiebung in Richtung kollektiver Identität: Italiens christliche Identität und seine Teilnahme am Aufbau einer friedlichen Ordnung in Europa im Prozess der europäischen Integration. Ende Dezember 2011 gaben Kommentatoren die Warnung aus, dass der durch den *spread* ausgelöste finanzielle Notstand die „Weihnachtsatmosphäre" beschädigt habe.[54] In Sassi, einem Dorf in Süditalien mit dem größten Krippenspiel des Landes, hatte selbiges ebenfalls unter dem *spread* gelitten. Vor der Krise, stellte ein Beobachter fest, habe die Szene unter anderem aus zehn Wachen mit ihren Pferden bestanden. Nach den Opfern der Regierung Monti sei nur einer geblieben. Selbst Herodes, Teil des Krippenspiels, schien mehr über die ökonomische Krise als über die Geburt des Jesuskindes besorgt zu sein, wie der Autor bemerkte.[55] Während derselben Tage beobachtete der Erzbischof von Mailand, Angelo Scola, dass in der Vergangenheit die Europäer ihre Angelegenheiten durch Kriege ausgetragen hätten, eine Praxis, die sie als Resultat des europäischen Integrationsprozesses abzulegen gelernt hätten. Heute, so

53 Mario Monti, „Il podestà forestiero", *Corriere della Sera*, 7. August 2011, http://www.corriere.it/editoriali/11_agosto_07/monti-podesta_1a5c6670-c0c4-11e0-a989-deff7adce857.shtml.

54 Lilli Garrone, „Addio shopping di Natale, negozivuoti", *Corrieredella Sera*, 18. Dezember 2011,   http://roma.corriere.it/roma/notizie/cronaca/11_dicembre_18/crisi-weekend-natale-commercio-1902578804762.shtml.

55 Antonio Fiore, „Da «Francesca»: a cena fra i «Sassi» con i piatti tradizionali della Basilicata", *Corriere del Mezzogiorno*, 13. Januar2012, http://corrieredelmezzogiorno.corriere.it/napoli/notizie/a_tavola/2012/13-gennaio-2012/da-francescaa-cena-sassicon-piatti-tradizionali-basilicata-1902853468330.shtml.

fügte er hinzu, sei der *spread* das Mittel der Konfliktaustragung. „Man hofft, dass wir nicht zur Gewalt zurückkehren."[56]

Während sich die Moralisierung des öffentlichen Krisendiskurses konsolidierte, drangen auch kulturelle Repräsentationen aus den semantischen Feldern der Medizin und Hygiene in die Öffentlichkeit. In einem Kommentar verglich der führende Wirtschaftswissenschaftler Italiens, Francesco Giavazzi, die Intervention der EZB auf dem Staatsschuldenmarkt, um Druck auf den *spread* italienischer und spanischer Anleihen abzumildern, mit „einer kräftigen Morphiumdosis". Während Spanien und Portugal einschneidende Korrektive einführten, scheine Italien zu hoffen, dass seine eigene „Krankheit auf wundersame Weise verschwinden würde". Der Kauf von italienischen Staatsanleihen im Wert von 43 Milliarden Euro, fügte er hinzu, käme einer Morphiumspritze gleich, die verhinderte, dass „der Markt zum Ausdruck bringt, was er wirklich über die Verlässlichkeit italienischer Staatsschulden denkt".[57] Der ehemalige Präsident der Italienischen Industrievereinigung, Luigi Abete, wies seinerseits darauf hin, dass der Effekt des *spread* auf die nationalen Konten für einen Blutsturz verantwortlich zeichne. Italien könne jederzeit in den Abgrund stürzen. Der Markt „wird kein Warnsignal geben, wenn die Zeit kommt, und wir werden es erst bemerken, wenn es zu spät ist".[58] Solch eine Wortwahl ruft das Konzept eines Todes auf, der jederzeit eintreten kann, ohne dass man weiß, wann genau.[59]

Die Situation verschlechterte sich im Oktober 2011 weiter. Anfang November behaupteten die *Financial Times* und das *Wall Street Journal*, dass Italien Griechenland als Fokus der Sorge auf den Finanzmärkten abgelöst hätte.[60] Ein Artikel im *Corriere della Serra* beschwor die „Uhr der Apokalypse" herauf und warnte, dass Italien wegen des *spread* bald in den Abgrund stürzen werde. „Die Uhr tickt", so der Artikel: „Italien bleiben nicht mehr als drei Wochen Zeit."[61] Am 10. November rief Ferruccio de Bortoli

---

56 Aldo Cazzullo, „Speriamo che dallo spread non si torni alla violenza. Serve più impegno", *Corriere della Sera*, 23. Dezember 2011, http://milano.corriere.it/milano/notizie/cronaca/11_dicembre_23/cazzullo-arcivescovo-milano-scola-1902635515678.shtml.

57 Francesco Giavazzi, „La morfina dell' Europa", *Corriere della Sera*, 4. September 2011, http://www.corriere.it/editoriali/11_settembre_04/la-morfine-dell-europa-francesco-giavazzi_7760cf52-d6c0-11e0-8117-f5a7da88e267.shtml.

58 Dino Martirano, „«I ministri incapaci a casa»", *Corriere della Sera*, 5. September 2011, http://www.corriere.it/economia/11_settembre_05/della-valle-ministri-a-casa_5128de7a-d7fa-11e0-af53-ed2d7e3d9e5d.shtml.

59 „Marcegaglia: «Italia in pericolo, governo o è in grado o tragga conseguenze»", *Corriere della Sera Online*, 9. September 2011, http://www.corriere.it/economia/11_settembre_09/marcegaglia-italia-governo_f0f8864a-db00-11e0-9c9b-7f60b377ee16.shtml.

60 „Spread Btp-Bund ancora da record", *Corriere della Sera Online*, 7. November 2011, http://www.corriere.it/economia/11_novembre_07/borsa-andamento_3990a37c-0911-11e1-a272-24f31f5e1b69.shtml.

61 Maurizio Ricci, „Il timer dell'apocalisse", *La Repubblica*, 8. November 2011, http://www.repubblica.it/economia/2011/11/08/news/il_timer_dell_apocalisse-24636662/.

nach einem Kabinett des nationalen Notstandes. Eine neue Regierung, so führte er aus, müsse kommen, die Zeit angehalten werden; eine neue Phase der Neutralität müsse beginnen.[62] Solche Bezugnahmen auf den Abgrund, das Ende, die Katastrophe, aber auch auf das Konzept einer tickenden Uhr und auf den nationalen Notstand und gerade auch die Anrufung eines Anhaltens der profanen Zeit routinemäßiger Politik markierten im öffentlichen Diskurs einen Übergang von medizinischen Repräsentationen der Krise zu einem militärischen oder kriegsartigen Verständnis des *spread*.

Ende November wies Federico Fubini darauf hin, dass europäische Entscheidungs-träger den Kalender für Dezember militarisiert hätten, als ob er „die Karte einer Ent-scheidungsschlacht" sei. Alle Parteien – die EZB, die italienische Regierung und die deutsche Kanzlerin – pflanzten ihre Fahnen auf und bewegten ihre Truppen auf der geo-grafischen Karte, um Bodenverluste zu vermeiden.[63] Zur selben Zeit drängte der neue italienische Premierminister, Mario Monti, jeden einzelnen italienischen Bürger zur Mobilmachung und zur Bereitschaft, die Opfer, die Italien bevorstünden, persönlich zu tragen.[64] Der ehemalige Schatzmeister, Giulio Tremonti, sagte: „Wir alle sind im Krieg gegen die Schulden".[65] Etwas später wurde ein Buch von Lucrezia Reichlin mit dem Titel *Der Krieg des spread* veröffentlicht.[66]

Im Februar 2012 vermerkten Beobachter, dass der *spread* nicht mehr ganz so be-drohlich wirke wie noch vor eineinhalb Monaten.[67] Diese verblassende Stimmung von Notstand und Dringlichkeit könne, so warnte Francesco Giavazzi, potenziell schädlich sein.[68] Der Abgrund, wie Dario Di Vico später betonte, sei noch da, aber die italienischen politischen Parteien und gesellschaftlichen Gruppen schienen zu glauben, sie seien in

---

62 Ferruccio de Bortoli, „Possiamo farcela", 10. November 2011, http://www.corriere.it/editoriali/11_novembre_10/debortoli_possiamo-farcela_5eb5c08c-0b60-11e1-ae33-489d3db24384.shtml.

63 Federico Fubini, „Italia, venti giorni per superare l'esame Bce", *Corriere della Sera*, 29. November 2011, http://www.corriere.it/economia/11_novembre_29/venti-giorni-esame-bce-fubini_c3c29030-1a52-11e1-a0da-00d265bd2fc6.shtml.

64 „Monti Calls for Universal Sacrifices – 'Italy Shall Not Fail'", *Corriere della Sera*, 6. Dezember 2011, http://www.corriere.it/english/11_dicembre_06/monti-calls-for-universal-sacrifices_dbe51b90-2012-11e1-9592-9a10bb86870a.shtml.

65 Giulio Tremonti, „Siamo tutti in guerra contro il debito", *Corriere della Sera*, 30. Dezember 2011, http://www.corriere.it/opinioni/11_dicembre_30/tremonti-guerra-debito_32845ff4-32c6-11e1-be67-1119b87d83b7.shtml.

66 „La guerra dello spread. Il Libro dell' Anno 2012 di Lucrezia Reichlin", http://www.treccani.it/enciclopedia/la-guerra-dello-spread_(Il_Libro_dell'Anno)/.

67 Giuditta Marvelli and Marco Sabella, „Piazza Affari? Può salire di un altro 10% Spread sotto i 300 punti", *Corriere della Sera*, 20. Februar 2012, http://www.corriere.it/economia/corriereconomia/12_febbraio_20/marvelli-sabella-mercati-sondaggi_09a8fffa-5bd3-11e1-9554-12046180c4ab.shtml.

68 Francesco Giavazzi, „L'emergenza non è finita", *Corriere della Sera*, 17. März 2012, http://www.corriere.it/editoriali/12_marzo_17/giavazzi_emergenza_non_finita_fa7eaa9c-6ffb-11e1-a5a4-3511fb610746.shtml.

Sicherheit. „Das Allgemeininteresse ist von ihren Bildschirmen verschwunden", klagte Di Vico, „und die Verfolgung partikularer Interessen ist zurück."[69] Sicher spielte die Tatsache, dass die Zinsdifferenz sich gegenüber den dramatischen Höhenflügen im November 2011 abgeschwächt hatte, bei alldem eine Rolle. Ihr absolutes Ausmaß jedoch war immer noch mit Sorge zu betrachten, vor allem im Lichte ihrer Höhe vor der Krise und der allgemein schlechten Lage der italienischen Wirtschaft. Dies ist ein erneuter Hinweis darauf, dass die Dramatisierung des *spread* eben auch ein Belang kultureller Performanz ist. Im Effekt gelingt es so bestimmten symbolischen Repräsentationen, unter bestimmten performativen Bedingungen eine Sakralisierung des *spread* herbeizuführen, indem sie ihn erfolgreich in die Sphäre kollektiver Identität einführen und auf diese Weise einen Einfluss auf Publika, und zwar bis hin zu deren Verhalten, haben können. Unter anderen Bedingungen kann es indes sein, dass dies nicht geschieht: die Performanz läuft auseinander (*de-fuse*), um ein Konzept aus Alexanders kultureller Pragmatik aufzugreifen (Alexander 2006), mit dem Resultat, dass die Publika die Sakralisierungsversuche nicht akzeptieren.

Obwohl ich mich daher in diesem Aufsatz einzig auf die symbolische Dimension des Prozesses der Dramatisierung der Krise beziehe, muss erneut betont werden, dass ein umfassendes Verständnis des kulturellen Trajekts des *spread* zwischen Juni 2011 und Ende 2012 eine komplementäre Analyse der kulturellen Performanz jenes Trajekts erfordern wird.

4 Fazit

In den letzten Jahren wurden verschiedene europäische Länder von einer Schuldenkrise heimgesucht. Im Falle Italiens begannen im Juni 2011 die Finanzmärkte wachsenden Druck auf die italienischen Behörden auszuüben und zwangen sie, härtere Korrektive an die italienischen Finanzen anzulegen. Zwischen August und November versuchte die Regierung Berlusconi, eine Reihe von Besteuerungsmaßnahmen auf den Weg zu bringen, aber die Finanzmärkte kamen zu dem Schluss, dass ihnen die Glaubwürdigkeit fehle. Im November wuchs die Zinsdifferenz zwischen italienischen langfristigen Staatsanleihen und deutschen Bundesanleihen – der so genannte *spread* – in alarmierende Höhen. Die Aussicht, dass Italien in eine vollumfängliche Schuldenkrise eintreten könnte, sandte eine dramatische Schockwelle in die italienische Gesellschaft und darüber hinaus, da das Szenario, dass Italien ein Staatsbankrott bevorstünde, nicht nur für die Eurozone, sondern auch für die globalen Finanzmärkte verheerende Folgen haben würde. Berlusconi trat zurück und Mario Monti, ein ehemaliger EU-Kommissar und Präsident der Bocconi-Universität, des technokratischen Tempels der italienischen Wirtschaftswissenschaft,

---

69 Dario Di Vico, „Il precipizio è ancora lì" *Corriere della Sera*, 30. März 2012, http://www.corriere. it/editoriali/12_marzo_30/20120330NAZ01_35_2d3c455e-7a27-11e1-aa2f-fa6a0a9a2b72. shtml.

kam ins Amt und saß einem Kabinett von Technokraten mit Unterstützung einer großen Mehrheit im italienischen Parlament vor.

Nicht nur das ökonomische, sondern auch das kulturelle Tempo der sich vertiefenden Krise wurde durch den *spread* vorgegeben, der einen grundlegenden Indikator ökonomischer Konvergenz innerhalb der Eurozone darstellt. Um dies zu verstehen, bin ich im vorliegenden Aufsatz in die kulturelle Dynamik des *spread* vorgedrungen, indem ich den öffentlichen Diskurs seit dem Ausbruch der Krise im Juni 2011 und weit ins Jahr 2012 hinein detailliert verfolgt habe. Insbesondere habe ich gezeigt, dass auf dem langen Weg des *spread*, der durch einen Höhepunkt nach dem anderen markiert war, dieser ökonomische Indikator eine wichtige kulturelle Transformation durchlief. Genauer gesagt, verließ er den profanen Bereich ökonomischer Kalkulation und driftete stetig weiter in den sakralen Bezirk der kollektiven Identität. Im Zuge dieses Prozesses nahm der öffentliche Diskurs über den *spread* zunehmend moralischen Charakter an.

Ein solches Ergebnis steht im Einklang mit demjenigen von De Santos (2009), der in einem wichtigen Beitrag zur kulturellen Soziologie ökonomischer Indikatoren bereits eine solche Transformation in Bezug auf den Indikator des Länderrisikos während der Finanzkrise in Argentinien 2001 verzeichnete. De Santos zeigt, dass die Verschlechterung eines ökonomischen Indikators wie zum Beispiel desjenigen des Länderrisikos von einer gegebenen Gesellschaft als Statusdegradierung gedeutet werden kann, wenn diese Gesellschaft dadurch im Ranking der Länderrisiken gegenüber Gesellschaften, die gemäß der kulturellen Metrik der nationalen Statushierarchie solcher Gesellschaften tiefer rangieren, niedriger platziert wird. Diese Bedeutungsverschiebung, so De Santos, markiert die Transformation ökonomischer Indikatoren in Kernsymbole kollektiver Identität, oder in ‚Tatsachen-Totems'. In diesem Aufsatz habe ich gezeigt, dass die Verankerung von Indikatoren in der kollektiven Identität auch auf anderen diskursiven Strategien beruhen kann.

Meine Analyse hat zudem versucht, De Santos' Argumentation in einer anderen wichtigen Hinsicht zu erweitern. In diesem Punkt ging es darum, die symbolischen Trajekte in Rechnung zu stellen, denen ökonomische Indikatoren auf ihrem Weg der Sakralisierung folgen, etwas, das aus De Santos' Analyse nicht hervorgeht. Genauer habe ich gezeigt, dass im Falle Italiens die kulturelle Transformation des *spread* auf einer breiten Auswahl symbolischer Ressourcen basierte, die innerhalb der semantischen Felder von Religion und Magie, von Medizin und Hygiene sowie von Krieg und Militär zur Verfügung stehen. Dieses Ergebnis entspricht einem früheren Befund (Tognato 2012a) zum symbolischen Trajekt von Geld in Deutschland und nur zu einem gewissen Ausmaß meinem früheren Ergebnis im selben Buch bezüglich des symbolischen Trajekts von Geld in den USA.

In einem ersten Schritt hin zu einer kulturellen Soziologie ökonomischer Konvergenz will dieser Aufsatz nicht nur zur kulturellen Soziologie ökonomischer Indikatoren beitragen, für die De Santos (2009) Pionierarbeit geleistet hat. Er möchte auch die Debatte zur kulturellen Soziologie der Ökonomie erweitern, die kürzlich aus dem *Strong Program* der kulturellen Soziologie hervorgegangen ist. Dies unternimmt der Aufsatz durch eine

Beleuchtung der kulturellen Dynamik eines ökonomischen Indikators, des *spread*, der innerhalb der Eurozone an Bedeutsamkeit gewonnen hat, sowie durch die Adressierung einer Reihe neuer Fragen für zukünftige Studien.

Erstens habe ich in diesem Aufsatz die symbolische Dimension des Prozesses der Sakralisierung eines spezifischen ökonomischen Indikators angesprochen. Um der kulturellen Dynamik ökonomischer Indikatoren in vollem Umfang gerecht zu werden, ist dies allein jedoch nicht hinreichend. Ökonomische Indikatoren werden nur in dem Maße sakralisiert, und daher in der kollektiven Identität verankert, wie ihre symbolische Transformation in der Öffentlichkeit überzeugend wirkt. Dies wiederum ist ein Belang kultureller Performanz. Zukünftige Untersuchungen werden daher die performativen Umstände, unter denen medizinische und hygienische, militärische und kriegerische wie auch religiöse Repräsentationen des *spread* sich als überzeugend (oder nicht) erwiesen, in Rechnung stellen müssen.

Zweitens habe ich gezeigt, dass auf dem Weg der Transformation des *spread* in den Bezirk kollektiver Identität das symbolische Trajekt die semantischen Felder von Medizin und Hygiene, Krieg und Militär sowie Religion und Magie durchquert hat. Dies wirft eine Reihe neuer Fragen auf: ob diese Sequenz aus symbolischer oder, vielleicht, performativer Sicht eine notwendige ist; ob die Durchquerung bestimmter Felder notwendig ist oder ob im Gegenteil auch andere Felder die Verlagerung eines ökonomischen Indikators in den Raum kollektiver Identität zuwege bringen könnten; ob es in dieser Hinsicht Unterschiede zwischen industrialisierten und Entwicklungsländern gibt; ob derartige Differenzen zwischen westlichen und nichtwestlichen Gesellschaften existieren; und schließlich, aus einer Entwicklungsperspektive, ob Gesellschaften mit unterschiedlichen historischen Trajekten im Modernisierungsprozess das kulturelle Feld in alternativer Weise strukturiert haben könnten – ein Punkt, der sich auch auf unsere Antworten auf die vorangehenden Fragen auswirken könnte.

Aus dem Englischen übersetzt von Andreas Langenohl

Literatur

Abolafia, Mitchel (1996) *Making Markets: Opportunism and Restraint on Wall Street*. Cambridge University Press, Cambridge.

Alexander, Jeffrey (1988) Culture and Political Crisis: 'Watergate' and Durkheimian Sociology. In: Alexander, Jeffrey (ed.) *Durkheimian Sociology: Cultural Studies*. Cambridge University Press, Cambridge: S. 174–216.

Alexander, Jeffrey (2006) Cultural pragmatics: social performance between ritual and strategy. In: Alexander, Jeffrey; Giesen, Bernhard and Jason Mast (eds.) *Social Performance*. 29-90. Cambridge University Press, Cambridge, S. 29–90.

Alexander, Jeffrey (2011) Market as Narrative and Character: *Journal of Cultural Economy*: 4:4: 477–488.

Alexander, Jeffrey and Philip Smith (2002) The Strong Program in Cultural Theory: Elements of a Structural Hermeneutics. In: Turner, Jonathan (ed.) *Handbook of Sociological Theory*, Springer, New York, S. 135–150.

Alexander, Jeffrey; Smith, Philip and Steven Sherwood (1993) Risking Enchantment: Theory and Methods in Cultural Studies: *Culture* 8:1:10–14.

Alexander, Jeffrey; Jacobs, Ronald und Philip Smith (eds.) (2011) *The Oxford Handbook of Cultural Sociology*. Oxford University Press, Oxford.

Baer, Justin and William J. Chambliss (1997) Generating Fear: Politics of Crime Reporting: *Crime, Law and Social Change* 27:2: 87–107.

Best, Joel (1989) Dark Figures and Child Victims: Statistical Claims About Missing Children. In: Best, Joel (ed.) *Images of Issues*. Aldine Gruyter, New York, S. 21–37.

Best, Joel (1987) Rhetoric in Claims-Making: *Social Problems* 34:2: 101–21.

Best, Joel (2001) *Damned Lies and Statistics: Untangling Numbers from the Media, Politicians and Activists*. California University Press, Berkeley.

Biggart, Nicole (1989) *Charismatic Capitalism. Direct Selling Organizations in America*.University of Chicago Press, Chicago and London.

Block, Fred and Gene Burns (1986) Productivity as a Social Problem: Uses and Misuses of Social Indicators: *American Sociological Review* 51:6: 767–80.

Bloor, David (1976) *Knowledge and Social Imagery*. Routledge and Kegan Paul, London.

Callon, Michel (1998) *The Laws of the Markets*. Blackwell, Oxford.

Crettaz von Roten, Fabienne (2006) Do We Need a Public Understanding of Statistics?: *Public Understanding of Science* 15:2: 243–49.

De Santos, Martin (2009) Fact-totems and the statistical Imagination: The public Life of a Statistics in Argentina 2001: *Sociological Theory* 27:4: 466–489.

Durkheim, Émile (1947 [1893]) *The Division of Labour in Society*. Trans. by George Simpson. Free Press, Glencoe, IL.

Durkheim, Émile (1995 [1915]) *The Elementary Forms of Religious life. Trans. by Karen Fields*. Free Press, New York.

Geertz, Clifford (1973) *The Interpretation of Cultures*. Basic Books, New York.

Gusfield, Joseph R. (1981) *The Culture of Public Problems*. Chicago University Press, Chicago.

Habermas, Jürgen (1984) *The Theory of Communicative Action, Vol. 1 – Reason and the Rationalization of Society*. MA: Boston, Boston.

Knorr Cetina, Karin (2005) How are Global Markets Global? The Architecture of a Flow World. In: Knorr Cetina, Karin und Alex Preda (eds.) *The Sociology of Financial Markets*, Oxford University Press, Oxford, S. 38–61.

MacKenzie, Donald (2004) The Big, Bad Wolf and the Rational Market: Portfolio Insurance, the 1987 Crash and the Performativity of Economics: *Economy and Society* 33:3: 303–34.

Marx, Karl (1988 [1844]). The Power of Money in Bourgeois Society: In: Marx, Karl und Fredrick Engels (eds.) *The Economic and Philosophic Manuscripts of 1844 and the Communist Manifesto*. Transl. by M. Milligan. Prometheus Books, Amherst, NY, S. 135–140.

Orcutt, James D. and J. Blake Turner (1993) Shocking Numbers and Graphic Accounts: Quantified Images of Drug Problems in the Print Media: *Social Problems* 40:2:190–206.

Parsons, Talcott and Neil J. Smelser (1956) *Economy and Society*. Free Press, New York.

Reinarman, Craig and Harry G. Levine (1989) The Crack Attack: Politics and Media in America's Latest Drug Scare. In: Best, Joel (ed.) *Images of Issues*. A. de Gruyter, New York.

Simmel, Georg (1978 [1900]) *The Philosophy of Money*. Routledge & Kegan Paul, London.

Shils, Edward (1975) *Center and Periphery. Essays in Macrosociology. University of* Chicago Press, Chicago.

Smelser, Neil (1963) *The Sociology of Economic Life*. Prentice-Hall, Englewood Cliffs.

Smith, Philip and Jeffrey Alexander (2005) Introduction: the New Durkheim. In: Alexander, Jeffrey und Philip Smith (eds.) *The Cambridge Companion to Durkheim*. Cambridge University Press, Cambridge, S. 1–37.

Spillman, Lyn (2012) Culture and Economic Life. In: Alexander, Jeffrey; Jacobs, Ron und Philip Smith (eds.) *The Oxford Handbook of Cultural Sociology*. Oxford University Press, Oxford and New York, S. 157–189.

Spillman, Lyn (2012b) *Solidarity in Strategy: Making Business Meaningful in American Trade Associations*. University of Chicago Press, Chicago.

Tognato, Carlo (2012a) *Central Bank Independence*. Palgrave-Macmillan, New York.

Tognato, Carlo (2012b) Culture and the Economy. In: Alexander, Jeffrey; Jacobs, Ron und Philip Smith (eds.) *The Oxford Handbook of Cultural Sociology*. Oxford University Press, Oxford and New York, S. 117–156.

Weber, Max ([1904] 1998) *The Protestant Ethic and the Spirit of Capitalism*, 2nd ed. Roxbury, Los Angeles.

Wherry, Frederick (2004) International Statistics and Social Structure: The Case of the Human Development Index: *International Review of Sociology* 14:2: 151–169.

Wherry, Frederick (2012) *The Culture of Markets*. Polity, Cambridge.

Zelizer, Viviana (1979) *Morals and Markets: The Development of Life Insurance in the United States. Columbia University Press, New York*.

Zelizer, Viviana (1985) *Pricing the Priceless Child: The Changing Social Value of Children. Basic Books, New York*.

Zelizer, Viviana (1994) *The Social Meaning of Money*. Basic Books, New York.

Zelizer, Viviana (2005) *The Purchase of Intimacy*. Princeton University Press, Princeton.

Schwierige Verhältnisse?

Financial community und Medien 2000ff.[1]

Kerstin Schmidt-Beck

---

1   Einleitung

Im Dezember 2012 verabschiedete sich das Wirtschaftsblatt *Financial Times Deutschland* nach zwölf Jahren aus der Medienlandschaft Deutschlands. Dies erscheint paradox, denn das Interesse der Öffentlichkeit richtet sich weiterhin ungebrochen auf die Wirtschafts- und Finanzwelt, was auch die hohe Aufmerksamkeit im Zusammenhang mit der europäischen Schuldenkrise belegt. Angesichts einer solchen Fokussierung (Reichert 2009, S. 186), die den gesellschaftlichen Wandel hin zu Ökonomisierung (ebd., Schimank und Volkmann 2008) und Finanzialisierung (Kädtler 2003, 2009) begleitet, liegt der Bedarf an qualitativ hochwertigen medialen Ressourcen eher höher, als dass er rückläufig wäre. Dies gilt insbesondere für die Wirtschaftsberichterstattung (Meier und Winterbauer 2008, S. 24). Allerdings sehen sich auch die Wirtschaftsmedien im Anschluss an die jüngste Finanzmarktkrise verstärkt unter ökonomischem Druck. Mit Blick auf diese Entwicklungen, die auch die Einstellung von Presseorganen zur Folge haben, könnte man fragen, ob nicht die Wirtschaftspresse dem Wandel anheimfällt, den sie einst mit evozierte.

Bereits dieser erste Eindruck gibt den Blick frei auf die Janusköpfigkeit der Relation von Medien und (Finanz-)Wirtschaft. Eine vermutete spannungsvolle Verquickung weckt auch das Interesse daran, sich forschend auf Spurensuche in das Finanzmarktgeschehen des letzten Jahrzehntes zu begeben. So beleuchtet dieser Beitrag das Verhältnis zwischen Medien, medialer Öffentlichkeit und Finanzmarkt zunächst schwerpunktmäßig aus der subjektiven Perspektive von Experten[2] aus Banken und Fondsgesellschaften, die im An-

---

1   Ich bedanke mich ganz herzlich bei Andreas Langenohl und Dietmar Wetzel für ihre hilfreichen Kommentare bei der Erstellung dieses Aufsatzes.

2   Die als Experten bezeichneten Finanzmarktprofessionellen werden als Vertreter von Wissensberufen (Kurtz 2005) verstanden, die sich „jenseits der ständisch geprägten Hierarchie der

schluss an die Krise der New Economy zu Beginn des Jahrtausends interviewt wurden.[3] In einem zweiten Schritt folgen Innenansichten aus der Wirtschaftsjournalistik im Kontext der Finanzkrise 2008 und eine Analyse der beiden Perspektiven. Ausgangspunkt bildet jeweils der ‚kritische Blick' auf die Medien und ihre Berichterstattung zu Hype und Krise an den Finanzmärkten.

Um sich dem Gegenstand zu nähern, lohnt sich zunächst der unmittelbare Einblick in die Empirie. Befragt man nämlich professionelle Akteure, wie Fondsmanager und Analysten, so sehen diese die Medien und den Börsenhype der 1990er Jahre ebenso untrennbar miteinander verquickt wie die Finanzmarktkrise der Jahre 2000 - 2003 und deren mediale Repräsentation. Dies verdeutlichen die Berichte derjenigen, die sowohl den Hype an der Börse als auch die Krise im Kontext des Niederganges des Neuen Marktes (Burghof und Hunger 2004) miterlebt haben. Insgesamt stößt die mediale Berichterstattung zum Finanzmarktgeschehen in jener Zeit in der *financial community*[4] auf kritische Resonanz. Darauf verweist das Statement eines Angestellten eines Fondsinstitutes, der aus einem Börsenheft für *„konservative Anleger"* zitiert: [5]

> *„High Tech Rausch – der Schwung- Aufschwung ins nächste Jahrtausend' – wann glauben Sie, dass solche Überschriften zu finden waren, ja? – Bestimmt nich[t] im Oktober 2002 [...] das Märzheft von 2000, hab ich mir noch aufgehoben, ja? Genauso – September 2001, ja? ‚Die Welt geht unter: wir haben die globale Rezession.' Was kam danach, ja – zumindest eine kurzfristige Erholung. Also **die Medien haben sicherlich was dazu beigetragen, was- diesen – Neuen Markt - betrifft**, ja?" (A9m-F: 8)*

Anhand dieser und ähnlich gelagerter Stimmen lässt sich ein Diskurs innerhalb der *financial community* ausmachen, der die Medien und ihre Berichterstattung als ‚Antreiber' und Mitverursacher der Krise betrachtet und damit auf ein spannungsvolles Verhältnis zwischen Medien und Finanzmarktspezialisten hinweist. Befragt man die sozial- und medienwissenschaftliche Forschung zum Phänomen der zunehmend auf das Finanzmarktgeschehen gerichteten öffentlichen Aufmerksamkeit und deren medialer Repräsentation, so entfaltet sich das folgende Szenario: Wie Thomas Schuster (2003) schreibt, geht der Börsen-Boom der 1990er Jahre mit einem Aufschwung der Wirtschafts-

---

Professionen an[siedeln]" (Maeße 2012, S. 117)

3   Für das Projekt „Erinnerung an der Börse" des SFB 434 „Erinnerungskulturen" der Justus-Liebig-Universität Gießen wurden 2003/2004 30 professionelle Akteure aus den Bereichen Analyse und Fondsmanagement interviewt.

4   Unter *financial community* sei hier die Akteursgruppe derjenigen verstanden, die unmittelbar die Finanzmärkte als ihr professionelles Feld verstehen, d.h. Anlage- und Fondsgesellschaften, Investmentbereiche der Banken, Intermediäre wie Analysten, Fondsmanager, Broker und Rating-Gesellschaften. Diese analytische Engfassung dient dem Zweck der Verdeutlichung von Handlungs- und diskursiven Strategien, z.B. in Abgrenzung zu Akteuren der Medienlandschaft.

5   Hervorhebungen durch die Autorin.

medien einher, die von der „Entdeckung der Privatanleger" profitieren: „Nicht mehr nur Experten und Vertreter der Wirtschaft gelten als Kundschaft der Berichterstatter, die gesamte Gesellschaft wird zur potentiellen Klientel." (ebd., S. 2). Ebenso beurteilt dies Klaus Spachmann (2005, S. 203), der im Zuge jenes Börsenbooms eine zunehmende Popularisierung der Finanzberichterstattung beobachtet, die „auf die Anleger als ökonomische Laienrolle ausgerichtet ist". Demgemäß richtet der Wirtschaftsjournalismus seine Beiträge zu Wirtschafts- und Finanzthemen vermehrt an der „Erfahrungswelt" (Schuster 2003, S. 4) seiner Kundschaft aus. Eine Nutzwertorientierung im Sinne der Kunden wird jedoch lediglich suggeriert (ebd.), um im Wettbewerb der Medien Aufmerksamkeit zu erzielen (ebd., S. 94). An diese Analyse lässt sich der Befund von Urs Stäheli (2007, S. 19, vgl. Frank 2000) anschließen, der davon spricht, dass der „Marktpopulismus" vor der Jahrtausendwende seinen Höhepunkt erreicht. Das Börsengeschehen und seine Akteure erscheinen durch die Öffentlichkeit und eine populäre mediale Berichterstattung geradezu okkupiert. Das Motto „Markets*Us" (ebd., S. 20) fasst das Phänomen in eine griffige Formel.

Zeitdiagnosen wie diese werfen ein erhellendes Licht auf das geäußerte Unbehagen der Finanzmarktspezialisten über die mediale Berichterstattung der Jahrtausendwende. Um das Zusammenspiel zwischen Medien und Finanzmarkt in diesen von Aufbruch und Krise geprägten Jahren zu verdeutlichen, beleuchten im Folgenden die Kapitel zwei bis vier die Reflexion der Medienverhältnisse durch die zu Zeitzeugen der jüngeren Finanzmarktgeschichte gewordenen Analystinnen[6] und Fondsmanager. Wie positionieren sich diese „Inklusionsfiguren" (Stäheli 2007, S. 21) der Börse angesichts eines überbordenden öffentlichen Interesses, das die Grenzen zwischen professionellem Agieren und Massenteilhabe beinahe sprengt? Welchen Deutungs- und Handlungsgewinn ziehen sie aus der Medienberichterstattung und welche Konsequenzen erwachsen daraus, selbst zu einem „Teil der Medien" (F8w[7]) geworden zu sein? Einem solch subjektiven Blick lohnt es sich zu folgen, denn ihm lässt sich zugutehalten, dass er soziale Sichtweisen wie die der *financial community* oder der eigenen Anlagegesellschaft als individuell gefärbte Brechung bereits in sich trägt (Hall 2002, S. 105). Die Chance einer mikroanalytischen Analyse liegt folglich darin, auch auf einen Gültigkeitsraum außerhalb des rein Subjektiven verweisen zu können. Dieser Perspektive folgt in Kapitel fünf eine Reflexion der Krise 2008 aus Sicht der Wirtschaftsjournalistik, die Parallelen, aber auch divergierende Einsichten zur Kritik der Finanzmarktprofessionellen zutage fördert. Im Anschluss folgen ein analysierender Vergleich der Innenansichten (Kap. fünf und sechs) und in Kapitel sieben eine abschließende Frage nach den ,schwierigen Verhältnissen' zwischen den professionellen Feldern mit Blick auf die Zukunft.

---

6   Um zu verdeutlichen, dass es sich um weibliche und männliche Gesprächspartner handelte, wird auch im Wechsel die entsprechende Sprachform verwendet.

7   Die Beiträge der Fondsmanager (F) und Analysten (A) werden mit Abkürzungen kenntlich gemacht. Ebenso steht ,w' und ,m' für das Geschlecht des jeweiligen Gesprächspartners.

2   Polarisierung der Perspektiven: Wissen und Zeitlichkeit

Wenn man etwas über das Verhältnis zwischen Mitgliedern der *financial community* und ‚den Medien‘ erfahren möchte, so bietet sich die subjektive Perspektive der Akteure als empirischer Fundus zur Beleuchtung der Gegebenheiten an. So stellt sich heraus, dass es keine Frage ist, dass Finanzmarktexperten die Berichterstattung der Medien vom Mainstream-Journalismus über die Wirtschaftspresse bis hin zur Internetveröffentlichung[8] rezipieren. Gerade im Jahrzehnt des Hype vor der Jahrtausendwende und für die folgenden Jahre des Niederganges der Börse wird die Medienberichterstattung für Wirtschafts- und Finanzthemen vielfältiger. Es stellt sich jedoch die Frage, welchen Stellenwert die Medien in diesen ‚unruhigen Zeiten‘ für Analystinnen und Fondsmanager im Kontext von Wirtschafts- und Finanzmarktentwicklungen haben und wie kritisch tatsächlich die öffentliche Berichterstattung gesehen wird.

Aus den Gesprächen mit Fondsmanagerinnen und Analysten geht zunächst hervor, dass diese die Medien einerseits und die Finanzmärkte andererseits an den Enden zweier Pole verorten. Eine solch diametrale Perspektive lässt sich am Beispiel der beiden finanzmarktrelevanten Dimensionen Wissen und Zeitlichkeit veranschaulichen. So taucht zunächst ausgehend von der Reflexion der Experten über den eigenen professionellen Medienbezug die Frage auf, ob Medien überhaupt bedeutsames Wissen bereitstellen, das ‚finanzmarkttauglich‘ sein kann. Professionelle Finanzmarktakteure beobachten demnach eine grundsätzliche qualitative Differenz zwischen dem ihnen als Mitgliedern der *financial community* zugänglichen Wissen über wirtschaftliche Entwicklungen und dem Informationsgehalt zu entsprechenden Themen, den die Medien in die Öffentlichkeit transportieren. Hierfür stehen die beiden folgenden Zitate, die darauf hinweisen, dass der Zustrom medialer Information nicht die Bedingungen erfüllt, die für finanzmarktrelevantes Wissen charakteristisch seien.

> „*Nicht, dass die jetzt irgendwas Größeres* wüssten, was wir nicht wüssten – das wär also sehr schlecht, wenn das so wär.“ (A1m: 10)

> „[...] ja so *in Zeitungen steht jetzt ja meistens nur – oberflächliche Sachen*, ne also [w]ir tun *ja schon tiefer* bisschen **kucken**. Wir ha[ben] ja dann, wenn [wir] auf Research zurückgreifen, vor allem das Research von allen möglichen Banken mit denen wir zusammenarbeiten, ne also des is[t] Hauptinformationsquelle und dann eben [da]s Unternehmen direkt.“ (F3m: 7-8).

Finanzmarktexperten machen kategoriale Unterschiede, wenn es um Wissen geht, das als relevant eingestuft wird. Qualitativ ist das Wissen, das die Medien aus den unterschiedlichen (Wirtschafts-)Bereichen bereitstellen, dem Wissen, das sich Experten erschließen, deutlich nachgeordnet. Es ist zu „oberflächlich“ und im Grunde zu ‚klein‘, um bedeut-

---

8   „Ja wir nutzen natürlich die Medien ebenfalls, wobei also das Internet den größten Stellenwert hat.“ (A2m: 6)

sam zu sein. Diese qualitative Differenz zum Wissen des Finanzmarktprofis müsse auch vorhanden sein, so die Perspektive des zuerst zitierten Analysten, der sich mit seinem Statement vom Wirtschaftsjournalismus und medienüblicher Recherchearbeit abgrenzt. Expertenwissen resultiere aus vertieftem *research*, d.h. einem ‚Forschungswissen' das innerhalb der *financial community* erarbeitet und bereit gestellt wird, sowie aus erster Hand, nämlich aus den „direkten" Quellen der Unternehmen und deren Vorstände.

Eine zweite maßgebliche Differenz zur medialen Berichterstattung bezieht sich auf die zeitliche Verfügbarkeit verwertbarer Informationen:

> *„Die Börse is[t] eigentlich fast[ei]n halbes Jahr bis [ei]n Jahr voraus. Und das heißt, die Medien sind eigentlich – immer nur, die berichten über Fakten, über tatsächliche Ereignisse. [...] Deshalb: ich sag immer nur – AHA! – Sie haben's auch schon gemerkt [...]" (F12w: 16)*

Die zeitliche Dimension spielt für Analysten und Fondsmanagerinnen insofern eine bedeutende Rolle, weil die Finanzmärkte ökonomische Entwicklungen, die für die Zukunft erwartet werden, in ihre Preisbildung vorzeitig mit einbeziehen. Künftige Handlungen maßgeblicher Wirtschaftsakteure werden vor deren Eintreten vorweggenommen, d.h. in ihrer Erwartung ‚eingepreist'.[9] Die Relation zwischen Zeitlichkeit und Handeln versinnbildlicht das Symbolbild der steigenden und fallenden Kurse. Die Anleger-Öffentlichkeit folgt diesem „traditionelle[n] Blickregime" (Reichert 2009, S. 181) und den Interpretationen eines sich anschließenden medialen Diskurses (Langenohl 2009, S. 253, 255). Während die Medien aus der Perspektive der Finanzmarktexperten gesehen jedoch lediglich in der Lage seien, bereits Geschehenes als ‚Fakten' zu verarbeiten, beweisen die Finanzmärkte ihre Deutungshegemonie über die Interpretation ökonomischer Zusammenhänge durch die demonstrative ‚Beherrschung' der Dimension Zeit. Analystinnen und Fondsmanager signalisieren, dass es eben nicht ausreicht, ‚tatsächliche' Ereignisse medial zu bearbeiten. Vielmehr wird *allein* an der Börse die virtuelle Zukunftsperspektive zu einer gegenwärtig realen. Liegt für Arnoldi (2009) zwischen Medien und Finanzsystem eine Parallelität darin, „als einzige Institutionen [...] global und in Echtzeit [zu] operieren" (ebd., S. 76), was einer Verdichtung der Dimensionen Zeit und Raum im Gegenwärtigen gleichkommt, so weisen Analystinnen und Fondsmanager jegliche Ähnlichkeit der Perspektiven von sich. Dass auch die Medien „deutlich schneller und professioneller geworden" (A2m: 5) sind, bedeutet nicht, dass sie den Aspekt der Vorzeitigkeit für sich reklamieren dürfen.

Als professionelle Repräsentanten des Finanzmarktsystems profitieren Analysten und Fondsmanager nicht nur von den sich eröffnenden zeitlichen Disparitäten an den Finanzmärkten und dem Versprechen einer Vorwegnahme von Entwicklung. Ebenso haben sie Anteil an der Diskursbildung innerhalb der *financial community* und sind als interagierende Subjekte Mit-Konstrukteure einer solchen Finanzmarktperspektive. Sie

---

9 Zum reflexiven Verhältnis zwischen Preis und Markt vgl. auch Langenohl 2007, S. 14-15.

gestehen sich einen Wissensvorsprung durch vorzeitige Information zu, der auch als Anforderung an die eigene Professionalität formuliert wird:[10]

> *„**Medien verweisen** tendenziell relativ **spät auf gewisse Entwicklungen**. Wenn sie von einem speziellen Gut zum Allgemeingut werden – ja. Wir müssen ja versuchen, relativ frühzeitig auf gewisse Sachen aufmerksam zu werden." (F5m: 5)*

Mit einer polarisierenden Sichtweise, die auf das Spezialistentum ihrer Zunft verweist, vergewissern sich Finanzmarktexperten ihrer Deutungshoheit über ökonomische Entwicklungen. Sie verweisen auf ihre Zugehörigkeit zur *financial community* in Abgrenzung zur Medienöffentlichkeit. Solche Distinktionsbestrebungen sind schon deshalb wesentlich, weil die Finanzmarktkrise auch eine Deutungskrise darstellt (Schmidt-Beck 2007), in der das professionelle Selbstverständnis von Analysten und Fondsmanagern in der *financial community* ebenso wie in der medialen Öffentlichkeit zur Disposition steht. Der Verweis auf spezielle Wissensinhalte, deren Wert vor allem in ihrer frühzeitigen Erschließung besteht, zeigt, dass hierüber Handlungsspielräume gewonnen werden. Diese bieten insbesondere Fondsmanagern reale Investitionsmöglichkeiten, noch bevor die Medien Informationen als „Allgemeingut" verbreiten und diese dem Zugriff der allgemeinen Öffentlichkeit preisgeben.

Die Strategie der Polarisierung verspricht somit einen erheblichen Distinktionsgewinn. So wird sie denn auch von den Gesprächspartnern auf die Spitze getrieben und kulminiert in der Vorstellung eines hoffnungslosen Anachronismus der Medien. In den Augen der Experten hinkt die mediale Darstellung des Finanzmarkt- und Wirtschaftsgeschehens den Finanzmarktrealitäten so weit hinterher, dass das Gegenteil dessen, was der Öffentlichkeit in Text und Bild suggeriert wird, als angemessenes Handlungsszenario erscheint.

> *„Es ist sehr oft so, dass das so schöne **Kontraindikatoren** sind. [...] Komm[en] [wir] noch ganz kurz zurück, wie der Irakkrieg noch nich[t] begann – so zwei, drei Wochen vorher war die Stimmung so schlecht, da hatten [sie] vorher alle schön verkauft, ne? Und da steht das so alles in der ZEIT, da sind die meisten – Leut[e] [...] ausgestiegen. Un[d] man is[t] dann an der Börse is[t] man klug beraten, dann zu kaufen, wenn keiner [ei]ne Aktie haben will." (F15m: 30-31)*

Am Beispiel des zu Beginn dieses Jahrtausends von den USA geführten Irak-Krieges verdeutlicht der Fondsmanager, dass Berichte der „*ZEIT*" einer Anleger-Öffentlichkeit nahe legten, aufgrund der politischen Gegebenheiten und einer folglich „schlechten Stimmung" am Aktienmarkt aus ihren Investitionen „auszusteigen". Eine solche Berichterstattung sei jedoch für ein angemessenes Handeln am Finanzmarkt kontraindiziert. Der zitierte Fondsmanager positioniert somit die Medien in ihrem naiven Anachronis-

---

10 Zur Frage der Prognose als bedeutendes professionelles Handlungsfeld insbesondere von Analysten vgl. Schmidt-Beck 2007.

mus und den „klugen" Finanzmarktakteur diametral zueinander. Ob in der Logik der Börse sinnvoll, d.h. monetär erfolgreich, gehandelt wird, entscheidet sich für sie offensichtlich nicht daran, was die Medien der Öffentlichkeit antragen. Inwiefern Finanzmarktexperten dennoch einen Nutzen aus der Medienberichterstattung ziehen und diese damit ad absurdum führen, zeigt der folgende Abschnitt.

3   Gegenentwürfe – Medien als Kontraindikator

Die Gesprächspartner aus der *financial community* grenzen sich von den Medien und ihrem Publikum durch polarisierende Zuschreibungen ab. Geht man davon aus, dass die öffentliche Berichterstattung in den turbulenten Börsenzeiten der Jahrtausendwende von Finanzmarktexperten dennoch genutzt wird und eine gewisse Handlungsorientierung verspricht, so verdient diese auffallende Etikettierung des ‚Anderen' einen zweiten Blick. So lässt sich die bisher explorierte Polarisierungsstrategie über das Konstrukt der *Parallelisierung* noch einmal akzentuiert betrachten. Die Heraushebung einer Parallelität zwischen medialer Berichterstattung und „Marktentwicklung" dient als Hintergrundfolie dafür, sich in Abgrenzung von den Medien als Finanzmarktexperte zu positionieren:

> „[...] auch die Wirtschaftsberichterstattung – gut über die Qualität lässt sich dann im Zweifelsfall streiten, die is[t] wahrscheinlich auch entsprechend dann durch Quantität häufi[g] ersetzt worden, aber – da sieht man schon, dass [...] die **Printmedien** da sehr stark **mit den** entsprechenden **Marktentwicklungen korrelier[en]**." (F10m: 5)

Nachdem der Fondsmanager die Qualitätskriterien v.a. der Printmedien kritisch kommentiert, macht er deutlich, dass die mediale Darstellung aus seiner Perspektive parallel zur „Marktentwicklung" verläuft. Dies verweist wiederum auf den Standpunkt, dass sich Medien an gegenwärtigen Geschehnissen orientieren (s.o.) und diese lediglich abbilden. Damit „korrelieren" sie mit den Entwicklungen, die sie weder vorwegnehmen noch initiieren können. So schlussfolgert auch Schuster (2004) angesichts der Relation von Börsenkursen und medialer Berichterstattung: „Die Meinungen folgen dem Markt, nicht umgekehrt." (ebd., S. 239)

Finanzmarktexperten legen hingegen in ihrem professionellen Selbstverständnis Wert darauf, selbst nicht ‚mit dem Markt' konform zu gehen, sondern diesen entweder vorzeitig zu deuten (Analysten) oder sich frühzeitig Handlungsoptionen (Fondsmanager) zu schaffen. ‚Herdenverhalten' an der Börse wird für die Jahre extremer Finanzmarktentwicklungen denn auch als allgemeines Phänomen entsprechend kritisch beurteilt.[11]

---

11 „Es versuchen alle natürlich auf den Zug zu springen einschließlich der Privaten – aus Gier oder Angst [...] die institutionellen Investoren die müssen natürlich sehen, dass sie eine – wenn die Börse grade gut performt, dass sie den Zug nich[t] verpassen." (A4m: 14) Von Interesse ist hier, dass der Anlegeröffentlichkeit emotionale Motive unterstellt werden, während das

Eine über die Hintergründe am Finanzmarkt wenig informierte Öffentlichkeit wird so gesehen in Folge der Medienberichterstattung auf eine falsche Fährte gelockt. Dennoch verspricht selbst ein solch ‚fehlgeleiteter' medialer Diskurs einen handlungspraktischen Nutzen für professionelle Akteure am Finanzmarkt, nämlich als ‚Kontraindikator'. Expertenhandeln richtet sich aus dieser Perspektive, vereinfacht formuliert, vorzugsweise am Gegenteil dessen aus, was den Medien in einer wirtschaftlichen oder politischen Situation als passendes Agieren am Finanzmarkt erscheint. Eine instrumentelle Nutzung medialer Beiträge über Wirtschaft und Finanzmarkt beruht somit auf der Identifikation von *Ausschlusskriterien* für das eigene Handeln. Die Beobachtung der medialen Öffentlichkeit mutet daher an wie das Scannen von Datenströmen nach Aspekten, die Impulse zur Aktivierung handlungsrelevanten Finanzmarktwissens setzen. Dieser Sortiervorgang lässt sich angesichts der Aussage eines Analysten nachvollziehen, der die ikonographischen Darstellungen in der Wirtschaftspresse verfolgt:

> *„Also wenn Sie zum Beispiel bestimmte [...] **Unternehmensvorstände jetzt auf den Titelblättern jetzt internationaler Magazine** sehen dann wissen Sie, Sie sind normalerweise nah an einem Wendepunkt[...] [...] das is[t] für jeden erfahrenen Börsianer natürlich ,n **typisches Warnsignal** – [...] des is[t] immer 'n Signal dafür, wir sind im Endstadium sozusagen so eines Prozesses angelangt."* (A3m: 8-9)

Die Überlegung des Analysten, dass „Wendepunkte" an der Börse über entsprechend „typische" „(Warn-)Signale"[12] aus der Medienberichterstattung bestimmt werden können, wirft einen Blick darauf, wie Finanzmarktexperten Wissen über Entwicklungsprozesse generieren.[13] Die Medienberichterstattung als Außenperspektive scheint hierbei eine Rolle als Katalysator zu spielen. Entscheidend sind jedoch nicht die inhaltlichen Spezifika medialer Information, denn es genügt häufig der Blick aufs Titelblatt, sondern der Subtext der Meldungen, die auch über ihre Bildausstattung Signalwirkung haben. Eine bestimmte verbreitete „Stimmung" für oder gegen Investitionen wird wahrgenommen und dient als Such- und Ausschlusskriterium. Die Analyse medial verbreiteter Nachrichten und Informationen, um Stimmungen am (Anleger-)Markt einzufangen, impliziert nämlich nicht, selbst diesen zu unterliegen, sondern sie wohl mit aufzunehmen, aber letztlich quer zu einem solchen Hintergrundrauschen zu denken und zu handeln:

Investitionshandeln professioneller Akteure rational, nämlich mit Investitionschancen, begründet wird (s.u. in diesem Kapitel). Zu jüngeren Betrachtungen von ‚herding' als „gleichgerichteten Handlungsmustern" s. Kraemer 2012, S. 35.

12 Zu einer verstärkten Signalrhetorik und -logik der Handlungsorientierung vgl. Langenohl und Wetzel (2011).

13 Der Blick auf die Erzeugung von Finanzmarktwissen als vermittelter Prozess bzw. als Konstruktionsgeschehen drängt sich an dieser Stelle geradezu auf (vgl. Langenohl und Wetzel 2011, S. 543 zur wissenssoziologischen Perspektive der Social Studies of Finance).

*„Wobei [...] also die **Medienberichterstattung eher im Hintergrund** is[t], insbesondere Stimmung[e]n die transportiert werden, die ich vielleicht nich[t] so aufnehm[e]- [...] also ich **versuche die Information**, die mir zur Verfügung gestellt wird irgendwie – **herauszufiltern** un[d] meine eigene Meinung zu bilden."* (F14w: 6)

Die relevante Information wird in einer Art frei schwebender Aufmerksamkeit als ein Kleinod im medialen Rauschen eingefangen. Sie aktiviert das vorhandene Finanzmarktwissen, um sich die „eigene Meinung" zu den Geschehnissen bilden zu können. Zusammenfassend gesagt, bedeutet dies nichts anderes, als dass die mediale Berichterstattung dem Finanzmarktexperten als Folie dazu dient, sich *erstens* ein Bild über die Finanzmarktrelevanz der Situation zu machen, *zweitens* vorhandenes Finanzmarktwissen zu aktivieren und dieses *drittens* in einem handlungsrelevanten Gegenentwurf zu reformulieren.

Bei diesen Schlussfolgerungen könnte man es bewenden lassen, wenn nicht so bemerkenswert wäre, dass dieser Gegenentwurf im Kern den Kontrapunkt zu einer Emotionalität setzt, die der medialen Öffentlichkeit als inhärentes Merkmal zugeschrieben wird. Diese insistierende Pauschalisierung wird daher hier noch einmal aufgegriffen. So vermittelt das folgende Zitat, dass es genau diesen emotionalen Subtext medialer Aussagen zu dechiffrieren und zu nutzen gilt:

*„Wenn im sag ich mal sei's jetzt BILD Zeitung, in dem Fall muss ma[n] auch sagen SPIEGEL, weil d[a]s sind auch Leute die davon eigentlich kei[ne] Ahnung ha[ben]. **Wenn da so Wirtschaftsthemen auf Seite eins stehen** rein [...] Börsenthemen oder so was – au[ch] jetzt, wo er unten is[t] [der DAX, K.S.] des is[t] sozusagen meistens auch nahe dann – von guten Kaufzeitpunkten. Weil dann brennt's den Leuten wirklich sozusagen auf den Nägeln, **dann kocht** schon langsam auch **die Volksseele**, ja?"* (A3m: 9)

Auf den Punkt gebracht, offenbart sich für den Analysten in der Art der medialen Darstellung bestimmter Wirtschaftsthemen der momentane emotionale Zustand der Öffentlichkeit. Die Medien fungieren dem entsprechend als Spiegel der „Volksseele". Finanzmarktexperten nehmen einen wechselseitigen Einfluss zwischen Medien und Anleger-Öffentlichkeit wahr, ein Takten im Gleichklang oder ‚Korrelieren‘. Diese Perspektive kreiert ein Bild paralleler Bewegung zwischen ‚den Medien‘ und ihrem Publikum. Dessen Stimmungen, die sich an der aktuellen Berichterstattung von Ereignissen und Themen ausrichten, werden aufgegriffen, medial aufbereitet und erneut verbreitet.[14] In einem sich selbst verstärkenden Prozess reagiert die emotionalisierte Anlegeröffentlichkeit wiederum und lässt sich zu konformem Anlageverhalten anregen. Das folgende Zitat spricht von dieser ‚Prägung‘ durch mediale Darstellung.

---

14 Zu einem zirkulären Konstruktionsprozess medialer Berichterstattung vgl. auch Michaeler et al. (2010).

*„Ich sprech jetz[t] ma[l] so vom **Privatanleger** speziell ma[l] **wird geprägt von den Medien?** [...] egal welcher Art – gut heut kommt ja noch das Internet dazu der – Privatanleger is ja viel besser informiert wie's ma[l] früher war. Der is[t] ja heut auch schon in [ei]ner ganz anderen Zeit! Aber – [...][ei] n Kunde wird mehr oder weniger [...] [durch, K.S.] **Psychologie** beeinflusst. [...] wenn Sie Empfehlungen lesen für [ei]ne Aktie zu kaufen un[d] lesen das noch in Zeitungen, das lesen Sie auch im Internet und kriegen das immer Fernseh[en], Fondsgewinne da is[t] dann die – ja! – Dann is[t] doch die: Beeinflussung is[t] schon sehr groß. – Aufgrund solcher Dinge werden doch **Anlageentscheidungen** getroffen." (F15m: 24-25)*

Letztlich geht es um die „Psychologie" des Anlageverhaltens, der die Öffentlichkeit unterliege, da sie ebenso wie die Medienindustrie zu einer situationsgerechten Beurteilung der Entwicklungen am Finanzmarkt nicht qualifiziert sei. Es wird ihr zwar zugestanden, „besser informiert" zu sein als „früher", jedoch bedeutet eine allgemeine Informiertheit noch längst nicht Professionalität. Emotionale Beeinflussbarkeit kann aus dieser Sicht heraus gar in eine unkontrollierbare Gier umschlagen:

*„**Die Gier ist nach wie vor da**. Das werden Sie wahrscheinlich in den Menschen nie ausschalten [...]da bin ich fest davon überzeugt. [...] Gier [...] ist natürlich [ei]n schlechter Ratgeber für [ei]ne vernünftige Anlage [...]." (F15m: 25)*

An dieser Stelle wird deutlich, weshalb die Finanzmarktexperten dem Impetus unterliegen, über die Distanzierung vom Anlegerpublikum ebenso wie von den Medien – und sei es über das Mittel der Diskreditierung – den eigenen Professionalitätsanspruch zu wahren. Die Parallelität zwischen Medien und Öffentlichkeit enthält zwingend das Moment der Emotionalität, verkörpert in Stimmungen oder essenziell in Gier als anthropologischer Konstante. Diese widerspricht einer jeglichen „vernünftigen", d.h. rationalen Handlungsweise. Rationales Agieren nach dem Ideal des *homo oeconomicus* reklamieren die Gesprächspartner jedoch als einzig legitimen professionellen Gegenentwurf zum Anlageverhalten einer emotional beeinflussbaren Öffentlichkeit für sich.[15]

Die Etablierung eines gegenläufigen Entwurfes rationalen Analyse- und Investitionshandelns angesichts eines vermeintlich stimmungsgetriebenen Anlageverhaltens der medialen Öffentlichkeit erweist sich folglich als Notwendigkeit zur Sicherung professioneller Identität. Nach Stäheli (2007, S. 366) gilt die Herstellung ökonomischer Subjektivität an der Grenze zum Populären immer als prekär. Dies wird umso deutlicher, führt man sich vor Augen, dass die Grenzen zwischen professionellem Agieren am Finanzmarkt und dem Börsengeschäft von Jedermann in den Jahren des Bösenhypes Ende der 1990er Jahre zu verschwimmen drohten. Die Bestrebungen der Finanzmarktexperten, sich von den Medien angesichts deren Nähe zur Öffentlichkeit abzugrenzen, werden in diesem Kontext als Konstruktionsprozesse von ökonomischer Subjektivität sichtbar.

---

15 Zum Konzept des homo oeconomicus vgl. Manstetten 2002, zur historischen Perspektive vgl. Stäheli 2007.

Dennoch bleiben die Medien in ihrer Spiegelung von unterschwelligen Stimmungen repräsentativ für eine Anlegeröffentlichkeit und damit ein beständig (investitions-) relevantes ‚Außen' des Finanzmarktes. Finanzmarktexperten begegnen dieser Problematik der Grenzziehung (Preda 2007, S. 33 „boundary-marking", Preda 2009), dem Balancieren zwischen In- und Exklusion, indem sie die mediale Öffentlichkeit in ihrer Bedeutung und möglichen Bedrohlichkeit für ihre professionelle Identität rationalisieren und ihrerseits diskursiv ‚okkupieren'.[16] So deklarieren sie nicht nur die Medien und ihr Publikum zum professionell handhabbaren Analyseinstrument, das ihr Deutungsinstrumentarium erweitert, um einen Orientierungsgewinn für professionelles Handeln zu erzielen. Parallel zur Besetzung des Börsengeschehens durch die Öffentlichkeit (Markets°Us, s. u.) ließe sich, zumindest für die Jahre des Hypes, in denen insbesondere Fondsmanager zu Medienstars wurden, auch von einer grenzüberschreitenden ‚Besetzung' finanzmarktorientierter Medienberichterstattung im Sinne von ‚Media°Us' sprechen.

Der nächste Abschnitt verdeutlicht die Grenzziehungsthematik aus dem letztgenannten Blickwinkel heraus. Werden Analystinnen und Fondsmanager nämlich zu öffentlich sichtbaren Grenzgängern zwischen Medien und Finanzmarkt, bleiben ihre Bewegungen im Kontext von Hype und Krise nicht frei von Widersprüchen und Brüchen.

4   Teilhabe und boundary work: Markets & Media°Us?

Mit dem Bedeutungszuwachs der Finanzmärkte für die Öffentlichkeit sind Analystinnen und Fondsmanager seit den 1990er Jahren in den Medien auch als Akteure zu finden, sei es dass sie mit ihren Expertisen in den Printmedien vertreten sind oder im Fernsehen als Interviewpartner auftreten. Sie repräsentieren öffentlichkeitswirksam die Finanzmärkte und agieren damit als deren mediale Botschafter und „Glaubwürdigkeitsgeneratoren" (Langenohl und Schmidt-Beck 2009, S. 103; Willems und Kautt 2003, S. 503). Durch ihre Autorenschaft in der Wirtschaftspresse und als populärer Gegenstand des Interesses in Interviewbeiträgen werden sie aber auch zu einem Bestandteil der Medienindustrie selbst. Inwiefern Finanzmarktexperten somit als Grenzgänger zwischen Finanz- und Medienwelt balancieren und agieren und welche Konsequenzen sich aus einer solchen doppelten Teilhabe, einem ‚Markets & Media°Us' ergeben, zeigt der folgende Abschnitt.

Geht man – wie bisher gezeigt – von einer grundsätzlichen Haltung der kritischen Distanz gegenüber den Medien aus, so spiegelt sich diese auch darin, auf welche Art und Weise Finanzmarktexperten die Anforderungen wahrnehmen, die im Zuge eines gewachsenen öffentlichen Interesses an sie herangetragen werden. Gerade Analystinnen,

---

16 Alex Preda (2007, S. 33) definiert *boundaries* als „procedures employed by actors in delineating domains of activity and in making legitimate identity claims". Der Prozess des *boundary-marking* besteht aus einem „mix of discursive an non-discursive procedures" (ebd.). Im Aufsatz wird der Begriff *boundary work* (vgl. auch Langenohl/Schmidt-Beck 2010) bevorzugt, um herauszustellen, dass Grenzziehungsprozesse einen Teil des professionellen Agierens der Subjekte ausmachen.

die die künftige Entwicklung von Branchen und Unternehmen eruieren, haben den Eindruck, dass sie den Medienorganen nicht nur Informationen liefern, die diese verarbeiten, sondern gar die Arbeit der Wirtschaftsjournalisten mit übernehmen sollen:

> *„Die **Medien fordern** [...] auch den Analysten sehr stark heraus, fragen Daten ab. Teilweise – ja wollen die Medien im Grunde genommen, dass man die **Arbeit der Journalisten mit übernimmt**, indem man eben Prognosen veröffentlicht, die dann die ZEIT oder das Fernsehen dann entsprechend so übermittel[n].“ (A2m: 5-6)*

> *„Die rufen halt an und sagen ok Firma X, Sie covern die doch – und machen [das, K.S.] noch mit drei andern und dann rufen die an und lassen sich Infos geben. [...] – und dann – also **man diktiert schon oft in die Feder**, [...].“ (A7m: 5-6)*

Den Wahrnehmungen von Analysten zufolge reklamieren Medienvertreter die Expertisen zu wirtschaftlichen Entwicklungen, die innerhalb der *financial community* erstellt werden, als ein im öffentlichen Interesse stehendes Gut für ihr Medienorgan. Diese Einschätzung deckt sich durchaus mit medienwissenschaftlichen Betrachtungen im Anschluss an die Hype- und Krisenjahre. So wird gerade Analysten als „Quellen und Ansprechpartner der Redakteure" (Spachmann 2005, S. 199) eine wichtige Rolle im „Neuen Wirtschaftsjournalismus" (ebd.), der den ökonomischen Laien im Blick hat, zugesprochen. Die bei Journalisten wahrgenommene Haltung einer selbstverständlichen Vereinnahmung von Expertenarbeit im Namen der Öffentlichkeit macht die Kritik der Gesprächspartnerinnen verständlich, die sowohl die Qualität des Wirtschaftsjournalismus als auch deren fehlende Eigenständigkeit beklagen. Die Anforderung, ‚Material' an die Medien liefern zu sollen und die eigene Arbeit im Verhältnis eins zu eins den Medienvertretern – wenn auch unter dem eigenen Namen – zur Verfügung zu stellen, gerät zudem mit institutionellen Anforderungen der eigenen Bank und den Verpflichtungen deren Kunden gegenüber in Konflikt. So gilt die erste Informationspflicht zu erstellten Expertisen und Prognosen den Kunden der Bank, bei der Analysten angestellt sind:

> *„[...] und das is[t] manchmal ganz schwierig weil – Arbeitgeber der Analysten sind die Banken und die Kunden. Und **die Kunden ha[ben] im Grunde genommen das erste Recht** diese Information, die wir analysieren und weiter entwickeln, [...] auch zu erfahren. Und d[a]s is[t] manchmal **schwer für die Medien, d[a]s auch zu verstehn**.“ (A2m 5-6)*

Wie der Analyst bemerkt, dienen Finanzmarktexperten als Angestellte faktisch zwei Herren als Arbeitgeber – nämlich der Bank *und* deren Kunden. Das Beispiel der von den Medien angeforderten Expertise zeigt die Komplexität der Dienstleistungsbeziehungen, in die Finanzmarktexperten eingebunden sind. Als *front line worker* (Dunkel und Weihrich 2010, S. 190) müssen sie die von der Bankorganisation und ihren Kunden gestellten Anforderungen mit den von der medialen Öffentlichkeit gestellten Erwartungen austarieren. Der differenzierte Blick auf diese „Grenzstellenarbeit" (ebd.) zwischen

Organisation, Kundenbedürfnissen und medialer Erfordernis legt potenzielle Konflikte offen, die sich aus eben diesen Konstellationen ergeben.

So erfordert mediale Teilhabe einen Balanceakt zwischen unterschiedlichen institutionellen Rationalitäten. Im vorliegenden Fall entzündet sich die Grenzziehungsproblematik an der Frage nach der Öffentlichkeit von Information, die von Seiten der Medien gefordert wird und diesen die Aufmerksamkeit ihrer Rezipienten verspricht. Die Logik öffentlicher Aufmerksamkeit, die für die Medienindustrie existenziell ist, bricht sich hier zum einen am Primat der Vorrangigkeit vertraulicher Kundenbeziehungen, das zum Selbstverständnis des Bankenwesens gehört.[17] Zum anderen darf nicht vergessen werden, dass es sich um *zahlende* Kunden handelt, für die Analysten und Fondsmanager Dienstleistungen erbringen. So räumt die Banken- und Anlagewirtschaft ökonomischer Rationalität, die auf die Gewinn bringende Verwertbarkeit von Expertise abzielt, den Vorrang vor einem öffentlichen Anspruch auf Information ein. Diese Prioritätensetzung und ein hiermit verbundenes Konfliktpotenzial für professionelle Akteure lassen sich am Thema medialer Teilhabe verdeutlichen. Gerade dann, wenn Mitglieder der *financial community* nicht allein Einschätzungen über wirtschaftliche Entwicklungen an die Wirtschaftsmedien weitergeben, wie dies bei Pressekontakten von Analysten der Fall ist, sondern auch Interviewtermine und Fernsehauftritte wahr nehmen, geraten sie ‚zwischen die Fronten' institutioneller Logiken von Aufmerksamkeit und Wirtschaftlichkeit. Zwar repräsentiert der einzelne *front line worker* öffentlichkeitswirksam seine Organisation durch die sichtbare mediale Präsenz und lenkt die Aufmerksamkeit auf das entsprechende Institut und die vertretenen Bankprodukte. Bringt dies allerdings „kein Geschäft", so erscheinen solche Medienauftritte für die Bankorganisation zweifelhaft:

> *„Also meine Kunden sind ja die [...] institutionellen Aktienanlagegesellschaften, Vermögensverwaltung und Versicherung – so. Und das [Anm.: die **Presse**, K.S.] is[t] [ei]ne **Plattform, die trifft im Normalfall fast nur die Privatkunden genau wie Fernsehsachen**, also Studenten, Hausfrauen, Rentner – die tagsüber dann Fernsehen kucken, und – das is[t] gar nicht schlecht [ei]n bisschen Selbstform- [...] aber es bringt im Prinzip für die Bank [...] eigentlich nichts. Außer dass ma[l] der Name da steht [...] aber es **bringt kein Geschäft** in dem Sinne." (A7m: 5-6)*

Allein eine im ökonomischen Sinne nachrangige Öffentlichkeit zu bedienen, die „tagsüber" Medien konsumiert, erzeugt nicht den materiellen „Mehrwert" (A11m: 1), den Analystinnen und Fondsmanager für ihre Organisation schaffen sollen, d.h. zahlungskräftige Kunden zu akquirieren. Gleichzeitig wird ein weiterer Aspekt von Grenzstellenarbeit deutlich, der für die Subjekte ein konfliktträchtiges Austarieren von Interessen bedeutet.

---

17 Hier sei angemerkt, dass im Bankkundengeschäft traditionell auf die Prämisse von ‚Vertrauen' rekurriert wird. Vgl. zur Frage des Vertrauens in die Treuhänderschaft von Finanzinstituten bei Investitionen auch Langenohl 2012, S. 118. Im Kontext von Finanzmarktkrisen wird jedoch gerade der (beidseitige!) Vertrauensverlust in der Kundenbeziehung für die Bankinstitute problematisch. Diese kompensieren in der Folge verlorenes Vertrauen mit einer verstärkten Risikokontrolle. Vgl. hierzu Chantal Magnin (2010, S. 241-242).

Professionelle Akteure der *financial community* pflegen durch ihre sichtbare Medien-präsenz nämlich auch ihre eigene Reputation als Experten der Finanzökonomie. Die Intervention der Bankorganisation setzt dieser Konstruktion ökonomischer Subjektivität jedoch Grenzen. Finanzmarktprofessionelle müssen dem Eingebunden-Sein in die eigene Institution insofern Rechnung tragen, als dass die öffentliche Sichtbarkeit zuvorderst dem ökonomischen ,Mehrwert' derselben geschuldet ist und nicht der Herstellung einer differenzierten ökonomischen Subjektivität. So schreibt denn auch Jens Maeße (2012), dass der „Medienexperte" auf eine „hybride Form der Reputation angewiesen" (ebd., S. 118) ist. Damit muss er sich sowohl in „der Welt, der er entspringt" als auch in „der Welt der Öffentlichkeit" (ebd.) beweisen. In diesem Sinne sind auch Analysten und Fonds-manager als öffentlich sichtbare Grenzgänger zwischen Medien und Finanzmarkt auf die Akzeptanz der einen und die Legitimierung durch die andere Sphäre angewiesen. Beides kann jedoch durchaus auch entzogen werden.

Geht man zurück zu den ,überhitzten Zeiten' der 1990er Jahre, in denen Finanz-marktvertreter zu medialen Stars wurden, wird die Zwiespältigkeit medialer Teilhabe und deren potenzielle Prekarität für die Grenzgänger zwischen den ,Welten' noch ein-mal pointiert deutlich. Bankinstitute goutierten die exponierte Medienteilhabe ihrer Mitarbeiter und deren öffentliche Darstellung von Expertise so lange, wie es ihren öko-nomischen Interessen dienlich war. Dies zeigt der Skandal[18] um einen bekannten Fonds-manager zu Beginn des Jahrtausends, den eine Fondsmanagerin wie folgt kommentiert:

> „*Die Story war halt der Herr X kennt – die Vorstände der Unternehmen und der Herr X der hat da die Superconnections an die besten Aktien ranzukommen und so weiter und so weiter, und das ging ja dann auch [ei]ne Weile gut und dann ist das natürlich von den Medien und auch sicherlich von seinem Arbeitgeber zu starke(m) Marketing genutzt worden [......] es is[t] [ei]ne **ganze Kette bestehend aus Medien, Vertrieb, Profitinteressen des Arbeitsgebers** – und letztlich ist der Fondsmanager dann ja nur das Mittel zum Zweck.*" (F11w: 22)

Die Teilhabe am öffentlichen Mediengeschäft als Mitglieder der *financial community* im Sinne eines ,Markets & Media*Us' erscheint somit mehrfach prekär. Die Kritik der Ge-sprächspartnerin zielt sowohl auf die Medien als auch auf hauseigene Marketing- und Profitinteressen. Als „Mittel zum Zweck" – nämlich den Rationalitäten der Aufmerk-samkeit und Ökonomie folgend – gerät der Fondsmanager zum sichtbaren Grenzgänger zwischen den Institutionen und den jeweiligen Anforderungen. Droht ein Scheitern des professionellen Akteurs, so erfolgt die Disziplinierung ebenso von allen Seiten. Lässt in Bankinstituten der Arbeitgeber noch teilweise „Gnade vor Recht" (F1w: 24) ergehen, was seinen Angestellten angeht, so erscheint die öffentliche Demütigung allumfassend.

---

18 Vgl. zur Konfliktträchtigkeit des ,Passungsverhältnisses' zwischen Medien und Finanzmarkt auf der Akteursebene auch Langenohl und Schmidt-Beck 2009.

Der Weg von der Akzeptanz über die Popularität des Medienexperten[19] bis hin zum Reputationsverlust erscheint kurz:

> *„Also **die Medien haben sehr, sehr viel geschürt**, die haben auch [...] dann umgekehrt als es dann ein Jahr nach unten ging ja? **Dieselben Helden, die sie geschaffen haben** ja? – **Vom Sockel gestürzt.** [...] also das war das war eine Hatz ja?"* (A9m-F: 9)

War der Held oder „Superstar" (F1w: 24) sowohl für die Öffentlichkeit als auch für die Bankinstitution von großem Interesse, weil er die Logiken der Aufmerksamkeit und der Ökonomie auf allen Seiten bediente, so wird nun auch sein Niedergang medial zelebriert. Dabei erweist sich die Medienindustrie für die Subjekte als ein machtvoller institutioneller Akteur, der Reputation aufbauen und Helden schaffen, diese aber ebenso wieder stürzen und die Vernichtung ihres Rufes befördern kann. Die Kritik an den Medien als den Miterzeugern der Krise erweist sich in diesem Lichte für die Subjekte als ‚zahnloser Tiger'. Im nächsten Abschnitt werden eben diese kritischen Töne an der medialen Berichterstattung noch einmal zusammengetragen und – um die Perspektive inhaltlich und historisch zu erweitern – einer Binnenkritik des Wirtschaftsjournalismus in Folge der Lehman-Krise 2008 gegenübergestellt.

5   Innenansichten der Kritik: Finanzmarktakteure und Wirtschaftsjournalismus 2008

Im empirischen Material der Gespräche mit Finanzmarktprofessionellen trifft man immer wieder auf kritische Töne gegenüber den Medien. Im Rahmen der Finanzmarktkrise 2000-2003 sollen sie die öffentliche Stimmung ‚geschürt' haben und tragen – nach den Innenansichten in der *financial community* – einen Teil der Verantwortung als Mitglied in der „Kette" ökonomischer Interessen. Zusammenfassend seien im Folgenden die wichtigsten Kritikpunkte noch einmal genannt, die das Verhältnis zwischen Finanzmarktbranche, den Medien und der Anlegeröffentlichkeit als eine für beide professionellen Felder relevante Größe[20] spannungsvoll machten.

Erstens dreht sich die Kritik um den Qualitätsaspekt medialer Berichterstattung. Hier wird die Nachrangigkeit des Wissens herausgestellt, das von den Medien erzeugt wird und

---

19 Hier sei angemerkt, dass solche Medienexperten, die als Repräsentanten sozialer Eliten gelten, wie Professoren aus der Wissenschaft, eher nicht kritisch hinterfragt werden und geradezu „unantastbar" (Maeße 2012, S. 122) erscheinen. Dies gilt nicht für Fondsmanager und Analystinnen, die keine Mitglieder etablierter Professionen sind. Die Krisenerfahrungen dieses Jahrzehnts schärfen zudem den distanzierten Blick.

20 Jürgen Kädtler (2009, S.7, 2003, S. 33) spricht von Finanzmarktöffentlichkeit als einer gemeinsamen Öffentlichkeit von Banken, Intermediären, Wirtschaftsmedien und Anlegern. Aufgrund der in diesem Aufsatz beleuchteten Grenzziehungsprozesse halte ich die analytische Trennung der Bereiche jedoch für angebracht.

das letztlich nicht ‚finanzmarkttauglich' in einem doppelten Sinne ist. Zum einen sind für die Gesprächspartner die Medien keine ernst zu nehmende Quelle für Informationen aus erster Hand. Zum anderen taugen sie als solche auch nicht für eine Anleger-Öffentlichkeit, die sich aus der Finanzmarktpresse informiert. Dies liege *zweitens* auch daran, dass die zeitliche Verarbeitung wirtschaftlicher Entwicklungen für Medien immer erst ex post in der Folge von Ereignissen geschehe. Allein die Finanzmarktprofessionellen und die Börse als Instanz, die symbolhaft für die Finanzmärkte insgesamt steht, könnten die Hoheit über vorzeitiges ökonomisches Wissen für sich reklamieren. *Drittens* richtet sich die Kritik auf den durch eine dem Markt folgende Berichterstattung erzeugten ‚Herdentrieb' bei den Anlegern. Diese würden in der Masse auf bestimmte Anlagen gelockt, wie im Hype der 1990er Jahre geschehen. An dieser Stelle unterstellen die Gesprächspartner den Medien und ihrer Klientel eine Parallelität der Bewegung. Dies gilt auch für das Aufgreifen und Erzeugen von Emotionalität in Folge von Ereignissen in Wirtschaft und Politik. Hier erweise sich *viertens* der Kreislauf aus der Berichterstattung, dem Aufgreifen von Stimmungen der Öffentlichkeit und einem ‚schürenden' Mediendiskurs für die eigene Zunft als Spirale ohne Exit-Option. Wer als Analyst oder Fondsmanager dem Glauben erliege, beide professionellen Felder im Sinne eines ‚Markets & Media®Us' diskursiv für sich besetzen zu können, müsse erfahren, dass sowohl Reputationsaufbau als auch Reputationsverlust der medialen (Mit-)Steuerung unterliege. Der *fünfte* Kritikpunkt der Vereinnahmung von Expertise wird ergänzt durch die Furcht vor der öffentlichen Macht medialer Berichterstattung. Der Grenzgang zwischen Finanzmarkt und Medien erweist sich somit als durchaus prekär.

Es ist an dieser Stelle von Interesse, diesen Innenansichten der Kritik aus der Mikroperspektive von Mitgliedern der *financial community* eine kritische Selbstbewertung von Seiten der Medienindustrie gegenüber zu stellen. Dies führt uns zudem in die jüngere Vergangenheit der Verquickung von Medienberichterstattung und dem Geschehen an den Finanzmärkten. Die Journalisten Christian Meier und Stefan Winterbauer (2008) haben in ihrem Dossier zur Finanzkrise in Folge des Zusammenbruches der Lehman-Bank (vgl. auch Langenohl und Schmidt-Beck 2010) die Wahrnehmung der Krise in ihrer Branche und die Berichterstattung hierzu untersucht. Zum Zusammenspiel zwischen Medien und Finanzmärkten fallen die folgenden Punkte einer kritischen Selbstbetrachtung des Wirtschafts- und Finanzjournalismus ins Auge: Auch mehrere Jahre nach der Krise 2000ff. wird ein Qualitätsverlust in der journalistischen Arbeit beklagt (ebd., S. 9), der auf enger werdende Spielräume verweist, wie eine geringere Personaldecke aufgrund wegfallender Werbeeinnahmen (ebd., S. 11). Ebenso wird ein Herdentrieb unter den Journalisten (ebd., S. 16) sowie eine Popularisierung der Berichterstattung durch Geschichten mit „human touch" (ebd., S. 12) festgestellt. Zudem wird konstatiert, dass die zunächst in den USA ausgelöste Krise von den Medien wie ein „plötzliches unvorhersehbares Ereignis" (ebd., S. 15) wahrgenommen wurde, was auf eine Verarbeitung der Faktenlage ex post hinweist. Schließlich diagnostizieren Meier und Winterbauer ein „blindes Vertrauen in Finanzmarktexperten" (ebd., S. 18) und damit eine zu starke Nähe zum Gegenstand der Berichterstattung, d.h. zu Managern und Analysten (ebd., S. 10, 16). Erklärend führt

Siegfried Weischenberg im Interview der Autoren an, dass aus der oftmals wirtschaftswissenschaftlichen Ausbildung der Wirtschaftsjournalisten ein „Gleichschritt mit der Sichtweise der Finanzbranche" (ebd., S. 22) resultiere.[21] Die wenig skeptische Haltung der Wirtschaftsmedien habe nach Meier und Winterbauer letztlich auch dazu geführt, dass diese ihrer Rolle als „Frühwarnsystem" (ebd., S. 26) im Hinblick auf krisenhafte Entwicklungen nicht nachgekommen wären.

Bei der Betrachtung der journalistischen Selbstkritik aus dem Jahr 2008 werden Ähnlichkeiten mit jener Kritik augenfällig, die die Finanzmarktprofessionellen bereits nach der Krise zu Beginn des Jahrtausends an der medialen Berichterstattung üben. Das Anprangern qualitativer Mängel ist hierfür beispielhaft. So steht für die Medienvertreter die Berichterstattung in den Jahren nach der Neue-Markt-Krise verstärkt unter dem Druck von Wirtschaftlichkeitserwägungen. Ökonomischen Gesichtspunkten falle, so beklagt man, auch die journalistische Qualität zum Opfer.[22] Diese Innenansicht aus dem Wirtschaftsjournalismus, in der auch die Furcht vor den Folgen von Ökonomisierungsprozessen deutlich werden, konkretisiert sich einige Jahre später u.a. im Verschwinden finanzwirtschaftlicher Leitmedien wie der *Financial Times Deutschland* Ende 2012 (s. Einleitung). Ein zweites Beispiel für eine Ähnlichkeit der Perspektiven liefert der von Mitgliedern der *financial community* vorgebrachte Vorwurf der ‚Stimmungsmache'. Die Medienbranche selbst bestätigt 2008 eine emotionalisierte Berichterstattung. Meier und Winterbauer sprechen zwar zurückhaltend von einem „Weiterdreh zu nutzwertigen Verbrauchergeschichten" (ebd., S. 12), titeln andererseits aber auch: „Zwischen *Panikmache* und Business-as-Usual" (ebd.)[23]. Mit einem ähnlichen Kommentar wird die Außenwirkung medialer Beiträge im Kontext der Lehman-Krise von medienwissenschaftlicher Seite aus versehen. So spricht Ramon Reichert (2009, S. 180) von einer vorherrschenden „Ereignisberichterstattung", die „Stilmittel der Effektdramaturgie, der Ästhetisierung und der Personalisierung" gebrauche.

Erlaubt man sich nun, auch die perspektivischen Differenzen zwischen Vertretern des Wirtschaftsjournalismus und Finanzmarktprofessionellen zutage zu fördern, so treten diese dann hervor, wenn es darum geht, das wechselseitige *Verhältnis* zwischen den gesellschaftlichen Sphären und deren Repräsentanten zu beschreiben. Hierfür erscheinen die Dimensionen von Nähe und Distanz entscheidend, die gebraucht werden, um entweder zu parallelisieren oder zu polarisieren. So stellen Medienvertreter in Folge der Krise 2008 die eigene ‚Nähe zum Gegenstand der Berichterstattung' fest (s.o.). Sie verweisen damit zwar auf ihre unkritische Haltung u.a. gegenüber Analysten und beklagen

---

21 Diese Studienausrichtung gilt nicht für Journalisten insgesamt. In einer Umfrage zur akademischen Ausbildung von Journalisten hatten 2005 lediglich 8% eine wirtschaftswissenschaftliche Hochschulausbildung genossen, 25% hingegen waren Germanisten, Literatur- und Sprachwissenschaftler (Weischenberg et al. 2006, S. 68).

22 Dies gilt auch im internationalen Umfeld. So bestätigt Damian Tambini (2010) in seiner Untersuchung des britischen Finanz- und Wirtschaftsjournalismus: „pressures of time and resources are in danger of undermining business journalism in general" (ebd., S. 172).

23 Hervorhebung durch die Autorin.

die fehlende journalistische Distanz.[24] Gleichzeitig aber stellen solche Argumentationen eine Parallelität der Sichtweisen zwischen Wirtschaftsmedien und Finanzmarkt her. So konstatiert auch Spachmann von kommunikationswissenschaftlicher Seite eine „Nähe zu ökonomischen Rollen und Prozessen, die eine Nähe zu Akteuren der Financial Community mit einschließt" (2005, S. 204), welche, so lässt sich nach Weischenberg (s.o.) schließen, auch auf vergleichbare wissenskulturelle[25] Wurzeln in der akademischen Sozialisation ihrer Akteure zurückzuführen ist. Die Studie von Tambini unter britischen Wirtschaftsjournalisten (2010), die bei diesen eine ‚marktbasierte' („market-based", ebd., S. 160) Sichtweise feststellt, weist in die gleiche Richtung. Einen Schritt weiter geht Paul Manning (2013), der im Zusammenhang mit der Krise 2008f. von einer geteilten Sichtweise im Sinne einer (neo-liberalen) Ideologie spricht: „a set of assumptions about the nature of the political and economic world that were profoundly ideological" (ebd., S. 186).

Wie in den Kapiteln eins bis drei gezeigt wurde, distanzieren sich Finanzmarktexperten jedoch ganz entschieden von der Medienbranche. Sie sehen vielmehr in den Medien eine große ‚Nähe' zu einer emotional beeinflussbaren ‚Masse' der Anlegeröffentlichkeit. Medien und Anlegermarkt ‚korrelieren' in ihren Augen in einer sich wechselseitig verstärkenden Bewegung. Mit dem Verweis auf diese Parallelität konturieren sie eine Polarität der Sichtweisen zwischen Akteuren der Medienbranche und der *financial community*, in der Differenzierungen, beispielsweise zwischen Wirtschafts- und Boulevardjournalismus, keinen Platz finden. Mit dem Beharren auf einer Parallelität zwischen ‚Medien und Masse' und einer entsprechenden Distanzierung ist für Analystinnen und Fondsmanager ein Distinktionsgewinn verbunden, der der Konstruktion einer bereits beschriebenen prekären *rationalen* ökonomischen Identität dient.[26]

Für Medienvertreter wiederum scheint die ‚Nähe' zum Publikum so nicht gegeben, trotz aller Selbstkritik angesichts einer emotionalisierten Berichterstattung. Das Verhältnis zur Öffentlichkeit soll in ihren Augen vielmehr von „Aufklärung" und „Verantwortung" (Meier und Winterbauer 2008, S. 16) geprägt sein, d.h. aus einem gesellschaftlichen Auftrag gespeist, der auch pädagogische Elemente, wie das Vermitteln makroökonomischer Zusammenhänge, mit einschließt. So spricht Claudia Mast (2012) im Kontext der jüngsten Eurokrise ebenfalls davon, dass der Journalismus das „Scharnier" sein könne, das „Wirtschaft, Politik und Gesellschaft verbindet" (ebd, S. 22) und damit „zentrale Anlaufstelle" für „Informationen und Einschätzungen" (ebd.) sei. Die gesellschaftlich ver-

---

24 Jürgen Heinrich und Christoph Mass (2006) bezeichnen – historisch gesehen zwischen zwei Finanzkrisen – in ihrem Standardwerk zum Wirtschaftsjournalismus die „Analyse der Analysten" als eines der „ganz wichtigen Thema[en] der Finanzberichterstattung" (ebd., S. 194). Analysten seien zwar eine Informationsquelle, auf die Journalisten nicht verzichten könnten, andererseits sei eine skeptische Haltung angesichts der Skandale der Vergangenheit angebracht (ebd., S. 190ff.).

25 Zum Konzept der Wissenskultur vgl. Karin Knorr Cetina (2002).

26 Stäheli (2007, S. 364, 366) verweist in seiner Studie der historischen Spekulation auf die Fragilität ökonomischer Subjektivität.

antwortungsvolle Rolle als „watchdog" wird auch von Tambini (2010, S. 162) gesehen, der gerade Wirtschaftsjournalisten eine Kontrollfunktion im institutionellen Gefüge von Staat und Öffentlichkeit zugedenkt („role in corporate governance and the wider public interest", ebd., S. 164).[27] Eine große Nähe zwischen Medien und ihrem Publikum im Sinne einer gleich gerichteten Denkweise oder Emotionalität scheint somit für den Wirtschaftsjournalismus in Wissenschaft und Praxis keineswegs gegeben zu sein. Vielmehr kommen zur Beschreibung dieser Relation Konstruktionen von (pädagogischer) Distanz oder auch Nutzwertorientierung zum Tragen. Der nächste Abschnitt vertieft die Analyse zum ‚Spiel von Nähe und Distanz', um das Verhältnis zwischen Medien und Finanzmärkten wiederum auf der Mikro-Ebene beispielhaft zu erhellen.

6 Grenzgänge und Konkurrenz

Mit der Konstruktion von Nähe und Distanz werden Grenzen zwischen (Einfluss-)Sphären und Handlungsfeldern gesetzt und wieder verschoben, d.h. eine *boundary work* (s.o.) betrieben. Auf der Mikro-Ebene der Akteure, die sich im beruflichen Handeln zwischen den jeweiligen professionellen Feldern bewegen, konkretisiert sich diese Grenzziehungsarbeit beispielsweise in einem Medien-Interview eines Finanzmarktexperten. Auf einer Meta-Ebene des ‚Redens und Schreibens über die Verhältnisse' werden Positionen, wie die der Nähe zwischen Finanzbranche und Medien, letztlich diskursiv gestützt oder verworfen. Insbesondere konkurrierende Perspektiven machen eine solche *boundary work*, die vermutlich ein beständiges Element in der Relation eng interagierender professioneller Felder ist, sichtbar. Krisenhafte Entwicklungen scheinen als Katalysatoren zu dienen. So wird die Konkurrenz um Deutungen dann offensichtlich, wenn aus dem „Eigen-Sinn" (Schimank und Volkmann 2008, S. 392) des jeweiligen professionellen Handlungsfeldes heraus ein grenzüberschreitender Anspruch verfolgt wird: ‚Media & Markets*Us'. Im Folgenden wird dies am strittigen Kernthema zeitlicher Verarbeitung wirtschaftlicher Entwicklungen skizziert. Die Grenzziehungsarbeit in der Konkurrenz um Deutungsmacht kann so nachvollzogen und das Grenzen verschiebende diskursive *occupying* des ‚anderen' professionellen Feldes durch die Akteure verdeutlicht werden.

Wie in den Eingangskapiteln dargestellt, haben die Gespräche mit Mitgliedern der *financial community* eine einhellige Zurückweisung der Möglichkeiten der Medien zur Antizipation und Vorhersage von Entwicklungen in der Wirtschaft und am Finanzmarkt ergeben. Vielmehr erfolge alleinig eine Verarbeitung von Geschehnissen ex post. Der Anachronismus-Vorwurf von Finanzmarktexperten treibt diese Kritik noch auf die Spitze. Auf diese Weise markieren Fondsmanager und Analysten, und hier insbesondere letztere, Vorausschau und Prognose als ihr *ureigenes* Feld professioneller Expertise. Von

---

27 Tambini geht an dieser Stelle für den britischen Journalismus so weit, dass er diese Rolle einfordert, und zwar aufgrund von Privilegien, wie den Quellenschutz, die von staatlicher Seite gewährt werden (ebd., S. 164).

Seiten der Medienvertreter hingegen wird im Rückblick auf die 2008er Krise die Frage gestellt, „warum er [der Wirtschaftsjournalismus, K.S.] als Frühwarnsystem der weltweiten Krise versagt hat" (Meier und Winterbauer 2008, S. 5). Dieses der eigenen Zunft attestierte Versagen bedeutet im Umkehrschluss, dass insbesondere von Seiten der Wirtschaftsmedien auch der *Anspruch* besteht, Entwicklungen oder gar Krisen antizipieren und vorhersagen zu können. Eine solche Darstellung kann als grenzüberschreitendes diskursives Besetzen des von Finanzmarktprofessionellen für sich beanspruchten Expertenfeldes gewertet werden. Abgesichert wird dieser ‚okkupierende' Vorstoß durch den medienwissenschaftlichen Diskurs zum gesellschaftlichen Auftrag und der Bestätigung der Verantwortung des Wirtschaftsjournalismus (Spachmann 2005, S. 200).[28] Es besteht somit der mediale Anspruch auf die frühzeitige Analyse und Prognose von krisenhaften Entwicklungen im Bereich der (Finanz-)Ökonomie. Diese Sichtweise verdeutlicht eine deutlich konkurrierende Haltung um die Deutungshoheit in diesem Bereich. Mehr noch: Die Besetzung dieses Expertenfeldes erscheint auf Seiten der Medien von wissenschaftlicher Seite aus bestätigt und als gesellschaftlich legitimiert.

Solche Überlegungen weisen darauf hin, dass hinter der Medienschelte von Finanzmarktexperten im Kontext von Krise weit mehr steckt als eine reflexartige Abwertung des Boulevardjournalismus. Vielmehr geht es darum, das eigene professionelle Feld mit Hilfe von *boundary work* abzustecken und Grenzen im Sinne einer erweiterten Deutungshoheit zu verschieben und zu sichern. Der folgende Abschnitt bringt abschließend die Ausführungen zur Verquickung von *financial community* und den Medien auf einen gemeinsamen Nenner und fragt danach, inwieweit wir es mit ‚schwierigen Verhältnissen' zu tun haben und wie diese sich perspektivisch entwickeln könnten.

7   Ausblick: Financial community und Medien – schwierige Verhältnisse oder Annäherung?

Ausgehend von einem anhaltend großen öffentlichen Interesse an der medialen Berichterstattung über (finanz-)wirtschaftliche Themen – und dies gerade in Zeiten von Finanzkrisen – nimmt der vorliegende Aufsatz die Relation zwischen Medien und Finanzmärkten näher ins Visier. Für eine solche Analyse bietet sich als Kernperspektive der subjektive Blick aus der *financial community* an, ergänzt durch Innenansichten aus dem Wirtschaftsjournalismus. Den Kontext bilden für die Befragung von Finanzmarktexperten die New Economy-Krise im Anschluss an den Börsenhype der 1990er Jahre und eine Studie des Wirtschaftsjournalismus anlässlich der Finanzkrise 2008. Kern-

---

28 Wie schon Tambini (2010), differenziert auch Manning (2013) diesen Aspekt. Er fordert eine kritische ganzheitliche Betrachtungsweise durch einen Journalismus, der Mikro- und Makrobetrachtungen gleichermaßen anstellt (ebd. S. 174), um auf diese Weise als warnende Instanz dienen zu können. Dieser Rolle wurde er in der Krise allerdings nicht gerecht: „The financial media did not act as our antennae and they did not warn us." (ebd., S. 187)

thema ist die Kritik und Selbstkritik an der medialen Berichterstattung im jeweiligen Rahmen. Ein Vergleich der Perspektiven zeigt, dass zwischen den beiden professionellen Feldern Finanzmarkt und (Wirtschafts-)Medien Grenzziehungsprozesse stattfinden, über die die Deutungsansprüche beider ‚Welten' ausgetragen werden. Dabei zeichnen sich die Subjekte selbst in ihrem Reden und Handeln als Mitkonstrukteure eines solchen *boundary-marking* aus, flankiert von Meta-Diskursen aus der Wissenschaft, wie dies das vorige Kapitel am Beispiel der Wirtschaftsjournalistik zeigt.

Betrachtet man sowohl die Kritik an ‚den Medien' von Seiten der Finanzmarkt-experten als auch Binnenansichten der Kritik aus dem Wirtschaftsjournalismus über die historischen Finanzmarktkrisen hinweg, so kreist diese um die Kernthemen Wissen, Zeit-lichkeit und Emotionalität. An diesen Reibungspunkten ergeben sich die angesprochenen konkurrierenden Sichtweisen und Deutungskonflikte, die über diskursive Strategien wie Polarisierung und Parallelisierung ausgetragen werden, aber auch über Praktiken der Vereinnahmung (*occupying*) und grenzüberschreitender Präsenz der ‚Glaubwürdig-keitsgeneratoren' beider professioneller Handlungsfelder. Ein bezeichnendes Beispiel bietet die Frage nach der Zeitlichkeit der Verarbeitung (finanz-)wirtschaftlicher Ereig-nisse. So beanspruchen Finanzmarktprofessionelle sowohl Vorhersage als auch Deutung von ökonomischen Entwicklungen als ihren professionellen Kernbereich. Das Agieren der Medien erscheint ihnen als nachrangig bis hin zum Anachronismus. Von Seiten der Medien hingegen werden in diesem Feld professionellen Agierens ebenso Experten-ansprüche geltend gemacht. Diese werden von einem medienwissenschaftlichen Diskurs flankiert, der gerade dem Finanz- und Wirtschaftsjournalismus einen gesellschaftlichen Auftrag zuspricht, sei es als ‚Wächter' mit Kontrollfunktion im institutionellen Gefüge (Tambini 2010), als ‚Warnende' (Manning 2013) oder als pädagogische Vermittler (Mast 2012). Der Verweis auf die gesellschaftliche Verantwortung und seine entsprechende Legitimierung macht deutlich, in welcher Sphäre Deutungskonflikte ausgetragen werden. Die medial erzeugte Öffentlichkeit dient zum einen als ‚Verfügungsmasse' für Finanzmarktexperten, um deren Nähe zu den Medien zu postulieren und sich von deren Emotionalisierbarkeit als ökonomische Subjekte zu distanzieren, andererseits aber auch dazu, ökonomische Subjektivität an der Grenze zum Populären erst herzustellen. Von Seiten der Wirtschaftsjournalistik wird die Verantwortung für die Öffentlichkeit ‚ge-nutzt', um Expertenbereiche wie die Prognostizierbarkeit von Entwicklungen für sich zu beanspruchen und hier Grenzziehungsarbeit, *boundary work*, im Sinne des eigenen Akteursfeldes zu leisten.

Aus diesen Befunden ergeben sich zunächst einmal zwei weiterführende Frage-stellungen. *Erstens* steht die Frage nach einer künftigen Entwicklung des Verhältnisses zwischen (Wirtschafts-)Medien und *financial community* im Raum. Werden sich die Perspektiven weiter annähern oder eher auseinander entwickeln? Was würden solche Entwicklungen für die kritische Auseinandersetzung und ihre Akteure bedeuten? *Zweitens* bleiben die Frage nach den Austragungsorten von Kritik und Konflikt und die Rolle der Öffentlichkeit interessant. Im Folgenden soll mit der Darstellung eines mög-lichen Szenarios auf die aufgeworfenen Fragen kurz eingegangen werden.

Denkbar für die Entwicklung des Verhältnisses zwischen Medien und Finanzmarkt ist, dass sich die Perspektiven gerade des Wirtschaftsjournalismus und der Finanzmarktakteure weiter annähern. Schon jetzt bescheinigt Tambini (2010, S. 160) Wirtschaftsjournalisten eine eher marktbezogene Sichtweise, die damit einhergeht, auch dem Aspekt der gesellschaftlichen Verantwortung eher ambivalent gegenüber zu stehen (ebd., 165). Der journalistischen Anforderung, eine „Balance zwischen Sozialverantwortung und Ökonomisierung" (Pörksen et al. 2008, S. 23) herzustellen, wird anscheinend eine geringere Bedeutung beigemessen. In Folge einer solchen Annäherung des Wirtschaftsjournalismus, d.h. einer zunehmenden Orientierung am Finanzmarkt und dessen Rationalitäten würde sich auch die Kritik an den Finanzmärkten und dem Agieren entsprechender Institutionen verringern. Denkbar ist auch, dass Finanzmarktakteure wie Banken – um sich die Deutungshoheit über wirtschaftliche Entwicklungen zu sichern – den Zugang zu relevanten Informationen künftig noch stärker steuern als bisher. Dass Public Relations, d.h. die Presseabteilungen von Unternehmen und (Bank-)Institutionen mehr denn je den Zugang zu Informationen regulieren („the rise of financial PR", Tambini 2010, S. 167; Manning 2013[29]), scheint jetzt schon Fakt zu sein. Da die Deutungsmacht folglich dann auf Seiten der Finanzmarktexperten läge, könnten sich auch von dieser Seite kritische Äußerungen, v.a. am Wirtschaftsjournalismus, reduzieren. Spinnt man den Faden weiter, so wäre die Folge eine zunehmend konforme wirtschaftstreue Berichterstattung für eine in den Augen von Finanzmarktakteuren für deren Geschäfte ohnehin als nachrangig eingestufte Anlegeröffentlichkeit. Dass solche Tendenzen auch in der Öffentlichkeit ankommen, zeigen Umfragen im Rahmen der Euro-Krise, in denen „grundsätzliche Differenzen zwischen Wirtschaftsjournalisten und ihrem Publikum" (Mast 2012, S. 27) zutage traten. Mast fragt in diesem Zusammenhang, ob von journalistischer Seite nicht zu passiv und „zu wenig kritisch" (ebd.) agiert wurde. Weist die Entwicklung weiterhin in diese Richtung, so kann man mit Kädtler (2005) dann tatsächlich von einer ‚Finanzmarktöffentlichkeit' im Sinne eines „volonté générale der financial community" (ebd., S. 33) sprechen, in der der ‚geteilte Wille' Ausdruck einer gemeinsame Konstruktionsleistung von Finanzmarktakteuren und Wirtschaftsjournalismus ist.[30] Öffentliche Kritik im Rahmen von Finanzmarktkrisen fände in einem solchen Szenario dann an anderer Stelle ihren Ausdruck. Als Beispiel für gegenwärtige finanzmarktkritische soziale Bewegungen sei die 2011 von New York ausgehende Occupy Wall Street-Initiative[31] erwähnt,

---

29 Nach Manning (2013, S. 180) ist financial PR bestrebt, einen traditionell informellen Informationsfluss zwischen financial community und Wirtschaftsmedien zu ersetzen: „[…] to exert more effective control over information flows […]".

30 Spachmann (2005, S. 201) sieht (bisher) Finanz- und Börsenjournalisten nicht als aktive Mitglieder der financial community. Jedoch bleibt es für ihn, trotz der Notwendigkeit zur Selbstkritik, eine offene Frage, ob denn Finanzjournalismus „kritischer sein muss als die Akteure, über die und für die er berichtet" (ebd., S. 202). Hier zeigt sich bereits ein Verschwimmen der Grenzen zwischen den professionellen Bereichen, die o.g. Tendenzen stützen würde.

31 Zur Erläuterung vgl. das Themenheft Occupy Wall Street des Critical Quarterly (2012)

deren Aktionen bis in die Gegenwart fortwirken und nationale Ausprägungen finden (für Deutschland z.B. Blockupy Frankfurt 2013).

Folgt man diesen Überlegungen, so scheinen sich die Verhältnisse zumindest zwischen Wirtschafts-Medien und Finanzmarkt künftig eher zu glätten denn schwierig zu gestalten. Auch die Frage nach Deutungskonkurrenzen würde sich in der Folge nicht mehr stellen. Aus Grenzgängern zwischen den ‚Welten‘ von Medien und Finanzmarkt würden schließlich Konstrukteure einer gemeinsamen, der Anlegeröffentlichkeit einvernehmlich präsentierten Wirklichkeit: ‚Media & Markets°Us‘. Ob ein solches Szenario tatsächlich eintritt, und ob es sich dabei lediglich um einen zusätzlichen „Weiterdreh" der bisher schon beklagten „Verkettung" ökonomischer Interessen handeln würde, mögen künftige Entwicklungen zeigen. Bis heute scheint jedenfalls noch ein gewisser Eigen-Sinn der professionellen Akteure in ihren Handlungsfeldern unverkennbar, wenn grenzüberschreitend Deutungshoheiten verteidigt oder Grenzen diskursiv gesetzt und verschoben werden, mit all den damit verbundenen Prekaritäten für die Subjekte. Solche Prozesse können in ihrer Gesamtheit auch gegenwärtig im Sinne einer „Konstruktionsmaschinerie" (Michaeler et al. 2010, S. 157) aufgefasst werden, in der krisenhafte Ereignisse, die daran anknüpfenden Relationen der Akteure und die medial erzeugte öffentliche Berichterstattung miteinander verquickt sind (vgl. auch ebd., S. 156-157). So gesehen, ist die o.g. „Verkettung" durchaus aktuell und präsent.

Literatur

Arnoldi, Jakob (2009) *Alles Geld verdampft. Finanzkrise in der Weltrisikogesellschaft.* Suhrkamp, Frankfurt am Main.

Burghof, Hans-Peter und Adrian Hunger (2004) The Neuer Markt – an (Overly) Risky Asset of Germany's Financial System. In: Giudici, Giancarlo (ed.) *The Rise and Fall of Europe's New Stock Markets.* Elsevier, Amsterdam, p 295–327.

Critical Quarterly (2012) Occupy Wall Street: 54:2. Wiley Blackwell: Oxford.

Dunkel, Wolfgang und Margit Weihrich (2010) Arbeit als Interaktion. In: Böhle, Fritz; Voß, G. Günter und Günther Wachtler (Hrsg.) *Handbuch Arbeitssoziologie.* VS-Verlag, Wiesbaden, S 177–200.

Frank, Thomas (2000) *One Market under God. Extreme Capitalism, Market Populism, and the End of Economic Democracy.* Doubleday, New York.

Hall, Stuart (2002) Die Zentralität von Kultur. In: Hepp, Andreas und Martin Löffelholz (Hrsg.) *Grundlagentexte zur transkulturellen Kommunikation.* UVK, Konstanz, S 95–117.

Heinrich, Jürgen und Christoph Mass (2006) *Wirtschaftsjournalistik. Grundlagen und Praxis.* VS-Verlag, Wiesbaden.

Kädtler, Jürgen (2009) *Finanzialisierung und Finanzmarktrationalität. Zur Bedeutung konventioneller Handlungsorientierungen im gegenwärtigen Kapitalismus.* SOFI Arbeitspapier 2009-5. www.sofi.uni-goettingen.de

Kädtler, Jürgen (2005) *Finanzmärkte – zur Soziologie einer organisierten Öffentlichkeit.* In: SOFI-Mitteilungen Nr. 33, S 31–37.

Kädtler, Jürgen (2003) Globalisierung und Finanzialisierung. Zur Entstehung eines neuen Begründungskontexts für ökonomisches Handeln. In: Dörre, Klaus und Bernd Röttger (Hrsg.) *Das neue Marktregime. Konturen eines nachfordistischen Produktionsmodells.* VSA, Hamburg, S 227–249.

Knorr Cetina, Karin (2002) *Wissenskulturen. Ein Vergleich naturwissenschaftlicher Wissensformen.* Suhrkamp, Frankfurt am Main.

Kraemer, Klaus (2012) Ideen, Interessen und Institutionen. In: Kraemer, Klaus und Sebastian Nessel (Hrsg.) *Entfesselte Finanzmärkte.* Campus, Frankfurt; New York, S 25–62.

Kurtz, Thomas (2005) Das professionelle Handeln und die neuen Wissensberufe. In: Pfadenhauer, Michaela (Hrsg.) *Professionelles Handeln.* VS-Verlag, Wiesbaden, S 243–252.

Langenohl, Andreas (2012) Mathematische und professionelle Rationalität an Finanzmärkten. In: Engels, Anita und Lisa Knoll (Hrsg.) *Wirtschaftliche Rationalität. Soziologische Perspektiven.* VS-Verlag, Wiesbaden, S 109–128.

Langenohl, Andreas (2009) Die funktionale Beziehung zwischen Finanzmarkt und öffentlichem Diskurs. In: Diaz-Bone, Rainer und Gertraude Krell (Hrsg.) *Diskurs und Ökonomie. Diskursanalytische Perspektiven auf Märkte und Organisationen.* VS-Verlag, Wiesbaden, S 245–266.

Langenohl, Andreas (2007) *Finanzmarkt und Temporalität. Imaginäre Zeit und die kulturelle Repräsentation der Gesellschaft.* Lucius und Lucius, Stuttgart.

Langenohl, Andreas und Kerstin Schmidt-Beck (2010) Die Entgrenzung und Eindämmung von Finanzmarktkrisen: Systemdiskussionen in Deutschland im Kontext der ‚Subprime-Krise'. In: Soeffner, Hans-Georg (Hrsg.): *Unsichere Zeiten. Herausforderungen gesellschaftlicher Transformationen. Verhandlungen des 34. Kongresses der Deutschen Gesellschaft für Soziologie in Jena 2008.* Wiesbaden: VS. CD-Rom.

Langenohl, Andreas und Kerstin Schmidt-Beck (2009) Krise der Theatralität(stheorie)? Der Zusammenbruch des Neuen Marktes aus der Sicht von Finanzmarktprofessionellen. In: Willems, Herbert (Hrsg.) *Theatralisierung der Gesellschaft. Band 2: Medientheatralität und Medientheatralisierung.* VS-Verlag, Wiesbaden, S 101–116.

Langenohl, Andreas und Dietmar J. Wetzel (2011) Finanzmärkte und ihre Sinnformen: Handlungskoordination und Signalkommunikation: *Berliner Journal für Soziologie*: 21:4: 539–559.

Maeße, Jens (2012) Ökonomisches Expertentum und transversale Öffentlichkeit. In: Peltzer, Anja; Lämmle, Kathrin und Andreas Wagenknecht (Hrsg.) *Krise, Cash & Kommunikation. Die Finanzkrise in den Medien*. UVK, Konstanz, S 113–137.

Magnin, Chantal (2010) Verspieltes Vertrauen. Zur Wiederentdeckung einer Geschäftsgrundlage. In: Honegger, Claudia; Neckel, Sighard und Chantal Magnin (Hrsg.) *Strukturierte Verantwortungslosigkeit. Berichte aus der Bankenwelt*. Suhrkamp, Berlin, S 236–244.

Manning, Paul (2013) Financial journalism, news sources and the banking crisis: *Journalism* 14:2: 173–189.

Manstetten, Reiner (2002) *Das Menschenbild in der Ökonomie. Der homo oeconomicus und die Anthropologie von Adam Smith*. Alber, Freiburg; München.

Mast, Claudia (2012) Agieren in einem Umfeld des Misstrauens. Umfrageergebnisse zur Euro-Berichterstattung. In: dies., (Hrsg.) *Neuorientierungen im Wirtschaftsjournalismus*. VS-Verlag, Wiesbaden, S 15–28.

Meier, Christian und Stefan Winterbauer (2008): *Die Finanzkrise und die Medien: Nagelprobe für den Wirtschafts- und Finanzjournalismus*. 13. Mainzer Medien Disput „Brot & Spiele: Finanz-Macht und Demokratie-Verfall", Projektgruppe MainzerMedienDisput, Koblenz: MGS Marketing GmbH URL: www.mediendisput.de

Michaeler, Matthias; Albrecht, Steffen; Schank, Jan; Scheffer, Thomas und Rixta Wundrak, (2010) Die Realität medialer Berichterstattung. Veröffentlichungsprozesse von Untersuchungsausschüssen in Deutschland, England und der EU: *Soziale Welt* 61:2: 139–159.

Pörksen, Bernhard; Loosen, Wiebke und Armin Scholl (2008) Paradoxien des Journalismus. Einführung und Begriffsklärung. In: dies., (Hrsg.) *Paradoxien des Journalismus. Theorie – Empirie – Praxis*. VS-Verlag, Wiesbaden, S 17–33.

Preda, Alex (2009) *Framing Finance. The Boundaries of Markets and Modern Capitalism*. University Press, Chicago; London.

Preda, Alex (2007) Technology and Boundary-marking in Financial Markets: *economic sociology_ the European electronic newsletter* 8:3: 33–40.

Reichert, Ramon (2009) *Das Wissen der Börse. Medien und Praktiken des Finanzmarktes*. Transcript, Bielefeld.

Schimank, Uwe und Ute Volkmann (2008) Ökonomisierung der Gesellschaft. In: Maurer, Andrea (Hrsg.) *Handbuch der Wirtschaftssoziologie*. VS-Verlag, Wiesbaden, S 382–393.

Schmidt-Beck, Kerstin (2007) Die Börsenkrise als Deutungskrise. Der Imperativ von Vorausschau am Beispiel fundamentalanalytischer Wissenskultur. In: Langenohl, Andreas und Kerstin Schmidt-Beck (Hrsg.) *Die Markt-Zeit der Finanzwirtschaft. Soziale, kulturelle und ökonomische Dimensionen*. Metropolis, Marburg, S 149–185.

Schuster, Thomas (2004) *Märkte und Medien. Wirtschaftsnachrichten und Börsenentwicklungen*. UVK, Konstanz.

Schuster, Thomas (2003) *Die Agenten der Märkte. Was Wirtschaftsjournalisten (und nicht nur sie) von Graham Greene lernen können*. URL: www.tomschuster.de/DGPuKArtikel.pdf

Spachmann, Klaus (2005) *Wirtschaftsjournalismus in der Presse. Theorie und Empirie*. UVK, Konstanz.

Stäehli, Urs (2007) *Spektakuläre Spekulation. Das Populäre der Ökonomie*. Suhrkamp, Frankfurt.

Tambini, Damian (2010) What are financial journalists for?: *Journalism Studies* 11:2: 158–174.

Weischenberg, Siegfried; Malik, Maja und Armin Scholl (2006) Die Souffleure der Mediengesellschaft. Report über die Journalisten in Deutschland. UVK, Konstanz.

Willems, Herbert und York Kautt (2003) *Theatralität der Werbung. Theorie und Analyse massenmedialer Wirklichkeit*. De Gruyter, Berlin; New York.

Finanzmarktöffentlichkeit und Finanzmarktrationalität

Zu den Bestandsbedingungen einer Form bedingter Rationalität in der Krise

Jürgen Kädtler

1   Einleitung

Stellt man den Höhenflug der Finanzmärkte seit den 1990er Jahren und ihren spektakulären Zusammenbruch seit 2008 in einen größeren historischen Zusammenhang, dann mag man darin wenig mehr erkennen als eine neuerliche Episode in jener langen Kette von „Manias, Panics, and Crashes" (Kindleberger 2005), die kapitalistische Ökonomien seit ihrer Herausbildung im frühen 17. Jahrhundert begleitet haben (vgl. Kindleberger 2005, S. 294-303). Allerdings stellt sich die Frage nach den Ursachen für so viel Kontinuität, nachdem der Schwarze Donnerstag vom 24. Oktober 1929 und die mit ihm eingeleitete Weltwirtschaftskrise zu dem in praktische Politik umgesetzten Schluss geführt hatten, dass man kapitalistische Ökonomien gegen die notorischen Irrationalitäten und Instabilitäten der Finanzmärkte absichern müsse, indem man diese strikten Regulierungen unterwarf. Gerade weil intakte Finanzmärkte im Kapitalismus unverzichtbar seien, so die allgemeine Überzeugung, dürfe man sie nicht sich selbst und ihrem Hang zu irrationalen Übertreibungen (vgl. Shiller 2000; Thompson 2010) überlassen. Und es stellt sich darüber hinaus die weitere Frage, warum die neuerliche Krise in dieser Hinsicht so wenig Nachwirkung zeigt. Immerhin hatten die Krise von 1929 und ihre Auswirkungen jenen tief greifenden Paradigmenwechsel im ökonomischen Denken und wirtschaftspolitischen Handeln zur Folge gehabt.

Demgegenüber stehen die Zeichen nach dem Abklingen der ersten Aufregung über den Kollaps von 2008 auf Kontinuität. In besonderer Weise sinnfällig wird das daran, wie innerhalb kurzer Zeit eine Staatsschuldenkrise an die Stelle der Finanzmarkt- und Bankenkrise getreten ist, mit der Konsequenz, dass die Staaten um das Vertrauen der Finanzmärkte werben müssen, unter dem Druck einer Schuldenlast, die sie zumindest im gegenwärtigen Umfang gar nicht hätten, wenn sie den Finanzmärkten nicht ihrerseits in der Vergangenheit zu viel Vertrauen entgegen gebracht hätten. Die Finanzmärkte fungieren ungeachtet ihres spektakulären Versagens weiterhin als diejenige Instanz, vor der sich die übrigen (nicht nur) wirtschaftlichen Akteure rechtfertigen, und mit deren Sanktionen sie widrigenfalls rechnen müssen.

Zumindest dieses bemerkenswerte Beharrungsvermögen kann als ein neuerlicher Beleg für T. S. Kuhns (1977) alte Erkenntnis genommen werden, dass wissenschaftliche Paradigmen – und, so kann man hinzufügen, auf sie gestützte Leitvorstellungen politischen Handelns – nicht allein dadurch zum Einsturz gebracht werden, dass sie sich im konkreten Fall als untauglich erweisen. Paradigmenwechsel sind in der Wissenschaft nicht – wie Poppers (1976) Falsifikationsprinzip nahelegt – das Ergebnis der einfachen Widerlegung im Einzelfall, selbst wenn diese drastisch ausfällt. Wissenschaftliche Paradigmenwechsel sind eine kollektive Leistung der *scientific community*, die letztlich darüber befindet, ob das empirische Scheitern einer Vorhersage als Infragestellung der zugrunde liegenden Theorie wirkt, oder als Anlass für deren Weiterentwicklung und Verfeinerung durch Zusatzannahmen oder Umdeutungen. Sie entscheidet darüber, wann Anwendungsprobleme einer herrschenden Theorie ein kritisches Niveau erreichen und konkurrierende Theorieangebote ernsthaft in Betracht gezogen werden. Die Anerkennung wissenschaftlicher Paradigmen und Standards geht auf einen Prozess (fach-) öffentlicher Meinungsbildung zurück, und spiegelt damit auch Macht- und Einflussverhältnisse innerhalb dieser Community wider. Wissenschaftliche Anerkennung als gesellschaftlicher Begründungs- und Legitimationsmodus setzt damit die Konstitution und interne Strukturierung der *scientific community* als institutionalisierte Öffentlichkeit voraus, deren kollektive Meinungsbildung gesellschaftliche Geltungsansprüche begründet. Dies wiederum kann sie in dem Maße, in dem eine hinreichend breite und gefestigte Anerkennung ‚der' Wissenschaft als Begründungs- und Legitimationsinstitution gegeben ist, wie das in modernen Gesellschaften heute allgemein der Fall ist.

Im Folgenden soll gezeigt werden, dass und wie die fortdauernde Finanzialisierung kapitalistischer Ökonomien seit den 1990er Jahren analog zu Kuhns Analyse wissenschaftlicher Revolutionen auf die Etablierung und Persistenz einer spezifisch strukturierten Finanzmarktöffentlichkeit mit einem entsprechenden Finanzmarktpublikum zurückgeht, der es gelingt, ihren Ansprüchen Geltung als dominante Normen von Wirtschaftlichkeit allgemein zu verschaffen. Auf der Grundlage einer knappen Erläuterung des hier zugrunde gelegten Begriffs von Finanzialisierung wird zunächst die Unzulänglichkeit – nicht Irrelevanz – von Ansätzen begründet, die diese Entwicklung unmittelbar auf den Aufstieg institutioneller Anleger als der ‚neuen Eigentümer' zurückführen. Unter Bezugnahme auf Positionen aus dem Bereich der *cultural economics* und Konventionentheorie wird demgegenüber auf die grundlegende Bedeutung kognitiver und normativer Schematisierungen hingewiesen und das Konzept einer Finanzmarktöffentlichkeit eingeführt. Unter Rückgriff auf Jens Beckerts Konzept sozialer Felder sowie auf Ergebnisse der historischen Wissenssoziologie wird gezeigt, dass und wie die Etablierung und machtvolle Positionierung der Finanzmarktöffentlichkeit auf ein spezifisches Wechselspiel zwischen Finanzwissenschaft, realen Finanzmärkten, politischer

Öffentlichkeit und staatlicher Regulierung zurückgeht. Und es wird gezeigt, dass die in der Finanzmarktöffentlichkeit verankerte Finanzmarktrationalität in unterschiedlichen Kontexten und von unterschiedlichen Akteuren als Begründungs- und Legitimations-, und damit als Machtressource genutzt werden kann. Die bemerkenswerte Immunität von Finanzmarktrationalität gegenüber der Enttäuschung auf sie gegründeter Erwartungen – so die Schlussfolgerung – beruht vor allem darauf, dass sie nicht nur die Interessen einer bestimmten Kategorie von Finanzmarktakteuren, eben der ‚neuen Eigentümer‘, zum Ausdruck bringt, sondern dass sie von unterschiedlichen wirtschaftlichen Akteuren genutzt werden kann, ihre jeweiligen Macht- und Interessenpositionen zu begründen.

2 Finanzialisierung und die Macht der „neuen Eigentümer"

Als ein Begriff für die Bedeutungszunahme von Finanzmärkten und Finanzmarkt-orientierung hat sich in der wissenschaftlichen Debatte der Begriff der Finanzialisierung etabliert, der ein relativ breites Spektrum unterschiedlicher und unterschiedlich weit reichender Spezifizierungen einbegreift (Froud et al. 2000; Froud et al. 2006; Boyer 2000; Krippner 2011, S. 27-57). Der gemeinsame Nenner besteht in einer primär phänomeno-logischen Ausrichtung, bei der die genauen Wirkungsmechanismen (vorerst) offen ge-halten bzw. relativ allgemein gefasst werden. In diesem Sinne benutzt Greta Krippner den Begriff in durchaus pragmatischer Intention „to refer to the growing importance of financial activities as a source of profits in the economy" (Krippner 2011, S. 27). Demgegenüber wird Finanzialisierung hier verstanden als eine Neuordnung der Rang-ordnung von Gründen und Begründungen für wirtschaftliches Handeln. Standen vor-mals produktionsökonomische und marktbezogene Begründungen und deren Vertreter im Vordergrund, so die zugegebenermaßen recht pauschale Charakterisierung dieser Neuordnung, so sind es heute die ehemals eher nachrangigen finanzökonomischen Ge-sichtspunkte, die den Rahmen abstecken, innerhalb dessen jene anderen Aspekte zum Tragen kommen können. Dabei bleibt zunächst offen, worauf diese Neuordnung zurück-geht. Sind es die besser fundierten Gründe, die denjenigen (mehr) Macht und Einfluss verleihen, die sich besonders gut auf sie berufen können? Oder ist es die (anderweitig begründete) Macht bestimmter Akteure, die es ihnen ermöglicht, ‚ihren‘ Gründen in be-sonderem Maße Geltung zu verschaffen?

Die Vertreter einer formationstheoretischen Interpretation dieser Entwicklung be-antworten die Frage unzweideutig im Sinne der zweiten Option. Die neue Formation eines Finanzmarkt- (Windolf 2005a; Beyer 2006; Busch 2009; Dörre 2009), Vermögens-besitzer- (Boyer 2002) oder Treuhänderkapitalismus (Aglietta 1998) geht demnach auf die Organisierung des Eigentums an Finanzanlagen bei ‚institutionellen Anlegern‘ zurück, die damit zu beherrschenden Akteuren werden. Der finanzialisierte Kapitalis-mus erscheint in dieser Perspektive als Herrschaft „der neuen Eigentümer" (Windolf 2005b; Giraud 2009, S. 203-206) bzw. einer neuen Dienstklasse aus diesen und den für sie agierenden Anlageprofis (Windolf 2008).

Nun macht es ohne Zweifel einen wichtigen Unterschied, ob börsennotierte Unternehmen es mit anonymen Kleinanlegern oder mit großen Kapitalanlagegesellschaften zu tun haben. Immerhin bezog sich die Theorie der Managerherrschaft gerade auf das in jener ersten Konstellation begründete Informations- und Machtgefälle zwischen Managern und Aktionären (Berle und Means 1950).[1] Gleichwohl besagen Größe und Organisiertheit eines wirtschaftlichen Akteurs allein wenig über dessen Handlungs- und Durchsetzungsfähigkeit, solange die Hebel und Mechanismen nicht identifiziert sind, über die diese Macht zur Geltung gebracht werden kann. Macht ist bekanntlich eine relationale Kategorie (Friedberg 1993), der Wert von Machtressourcen weitgehend davon abhängig, worauf es in einer gegebenen Situation und in konkreten sozialen Beziehungen ankommt. Unter dieser Perspektive kann bekanntlich der relative Wert etwa von Königreichen und Pferden extrem variieren (vgl. Shakespeare: Richard III., V, 7). Und Marktmechanismen sind es eindeutig nicht, die hier ins Spiel gebracht werden könnten. Der Aufstieg von Finanzmärkten und Finanzmarktakteuren geht nicht mit einer Verknappung, sondern vielmehr mit einer dramatischen Zunahme anlagesuchenden Kapitals einher (Froud et al. 2000, Froud et al. 2001).

Auch der Verweis auf die Eigentümerposition der ‚neuen Eigentümer‘ vermag in diesem Punkt nicht wirklich zu befriedigen. Bereits aus der Grundfunktion von Finanzmärkten, nämlich zwischen dem Liquiditätsvorbehalt von Anlegern und den Kapitalbindungszwängen der Realökonomie zu vermitteln, ergibt sich, dass Finanzanleger der Realökonomie unmittelbar wenig zu sagen haben. Das gilt nicht nur für jene extrem kurzfristig oder an Indices orientierten Fonds, für die jede auf die Zukunft gerichtete Einflussnahme auf Anlageobjekte ohnehin ausscheidet. Auch mit der Festlegung von Rentabilitätsschwellen oder dem ‚Herunterbrechen‘ von Zielgrößen sind zunächst einmal lediglich Erwartungen formuliert, deren Erfüllung von anderen abhängt, die sich nicht nur nach Finanzzielen richten und richten können. Zudem lässt sich zeigen, dass der als Sanktionsmittel der Finanzmärkte ins Feld geführte Markt für Unternehmenskontrolle in der Wirklichkeit nicht in der unterstellten Weise wirkt. Übernommen werden eher gut geführte Unternehmen, unabhängig vom Aktienkurs. Außerdem sind die Ansprüche institutioneller Anleger etwa an Unternehmen nicht eindeutig und homogen, sie können in sich sogar widersprüchlich sein. Das gilt etwa dann, wenn Pensions- oder Investmentfonds über unterschiedliche Finanzdienstleister zugleich in Aktien und in Anleihen eines Unternehmens investiert sind. Allgemeiner gesprochen: Da Risikomanagement durch breite Diversifizierung des Anlageportfolios eine elementare Grundlage der Anlagestrategie institutioneller Anleger bildet, sind sie auf jene Verschiedenheit angewiesen und können Unternehmen keine eindeutigen Handlungsanweisungen geben. Viertens ist zu bedenken, dass die ‚neuen Eigentümer‘ gerade in Ländern wie Deutschland so neu nicht

---

1   In dieselbe Richtung wies die dem kaiserlichen Bankier Fürstenberg nachgesagte Bemerkung von Anfang des 20. Jahrhunderts, Aktionäre seien dumm und unverschämt; dumm, weil sie ihnen (den Bankiers) ihr Geld überließen, und unverschämt, weil sie dafür auch noch Zinsen verlangten.

sind. Da das Eigentum an börsennotierten Unternehmen hier schon sehr viel länger bei Banken und Versicherungen konzentriert ist als etwa in den USA, hätte Deutschland nach jener Logik eher Vorreiter als Nachrücker einer forcierten Finanzmarktorientierung sein müssen. Genug: Die neue ,Macht der Finanzmärkte' kann mit dem Verweis auf die Macht institutioneller Anleger allein nicht befriedigend erklärt werden (vgl. zu diesem Punkt ausführlicher: Kädtler 2010; Kädtler und Faust 2008; Faust et al. 2011a).

Vor diesem Hintergrund verdienen theoretische Ansätze Beachtung, die die Gründe und Begründungen in den Vordergrund stellen, die Akteure für ihr Handeln jeweils ins Feld führen können. Wie viel Durchsetzungsmacht sie in einer gegebenen sozialen Situation für ihre Position mobilisieren können, hängt demnach davon ab, wie gut sie sich dabei auf Rationalitäts- und Legitimitätsvorstellungen beziehen können, die allgemeine gesellschaftliche Anerkennung genießen (Dodier 1991; Lordon 2000b; Froud et al. 2006, Froud et al. 2009). Ein allgemeines Konzept für diesen Zusammenhang bietet der in Frankreich entwickelte Ansatz der Konventionenökonomie (*économie des conventions*) (Boltanski und Thévenot 1991, 2007; Orléan 1994; Eymard Duvernay 2006; Salais 2007; Salais et al. 1998; Diaz-Bone und Salais 2011), der sich seinerseits auf Simons Konzept bedingter Rationalität („*bounded*" bzw. „*procedural rationality*") (Simon 1949, 1976, 1982) sowie auf R. H. Knights (1921) theoretische Bestimmung (unkalkulierbarer) wirklicher Ungewissheit (*uncertainty*) im Gegensatz zum (kalkulierbaren) Risiko (*risk*) bezieht.

Der Grundgedanke dieser Ansätze lässt sich in groben Zügen folgendermaßen umreißen (vgl. hierzu ausführlich Kädtler 2005): Wirtschaftliches und soziales Handeln kann nicht auf absolute, substanzielle Gewissheit über seine Ergebnisse gegründet werden, sondern nur auf hinreichend bewährte, gesellschaftlich anerkannte Deutungen der Wirklichkeit. Diese sind konventioneller Natur, d.h. sie können deshalb als belastbare Grundlage für rationales Handeln dienen, weil unterstellt werden kann, dass sie hinreichend allgemein geteilt werden. Der so begründete gesellschaftliche Orientierungshorizont ist seinerseits latent mehrdeutig und interpretationsbedürftig. Es gibt in Gesellschaften immer eine Mehrzahl konventioneller Begründungsordnungen, die je nach Situation mit unterschiedlichem Gewicht zur Geltung gebracht werden können. Je nachdem, ob eine Situation als privat und familiär oder als öffentlich und professionell bestimmt wird, gelten unterschiedliche Handlungsweisen als rational und legitim. Und wirtschaftliches Handeln kann etwa unter Verweis auf produktionsökonomische, marktrationale oder auch technische Gesichtspunkte oder auch die Intuition strategischer Entscheider begründet werden. Individuelle Handlungsfähigkeit ist damit doppelt bestimmt. Sie beruht einmal auf der Fähigkeit, zwischen unterschiedlichen Begründungsordnungen situationsangemessen zu navigieren (vgl. dazu insb. Dodier 1991). Und sie beruht zum anderen auf der Fähigkeit, in konkreten Interaktionen solche Situationsdeutungen durchzusetzen, in denen der eigenen Position zuträgliche Begründungsordnungen gewichtig ins Spiel gebracht werden können. Was in einer bestimmten Situation schließlich mit welchem Gewicht gilt, ist damit auch das (ggf. vorläufige) Ergebnis von Aushandlungen und Deutungskonflikten, bei denen durchaus unterschiedliche Ressourcen ins Spiel gebracht werden können (ausführlicher hierzu vgl. Kädtler 2011, 2012). Darüber hinaus ist ein bestimmtes Repertoire von Begründungsordnungen mit deren spezifischen Reichweiten nicht ein für alle Mal gegeben. Sie unterliegen vielmehr gesellschaftlichem Wandel. Die Finanzialisierung kapitalistischer Ökonomien kann als ein Fall solchen Wandels analysiert werden, in dem der Konstituierung und Etablierung einer Finanzmarktöffentlichkeit eine grundlegende Bedeutung zukommt.

3   Öffentlichkeit und Finanzmarktöffentlichkeit

Das Verständnis von Öffentlichkeit, das diesen Überlegungen zugrunde liegt, kann mit Peters gefasst werden als das „eine[r] Art Kollektiv, das auf einer bestimmten Kommunikationsstruktur beruht, oder eine Sphäre kommunikativen Handelns, in der sich eine ‚öffentliche Meinung' mit bestimmten anspruchsvollen Merkmalen bilden kann" (Peters 2007, S. 59). Öffentlichkeit und öffentliche Meinungsbildung im so verstandenen Sinne bilden in modernen Gesellschaften die zentrale Grundlage für konventionelle Rationalität und Legitimität durch hinreichend breite, kollektive Anerkennung. Dabei macht es Sinn, analog zu Callons (1998) Unterscheidung zwischen *dem* (abstrakten) Markt und *den* (konkret-empirischen) Märkten zwischen *der* Öffentlichkeit als abstraktem Rationalisierungs- und Legitimierungsprinzip und *den* konkreten Öffentlichkeiten zu unterscheiden, in denen sich die unmittelbare Anwendung, aber auch die Herausbildung, Konsolidierung und Veränderung konventioneller Begründungsordnungen real vollzieht. Zwischen beiden besteht – wiederum analog zu dem zwischen Markt und Märkten – ein Verhältnis von Spannung und Komplementarität. Das Fungieren realer Öffentlichkeiten setzt das Prinzip Öffentlichkeit voraus, geht aber nicht in dessen Umsetzung auf. Reale Öffentlichkeiten sind konkrete Kollektive, mit jeweils eigenen Strukturen, Zugangsbedingungen und -barrieren, Medien, Kommunikationsnetzen sowie herausgehobenen Positionen von Deutungsautoritäten und ‚Meinungsmachern'. Struktur und Anerkennung gehen als einander wechselseitig bedingende Faktoren in die Konstitution realer Öffentlichkeiten ein. Deren Strukturen sind sowohl Voraussetzungen wie Produkt von Anerkennung und Anerkennungsprozessen. Dabei entspricht der Binnenintegration immer auch ein Deutungs- und Geltungsanspruch gegenüber anderen gesellschaftlichen Bereichen und Autoritäten. So wie die Konstitution einer bürgerlichen Öffentlichkeit sich als Herausforderung und Infragestellung der Autorität absolutistischer und feudaler Autoritäten darstellt, so impliziert die Konstitution einer spezifischen Öffentlichkeit den Anspruch auf Deutungsautorität gegenüber potenziell konkurrierenden Deutungsautoritäten. Dabei können sehr exklusive Zugangs- und damit Einflussbedingungen mit einem überaus weit reichenden Deutungsanspruch verbunden sein, wie typischerweise im Falle wissenschaftlicher oder wissenschaftlich gestützter Fachöffentlichkeiten.

Finanzmärkte lassen sich ihrerseits als Verbindung einer originären Marktfunktion mit der einer spezifischen Öffentlichkeit im hier entwickelten Sinne begreifen. Die Marktfunktion besteht über den unmittelbaren Marktmechanismus des Abgleichs von Angebot und Nachfrage hinaus darin, durch Verregelung, Produktstandardisierung, Normierung von Informationsformaten usw. Anlegern die Möglichkeit zu geben, zu investieren und – zumindest im Prinzip – gleichzeitig liquide zu bleiben (vgl. Orléan 1999, S. 31-55). Als spezifische Öffentlichkeit fungieren Finanzmärkte, indem sie die Konsolidierung von Leitbildern, Rationalitätskonzepten und Erfolgsmaßstäben bewirken, als Bewertungsgrundlage für konkrete Finanzprodukte und zugleich als eine Art *volonté générale* der *financial community*. Diese *volonté générale* kommt überall dann ins Spiel, wenn andere Akteure um das Vertrauen der Finanzmärkte werben bzw. ihrer Sanktionen gewärtig sein müssen.

Die enge Verzahnung von Markt- und Öffentlichkeitsfunktion und die große Bedeutung der letzteren ergibt sich bei Finanzmärkten daraus, dass es für sie – wie Giraud (2009) systematisch entwickelt – keine anderen Bewertungsgrundlagen gibt als eben jene Interpretationsmodelle, die in der Finanzmarktöffentlichkeit zirkulieren. Während es für andere Güter und Dienstleistungen[2] mit den Produktionskosten und ihrer Variation in Abhängigkeit von Marktbedingungen und Produktionskapazitäten eine hinreichend belastbare und in diesem Sinne ‚fundamentale' Bewertungsgrundlage gibt, was temporäre Spekulationsblasen bei geringer Angebotselastizität nicht ausschließt, fehlt für die Zahlungsversprechen, die auf Finanzmärkten gehandelt werden, eine solche Bezugsgrundlage. Ob sie in Zukunft eingelöst werden (können), ist im strengen Sinne ungewiss, nicht zuletzt auch deshalb, weil aktuelle Bewertungen den zukünftigen Wert von Finanzanlagen massiv beeinflussen können[3]. Beim Umgang mit dieser Ungewissheit können sich Anleger nur auf interpretationsbedürftige Indizien, Einschätzungen und Äußerungen anderer, individuelle oder weiter verbreitete Interpretationen stützen, aus denen sich konventionelle Interpretationsmodelle im Sinne einer öffentlichen Meinungsbildung der Finanzmärkte konsolidieren.

Die Implikationen hat Keynes an dem bekannten Beispiel rationalen Abstimmungsverhaltens bei einer Schönheitskonkurrenz demonstriert. Wenn die Mehrheitsüberzeugung für die Bewertung ausschlaggebend und entsprechend praktisch wirksam ist, ist es rational, ihr zu folgen, auch wenn man sie individuell nicht teilt (Keynes 1936, S. 156-158). Orléan hat diesen Zusammenhang als mimetische Rationalität analysiert (Orléan 1999, S. 61-98; 2005). Dabei kann – wie bei Öffentlichkeit generell – unterschieden werden zwischen eher kurzfristigen Meinungskonjunkturen wie z.B. der Abfolge Asiatisches Wunder/Tigerstaaten/Asienkrise/*crony economies* oder dem Leitbild einer *New* oder einer *Internet Economy* (Krugman 1999, S. 116-138; Orléan 1999, S. 145-192; Giraud 2009, S. 279-298) und längerfristig stabilen Elementen einer herrschenden Meinung der *financial community* wie Prinzipien der Corporate Governance, Bilanzierungsgrundsätze, Fokus

---

2 Etwas anderes gilt für solche Güter, deren Angebot bei steigender Nachfrage prinzipiell nicht erhöht werden kann: Kunstwerke alter Meister, Spitzenjahrgänge bestimmter Weine, Gold, Immobilien in Top-Lagen usw. (vgl. Giraud 2009, S. 113f.)

3 Das gilt etwa dann, wenn die hohe aktuelle Bewertung einer Firma, deren Geschäftsmodell sich im Weiteren als erfolglos erweisen wird, es dieser ermöglicht, eine andere zu übernehmen, die gegenwärtig gering geschätzt wird, sich später aber als Goldgrube erweist.

auf Kernkompetenzen usw. Was in der einen oder anderen Weise zur (vor)herrschenden Meinung wird, ist maßgeblich von den Strukturen der Finanzmarktöffentlichkeit mitbestimmt. Abgesehen von den für die Finanzmarktfunktion im engeren Sinne konstitutiven Organisationen und Akteuren ist diese von einer Vielzahl an Deutungsautoritäten und Meinungsmachern bevölkert: Aktienanalysten, Fondsmanagern, Ratingagenturen, Wirtschaftsprüfungsgesellschaften, Business Schools, Top Managern von Nichtfinanzunternehmen usw., die – zum Teil mit regulativen Funktionen betraut – als Impulsgeber, aber auch als Empfänger und Verstärker von Einschätzungen gewichtigen Einfluss nehmen.

Die moderne Finanzmarktöffentlichkeit hebt sich allerdings in zwei wichtigen Punkten von früheren Ausprägungen, etwa in den 1920er Jahren vor der Krise, ab. Der eine betrifft die hohe Organisiertheit, der andere eine zunehmende Tendenz zu elektronisch vermittelten mimetischen Reflexen. Zusammen genommen bewirken sie den Wegfall wesentlicher Trägheitsmomente traditioneller Öffentlichkeiten. Für Ausschläge des Anlegerverhaltens, für die früher erst einmal Massen anonymer Anleger in Panik geraten mussten, reicht heute die Irritation einer begrenzten Anzahl institutioneller Anleger aus. Und in dem Maße, in dem Finanzanlagen über elektronische, zunehmend auch automatisierte Systeme abgewickelt werden, wird der Weg von der Irritation zur Panik unter Umständen extrem kurz.

Die hier als Finanzialisierung analysierte Entwicklung beruht im Kern darauf, dass der Geltungsanspruch von Leitbildern und Normen der Finanzmärkte heute weit über ihren Binnenbereich hinaus reicht und sich tendenziell auf ökonomisches Handeln allgemein bezieht. Oder anders: Die Finanzmarktöffentlichkeit hat gegenüber anderen Arenen öffentlicher Meinungsbildung einen hegemonialen Deutungsanspruch durchsetzen und behaupten und damit die Umkehr jener Verhältnisse erreichen können, die nach 1929 und den Folgen auf eine strikte Beschränkung ihres Handlungsspielraums hinausgelaufen waren. Die Bedingungen der Durchsetzung dieser Hegemonie werden im folgenden Abschnitt etwas genauer in den Blick genommen.

4   Finanzmarktrationalität und Finanzmarktregulierung

Nach dem, was hier zur Strukturiertheit von Öffentlichkeit und Konsolidierung öffentlicher Meinung im Hinblick auf Finanzmarktöffentlichkeit gesagt worden ist, bietet es sich an, Finanzialisierung im Anschluss an Jens Beckerts (Beckert 2010) Version einer Theorie sozialer Felder als Handeln sozialer Akteure im Spannungs- und wechselseitigen Beeinflussungsverhältnis von kognitiven Rahmungen, Institutionen und Netzwerken zu analysieren. Dabei stehen Institutionen hier für den Komplex der Finanzmarktregulierung, Netzwerke für die relevanten Beziehungen und Abhängigkeiten zwischen sozialen Akteuren und kognitive Rahmungen schließlich für das Repertoire von Begründungsordnungen, auf das die Akteure sich beziehen (können). Der Fokus der Analyse liegt hier vorrangig auf der Entwicklung in den USA, weil diese im Rahmen der Finanzialisierung kapitalistischer Ökonomien eine Vorreiter- und Schlüsselrolle einnehmen. Das hängt zum einen damit zusammen, dass Fragen der Finanzanlagen und ihrer Regulierung angesichts ihrer dominanten Stellung im Bereich der Altersversorgung dort bereits seit langem eine besonders wichtige Rolle spielen. Zum anderen haben – damit zusammenhängend – Beschränkungen und Erweiterungen der Handlungsspielräume US-amerikanischer Pensions- und Investmentfonds wegen deren schlichter Größe für die Weltfinanzmärkte insgesamt unmittelbar weitreichende Konsequenzen. In diesem – und nur in diesem – Sinne kann bei der anderweitigen Aufnahme einer zunächst in den USA angestoßenen Entwicklung mit einer gewissen Berechtigung von ‚Amerikanisierung' gesprochen werden.

Als Schlüsselereignis einer Neujustierung des Verhältnisses zwischen Finanzmarktrationalität und anderen wirtschaftlichen Rationalitäten kann die Neufassung der US-amerikanischen Pensionsfondsregulierung durch den Employee Retirement Income Security Act (ERISA) im Jahr 1974 angesehen werden (Ravikoff und Curzan 1980; Lavigne 2002, S. 128-131; Montagne 2001, 2007). Während die Fonds bei ihrem Anlageverhalten bis dahin auf die Grundsätze des ‚prudent man' verpflichtet gewesen waren, hatten sie sich nun an die des ‚prudent expert' zu halten. An die Stelle des Archetypus des umsichtigen Hausvaters trat damit der Finanzmarktprofi als verbindliche Bezugsautorität, und an die Stelle der allgemeinen Laienöffentlichkeit die Finanzmarktöffentlichkeit als maßgebliche Arena der Legitimierung. Die praktische Konsequenz dieser Neuregulierung bestand darin, dass die großen US-Pensionsfonds nicht mehr gezwungen waren, sich bei ihren Anlagen auf Staatspapiere und die Aktien einer kleinen Gruppe als besonders sicher geltender US-Unternehmen zu beschränken, sondern nunmehr in alle möglichen Finanzanlagen investieren durften, solange sie sich dabei an die Regeln des finanzökonomischen *state of the art* hielten, sich also im Rahmen der herrschenden Meinung der Finanzmärkte bewegten. Erst dadurch eröffneten sich diesen großen institutionellen Anlegern die Handlungsspielräume, ihr geballtes Finanzvolumen als Machtressource auch wirklich ausspielen und zu dominierenden Akteuren auf den globalen Finanzmärkten aufsteigen zu können.

Dieser regulatorische Neuansatz – es wäre völlig verfehlt, hier von Deregulierung zu sprechen, da bestehende Regeln nicht einfach abgeschafft, sondern durch andere, neue ersetzt werden – ist ohne Rückgriff auf Entwicklungen der modernen wissenschaftlichen Finanzökonomie und deren Virulenz in der Finanzmarktöffentlichkeit nicht zu erklären. Tatsächlich lässt sich der Vorgang mit Michel Callon und Donald MacKenzie als *re-embedding of the economy in economics* (vgl. Callon 1998, S. 23-32) bzw. als ein Beispiel der *performativity* der Wirtschaftswissenschaften (MacKenzie 2006, S. 15-20) begreifen. Der gemeinsame Nenner beider Ansätze besteht in der Feststellung, dass die Anwendung ökonomischer Theorien die ökonomische Wirklichkeit selbst nachhaltig verändert. Oder anders: Die Übereinstimmung der Wirklichkeit stellt nicht die Voraussetzung der Theoriebildung dar, sondern vielmehr deren praktische Konsequenz. Mit dem Capital Asset Pricing Model (CAPM) und der Black-Scholes-Merton-Formel stellte die innerhalb der Wirtschaftswissenschaften bis dahin ausgesprochen randständige mathematische Finanzökonomie empirisch fundierte[4] Interpretationsmodelle bereit, die den Anspruch erhoben, Finanzmarktspekulation, die bislang als reines Glücksspiel und Zockertum galt, mit einem Fundament rationaler Kalkulierbarkeit zu versehen, und die sich in der Folge bis auf Weiteres auch bewährten (vgl. ausführlich: MacKenzie 2006, S. 37-88). Diese wissenschaftliche Fundierung bildete die Voraussetzung für die entsprechende Neuregulierung der US-Finanzmärkte und für die Etablierung von Finanzspekulation als normalen, seriösen Geschäftszweig. Zugleich rückte die mathematische Finanzökonomie von der Peripherie ins Zentrum der Wirtschaftswissenschaften. Waren mathematische Formeln zu Beginn der 1950er in ökonomischen Fachzeitschriften noch Einzelvorkommnisse, so bilden finanzmathematische Formeln heute die eigentliche Sprache der etablierten Ökonomie.

Komplementär zu jener Neubestimmung der Begründungsbasis für das Anlageverhalten von Finanzinvestoren vollzog sich eine sukzessive Ausweitung des Spektrums von Anwendungsmöglichkeiten, die dafür zur Verfügung standen. Im Frühjahr 1972 hatte die US-Finanzaufsicht den Handel mit Währungsderivaten an der Chicago Mercantile Exchange zugelassen, was vor dem Hintergrund des in Auflösung begriffenen Systems fester Wechselkurse von Bretton Woods geschah, das im Frühjahr 1973 schließlich definitiv zusammenbrach. Damit wurden bis dahin verbotene und mit empfindlichen Strafen sanktionierte Finanzspekulationen zum staatlich anerkannten, positiv regulierten Geschäftszweig. Mehr noch, mit dem Übergang zu flexiblen Wechselkursen wurde Devisenspekulation zum integralen Bestandteil der Geschäftspolitik auch aller international operierenden Unternehmen. Der Umstand, dass unvorhergesehene Devisenschwankungen import- und exportabhängige Unternehmen weit mehr beeinträchtigen konnten, als sich durch alle anderen Möglichkeiten der Produktivitäts- und Effizienzsteigerung ausgleichen ließ, machte Devisensicherungsgeschäfte zu einem strategischen Kernbereich und die dafür zuständigen Finanzexperten zu Schlüsselakteuren der Realwirtschaft. Wenn Devisenspekulation zum Kerngeschäft der Finanzabteilungen der Unternehmen aufsteigt, dann braucht man dort Manager mit entsprechendem Qualifikationshintergrund und professionellem Profil. Damit gewinnen Leitbilder und Rationalitätsvorstellungen, die Wirtschaftlichkeit von den Finanzmärkten her denken, weit über die Finanzmärkte hinaus an Gewicht. Gleichzeitig haben sich mit der Mathematisierung der Ökonomie die Expertenstäbe von Banken und der Finanzindustrie insgesamt zur Domäne von Mathematikern und Physikern entwickelt, die von der alltagsweltlichen Realität des Wirtschaftens eher wenig, vom Bau hoch komplexer mathematischer Modelle und Wahrscheinlichkeitskalküle dafür umso mehr verstehen. Die Finanzialisierung der Ökonomie und der Wirtschaftswissenschaften gehen somit Hand in Hand.

---

4   Die US-Finanzökonomen erhielten seit der ersten Hälfte der 1960er Jahre umfassenden Zugang zu Börsennotierungsdaten seit 1926 und konnten diese mithilfe leistungsfähiger EDV-Kapazitäten auswerten (MacKenzie 2006, S. 69).

5   Finanzialisierung als wirtschaftliche Praxis: Finanzmarktorientierung von Unternehmen und Geldanlagen

Praktische Wirksamkeit entfaltet Finanzialisierung in zwei unterschiedlichen Wirkungs-zusammenhängen mit jeweils eigenen Arenen und Akteurskonstellationen, die über den gemeinsamen Bezug auf Finanzmarktrationalität und Finanzmarktöffentlichkeit mit einander verbunden sind, die aber deutlich unterschiedlichen Logiken folgen. Der eine betrifft unter der Perspektive von Shareholder Value Management, wertorientierter Unternehmensführung usw. das Verhältnis von Finanzmärkten und Unternehmen und die daraus resultierende Finanzmarktorientierung von Unternehmen. Der andere betrifft das Binnenverhältnis der Finanzmärkte als von der Realwirtschaft tendenziell entkoppelte, verselbständigte Finanzsphäre und deren Regulierung. Während in wissen-schaftlichen und politischen Debatten in den 1990er und frühen 2000er Jahren vor allem der erste Wirkungszusammenhang im Vordergrund stand, ungeachtet der bereits seit den 1980er sichtbar gewordenen Krisenträchtigkeit des letzteren, steht der zweite seit der Finanzkrise von 2008 mehr oder weniger ausschließlich im Fokus, während Vertreter von (Nichtfinanz-)Unternehmen demonstrativ auf Distanz zu Finanzmarktorientierung und Finanzmarktakteuren gehen. Dabei handelt es sich freilich – wie im Folgenden zu zeigen sein wird – eher um Neujustierungen innerhalb der Finanzmarktöffentlichkeit, die deren dominante Stellung im herrschenden ökonomischen und wirtschaftspolitischen Diskurs nicht nachhaltig berührt.

Finanzialisierung – die Perspektive auf (Nichtfinanz-)Unternehmen

Finanzialisierung ist zunächst über die durch sie angestoßenen Veränderungen im Be-reich der (Nichtfinanz-)Unternehmen zum Gegenstand von Debatten und Kontroversen in der breiteren Öffentlichkeit wie in den Sozialwissenschaften jenseits der Ökonomie geworden. Das gilt bereits bei ihrer Durchsetzung in diesem Bereich. Während sich die Neuregulierung und Neuformierung der US-Finanzmärkte im engeren Sinne in einem unspektakulären Zusammenspiel von finanzökonomischer Fachöffentlichkeit, Lobbying institutioneller Anleger, Regulierungsbehörden, Gesetzgebung und Rechtsprechung vollzog, spielte sich die Durchsetzung von Prinzipien finanzmarktorientierter Unter-nehmensführung in öffentlichen Kampagnen ab. Das von Fondsvertretern effektvoll skandalisierte Missverhältnis zwischen hohen Managementgehältern, niedrigen Er-trägen für die Anleger und mangelnder wirtschaftlicher Stärke der Unternehmen bildete in den USA den Ausgangspunkt einer breiten öffentlichen Kampagne, an deren Ende nicht nur die Erlaubnis, sondern die Verpflichtung für die institutionellen Anleger stand, gegebenenfalls auch in abgestimmten Aktionen, auf die Geschäftspolitik der Unter-nehmen Einfluss zu nehmen, was nach 1929 durch entsprechende Gesetze strikt unter-bunden worden war (vgl. Davis und Thompson 1994). Und die Etablierung des von der Beratungsfirma Stern Steward & Co. patentierten und popularisierten Economic Value

Added (EVA®) als Standard für wertorientierte Unternehmensführung[5] vollzog sich als planmäßig inszenierte Medienkampagne, bei der Unternehmen – und damit ihr Top-Management – an den Pranger gestellt und so (erfolgreich) unter Anpassungsdruck gesetzt wurden (Lordon 2000a). Das Ergebnis war allerdings nicht eine Unterwerfung der Manager unter die ‚neuen Eigentümer‘, sondern eine Neubestimmung von Prinzipien der Unternehmensführung, die die Macht- und Einflussposition der Inhaber von Top-Managementpositionen deutlich stärkten (Lazonick und O'Sullivan 2000; O'Sullivan 2000). Entsprechend waren es in Deutschland auch Top-Manager großer Unternehmen wie die Vorstandsvorsitzenden von Daimler Benz und Hoechst, Schrempp und Dormann, die als Protagonisten des Übergangs zum Shareholder Value Management fungierten (vgl. Kädtler und Sperling 2002; Kädtler 2006).

Die Finanzialisierung vollzieht sich dabei als Durchsetzung von Prinzipien und Konzepten des Shareholder-Value- bzw. eines an der Steigerung des Unternehmenswerts ausgerichteten Management (Value Based Management: VBM). Beide Formeln beziehen sich auf die gleichen Konzepte und Instrumente. Während aber im ersten Fall ausdrücklich die Orientierung an den Interessen einer bestimmten Anspruchsgruppe im Vordergrund steht, nimmt die zweite Formulierung Bezug auf einen Unternehmenswert *sans phrase*. Diese semantische Verschiebung von einem partikularen Gruppeninteresse zu allgemeinen Prinzipien der Wertschaffung ist wichtig im Hinblick auf die Generalisierung der entsprechenden Konzepte und Instrumente. Nicht allein die Ansprüche von Aktionären, sondern vor allem grundlegende Prinzipien der Wertschaffung erfordern ihre Anwendung. Frédéric Lordon (2000b) hat die Operation der Etablierung von ‚Unternehmenswert‘ als kognitiven Standard mit dem Konzept der ‚einfachen Idee‘ (*idée simple*) gedeutet: einer einfachen und zugleich vielfältig ausdeutbaren Leitidee, die in einem gesellschaftlichen Kontext oder einer Epoche als einheitlicher und allgemein akzeptierter Bezugspunkt für die Begründung wirtschaftlichen Handelns fungieren kann, analog zu ‚Wachstum‘ in Zeiten des Fordismus oder ‚Stabilität‘ in den späten 1970er und frühen 1980er Jahren.

Die Finanzialisierung beinhaltet im Hinblick auf Unternehmen eine grundlegende Neubestimmung dessen, was ein Unternehmen ist bzw. sein soll. Die wesentlichen Elemente dieser Neubestimmung sind die folgenden:

- Das Unternehmen gilt nunmehr als flexibel variierbares Anlage- und Geschäftsfelderportfolio, im Sinne der finanzmarktbezogenen Unternehmenstheorie von Meckling und Jensen (Jensen und Meckling 1976) als ‚nexus of contracts‘, und nicht mehr als Organisation, also als auf Dauer angelegte wirtschaftliche und soziale Einheit.
- Renditeziele beruhen nicht mehr auf der Bewertung interner Potenziale und ihrer Nutzungs- und Entwicklungsmöglichkeiten, sondern auf strategischen Kennziffern wie CAPM, EVA/GWP, ROCE usw., die über Finanzmarktanforderungen begründet

---

5   Andere Messgrößen wie etwa der von Siemens patentierte Geschäftswertbeitrag (GWB) stellen sich als begrenzte Variationen dieser Größe dar.

werden; die Summe aus einer – vermeintlich – risikofreien Geldanlage und einer Prämie für das spezifische Risiko der Investition in das jeweilige Unternehmen markiert die Grenze zwischen Unternehmenswertschaffung und -vernichtung. Die Konsequenz: Auch schwarze Zahlen können als Wertvernichtung gelten.

- Portfoliomanagement wird zur Kerndisziplin des strategischen Managements anstelle internen Wachstums und organisationalen Lernens.
- Als Leitbild für die strategische Ausrichtung gilt die Fokussierung auf ‚Kern-kompetenzen' im ausdrücklichen Gegensatz zur Kombination unterschiedlicher Geschäftsfelder, die einander gegenseitig stützen bzw. ihre unterschiedlichen Konjunkturen und Risiken ausgleichen können.
- Entsprechend werden vormalige ‚Synergien' zwischen Geschäftsfeldern nunmehr als ‚Quersubventionierung' (ab)qualifiziert und tabuisiert.
- Ein wachsender Anteil der (wachsenden) Managementvergütung wird flexibel an den wirtschaftlichen Erfolg des Unternehmens geknüpft.

In der Realität erweist sich die Umsetzung dieser Prinzipien allerdings als ausgesprochen schwierig. Froud et al. haben die Dilemmata, die dabei systematisch auftreten, analysiert und darüber hinaus demonstriert, in welchem Maße *business stories* genutzt werden, um jene Inkonsistenzen zu überspielen (Froud et al. 2000, Froud et al. 2006).[6]

In diesen Inkonsistenzen kommt das bereits angesprochene prinzipielle Dilemma bei der Anwendung von Finanzmarktanforderungen auf Nichtfinanzunternehmen zum Ausdruck. Die grundlegende Funktion von Finanzmärkten besteht darin, Anlegern die Möglichkeit zu bieten, in die Realökonomie zu investieren, ohne sich auf die mit solchen Investitionen in aller Regel verbundene mehr oder weniger langfristige Bindung des eingesetzten Kapitals einlassen zu müssen. Daraus folgt, dass es keine unmittelbare Anwendung von Finanzmarktprinzipien auf (Nichtfinanz-)Unternehmensstrategien gibt (vgl. hierzu und zum Folgenden ausführlich: Faust et al. 2011b). Sie erlangen Relevanz für solche Unternehmen nur durch ihre Interpretation im Hinblick auf jeweils spezifische Produktstrategien, Marktbedingungen usw. Damit Finanzmarktrationalität in realwirtschaftlichen Geschäftsstrategien wirksam werden kann, muss sie im Lichte anderer Rationalitäten interpretiert werden.

Damit aber fällt denjenigen Akteuren eine Schlüsselrolle zu, die sich effektiv als Deutungsautoritäten für diese zentrale Ungewissheitszone etablieren können. Das sind in erster Linie die Inhaber der Schlüsselpositionen im strategischen Management der großen (Nichtfinanz-)Unternehmen selbst. Sie bleiben die Herren oder (sehr viel seltener) Herrinnen der Unternehmensstrategie, auch wenn sie diese im Rahmen von

---

6 Besonders spektakulär ist der Fall des US-Konzerns General Motors unter der Ägide von Jack Welch: Jahrelang als Inbegriff erfolgreichen Shareholder Value Managements angesehen, entpuppt er sich bei näherer Analyse als Paradefall eines heterogenen Konglomerats, also als Inbegriff alles dessen, was ein finanzmarktorientiertes Unternehmen nicht sein darf (Froud et al. 2006, S. 299-388).

Hauptversammlungen, einer Vielzahl von Analystenkonferenzen und Einzelgesprächen mit Fondsvertretern der Finanzmarktöffentlichkeit gegenüber präsentieren, plausibel machen und sich dabei mit kritischen Fragen auseinandersetzen müssen. Die Finanzakteure sind davon abhängig, von Seiten des Unternehmensmanagements realwirtschaftlich gangbare Strategien geboten zu bekommen. Das gilt im individuellen Fall wie auch allgemein. Da Analysten und Anleger vor allem dadurch erfolgreich sind, dass sie neue, (noch) nicht etablierte Geschäftsmodelle nutzen können, sind sie darauf angewiesen, dass es Manager gibt, die solche Neuheiten aufbringen, indem sie von etablierten Standards abweichen. Das verschafft dem strategischen Management von Unternehmen beträchtliche Deutungs- und Handlungsspielräume.

Auf der anderen Seite bedeutet die Notwendigkeit, sich diesen gegenüber rechtfertigen zu müssen, eine zusätzliche Stärkung des strategischen Managements innerhalb des Unternehmens. Pointiert formuliert: Sich gegenüber anderen Akteuren innerhalb des Unternehmens als selbst nur Getriebene(r) der Finanzmärkte und ihrer Vorgaben präsentieren zu können, ist eine Machtquelle *par excellence*. Denn was als Zwang von außen vorgegeben erscheint, ist intern nicht mehr verhandelbar. Es ist daher nicht weiter verwunderlich, wenn Froud et al. anhand einer Analyse der einschlägigen Kennziffern für die Unternehmen des Top-Börsenindices in USA und UK seit den 1980er Jahren zeigen können, dass die Managementvergütung die einzige der durch die Unternehmen selbst beeinflussbaren Kennziffern ist, die sich durchgängig positiv entwickelt hat (Froud et al. 2000; Erturk et al. 2005). In der Doppelrolle als Interpreten und Vertreter realwirtschaftlicher Erfordernisse und Möglichkeiten gegenüber Finanzmarktakteuren und als Interpreten und Vertreter von Finanzmarktansprüchen innerhalb der Unternehmen besetzen die Inhaber strategischer Managementpositionen eine Schlüsselposition der finanzialisierten Ökonomie und insbesondere auch der Finanzmarktöffentlichkeit.

Finanzmärkte – die Perspektive auf Finanzmärkte als Märkte

Auch wenn mit Shareholder Value Management in den öffentlichen Debatten das Verhältnis von Finanzanlegern und Unternehmensführung im Mittelpunkt stand: bei den neuen Modellen der Finanzökonomie ging es ursprünglich ausdrücklich nicht um die Geschäftsstrategien einzelner Unternehmen. Im Gegenteil: Die Leistung bestand gerade darin, Finanzanlegern gut begründete Investitionsmöglichkeiten zu bieten, ohne sich darum kümmern zu müssen, was einzelne Unternehmen tatsächlich tun (MacKenzie 2006). Kalkulierbares Risiko beruhte danach gerade nicht darauf, sich mit Unternehmensstrategien zu beschäftigen oder sie gar zu verstehen, sondern auf der Interpretation von Statistiken. Modelle der Risikokalkulation haben Unterschiedlichkeit von Unternehmensstrategien zur unabdingbaren Voraussetzung; ohne hinreichende Diversität gibt es keine Wahrscheinlichkeitskalküle. Die Angleichung von Unternehmensstrategien auf der Grundlage finanzökonomischer Modelle könnte die Validität dieser Modelle sogar beeinträchtigen, zumindest im Bereich der Finanzindustrie, wenn wir MacKenzies Interpretation des LTCM-Zusammenbruchs folgen (MacKenzie 2005).

Allgemeiner gesprochen: Der Zweck finanzmathematischer Modelle besteht darin, Finanzanlagestrategien und das mit ihnen verbundene Risiko unabhängig vom Gelingen oder Scheitern jeder konkreten Geschäftsstrategie in der Nichtfinanz- oder der Finanzökonomie zu machen. In diesem Sinne hat Karin Knorr-Cetina (2005; Knorr-Cetina und Bruegger 2002b, 2002a) Finanzmärkte als virtuelle globale Sphäre konzipiert, in der Finanzmärkte nur auf den Bildschirmen der Finanzmarktexperten existieren – und sonst nirgends. Es spricht einiges für dieses Konzept, auch wenn man vermutlich gewisse Abstufungen machen muss zwischen den Devisenmärkten, die Knorr Cetina et al. unmittelbar im Fokus haben, und anderen Finanzmarktsegmenten. Allerdings schafft diese vordergründige Entkoppelung[7] der Finanzmärkte vom Rest der Ökonomie keine wirkliche Unabhängigkeit, sondern (zumindest auch) blinde Flecken, die bei der Entstehung der jüngsten Finanzmarktkrise besondere Bedeutung erlangt haben. Einige davon liegen relativ offen auf der Hand:

- Zahlen in Geschäftsberichten bilden dann keine verlässliche Informationsgrundlage, wenn es den berichtenden Unternehmen gestattet ist, riskante Geschäfte in nicht konsolidierte Zweckgesellschaften auszulagern – ein Sachverhalt, der seit dem spektakulären Enron-Zusammenbruch von 2002 auch einem breiten Publikum bekannt sein musste (Coffee 2002; Windolf 2003; Froud et al. 2004).
- Es liegt nahe, dass der Wert historischer Daten über Kreditausfallwahrscheinlichkeiten für aktuelle Berechnungen nicht unberührt bleiben kann, wenn Banken dazu übergehen, Kreditrisiken durch Verbriefung weiterzugeben, und sich nicht mehr – wie früher – im eigenen Interesse aktiv um die Vermeidung von Kreditausfällen durch Umschuldungen usw. bemühen.
- Darüber hinaus werden die Spielregeln grundlegend verändert, wenn Risikoanalysen auf der Grundlage historischer (Zufalls-)Daten zur Grundlage von Anlagestrategien werden, was zur Konsequenz hat, dass Mimesis oder Imitation an die Stelle von Zufallsverteilungen treten – ein Zusammenhang, auf den Keynes früh hingewiesen hat (Keynes 1936, S. 153–158; vgl. auch: MacKenzie 2005; Orléan 1999).
- Seit den 1980er Jahren hatten sich die globalen Finanzmärkte als notorisch instabil erwiesen, und schwere, in ihrer Tragweite unkalkulierbare Zusammenbrüche konnten mehrmals nur durch singuläre, staatliche bzw. staatlich koordinierte ad-hoc-Interventionen vermieden werden (Orléan 1999; MacKenzie 2006, S. 1-6).

Nun ist es – wie nicht zuletzt auch an den Erscheinungsdaten der Verweisliteratur deutlich wird – nicht so, dass diese Phänomene nicht wahrgenommen und als Belege für eine zunehmende Krisenanfälligkeit des finanzialisierten globalen Finanzkapitalismus

---

7 In einem kürzlich erschienen Beitrag hat sich Renate Mayntz vehement gegen die These einer Entkoppelung der Finanzmärkte gewandt und auf „komplexe[r] Interdependenz" als dem tatsächlichen Problem beharrt (Mayntz 2013, S. 16). Die hier verfolgte Argumentation zielt – anders begründet – in die gleiche Richtung.

interpretiert worden wären. Und mit ATTAC konnte sich eine einschlägige, als Medieninitiative gestartete politische Bewegung mit beträchtlicher Breitenwirkung in der internationalen (Nichtfinanz-)Öffentlichkeit etablieren. Bemerkenswert ist indes gerade vor diesem Hintergrund die weitgehende Immunität der unmittelbar betroffenen Finanzmarktöffentlichkeit. Jene Friktionen und Instabilitäten, die in der realen Welt konkreter Finanzmärkte klar zu Tage lagen, hatten offenbar keinen Platz in der hermetischen und hochgradig selbstreferenziellen Welt der mathematischen Modelle und Computerbildschirme der wissenschaftlich fundierten Finanzökonomie. Oder anders: Es war offenkundig ein hohes Maß an spezialisierter Finanzexpertise erforderlich, jene Hinweise nicht zu sehen oder hinweg zu interpretieren, die bei Nichtexperten zumindest Misstrauen und Vorbehalte ausgelöst hätten, wenn man sie ihnen in alltäglicher Sprache erläutert hätte.

Ein weiterer, sehr grundlegender blinder Fleck bezieht sich schließlich auf die Grenzen von Wahrscheinlichkeitskalkülen auf der Basis von Normalverteilungen. Nicholas Taleb (2004, 2008) hat das Problem unter Bezugnahme auf Benoit Mandelbrots Theorie der Fraktale in allgemeinverständlicher Weise dargestellt und sich zur Veranschaulichung des eindrucksvollen Bildes des Schwarzen Schwans bedient. Dieser steht für selten auftretende und dann extrem folgenreiche Ereignisse, deren Eintrittswahrscheinlichkeit sich nicht kalkulieren lässt, weil sie zu einem Wirklichkeitsbereich gehören, auf den die Prinzipien der Normalverteilung nicht anwendbar sind. Diese Erkenntnis und die ihrer Bedeutung für Finanzmärkte ist als solche nicht neu. Mandelbrot entwickelte seine Theorie bereits in den 1960er Jahren und damit zeitgleich mit jenen Modellen, die zur Grundlage der Finanzialisierung wurden. Angesichts der offenkundigen Performanz und pragmatischen Brauchbarkeit der letzteren gab es aber für prinzipielle Einwände von jenem Typ in der wissenschaftlichen und Finanzmarktöffentlichkeit keinen Ort (MacKenzie 2006, S. 105-118).

Das Problem der Wirkungen von Finanzialisierung besteht nicht im Vorkommen blinder Flecken oder Schwarzer Schwäne. Die Prämissen, dass Handeln nicht anders als bedingt rational sein kann und Ungewissheit eine prinzipielle Bedingung wirtschaftlichen Handelns ist, schließen das Vorkommen blinder Flecken der Wahrnehmung und Prognose notwendig mit ein. Und Schwarze Schwäne kommen nicht wegen, sondern ungeachtet finanzökonomischer Rationalität vor. Die problematische Wirkung von Finanzialisierung besteht vielmehr darin, dass reale Ökonomien und Gesellschaften mit der Einbettung in diese Art wissenschaftlicher bzw. wissenschaftlich gestützter Finanzökonomie das Bewusstsein von der Notwendigkeit verlieren, mit dem Vorkommen blinder Flecken und Schwarzer Schwäne zurechtkommen zu müssen.

6   Resümee

Im Jahr 2008 ist die größte Finanzkrise seit 1929 eingetreten, oder in Talebs Begrifflichkeit: Der Schwarze Schwan hat sich gezeigt und eine Welt vorgefunden, die darauf nicht vorbereitet war, und zwar nicht trotz, sondern wegen ihrer umfassenden Durchdringung mit Finanzmarktrationalität. Während Finanzmarktkrisen sich vormals in Gesellschaften ereigneten, in denen das Gros der wirtschaftlichen Aktivitäten allenfalls mittelbar mit den Finanzmärkten und ihrer spezifischen Rationalität zu tun hatte, fungiert Finanzmarktrationalität nunmehr als Inbegriff wirtschaftlicher Rationalität überhaupt. Und während in den 1920er Jahren und insgesamt im Zeitalter des Fordismus ‚Scientific Management' wirtschaftliche Effizienz vor allem mittels *Industrial Engineering* zu optimieren suchte, steht heute *Financial Engineering* im Zentrum der Managementwissenschaften. Die Pluralität ökonomischer Rationalitäten besteht zwar fort, allerdings zugleich unter der Hegemonie von Finanzmarktrationalität und der hinter dieser stehenden Finanzmarktöffentlichkeit.

Finanzökonomie und Finanzrationalität sind als dominantes Sprachspiel[8] der *scientific community* der Wirtschaftswissenschaften und der wirtschaftlichen Praxis etabliert. Darin besteht ein zentraler Unterschied zur Situation der 1920er und 1930er Jahre. Damals war die herrschende ‚orthodoxe' Wirtschaftswissenschaft nicht einmal in der Lage, die elementaren Probleme der krisenhaften wirtschaftlichen Praxis konzeptionell aufzunehmen und schuf damit *de facto* Raum für heterodoxe Ökonomen, die sich dieser Probleme annahmen (Favereau 2005). Demgegenüber sind die meisten wirtschaftlichen Praktiker in der zur Finanzindustrie mutierten Finanzökonomie und in den großen Unternehmen der Realökonomie heute zentrale Träger von Finanzmarktrationalität. Dabei dient sie den ersteren als Produkt- und Produktionstechnologie, den letzteren als Begründung für Managementstrategien. Die Zuständigkeit für die Interpretation und praktische Umsetzung von Finanzmarktrationalität in einer finanzialisierten Welt ist für diese Akteure eine Machtquelle erster Ordnung.

Das bedeutet nicht, dass die Krise in der Finanzmarktöffentlichkeit keine Wirkung gezeitigt hätte. So erschien etwa in der Sonntagsausgabe der von der deutschen Wirtschaftselite bevorzugten inländischen Tageszeitung, der *Frankfurter Allgemeinen Sonntagszeitung*, am 14. Februar 2010 ein umfangreicher Kommentar, dessen Quintessenz der Verfasser in der Feststellung zusammenfasste: „Hätten wir nur auf Attac gehört – die globale Finanzkrise wäre uns erspart geblieben" (Minkmar 2010). Die Zahl führender

---

8 Ich beziehe mich hier auf Wittgensteins (2009) Konzept des Sprachspiels und seine Anwendung durch Olivier Favereau in seiner Diskussion der (realisierten) pragmatischen und der (hypothetischen) radikalen Version von Keynes' General Theory (Favereau 2005). Der Kerngedanke besteht darin, den praktisch vorfindlichen Gebrauch von Sprache als die eigentliche Sprache und den originären Zugang zur Wirklichkeit zu begreifen. Unscharfe Ränder (Wittgenstein 2009, § 71) und eine gewisse Vagheit sind damit nicht Mängel, sondern Qualitätsmerkmale der Alltagssprache. Entsprechend gelten die Reformulierbarkeit wissenschaftlicher Aussagen in Alltagssprache bzw. die Formulierbarkeit alltagssprachlich formulierter Probleme als notwendiger Anspruch an Wissenschaft(sprache). Die Schaffung von Eindeutigkeit und Widerspruchsfreiheit und die Mathematisierung der Wirtschaftswissenschaften stellen sich dort, wo sie diese Ansprüche nicht mehr einlösen (können), daher als Wirklichkeitsverlust dar: „Die Idee [der logisch reinen, eindeutigen Sprache] sitzt gleichsam als Brille auf unserer Nase, und was wir ansehen, sehen wir durch sie. Wir kommen gar nicht auf den Gedanken, sie abzunehmen" (ebd., § 108).

Manager und Wirtschaftsverbandsvertreter ist Legion, die mit aller Entschiedenheit die Wiederherstellung des Primats der Real- über die Finanzökonomie einfordern oder begrüßen und diesen Primat in jedem Fall für die Zukunft gesichert sehen wollen. Und mit Josef Ackermann lässt sich selbst der langjährige Hauptprotagonist der Finanzialisierung im deutschen Bankenwesen mit dem Bekenntnis zitieren, er sei „vom Saulus zum Paulus geworden", und zieht daraus die Konsequenz: „Wir müssen weg von einer Kultur des Geldes und wieder hin zu einer Kultur des Dienens für die Realwirtschaft." (Süddeutsche Zeitung 05.07.2012)

Interpretiert man diese Feststellungen vor dem Hintergrund der hier vertretenen These, dass Finanzmarktrationalität zum Inbegriff ökonomischer Rationalität über alle Teilbereiche hinweg geworden ist und die Realwirtschaft damit als Teil einer insgesamt finanzialisierten Ökonomie fungiert, dann können jene Äußerungen durchaus auch als Ausdruck von Bemühungen um legitimatorische Krisenbearbeitung und eine begrenzte Neujustierung von Einflusspositionen angesehen werden, die die Logik der finanzialisierten Ökonomie im Grunde unberührt lassen. In den Berichtssystemen und Analystenpräsentationen der Unternehmen jedenfalls stehen die Zeichen eindeutig auf Kontinuität. Die unter Bezugnahme auf Finanzmarktanforderungen eingeführten Organisations- und Steuerungsmodelle mit ihren Kennziffernsystemen werden durch die jüngsten verbalen Absetzbewegungen nicht berührt. Entsprechend lassen sich auch im Banken- und Finanzdienstleisterbereich keine Anzeichen für eine grundlegende strategische Neuausrichtung erkennen. In dem Maße, in dem die überzogene Ausgabenpolitik von Staaten und die aus ihr resultierende Staatsverschuldung als das eigentliche Krisenzentrum des zeitgenössischen Kapitalismus ausgemacht wurden, geht der Veränderungsdruck auf den Finanzsektor zurück.

Die vordergründige Ablösung einer mehr oder weniger ausgestandenen Finanzkrise durch die langfristige Krise von Staatsfinanzen stellt einen besonders eindrucksvollen Beleg für die Hegemonie der Finanzmarktöffentlichkeit als gesellschaftlicher Deutungsarena dar. Dadurch, dass wissenschaftliche Finanzökonomie und Finanzmarktrationalität als dominantes Sprachspiel etabliert worden sind, erscheinen sie gegenüber den Vorkommnissen auf konkreten Finanzmärkten in hohem Maße immunisiert. Entsprechend stellt sich die Finanzkrise von 2008 im herrschenden ökonomischen und politischen Diskurs lediglich als Krise auf der Ebene konkreter Finanzmärkte dar, die ungeachtet ihrer unmittelbaren Brisanz ‚den' Finanzmarkt als theoretischen Bezugspunkt für Rationalität und Legitimität nicht wirklich berührt. Unter dieser Perspektive rücken individuelle Gier und moralische Defizite wichtiger Akteure, partielle organisatorische und technische Unzulänglichkeiten bei der Evaluierung und Regulierung von Finanzmarktaktivitäten usw. als die eigentlichen Krisenursachen ins Zentrum der Analyse und Bewertung. Ebenso wie nach Kuhn partikulare Abweichungen wissenschaftliche Paradigmen nicht infrage stellen, sondern allenfalls Anlass zu deren Verfeinerung werden, so geraten jene Faktoren wohl zum Anlass für bestimmte Verfeinerungen der ökonometrischen Modelle und der Finanzmarktregulierung, nicht aber für die Infragestellung von Finanzmarktrationalität und Finanzmarktöffentlichkeit als Inbegriff und zentrale Deutungsarena ökonomischer Rationalität eines finanzialisierten Kapitalismus.

Demgegenüber stellt sich die jüngste Krise für uns dar als Ausdruck einer fundamentalen Instabilität des finanzialisierten Kapitalismus, bedingt maßgeblich durch den Aufstieg von Finanzmarktrationalität von einer spezifischen ökonomischen Rationalität unter anderen zum Inbegriff ökonomischer Rationalität als solcher. Denn als grundlegender Ertrag von Simons Analysen zur bedingten oder prozeduralen Rationalität, Konventionentheorie und neuerer Institutionenanalyse (Nelson und Winter 1982; Nelson 1997) kann die Feststellung gelten, dass die wirtschaftliche Stabilität und Entwicklungsfähigkeit von Unternehmen (vgl. Storper und Salais 1997) und Gesellschaften (vgl. Nelson 1997) auf der Fähigkeit zur Kombination unterschiedlicher Rationalitäten beruht. In diesem Sinne argumentiert Nelson, dass in konkreten Organisationen immer spezifische Kapazitäten mit spezifischen Begrenzungen organisationalen Lernens einhergehen. Daher stellt ein breites Spektrum unterschiedlicher organisationaler Modelle und Arrangements eine wichtige Voraussetzung für eine Ökonomie, ihre Stabilität und ihre Entwicklungsmöglichkeiten dar. Allgemein gesprochen: Die Fähigkeit von Individuen, Organisationen und Gesellschaften zum Umgang mit Ungewissheit hängt davon ab, bei der Suche nach gangbaren (Simon: *satisficing*) Lösungen auf ein möglichst breites Spektrum unterschiedlicher Rationalitäten und organisatorischer Formen zurückgreifen zu können. Deren Beschränkung durch die Etablierung von Finanzmarktrationalität als Standard für ökonomisches Handeln bewirkt daher keine Erweiterung, sondern eine schwerwiegende Einschränkung ihrer Fähigkeit zu rationalem wirtschaftlichem Handeln im einzig realistischen Sinne: der Verwirklichung bedingter Rationalität unter der Voraussetzung von Ungewissheit.

Entsprechendes gilt für das Verhältnis von Finanzmarktöffentlichkeit und allgemeiner politischer Öffentlichkeit in demokratischen Gesellschaften. Diese fungiert als effektive Grundlage demokratischer Legitimität, weil – und in dem Maße wie – sie zum einen ein hinreichend breites Spektrum unterschiedlicher Anschauungen und Interessen zu integrieren vermag, die sich in komplexen modernen Gesellschaften in einer Vielzahl von Partikularöffentlichkeiten herausbilden. Zum anderen muss das Ergebnis dieser Konsolidierung zumindest wichtige politische Entscheidungen und Weichenstellungen wirksam beeinflussen können. In dem Maße, in dem die Zuständigkeit für die Festlegung von Systemrisiken, auf die sich Gesellschaften einlassen müssen, an die Finanzmarktöffentlichkeit übergeht, und in dem Staaten sich dieser gegenüber legitimieren müssen und nicht umgekehrt, verliert die demokratische Öffentlichkeit ihre Substanz. Das entspricht – worauf Wolfgang Streeck nachdrücklich hinweist – durchaus dem Hayek'schen Marktverständnis, nach dem demokratische Willensbildung in dem Maße geduldet werden kann, in dem sie der Ökonomie gegenüber wirkungslos bleibt. Mit dem faktischen Bedeutungsverlust demokratischer Öffentlichkeit für die Festlegung und Legitimierung politischer Handlungsspielräume droht Opposition als ‚verantwortliche Opposition' ihren Bezugsrahmen zu verlieren. Sie könnte dann nur mehr als ‚unverantwortliche' effektiv sein (vgl. Streeck 2012). Das bedeutet nicht das Ende demokratischer Öffentlichkeit, wohl aber die Destabilisierung bzw. die gründliche Infragestellung der bestehenden Formen ihrer Institutionalisierung (vgl. auch Gerhardt 2012).

Literatur

Aglietta, Michel (1998) *Le capitalisme de demain*. Fondation Saint-Simon, Paris.

Beckert, Jens (2010) How Do Fields Change? The Interrelations of Institutions, Networks, and Cognition in the Dynamics of Markets: *Organization Studies* 31:5: 605–628.

Berle, Adolf A. and Gardiner C. Means (1950) *The Modern Corporation and Private Property*. MacMillan, New York.

Beyer, Jürgen (2006) Vom ‚kooperativen Kapitalismus' zum Finanzmarktkapitalismus – eine Ursachenanalyse. In: Brinkmann, Ulrich; Krenn, Karoline und Sebastian Schief (Hrsg.) *Endspiel des Kooperativen Kapitalismus? Institutioneller Wandel unter den Bedingungen des marktzentrierten Paradigmas*. VS-Verlag, Wiesbaden, S 35–57.

Boltanski, Luc et Laurent Thévenot (1991) *De la justification. Les économies de la grandeur*. Gallimard, Paris.

Boltanski, Luc und Laurent Thévenot (2007) *Über die Rechtfertigung. Eine Soziologie der kritischen Urteilskraft*. HIS-Verlag, Hamburg.

Boyer, Robert (2000) Is a finance-led growth regime a viable alternative to Fordism? A preliminary analysis: *Economy and Society* 29:1: 111–145.

Boyer, Robert (2002) Variété du capitalisme et théorie de la régulation: *L'année de la régulation* 6: 125–194.

Busch, Ulrich (2009) Krisenverlauf und Krisendeutung im globalen Finanzmarktkapitalismus: *Berliner Debatte Initial* 20:2: 25–43.

Callon, Michel (1998) Introduction: The Embeddedness of Economic Markets in Economics. In: Callon, Michel (ed.) *The Laws of the Market*. Blackwell Publishers, Oxford, p 1–57.

Coffee, John C. (2002) *Understanding Enron: It's About the Gatekeepers, Stupid*, Columbia Law School: The Center for Law and Economic Studies – Working paper 207.

Davis, Gerald F. and Tracy A. Thompson (1994) A Social Movement Perspective on Corporate Control: *Administrative Science Quarterly* 39:2: 141–173.

Diaz-Bone, Rainer and Robert Salais (2011) The Economics of Convention and the History of Economies. Towards a Transdisciplinary Approach in Economic History: *Historical Social Research* 36:4: 7–39.

Dodier, Nicolas (1991) Agir dans plusieurs mondes: *Critiques* 47: 529/530: 427–458.

Dörre, Klaus (2009) Die neue Landnahme. Dynamiken und Grenzen des Finanzmarktkapitalismus. In: Dörre, Klaus; Lessenich, Stefan und Hartmut Rosa (Hrsg.) *Soziologie – Kapitalismus – Kritik. Eine Debatte*. Suhrkamp, Frankfurt am Main, S 21–86.

Erturk, Ismail; Froud, Julie; Johal, Sukhdev and Karel Williams (2005): Pay for Corporate Performance or Pay as Social Division? Rethinking the Problem of Top Management Pay in Giant Corporations: *Competition and Change* 9:1: 49–74.

Eymard Duvernay, F. (Hrsg.) (2006) *L'économie des conventions. Méthodes et résultats*. La Découverte, Paris.

Faust, Michael; Bahnmüller; Reinhard und Christiana Fisecker (2011a) *Das kapitalmarktorientierte Unternehmen. Externe Erwartungen, Unternehmenspolitik und Mitbestimmung*. Edition sigma, Berlin.

Faust, Michael; Bahnmüller, Reinhard und Christian Fisecker (2011b): *Das kapitalmarktorientierte Unternehmen. Externe Erwartungen, Unternehmenspolitik, Personalwesen und Mitbestimmung*. Edition sigma, Berlin.

Favereau, Olivier (2005) Quand les parallèles se rencontrent: Keynes et Wittgenstein, l'économie et la philosophie: *Revue de la Méthaphysique et de Morale* 47:3: 403–427.

Friedberg, Erhard (1993) *Le pouvoir et la règle*. Éditions du Seuil, Paris.

Froud, Julie, Haslam, Colin, Johal, Sukhdev, Johal and Karel Williams (2000) Shareholder Value and Financialization: Consultancy Promises, Management moves: *Economy and Society* 29:1: 80–110.

Froud, Julie; Haslam, Colin; Sukhdev, Johal and Karel Williams (2001) Accumulation under Conditions of Inequality: *Review of International Political Economy* 8:1: 66-95.

Froud, Julie; Sukhdev, Johal; Viken, Papazian and Karel Williams (2004) The Temptation of Houston: A Case Study of Financialisation: *Critical Perspectives on Accounting* 15:6-7: 885–910.

Froud, Julie; Sukhdev, Johal; Leaver, Adam and Karel Williams (2006) *Financialisation and Strategy: Narrative and Numbers.* Routledge, London; New York.

Froud, Julie; Leaver, Adam; Sukhdev, Johal; Nilsson, Adriana et al. (2009): Narratives in the Financialised Firm. In: Beckert, Jens und Christoph Deutschmann (Hrsg.), *Wirtschaftssoziologie.* VS-Verlag, Wiesbaden, S 288–304.

Gerhardt, Volker (2012) *Öffentlichkeit. Die politische Form des Bewusstseins.* C.H. Beck, München.

Giraud, Pierre N. (2009) *Le Commerce des promesses. Petit traité sur la finance moderne.* 2ème. Editions du Seuil, Paris.

Jensen, Michael C. and William H. Meckling (1976) Theory of the Firm: Managerial Behavior, Agency Costs, and Ownership Structure: *Journal of Financial Economics* 3:4: 305–360.

Kädtler, Jürgen (2005) *Konventionen als Grundlage bedingt rationalen Handelns – oder: Wie man sich mit guten Gründen über die Komplexität der Welt hinweg setzt* (Verfügbar unter: http://www.sofi-goettingen.de/fileadmin/Juergen_Kaedtler/Material/Probevorlesung_210605final.pdf)

Kädtler, Jürgen (2006) *Sozialpartnerschaft im Umbruch. Industrielle Beziehungen unter den Bedingungen von Globalisierung und Finanzmarktkapitalismus.* VSA, Hamburg.

Kädtler, Jürgen (2010) Finanzmärkte und Finanzialisierung. In: Böhle, Fritz; Voß, Günter G. und Günther Wachtler (Hrsg.) *Handbuch Arbeitssoziologie.* VS-Verlag, Wiesbaden, S 619–639.

Kädtler, Jürgen (2011) Financialisation of Capitalist Economies – Bargaining on Conventional Economic Rationalities: *Historical Social Research* 36:4: 169–191.

Kädtler, Jürgen (2012) On Conventions, Insitutions, Power, and Uncertainty – Some Cursory Remarks: *Historical Social Research* 37:4: 36–43.

Kädtler, Jürgen und Hans Joachim Sperling (2002), The Power of Financial Markets and the Resilience of Operations. Arguments and Evidence from the German Car Industry.: *Competition and Change,* 8:1: 81-94.

Kädtler, Jürgen and Michael Faust (2008) The Power of Financial Markets: What Does That Mean and How Does It Work For Different Categories of Companies. In: Bluhm, Katharina und Rudi Schmidt (Hrsg.) *Change in SMEs. Towards a New European Capitalism.* MacMillan, Basingstoke, p 17–38.

Keynes, John Maynard (1936) *The General Theory of Employment, Interest, and Money.* Harcort, Brace and Company, New York.

Kindleberger, Charles P. (2005) *Manias, Panics, and Crashes. A History of Financial Crises* (5). John Wiley, Hoboken, New Jersey.

Knight, Frank H. (1921) *Risk, Uncertainty and Profit.* A.H. Kelly, New York.

Knorr-Cetina, Karin (2005) How are Global Markets Global? The Architecture of a Flow World. In: Knorr-Cetina, Karin and Alex Preda (eds.), *The Sociology of Financial Markets.* Oxford University Press, Oxford; New York, p 38–61.

Knorr-Cetina, Karin and Urs Bruegger (2002a) Traders' Engagement with Markets: A Postsocial Relationship: *Theory, Culture & Society* 19:5-6: 161–185.

Knorr-Cetina, Karin and Urs Bruegger (2002b) Global Microstructures: The Virtual Societies of Financial Markets: *American Journal of Sociology* 107:4: 905–950.

Krippner, Greta R. (2011) *Capitalizing in Crisis. The Political Origins of the Rise of Finance.* Harvard University Press, Cambridge/Mass. and London.

Krugman, Paul (1999) *Die Große Rezession. Was zu tun ist, damit die Weltwirtschaft nicht kippt.* Campus, Frankfurt/Main; New York.

Kuhn, Thomas S. (1977) *Die Struktur wissenschaftlicher Revolutionen.* Suhrkamp, Frankfurt am Main.

Lavigne, Stéphanie (2002) *Investisseurs financiers et convention d'évaluation des firmes.* Thèse de Doctorat en Sciences Economiques, Université des Sciences Sociales de Toulouse 1, Toulouse.

Lazonick, William and Mary O'Sullivan (2000) *Maximizing shareholder value: a new ideology for corporate governance*, Fontainebleau Codex.

Lordon, Frédéric (2000a) La 'création de valeur' comme rhétorique et comme pratique. Généalogie et sociologie de la 'valeur actionariale': *L'année de la régulation* 4:1: 117–168.

Lordon, Frédéric (2000b) La force des idées simples: *Politix* 13:52: 183–209.

MacKenzie, Donald (2005) How a Superportfolio Emerges: Long Term Capital Management and the Sociology of Arbitrage. In: Knorr-Cetina. Karin and Alex Preda (eds.), *The Sociology of Financial Markets.* Oxford University Press, Oxford; New York, S 62–83.

MacKenzie, Donald (2006) *An Engine, Not a Camera. How Financial Models Shape Markets.* MIT Press: Cambridge/Mass., London.

Mayntz, Renate (2013) *Erkennen, was die Welt zusammen hält. Die Finanzmarktkrise als Herausforderung an die soziologische Systemtheorie*, MPIfG Discussion Paper 13/2. Köln.

Minkmar, Nils (2010) Die beste Zukunft aller Zeiten. Hätten wir auf ATTAC gehört – die globale Finanzkrise wäre uns erpart geblieben. *Frankfurter Allgemeine Sonntagszeitung* vom 14.02.2010.

Montagne, Sabine (2001) De la pension governance à la corporate governance: la transmission d'un mode de gouvernement: *Revue d'Economie Financière* 63:63: 53–65.

Montagne, Sabine (2007) In Trusts We Trust: Pension Funds Between Social Protection and Financial Speculation: *economic sociology_the european electronic* newsletter 8:3: 26–32.

Nelson, Richard R. (1997) Recent evolutionary theorizing about economic change. In: Ortmann, Günter; Sydow, Jörg und Klaus Türk (Hrsg.) *Theorien der Organisation.* Westdeutscher Verlag, Opladen, S 81–123.

Nelson, Richard R. and Sidney G. Winter (1982) *An evolutionary theory of economic change.* The Belknap Press: Cambridge (Mass.)/London.

O'Sullivan, Mary (2000) *Contests for Corporate Control – Corporate Governance and Economic Performance in the Unites States and Germany.* Oxford University Press, Oxford; New York.

Orléan, André (ed.) (1994): *Analyse économique des conventions.* Presses Universitaires de France, Paris.

Orléan, André (1999) *Le pouvoir de la finance.* Éditions Odile Jacob, Paris.

Orléan, André (2005) Réflexions sur l'hypothèse d'objectivité de la valeur fondamentale dans la théorie financière moderne. In: Bourghelle, David; Brandouy, Olivier; Gillet, Rolland et André Orléan (ed.), *Croyances, Représentations Collectives et Conventions en Finance.* Economica, Paris, S 19–42.

Peters, Bernhard (2007) *Der Sinn von Öffentlichkeit.* Suhrkamp, Frankfurt am Main.

Popper, Karl R. (1976) *Logik der Forschung.* Mohr, Tübingen.

Ravikoff, Roland B. and Myon P. Curzan (1980) Social Responsibility in Investment Policy and the Prudent Man Rule: *California Law Review* 68:3: 518–546.

Salais, Robert (2007) Die 'Ökonomie der Konventionen': Eine Einführung mit Anwendung auf die Arbeitswelt. In: Beckert, Jens; Diaz-Bone, Rainer und Heiner Ganßmann (Hrsg.) *Märkte als soziale Strukturen.* Campus, Frankfurt am Main; New York, S 95–112.

Salais, Robert; Chatel, Élisabeth et Dorothée Rivaud-Danset (Hrsg.) (1998): *Institutions et conventions.* Éditions des Hautes Ètudes en Sciences Sociales, Paris.

Shiller, Robert J. (2000) *Irrational Exuberance.* Princeton University Press, Princeton.

Simon, Herbert A. (1949) *Administrative Behavior: A Study of Decision-Making Process in Administrative Organization.* Macmillan, New York.

Simon, Herbert A. (1976) From substantive to procedural rationality. In: Latsis, Spiro J. (ed.) *Method and appraisal in economics.* Center for International Business and Management, Cambridge, S 129–148.

Simon, Herbert A. (ed.) (1982) *Models of Bounded Rationality.* MIT-Press, Cambridge/Mass.

Storper, Michael and Robert Salais (1997) *Worlds of production. The action frameworks of the economy.* Harvard University Press, Cambridge (Mass.)/London.

Streeck, Wolfgang (2012) ‚Die Gesellschaft wird sich das nicht gefallen lassen‘. Gespräch mit Wolfgang Streeck: *Neue Gesellschaft, Frankfurter Hefte* 59:4: 21–27.

Taleb, Nassim N. (2004) *Fooled by Randomness. The Hidden Role of Chance in Life and in the Markets.* Penguin Books, London et al.

Taleb, Nassim N. (2008) *The Black Swan. The Impact of the Highly Improbable.* Penguin Books, London et al.

Thompson, Grahame F. (2010) The Global Regulatory Consequences of an Irrational Crisis: Examining 'Animal Spirits' and 'Excessive Exuberances': *Globalization* 7:1-22: 87–104.

Windolf, Paul (2003) Korruption, Betrug und ‚Corporate Governance‘ in den USA : Anmerkungen zu Enron: *Leviathan* 31:2: 185–218.

Windolf, Paul (2005a) Was ist Finanzmarkt-Kapitalismus? In: Windolf, Paul (Hrsg.) *Finanzmarkt-Kapitalismus. Analysen zum Wandel von Produktionsregimen.* VS-Verlag, Wiesbaden, S 20–57.

Windolf, Paul (2005b) Die neuen Eigentümer. In: Windolf, Paul (Hrsg.) *Finanzmarktkapitalismus. Analysen zum Wandel von Produktionsregimen.* VS-Verlag, Wiesbaden, S 8–19.

Windolf, Paul (2008) Eigentümer ohne Risiko. Die Dienstklasse des Finanzmarktkapitalismus: *Zeitschrift für Soziologie* 37:6: 516–535.

Wittgenstein, Ludwig (2009) *Philosophical Investigations.* Wiley-Blackwell, Chichester.

Strittige Öffentlichkeiten: Die Besetzung der Ökonomie

Peter Mörtenböck und Helge Mooshammer

1 Einleitung

Die Kreditkrise 2008 und die darauf folgenden Turbulenzen der weltweiten Austeritäts-Politik haben den Mythos der Einzigartigkeit des Neoliberalismus – die scheinbar alternativlose Vorgabe, der ‚Freie Markt‘ wäre das einzig funktionsfähige ökonomische System – ins Wanken gebracht. Im Licht der seither entstandenen Proteste gegen das Wirken der freien Marktkräfte scheint die bekannte, Fredric Jameson und Slavoj Žižek zugeschriebene Aussage über die kapitalistische Lähmung unseres Bewusstseins ihre langersehnte Widerlegung zu erfahren: Plötzlich scheint es möglich zu sein, sich doch eher das Ende des Kapitalismus als das Ende der Welt vorzustellen.[1] Die plötzliche Enthüllung der Fehlbarkeit des Finanzkapitalismus und die offensichtliche Geiselhaft der Politik ermächtigte gewöhnliche Bürger, sich am Finden von Lösungen des Konflikts zwischen den Interessen des Systems und der Würde des einzelnen Lebens zu beteiligen. Wachgerüttelt wurde damit auch der moralische Appell, für das Gemeinwohl Sorge zu tragen, ein naiver Augenblick von Öffentlichkeit, in dem die 2011 ins Leben gerufene Occupy-Bewegung als eine revolutionäre Destabilisierung gefeiert wurde. Ein Moment, der nicht wiederholbar ist und dennoch ein Vermächtnis hinterlässt. Das Herstellen einer solchen Form von Protestöffentlichkeit ist nicht nur eine Mobilisierungsfrage, sondern auch eine Frage des Gestaltens einer Ausnahmezeit – eine Frage der Beeinflussung des Aufkeimens und Verharrens, des Manipulierens und Verschwindens von Bewegungen. Die Dauerhaftigkeit des Ausnahmezustands herauszufordern, so Walter Benjamin in seinen geschichtsphilosophischen Thesen, verlangt eine Einsicht in das Vorhandensein multipler, parallel existierender Zeiten (Benjamin 2010). Eine solche geschichtete, nicht-homogene Zeitlichkeit, durch die wir eine Vielfalt affektiver Bindungen eingehen,

---

1 Etwa Slavoj Žižek in seiner Rede bei Occupy Wall Street im Zuccotti Park, New York, am 9. Oktober 2011: „It's easy to imagine the end of the world. But you cannot imagine the end of capitalism."

konfrontiert die kollektive Situation des Protests mit zeitlichen Trennungen, das heißt mit Trennungen, die Erfahrungen unterschiedlich organisieren. In diese Struktur einzubrechen, Erfahrungen neu zu organisieren und eine gemeinsame Orientierung zu erlangen stand daher auch von Beginn an im Zentrum der sich Stück für Stück selbst ermächtigenden Occupy-Bewegung.

Im vielzitierten Aufsatz ‚Of the 1%, by the 1%, for the 1%‘ in der Zeitschrift *Vanity Fair* vom Mai 2011 wies der Ökonom Joseph Stiglitz, Nobelpreisträger für Wirtschaftswissenschaften des Jahres 2001, einen Anstieg des Anteils des obersten 1% an den Einkommen in den USA von 12% auf beinahe 25% innerhalb der letzten 25 Jahre aus; der Anteil dieses Segments am landesweiten Vermögen stieg im gleichen Zeitraum von 33% auf 40% (Stiglitz 2011, S. 44-50). Der Protest von Occupy richtete sich gegen diese beschleunigte Zunahme von Reichtum und Macht in den Händen der so genannten ‚1%‘. In ihrer Ablehnung der laufenden Systementwicklung suchte die Occupy-Bewegung Zustimmung und Unterstützung bei den verbleibenden ‚99%‘, um diese Missstände über symbolisch-politische Aktionen anzuprangern und eine Diskussion darüber in Gang zu bringen. In Anlehnung an die Bewegung des Arabischen Frühlings entwickelte sich der Aufruf zur Besetzung öffentlicher Räume zum identitätsstiftenden und verbindenden Mittel des Protests. Die Aktivisten von Occupy sahen im Errichten von Zeltlagern, Volksküchen und alternativen Ökonomien aber mehr als nur die Herstellung mediengerechter Repräsentationen der Unzufriedenheit. Für sie war die Organisation des Protestcamps und die Koordination des Zusammenlebens in Foren direkter Demokratie bereits das Experiment, dessen Ergebnisse das herrschende System in seiner politischen Arbeitsweise ablösen sollte:

> „We have spent the winter learning, working and growing. And now we are being propelled to bolder, more intelligent forms of resistance. Our visions will come in time, with patience, working together, when we reflect the strength and diversity of the 99%. [...] And perhaps the coming year will be the moment when we are unleashed beyond a ‚movement‘ and towards a new way of being." (Luxemburg et al. 2012, S. 31)

Angesichts der rasanten Ausbreitung der ersten Welle an Besetzungen wähnten sich manche Aktivisten bereits auf der Vorstufe einer gerechteren Welt, die 99% an ihrer Seite. Die angerufenen 99% mögen die Gründe des Protests und auch die Wahl seiner Adressaten für legitim erachtet haben. Die Bereitschaft zum revolutionären Schritt der Systemablöse war aber eine andere Frage. Nicht selten entsprang die Solidarität dem geteilten Empfinden, den Zugang zu individuellem Wohlstand blockiert zu sehen, und weniger einer grundsätzlichen Ablehnung der gesellschaftlichen Ordnung. Letztlich hat Occupy das System nicht aus den Angeln gehoben, keine Börsenspekulationen aus der Bahn geworfen und keine Regierungen gestürzt. Die Bewegung hat nicht zum Sturm auf die Wall Street und auch nicht zu einer freihändigen Umverteilung von Geld und Schulden geführt. Und dennoch haben die Platzbesetzungen wichtige Werte verschoben. Von US-Präsident Barack Obama abwärts begannen Regierungsvertreter weltweit zu bekunden, dass die Volatilität der Finanzmärkte nicht zur alleinigen Instanz für die Bestimmung gesellschaftlicher Werte werden dürfe. Millionen Menschen sind Zeugen geworden, dass in einem selbstermächtigen Zusammenkommen ein kritisches Ausmaß an öffentlicher Debatte erzielt werden kann, um solche Reaktionen im politischen Gefüge in Gang zu bringen. Für die Erfassung des Handlungsrahmens zeitgenössischer Öffentlichkeit stellen sich damit drei wichtige Fragen: Erstens, welche Schlüsse lassen sich aus den Erfahrungen jüngster Protestbewegungen über die sich verändernde Beziehung von realen und symbolischen Räumen in der Konstitution von Öffentlichkeit ziehen? Zweitens, inwiefern werden diese Veränderungen von einer zunehmend räumlich und zeitlich aufgesplitterten ökonomischen und politischen Ordnung geformt? Und drittens, wie ist das Wirken von Öffentlichkeit gerade angesichts dieser räumlichen und zeitlichen Verlagerungen grundsätzlich neu zu denken?

2   Ansteckungseffekte

Auf der Suche nach einem grundlegenden Gesamtbild wird klar, dass die unterschiedlichen Schauplätze der Protestbewegungen des Jahres 2011 nach einer differenzierten Betrachtung verlangen. Was in den zahlreichen Erfahrungsberichten beansprucht wird, muss nicht unbedingt mit den tatsächlichen Vorgängen und Effekten übereinstimmen. Darüber hinaus ist die Entfaltung der Ereignisse durch eine Überlagerung von Einmischungen, Reaktionen und Gegenreaktionen interner wie externer Akteure geprägt. Und dennoch liegt Occupy etwas zugrunde, dass sich nicht allein über eine Analyse der orts- und geschichtsbedingten Spezifika der Handlungsabläufe erschließen lässt, eine allgemeinere Bedingung, in der Occupy nicht bloß als eine Aktionsform, sondern stärker noch als eine Idee hervortritt. Auch wenn bis zum Frühjahr 2012 beinahe alle Lager von Occupy geräumt wurden, konnte mit der Beseitigung der physischen Manifestationen die Ausbreitung des Widerstands gegen die offizielle Politik der Krisenbewältigung nicht gestoppt werden. ‚You can evict tents, but you cannot evict an idea‘, so die einhellige Reaktion auf die Räumungen.[2] Dass die Idee von Occupy nicht eingedämmt werden konnte, hängt nicht zuletzt damit zusammen, dass die Krise selbst keine Anzeichen des Verschwindens zeigt. Sie erzeugt weiterhin Effekte, weil sich der Herd des Konflikts unaufhörlich ausbreitet. Der Protest von Occupy ist keine Irritation, die durch einfache Maßnahmen isoliert werden könnte. Er ist Symptom tektonischer Verschiebungen im weltweiten sozio-ökonomischen Gefüge, die von einer gleichzeitigen Zersplitterung und Neuzusammensetzung von Allianzen an Akteuren und Ressourcen angetrieben werden. In dieser globalen Transformation verdichtet sich dieses Motiv des Protests von Schauplatz zu Schauplatz. Jede neue Platzbesetzung verstärkt ihren Modellcharakter. Von den unzähligen Occupy-Camps über die Protestversammlungen von Asylsuchenden in Europa bis zum Gezi-Park in Istanbul haben Menschen

---

2 Ausgangspunkt dieses vielzitierten Slogans war das Statement von Occupy Wall Street zur Räumung des Zucotti Parks am 15. November 2011: „You can't evict an idea whose time has come", http://occupywallst.org/article/you-cant-evict-idea-whose-time-has-come/

an zentralen städtischen Plätzen Zeltlager aufgeschlagen, um ihr Anliegen unübersehbar zu manifestieren. Sie haben wochenlang Wind, Wetter und Polizeigewalt getrotzt, um einen Raum an Öffentlichkeit zu schaffen und diesen zugleich dazu zu nützen, eine von unten angeleitete Debatte über die Lage unserer Gesellschaft zu führen und mögliche Szenarien zukünftiger sozialer, wirtschaftlicher und politischer Organisation durchzuspielen.

Die räumlichen Aufführungen der Besetzung erzeugen ein Set an Versatzstücken, über deren Einsatz Occupy eine Gestalt verliehen wird, die über die konkreten Begrenzungen des ursprünglichen Schauplatzes hinaustreten und auch an anderer Stelle wirksam werden kann. Das Aufgreifen der performativen Qualitäten von Occupy erlaubt es, an vielen unterschiedlichen Orten die Erfahrung ökonomischer Betroffenheit mit der Suche nach politischen Handlungsräumen zusammenzuführen. Die Macht der Idee besteht also darin, einen konkreten Schauplatz immer wieder neu zu etablieren, durch den gleichzeitig eine Auseinandersetzung jenseits der Limitierungen desselben eröffnet werden kann. Lokalität agiert in diesem Prozess als ein Produktionsmechanismus der symbolischen Sphäre von Politik. Die weltweite Zirkulation der von Occupy besetzten Fragen hat so ein weit über die Kreise der unmittelbar Beteiligten hinausreichendes Moment entstehen lassen, in dem sich auch die Vertreter der institutionellen Gewalten gedrängt sahen, sich zur Lage der Protestierenden zu äußern.

Den Auftakt der Bewegung bildete Occupy Wall Street (OWS) mit der Besetzung des Zuccotti Park in New York am 17. September 2011, nachdem der ursprünglich von ihr anvisierte, symbolträchtige Ort der Wall Street vom New Yorker Police Department abgesperrt worden war. Den choreographischen Rahmen für die globale Ausbreitung von Occupy bot dann ein für den 15. Oktober 2011 ausgerufener Internationaler Aktionstag. Eine von der britischen Zeitung *The Guardian* am 18. Oktober 2011 erstellte interaktive Weltkarte zeigt dabei eine auffallende, wenn auch nicht überraschende Häufung von Kundgebungen in Nordamerika und Europa neben vereinzelten Hotspots in Rio de Janeiro, Sydney oder Hongkong.[3] In Nordamerika war in den vier Wochen seit Beginn der Besetzung des Zuccotti Parks die Zahl der Folge-Camps auf mehrere Hundert angewachsen, von oft nur wenige Personen zählenden Versammlungen in Städten wie Anchorage in Alaska[4] oder Albuquerque in New Mexico[5] bis zu den großen Lagern in den Metropolen der USA, wie Occupy Oakland[6], Occupy Boston[7] oder Occupy D.C.[8]

---

3   ‚Occupy Protests mapped around the world', *The Guardian* Data Blog, 18. Oktober 2011. http://www.guardian.co.uk/news/datablog/interactive/2011/oct/18/occupy-protests-map-world. Ähnliches gilt für die Weltkarte des Occupy Directory: http://directory.occupy.net/

4   http://www.facebook.com/OccupyAnchorage

5   ‚Camp Coyote' am Campus der University of New Mexico, 1. Oktober 2011 bis 25. Oktober 2011. http://unoccupyabq.org/

6   'Oscar Grant Plaza' auf der Frank H. Ogawa Plaza, 10. Oktober 2011 bis 14. November 2011. http://occupyoakland.org/

7   Dewey Square, 30. September 2011 bis 10. Dezember 2011. http://www.occupyboston.org/

8   McPherson Square, 1. Oktober 2011 bis 4. Februar 2012. http://occupydc.org/

In Europa fungierte der von der spanischen Echte-Demokratie-Jetzt-Bewegung[9] aufgesetzte Blog *united for #globalchange*[10] als Sammelpunkt der weltweiten Aktionen. Neben dem in 18 Sprachen übersetzten Aufruf „15. Oktober 2011 – Vereinigt für einen weltweiten Wandel – 951 Städte – 82 Länder" und zahlreichem Agitationsmaterial zum Herunterladen, wie Postern, Stickern oder Bildschirmschonern, listet der Blog für den Zeitraum vom 5. bis 15. Oktober 2011 Aufrufe und Berichte von 1065 Occupy-Aktionen weltweit,[11] von Auckland in Neuseeland[12] bis Tijuana in Mexiko[13], von Maribor in Slowenien[14] bis Freiburg in Deutschland[15], von São Paulo in Brasilien[16] bis Manila auf den Philippinen[17]. Die von *The Guardian* erstellte und nach einem Aufruf zur Mithilfe bei der Datensammlung wesentlich erweiterte Liste umfasste einen Monat später, am 14. November 2011, insgesamt 745 Schauplätze von Versammlungen im Rahmen des internationalen Protesttags.[18]

Aus diesen Hunderten Kundgebungen und Versammlungen mit Millionen Teilnehmern weltweit gingen vor allem in den Zentren des globalen Finanzhandels sich für einen längeren Protest einrichtende Lager nach dem Vorbild von Occupy Wall Street hervor. In London schlugen Aktivisten von Occupy London Stock Exchange[19] ihr Lager vor den Stufen der St. Pauls Kathedrale auf, nachdem ihnen zuvor der Zugang zur nahe gelegenen Börse von der Polizei verwehrt worden war. In Frankfurt errichtete Occupy Frankfurt[20] seine Zelte neben der Euro-Skulptur vor dem Gebäude der Europäischen Zentralbank. In Hongkong besetzte Occupy Central[21] mit Transparenten wie ‚H.K. financial center is dead' die südliche Hälfte des HSBC-Atriums. Diese und andere Lager von Europa bis Australien schlossen sich so einer immer länger werdenden Liste von Occupy-Lagern in den USA an, die dort besonders in den Universitätsstädten beacht-

---

9   http://www.democraciarealya.es/. Auf Facebook: http://www.facebook.com/democraciarealya

10 http://15october.net/ bzw. ‚United for Global Change #15oct' auf Facebook: http://www. facebook.com/15octobernet

11 http://map.15october.net/reports

12 http://map.15october.net/reports/view/267

13 http://map.15october.net/reports/view/498

14 http://map.15october.net/reports/view/642

15 http://map.15october.net/reports/view/629

16 http://map.15october.net/reports/view/29

17 http://map.15october.net/reports/view/243

18 ‚Occupy Protests around the world: full list visualised', *The Guardian* Data Blog, 14. November 2011. http://www.guardian.co.uk/news/datablog/2011/oct/17/occupy-protests-world-list-map. Daten auf: https://docs.google.com/spreadsheet/ccc?key=0AonYZs4MzlZbdGhwWGhTUXph Ukw3RldHWUlKZmI5NEE&hl=en_GB#gid=6

19 St Paul's Churchyard, 15. Oktober bis 28. Februar 2012. http://occupylsx.org/

20 Willy-Brandt-Platz, 15. Oktober 2011 bis 16. Mai 2012 und seit 20. Mai 2012. http://www. occupyfrankfurt.de/

21 HSBC Plaza, Hong Kong Central. Seit 15. Oktober 2011. http://occupycentralhk.com/

lichen Zulauf erhielten. Im Frühjahr 2012 listete die Online-Plattform *Occupy Directory* 1484 Einträge zu Occupy-Initiativen auf, 1054 davon in den USA.[22]

Die weltweite Ausbreitung von Occupy machte möglich, was kurz zuvor noch undenkbar schien. Die Kenntnisnahme des Protests bedingte auch die Anerkennung, dass quer durch die westliche Welt Linien des Verteilungskampfes laufen. In dieser Konfliktgeografie ist Occupy ein Kampf um Handlungsmöglichkeiten, der aus der Erfahrung von Ohnmacht entspringt. Zu einer lang ertragenen politischen Bevormundung gesellt sich der Druck einer überwältigenden ökonomischen Ausweglosigkeit. Diese Kombination von ökonomischen Zwängen und politischem Vertrauensverlust war sowohl für die Formierung und Entwicklung als auch für die Handlungsmöglichkeiten von Occupy und verwandten Bewegungen von entscheidender Bedeutung. In Mittelmeerländern wie Spanien oder Ägypten etwa trifft die Bereitschaft zum radikalen Protest auf einen dramatischen Anstieg der dortigen Jugendarbeitslosigkeit.[23]

Auffällig ist dabei, dass auch im populären Zuspruch zu Occupy die Stimmen ökonomischer Betroffenheit über weite Strecken die von manchen Organisatoren anvisierte Ausrichtung der Bewegung auf explizit revolutionäre Ziele übertönten. Die unter dem Kampfslogan „We are the 99%" versammelten Proteststimmen bezeugen eine ideologische Streuung weit über das anarchistische Spektrum hinaus. Gerade bei der gutausgebildeten, jungen Generation in den Städten Nordamerikas taucht als zentrales Beteiligungsmotiv weniger die Absage an das kapitalistische System per se auf als die Frustration darüber, sich trotz intensiver Anstrengungen aus dem amerikanischen Traum von Wohlstand durch Leistung ausgeschlossen zu sehen: „The one thing the protesters all seem to agree on is that the middle-class way of live is moving out of reach." (Van Gelder 2011, S. 4) Viele der tausenden Bezeugungen auf dem Tumblr-Blog *We Are the 99 Percent* betonen: „I have worked hard, played by the rules."[24] Der Zugriff von Marktinteressen der Schuldenwirtschaft auf immer mehr Lebensbereiche, vom Wohnen bis zur Ausbildung, schafft eine finanzielle Belastung des Einzelnen, die angesichts schwindender Jobaussichten immer schwieriger zu meistern ist.[25] Was die unterschiedlichen Hintergründe eint, ist

---

22 http://directory.occupy.net/occupations

23 Vgl. für Spanien: European Commission, eurostat: ‚Youth Unemployment 2012 Q4'. http://epp.eurostat.ec.europa.eu/statistics_explained/index.php?title=File:Youth_unemployment,_2012Q4_(%25).png&filetimestamp=20130418091546

24 Siehe: http://wearethe99percent.tumblr.com/archive

25 Siehe etwa folgendes Posting: „I worked hard, played by the rules, got good grades, never got into trouble…and I'm SCARED for my future. I have a MASTERS DEGREE…why can't I get a job??? I am 24 years old. I have $100,000 in student debt (and growing). I have a Masters Degree, but no one will hire me. I am either over qualified or don't have enough experience… How can you get experience if no one will give it to you? I live with my boyfriend who is barely paying our bills. We can't afford to get married. I will be kicked off my father's health insurance soon. When that happens I hope I don't get pregnant from the lack of birth control since we won't be able to afford it. If I don't get a job in the next few months paying more than $8/hr we will have to move in with my in-laws. My father has always worked 12-14 hour days, sometimes with two

die Einsicht, diese existenziellen Schwierigkeiten nicht innerhalb des eigenen persönlichen Handlungsrahmens bewältigen zu können. Für immer mehr Personen bietet sich
keine individuell beschreitbare Perspektive, um der Spirale der Schuldendynamik zu entkommen, weder durch die Investition in eine hochqualifizierte Ausbildung, die einen fit
für veränderte Karriere-Märkte machen sollte, noch durch ein vermehrtes Aufopfern,
Sparen und Entsagen. In einem stürmischer werdenden ökonomischen Klima scheint
auch die Aussicht darauf, eine politische Institution für das Deponieren persönlicher
Forderungen ausfindig zu machen, immer mehr zu schwinden.

3   Geteilte Interessen

An wen kann dieser Zorn über das Entrücken der Zukunft und die Enttäuschung über
das eigene Scheitern gerichtet werden? Wurde der 1968er Bewegung vorgeworfen, aus
rein ideologischen Gründen vorzugeben, im Namen einer benachteiligten Arbeiterschaft
zu demonstrieren, so fühlen viele Beteiligte von Occupy selbst die Bürden ökonomischer
Zwänge. Die 1968er besetzten Streikposten vor den Toren der Fabriken. Schulden werden
aber nicht von Arbeitern in Fabriken produziert. Sie sind Produkt und Instrument eines
weltweiten Finanzmarktes, der immer mehr zur Basis menschlicher Interaktionen wird.

Im Herstellen von Verschuldung wird nicht alleine auf unsere jetzige Arbeitskraft zu-
gegriffen, sondern auch unsere zukünftige Arbeitskraft als Kapital eingesetzt. Die Ver-
fügungsgewalt über unsere Zukunft wird zum Motor eines Marktes, dem wir verschuldet
sind (vgl. Lazzarato 2012). Was müsste besetzt und materiell angeeignet werden, um eine
Umverteilung von solcherart virtuell gehandelten Werten zu erwirken? Gibt es einen
physischen Ort, an dem eine solche Umverteilung zumindest sinnvoll gefordert werden
kann?

In der Identifizierung von „Occupy Wall Street" und „We are the 99%" scheint Occupy
eine Adresse für den Unmut und die Verzweiflung ausgemacht zu haben. Von manchen
Kommentatoren wird in Zusammenhang damit die Bildung eines neuen Klassenbewusstseins als eine der folgenreichsten Errungenschaften von Occupy angeführt (vgl.
Graeber 2012). Der unwiderstehliche Slogan „Wir, die 99%" habe es geschafft, den unzähligen Opfern der Schuldenwirtschaft ein neues Verständnis für ihre kollektive Lage
zu vermitteln. Nicht sie persönlich, in ihrer individuellen Unfähigkeit, seien schuld an
der finanziellen wie emotionalen Misere, sondern die unersättliche Gier anderer – die
des oberen einen Prozent, das alle materiellen wie immateriellen Ressourcen des Planeten
ohne Rücksicht auf Verluste ausbeute. Wenn es darum geht, die Leistungen und Schwierig-

---

jobs at a time to make ends meet. He is currently working 12-14 hours a day, 6-7 days a week
at a physically demanding job. His body is wearing down and he is showing Parkinsons like
symptoms. Over my dead body will he ever go into a nursing home. Sometimes I get physically
sick from anxiety. I am TERRIFIED for the future. I AM THE 99%." http://wearethe99percent.
tumblr.com/post/11122269063/i-worked-hard-played-by-the-rules-got-good. Gepostet am 6.
Oktober 2011.

keiten von Occupy zu verstehen, dann bilden diese hervorstechenden Merkmale zugleich die heiklen Stellen. So gilt es bei diesem Coup der Bewegung – dem Fokussieren auf das eine Prozent – neben den erzielten Effekten auch danach zu fragen, welche Dynamiken dazu geführt haben, gerade diesen Aspekt hervorzuheben und welche anderen möglichen Ausrichtungen des Protests in dessen Schatten keine Beachtung gefunden haben.

Zur Entwicklung eines neuen Klassenbewusstseins, das sich auch als vereinigte politische Kraft formiere, zeichnen die auf *We Are the 99 Percent* geposteten Beichten ein durchaus ambivalentes Bild. Es ist nicht immer schlüssig, wie sich der unsanfte Verlust von Ansprüchen der Wohlstandsgesellschaft in einen selbstlosen Einsatz gegen die Bedrohungen des Allgemeinwohls übersetzt. Die Problematik der Figuralisierung betrifft aber nicht nur die 99%, sondern vor allem auch das Gegenstück, das sogenannte eine Prozent, und damit einen zentralen Kern des Protests, nämlich den Kampf gegen die Vorherrschaft der Geldwirtschaft. Im zweiten von OWS veröffentlichten Dokument, der am 29. September 2011 von einer Vollversammlung im Zuccotti Park beschlossenen ‚Erklärung der Besetzung der Stadt New York'[26] werden ‚die Konzerne' als Urheber und Vollstrecker des Unrechts auf der Welt an den Pranger gestellt. Niedergeschrieben, „damit alle Menschen, denen von Konzernen Unrecht angetan wird, wissen, dass wir ihre Verbündeten sind", widmet die Deklaration den Großteil des Textes einer „nicht vollständigen" Aufzählung von Missetaten:

> Sie haben uns unsere Häuser in illegalen Zwangsversteigerungen geraubt, obwohl ihnen die ursprünglichen Hypotheken nicht gehörten.
>
> Sie haben sich ungestraft Rettungsgelder von Steuerzahlern geholt und bezahlen trotzdem immer noch exorbitante Boni an die Vorstände.
>
> [...]
>
> Sie haben Studenten mit vielen zehntausenden Dollar Verschuldung für Bildung als Geiseln genommen, obwohl Bildung an sich ein Menschenrecht ist.
>
> Sie haben kontinuierlich Arbeit ausgegliedert und die Ausgliederungen als Mittel genutzt, um Löhne zu drücken und die Gesundheitsversorgung zu reduzieren.
>
> [...]
>
> Sie haben Privatverträge akzeptiert, um Gefangene hinzurichten, selbst wenn ernsthafte Zweifel an ihrer Schuld erhoben wurden.
>
> Sie haben Kolonialismus hier und im Ausland fortgesetzt.
>
> Sie haben an der Tötung und Folter von unschuldigen Zivilisten im Ausland teilgenommen.
>
> Sie stellen immer noch Massenvernichtungswaffen her, um Regierungsaufträge zu erhalten.

Wer genau sind ‚sie', und wo sind ‚sie'? Besteht der Haupteffekt des PR-Coups darin, sich die eigene Sicht sowohl auf den Kern der Auseinandersetzung als auch auf die Zielrichtung des Widerstands verstellt zu haben? Die Klassenrhetorik der 99% mag manchen

---

26 http://www.nycga.net/resources/declaration/. Deutsch: http://www.nycga.net/files/2011/10/GermanOccupyNewYorkdeclaration.pdf

die trügerische Genugtuung bereiten, die Massen hätten nun endlich das Klassenwesen des kapitalistischen Systems erkannt. Inwiefern kann dieses Bild aber auch den Weg zu einer Alternative weisen? Die Frage ist also, ob diese Figuralisierung des Konflikts nicht nur eine Errungenschaft, sondern gleichzeitig auch ein Handicap der Bewegung darstellte. Inwiefern ist das kapitalistische System am individuellen Handeln einzelner Personen festzumachen? Oder haben wir es hier vielmehr mit einer abstrakten Figur zu tun, deren Macht gerade in ihrer Fähigkeit der Dezentralisierung besteht, in der Kapazität, sich immer wieder neuer Körper zur Ausführung ihrer Logik zu bemächtigen? Diese Frage ist nicht bloß eine rhetorische, sondern ihre Beantwortung bestimmt, welche Richtung ein Widerstand gegen das System einschlagen kann.

4   Ansprüche und Beteiligungen

„Das Kapital ist kein Subjekt", stellt Mark Fisher in *Capitalist Realism* fest und verweist damit auf Slavoj Žižeks Argument, dass die Versuchung der ethischen Schuldzuweisung gerade vom kapitalistischen System selbst als Mittel eingesetzt werde, um die Verantwortung für die Finanzkrise vom Systemhaften auf das irrationale Tun Einzelner und deren ‚Missbrauch' des Systems abzulenken. Konzerne seien keine im Untergrund operierenden Agenten, die alle Fäden ziehen, sondern selbst nur Ausdruck und Gefangene der ultimativen Ursache-die-kein-Subjekt-ist (Fisher 2009, S. 69f.). Jeder Versuch, ein Register des Zu-Verurteilenden und Zu-Bestrafenden analog von Individuen auf Konzerne zu übertragen, könne daher nur armselige Resultate bringen. Viel wurde über das Kultig-Religiöse von Occupy und die rituellen Opferbezeugungen der 99% – dass Menschen ihr Schicksal auf Tafeln malen und wie Votivkarten an gemeinsamen Orten anbringen – geschrieben (vgl. Roth 2011, S. 23-29). Die kollektive Wallfahrt zu Occupy ziele auf einen kompensatorischen Glauben, der helfe, eine klare Ordnung von Gut und Böse wiederherzustellen und zugleich Absolution von eigenem Verschulden verspreche.

Politische Mobilisierung operiert immer auch auf einer emotionalen Ebene. Es ist daher zu fragen, ob in der Benennung des einen Prozents bloß ein einfach zu fassender Sündenbock für das individuelle und allgemeine Leiden gefunden wurde, demgegenüber die All-inclusive-Formel der 99% eine bequeme Route zur Identifizierung als Opfer anbietet. Die Platzhalterfunktion des einen Prozents nicht zu reflektieren, birgt die Gefahr, dass der Protest an der Arbeitsweise des Kapitals vorbei und damit ins Leere zielt. Worauf muss geachtet werden, damit der 99%-Slogan nicht nur eine therapeutische Funktion erfüllt, sondern eine tatsächliche politische Währung erlangt? Wie kann vermieden werden, dass Occupy hier einem verhängnisvollen Vater-Syndrom verfällt, das Jacques Lacan und andere bereits früheren Protesten, wie den 1968er Studentenbewegungen attestiert haben? Gemeint ist die fehlgeleitete Annahme, dass ‚da oben' jemand sitze, der über alles verfüge, freien Zugang zu allen Ressourcen habe, aber aus reiner Willkür und Blindheit gegenüber seinen ureigensten Interessen diese nicht gerecht verteilen wolle und grob fahrlässig damit umgehe – ein böswilliger Vater, der einem auf grausame Weise das

‚Recht' auf den Genuss des Lebens verwehre (Fisher 2009, S. 14). Die Voraussetzung für das Überwinden dieser Fixierung auf ein väterliches Über-Ich und das Wiedererlangen einer echten politischen Handlungsfähigkeit besteht für Mark Fisher in der Anerkennung unserer eigenen Hingabe an die Mühlen des Kapitals auf der Ebene des Begehrens. Anstelle einer Projektion des Bösen auf phantasmatische Andere gelte es, zwei Dinge im Auge zu behalten: der Kapitalismus ist eine hyper-abstrakte, a-personale Struktur, und er ist nichts ohne unsere Kooperation (ebd., S. 15).

Die Spannung zwischen dem gleichzeitigen Schaffen und Unterlaufen von Identifikationsbildern kennzeichnet die Herausforderungen für zeitgenössischen Widerstand gegen Vorherrschaft. Jede aufgemachte Linie der Auseinandersetzung läuft nicht nur durch uns selbst hindurch, sondern eröffnet einen neuen Schauplatz, der das Anliegen zugleich formiert und überdeckt. Die Anstrengung liegt nicht allein im Besetzen einer Handlungsplattform, sondern im Offenhalten einer neuen Sicht auf die Dinge. Dieser Konflikt ist prägend für das, was Occupy zu erreichen versuchte und womit die Bewegung konfrontiert war. Occupy hat die Verwicklung von kapitalistischem System und gesellschaftlicher Ordnung aufgezeigt und demgegenüber einen vielstimmigen Handlungsraum reklamiert. Als Reaktion kam die Umleitung der gesellschaftlichen Gewalten auf die Ebene des Einzelnen, die Ablenkung der Diskussion von Stadt und Ökonomie auf die persönliche Hygiene der Besetzer. Eine der entscheidenden Fragen über die Wirkmacht von Occupy richtet sich dementsprechend darauf, wie sich in der Entfaltung sozialer und kultureller Beziehungen das Begehren nach einer faireren Gesellschaft artikuliert und auf die Dualität von ökonomischem System und politischer Gewalt reagieren kann. Die in Foren direkter Demokratie entwickelte Selbstermächtigung war mehr als nur ein Prozess; sie war eine Art kollektiver Handlungsraum, dessen flüchtige Konturen sich weniger am bestehenden Umfeld orientierten, als an einer Vielzahl zukünftiger Qualitäten und Potenziale. Genau hier, am Punkt der Ermächtigung von Körpern und Subjekten, in der Realität ihres Potenzials, kommt, wie Brian Massumi argumentiert, die entscheidende Kraft einer Bewegung zum Ausdruck – in einer relational aktivierten Bereitschaft für das, was sich ereignen mag (Massumi 2011, S. 43). Geistige und körperliche Nahrung, selbst erfundene Rezepte, gut vernetzte Zubereitungen und alternative Genussformen dienten den Occupy-Camps als Katalysatoren dieser global verstreuten, experimentellen Sozialität. Die Frage, wer für die Gemeinschaft Sorge trägt, wurde durch eine Diskussion darüber ersetzt, wie Sorge getragen wird und wer Sorge braucht. Weder ein abstraktes Bild von Öffentlichkeit noch die klare Gestalt eines besetzten Raums, sondern die konkrete Erfahrung von miteinander geteilten und immer wieder neu gefassten Situationen spielte so im globalen Dorf der Occupy-Bewegung die tragende Rolle.

Das Kapital ist kein Subjekt. Damit das System greifen kann, muss der Glaube an seine Wirksamkeit ausgeübt und in wiederholten Handlungen bestätigt werden. Die Wall Street ist zugleich Symbol als auch Ort der Huldigung. Als einer der Knoten im Netz der globalen Städte generiert sie eine Dichte an ‚Finanzdiensten', die stets neue Systemanwendungen hervorbringt. Als Teil eines wachsenden Repertoires an menschlichen und materiellen Ressourcen werden die realen Effekte der Geldschöpfung in der zeitgenössischen Schuldenwirtschaft in immer neue Bereiche ausgelagert. Die Abschiebung in stets ausgeklügeltere, in den Raum der Zeit projizierte Abhängigkeiten garantiert die Eigendynamik des Systems. Unter dem Gesichtspunkt, dass die ‚Vernünftigkeit‘ des vorherrschenden Systems durch das Auftreten seiner Platzhalter abgesichert werden muss, scheint die Wall Street als physisches wie symbolisches Ziel der Besetzung in einem ersten Schritt Sinn zu machen.

Aber Occupy Wall Street hat die Wall Street nicht erreicht, stattdessen die Antwort des Staates erhalten, und zwar nicht, weil Banker und Spekulanten die Protestierenden daran gehindert hätten. Es war das New Yorker Police Department, das am 17. September 2011 die Wall Street sperrte und die Skulptur des *Raging Bull* abzäunte, am Zuccotti Park eine militärisch aufgerüstete Überwachungsstation einrichtete und am 15. November 2011 dafür sorgte, dass das Lager unter Ausschluss der Öffentlichkeit geräumt wurde. Der vehemente Einsatz von militarisierten Polizeieinheiten und Anti-Terrormaßnahmen zur Eindämmung von Occupy in den USA lässt zivilen Protest als eine Bedrohung der nationalen Sicherheit erscheinen. Der in diesen Aktionen sichtbar gewordene Handlangerdienst des Staates beschränkt sich nicht auf die polizeiliche Kontrolle ‚öffentlicher Ordnung‘.[27] Der Kapitalismus arbeitet direkt durch den Staat: Die Schmutzarbeit für die sauberen Deals der Wall Street, die Vollstreckung und die Kosten für die Implementierung der Schuldenwirtschaft werden vom Staat und seinen Organen übernommen. Seine Gerichte verordnen Pfändungen und Zwangsversteigerungen, die öffentlichen Haushalte garantieren die Risiken.

Das Prinzip der Geldschöpfung durch das Auferlegen von Schulden befindet sich potenziell immer in der Krise. Ein Schaffen von Werten, das nicht durch Produktion gestützt wird, sondern auf der Spirale von Zinsen und Gebühren beruht, bedarf zur Aufrechterhaltung dieser Krise einer ständigen Weiterschreibung dieser Auslagerungen.[28] Mit dem Druckmittel der so genannten Alternativlosigkeit hat es der kapitalistische Realismus geschafft, die vermeintliche Schwächung der Kreditkrise von 2007/2008 zum Ausweiten seines Zugriffs auf den Staat zu nützen und die Verluste fauler Kredite auf die öffentlichen Haushalte abzuwälzen. Im Bann von Korruption und Geiselhaft adaptieren die politischen Institutionen des Staates die sozialen Übereinkünfte und rechtlichen Rahmenwerke, um im Erschließen neuer Märkte der Krise zu entkommen. Nach der Erschöpfung der Immobilien-Blasen des vergangenen Jahrzehnts orientiert sich die Schuldenwirtschaft nun auf den informellen Sektor des globalen Südens. Anstelle der Hypotheken einer aufstrebenden Mittelschicht wird die Ausgabe von Mikro-Krediten an die am meisten Benachteiligten als neu zu erobernder Markt entdeckt. Nachdem die

---

27 Vgl. Saskia Sassen: ‚The Global Street Comes to Wall Street‘, *Possible Futures*, a project of the Social Sciences Research Council (SSRC), 22. November 2011. http://www.possible-futures. org/2011/11/22/the-global-street-comes-to-wall-street/

28 Als ein Beispiel dafür kann die US-amerikanische Automobilindustrie gesehen werden, die heute ihren Profit nicht mehr primär aus der Differenz zwischen Herstellungskosten und Verkaufspreis des Produkts an sich, sondern aus den mitverkauften ‚Finanzprodukten‘ erzielt.

Hälfte aller ökonomischen Aktivitäten weltweit dem informellen Sektor zuzurechnen ist, werden aus den Millionen der Ärmsten der Welt unschätzbare Assets für globale Spekulationen (vgl. Roy 2010).

Der Coup besteht in einer immer weiterreichenden Externalisierung der Kosten des Profits, materieller wie menschlicher Art. Die Mächtigkeit der Geldwirtschaft resultiert nicht aus einer physischen Ballung von Macht in der Wall Street, sondern aus dem Eingriff in immer neue Zonen und Bereiche unseres Seins – die Organisation unserer Gesellschaft, unser Zusammenkommen als Gemeinschaft oder die Pflege unseres mentalen Wohlbefindens. Wir erfahren hier eine doppelte Strategie der Enteignung: In einem ununterbrochenen Prozess der Deterritorialisierung und Reterritoralisierung greift das kapitalistische System nach unseren Subjektivitäten, um uns als Arbeiter und Konsument, Schuldner und Exekutor zu verwerten und zugleich zu entwerten. Seine Instrumente nehmen Rechtspersönlichkeit an, die in einen direkten Wettstreit um die Räume und Formen unseres sozialen Zusammenlebens eintritt. In diesem Klima der Krise dienen Angst und Bedrohung zum Durchsetzen und zugleich Verdecken einer Allianz von Ökonomie und Politik.

Die von Occupy angesprochene mentale Krise unserer Zeit betrifft die schizophrene Erfahrung, mit der Formel „Der Staat sind wir, das Volk" für die Befriedigung ökonomischer Systeme in Anspruch genommen zu werden, wenngleich das staatliche Wirken bereits von diesen Systemen übernommen wurde. Die für Occupy bestimmende Geste, die Ablehnung des Wirtschaftssystems mit einem Aufruf zur Erneuerung des politischen Prozesses zu verbinden, reflektiert, wie Machtkonzentrationen in der Ökonomie auch auf die Repräsentationen unseres Zusammenlebens zugreifen. Occupy Wall Street ist zugleich Occupy USA, Occupy Together, Occupy Everywhere, Occupy Everything. „Wir, das Volk" als konstituierendes Element des Gemeinwesens zurückzuverlangen, richtet sich gegen die zunehmende Ausrichtung von Öffentlichkeitsfragen am Finanzmarktgeschehen, gegen die Auslieferung an eine das gesamte Leben übernehmende Ökonomie. *Occupy – Wir, das Volk* bestreitet diesen symbolischen Machtraum mit einem selbsthergestellten Forum, um zu debattieren, was ökonomische Organisation zu leisten hat und was in dieser Hinsicht einer Öffentlichkeit bedarf. Die weltweiten Besetzungen von Stadträumen sind nicht nur als konzertierte Aktionen zu verstehen, um gemeinsam öffentlich in Erscheinung zu treten, sondern als lose miteinander verbundene Aufbrüche, mit denen gegen eine schleichende Privatisierung von öffentlichen Räumen protestiert und ein Anspruch auf selbstbestimmte Öffentlichkeit markiert wurde. Auf die vorherrschende Politik der Verlagerung ökonomischer Effekte kontert Occupy mit der Versammlung sich selbst zum Ausdruck bringender Subjekte, der Besetzung von uns selbst.

Noch vor der oben zitierten ‚Erklärung anlässlich der Besetzung von New York City' vom 29. September 2011 wurden am 23. September 2011 von der Vollversammlung im Zuccotti Park ‚Die Prinzipien der Solidarität' verabschiedet. Das kurze Statement zur Einheit der Bewegung erklärt, dass die Besetzer des Zuccotti Parks sich als autonome politische Subjekte verstehen und sich in gewaltfreiem, zivilem Ungehorsam und dem

Aufbau von Solidarität üben, auf der Basis von gegenseitiger Achtung, Anerkennung und Liebe:

> „On September 17, 2011, people from all across the United States of America and the world came to protest the blatant injustices of our times perpetuated by the economic and political elites. On the 17th we as individuals rose up against political disenfranchisement and social and economic injustice. We spoke out, resisted, and successfully occupied Wall Street. Today, we proudly remain in Liberty Square constituting ourselves as autonomous political beings engaged in non-violent civil disobedience and building solidarity based on mutual respect, acceptance, and love." [...] [29]

Die in einem Prozess direkter Demokratie entwickelten acht Punkte reichen von der Ausübung persönlicher und kollektiver Verantwortung über die wechselseitige Unterstützung im Kampf gegen alle Formen der Unterdrückung bis zur Unantastbarkeit der individuellen Privatsphäre. Das Dokument schließt damit, dass nach dem Abklären weiterer Solidaritätsprinzipien OWS mit Forderungen an die Öffentlichkeit treten werde.

Die Frage nach der zeitlichen und inhaltlichen Abfolge der beiden Dokumente von OWS – zuerst zur sozialen Dimension des Widerstands und erst danach zur ökonomischen und politisch-institutionellen Ausgangslage – erscheint in Hinblick auf die Bedeutung von Occupy zunächst zweitrangig zu sein. Brisanter wird die Frage indes, wenn es darum geht, ob die doppelte Forderung von Occupy nach verändertem Wirtschaften und direkter Demokratie der inhaltlichen Ausrichtung des Protests entspringt oder dessen Form – der Notwendigkeit, den Protest auch formal zu organisieren. Inwiefern wirkt sich eine unterschiedliche Gewichtung darauf aus, ob diese Dualität in der Bewegung aufrechterhalten werden kann? Ist die mit den zwei Dokumenten vollzogene Aufteilung des Protests – in Fragen der sozialen Organisation des Widerstands und in Forderungen an das System – bereits Vorbote einer sowohl von innen keimenden als auch von außen aufgezwungenen Abkoppelung der Botschaft von den Überbringern?

5   Die Normalität der Krise

Nach einem turbulenten Herbst von Protesten und Besetzungen im Jahr 2011 schien eine länger andauernde Phase der Reflexion eingetreten zu sein. Viel wurde in dieser Zeit über das Verschwinden der Bewegung oder über deren nach wie vor latentes Vorhandensein in digitalen Netzwerken geschrieben. Im Zuge der Debatten kam es auch zu verschiedenen Spekulationen über eine mögliche Zukunft der nur noch lose mit dem Begriff der breiten Öffentlichkeit assoziierten Occupy-Bewegung (vgl. Castells 2012; Mörtenböck und Mooshammer 2012; Žižek 2012). Während sich viele Kommentatoren der Mainstream-Medien einig sind, dass Occupy ein ähnliches Schicksal erlitten hat wie viele andere Protestbewegungen zuvor und mit den Räumungen der besetzten Plätze auch die Auf-

---

29 http://www.nycga.net/resources/principles-of-solidarity/

merksamkeit auf die Bewegung verschwunden ist, sorgt eine anhaltende Präsenz der Protestästhetik in so unterschiedlichen Bereichen wie Popkultur, Kunst und Werbung auch weiterhin für Auseinandersetzungen über die Bildung von Gegenöffentlichkeiten.

Ein Schauplatz dieser Kontroversen ist etwa die im Herbst 2012 im Auftrag der dänischen Danske Bank entwickelte Werbekampagne *New Normal – New Standards*, die neue Standards des Bankgeschäfts verspricht.[30] Hintergrund der Kampagne war das zu diesem Zeitpunkt stark geschwundene Vertrauen in das Bankwesen. Ein neues Image sollte den Kunden vermitteln, wie sehr die Bank in ihrem Geschäftsgebaren der großen Bandbreite heutiger ‚Normalitäten' Rechnung trägt. Die Kampagne zeigt eine höchst ästhetische Mischung von Bildern unserer Zeit: Frauen in Spitzenberufen, Kinder mit iPads, Versehrtensportler, Robotertechnologie, Hi-Tech-Produktion in Asien, Solarpanels in Afrika und nicht zuletzt auch Demonstranten, die Steine auf die Polizei werfen. Kaum war diese Imagekampagne auf Plakatwänden und in Videoclips zu sehen, war sie auch schon wieder von diesen Schauflächen entfernt. Für weltweites Aufsehen sorgte insbesondere das inszenierte Bild eines Demonstranten, der – ganz im Stil der Occupy-Bewegung – eine Dollarnote über seinen Mund geklebt hatte und damit provokant vor einem Schriftzug der Protestbewegung posierte.

Mit zahlreichen Beschwerden konfrontiert, meldeten sich Sprecher der Bank zu Wort: Die Kampagne sollte keineswegs die Standpunkte und Aktionen der Occupy-Bewegung für sich beanspruchen, sondern lediglich die Kritik illustrieren, die nach der Finanzkrise gegen die Banken gerichtet wurde. Sie sollte die Fragilität des Finanzmarktes zum Ausdruck bringen, ebenso wie Effekte der fortschreitenden Globalisierung und unsere gemeinsame Sorge um Energie und Nachhaltigkeit – kurz all das, was den Menschen heute auf dem Herzen liegt. In einer Flut an Reaktionen zeigten sich viele Menschen empört, wie sehr gerade eine Bankenkampagne vergessen machen will, dass die Occupy-Bewegung gegen die unseriösen Risikogeschäfte protestiert hatte, mit denen der Bankensektor wesentlich an der globalen Finanzkrise beteiligt ist.[31] Die riskanten Geschäfte stünden nicht in Einklang mit den Risiken, die viele der gezeigten Akteure auf sich nehmen, seien es Behindertensportler, Entwickler nachhaltiger Technologien, Frauen mit Berufskarrieren oder Demonstranten: In der „neuen Normalität" unserer Zeit sei die Danske Bank keineswegs ein ebenso hart arbeitender, um Veränderung und Gerechtigkeit bemühter (und ebenso risikobereiter) Akteur, wie die vielen Kunden dieses Geschäftsunternehmens.

---

30 Banken-Werbekampagne *New Normal – New Standards*: „In the course of a few years, the world around us has changed irreversibly. The fragility of the financial markets, continuing globalisation, energy and sustainability have all become permanent issues that no one can ignore. At the same time, technology has united the world in a digital network that places our finances at our fingertips. This is not just a temporary transition. It is a 'new normal' environment." http://www.danskebank.com/en-uk/about-us/strategy/pages/strategy.aspx

31 Zu diesen Reaktionen zählt unter anderem der Tumblr-Blog newnormalnewstandards: http://newnormalnewstandards.tumblr.com/

Ungeachtet der Empörung führt diese Werbekampagne vor Augen, in welchem Maß Radikalität nicht nur vom Mainstream konsumiert wird, sondern wie Radikalität der *Inbegriff* von Mainstream geworden ist. Sie zeigt, wie rasch die Occupy-Bewegung, die ja ihrem eigenen Anspruch nach nicht nur eine radikale Bewegung ist, sondern auch eine der ‚99%‘, Einzug findet in das, was sich zuvor als Ziel des Protests definiert hatte – das Bankensystem. Die Austauschbarkeit der Felder, in denen ein Signifikant wirksam wird, macht deutlich, zu welchem Bruch es in der Darstellbarkeit von unterschiedlichen gesellschaftlichen Interessen gekommen ist, oder präziser gesagt, in welche Undarstellbarkeit von gesellschaftlicher Differenz wir geraten sind.

6   Aufführungen der Macht

Als Fluchtpunkt dieser Veränderung erscheint eine Art von Regierungsmacht, deren Zentrum leer ist und die in Abwesenheit einer zentralen Gestalt Zeremonie, Protokoll und Beifall gebraucht, um Herrschaft auszuüben – ein „leerer Thron", wie ihn Giorgio Agamben in *Herrschaft und Herrlichkeit* eingehend beschrieben hat: An die Stelle einer herrschenden Instanz treten Pracht, Atmosphäre und Herrlichkeit, als deren Effekt sich Herrschaft einstellt. Der zeremonielle, doxologische und akklamatorische Aspekt unserer an Konsens orientierten Demokratie, rückt so heute immer mehr in den Vordergrund und überdeckt ein Vakuum im Zentrum der Gesellschaft, das nicht gefüllt werden kann, weil es eine Überfülle an Unternehmungen gibt, die Konsens ansteuern. Die einzige in dieser Situation verbleibende Form von Öffentlichkeit ist öffentliches *Agieren* (Agamben 2010).[32] Darin drückt sich eine Krise der Repräsentation von Öffentlichkeit aus, die auch in urbanen Protesten immer mehr bemerkbar wird, weil der Kern des gemeinsamen Unternehmens nicht feststellbar ist. Was vorhanden bleibt, ist ein uneindeutiges Agieren, das folglich auch immer mehrfachen Zwecken dienen kann.

Das Zelebrieren von öffentlicher Meinung und Konsens in kollektiven Aktionen, seien es Jubelkundgebungen im Dienste der herrschenden Autorität oder Demonstrationszüge ihrer Gegner, überdeckt so oft genau den Punkt, an dem eine nachhaltige politische Praxis ansetzen kann: jenseits der Lenkung und Kontrolle von Herrlichkeit. Durch die Übertragung der von Finanzmärkten vorgegebenen Rhythmen von Spekulation, Jubel und Beifall auf viele kulturelle und gesellschaftliche Bereiche, ist ein entscheidender Verlust an Politik eingetreten. So hat sich in der gegenwärtigen Krise der Blickwinkel von konkreten Logiken der Macht auf die diffuse Erfahrung einer immer lebenswidriger

---

32 Für eine genauere Studie von Agambens Begriff der Herrlichkeit als zentrale Figur von Macht, insbesondere zur Differenzierung der epistemologischen und ontologischen Dimension von Machtstrukturen, empfiehlt es sich das italienische Original (Giorgio Agamben: *Il regno e la gloria. Per una genealogia teologica dell'economia e del governo*, Turin: Bollati Boringhieri, 2009) bzw. die englische Übersetzung von Lorenzo Chiesa heranzuziehen (Giorgio Agamben: *The Kingdom and the Glory. For a Theological Genealogy of Economy and Government*, Stanford: Stanford University Press, CA, 2011).

werdenden Realität verschoben. Dies macht deutlich, was zu einer der wesentlichsten Herausforderungen heutiger Protestbewegung geworden ist: die Unfassbarkeit der Sache, die gesucht wird. Auch wenn alle übereinstimmen würden, dass der globale Finanzkapitalismus diese Sache ist, berührt diese Feststellung nicht die entscheidende Frage, nämlich die nach den anderen Formen des Zusammenseins, denen wir gemeinsam zustimmen würden. Diese andere Perspektive zu entwickeln war im Grunde genommen der Versuch, den Occupy unternehmen wollte – zu ergründen, welche Entwürfe von politischer Öffentlichkeit und urbanem Zusammenleben möglich sind, die sich nicht den Regeln der globalen Finanzwirtschaft fügen.

Im Licht der darauffolgenden Entwicklungen scheint es jedoch, dass der Kapitalismus als das kleinstmögliche Übel aus diesen Auseinandersetzungen im Stadtraum hervorgegangen ist, so als hätte Occupy im Lauf der Besetzungen eine ganze Zahl anderer Übel heraufbeschworen. Die Occupy-Bewegung hatte nämlich nicht nur auf die Möglichkeit des Besetzens an sich bestanden – also auf das Unternehmen der Besetzung – sondern auf die Entmachtung von Herrlichkeit – also auf einen Platz jenseits des ‚leeren Throns‘. In anderen Worten ging es um das, worauf namhafte Intellektuelle, die bei den Besetzungen zugegen waren, auch gedrängt hatten, Slavoj Žižek etwa, der am 9. Oktober 2011 die im besetzten Zuccotti Park in New York anwesende Versammlung aufforderte, auch wirklich zu *wollen*, wonach es ihr *verlangte* (Žižek 2011, S. 69). Das ungerichtete Begehren durch eine gewollte Tat zu ersetzen und die zum Teil auch erschreckenden Konsequenzen dieses Wollens in Kauf zu nehmen, folgt den radikalen Vorstößen rund um den sogenannten Arabischen Frühling, der gemeinsam mit einer Reihe anderer Platzbewegungen des Jahres 2011 – etwa den Demonstrationen für mehr soziale Gerechtigkeit in Israel im Sommer 2011 oder die Bewegung des 15. Mai in Spanien mit der monatelang besetzten Puerta del Sol in Madrid – oft als Wegbereiter für die Occupy-Proteste gesehen wird.

Während die Hintergründe für die Sprengkraft des Arabischen Frühlings in einem jahrzehntelange Anwachsen der von Unzufriedenheit gegenüber einem autoritären und korrupten System zu sehen sind, werden die Ereignisse des Europäischen Sommers und darauffolgenden Amerikanischen Herbstes vor allem in Zusammenhang mit den Entwicklungen rund um die globale Finanz- und Wirtschaftskrise von 2007/2008 gesehen. Beiden Entwicklungen gemeinsam ist die Bedeutung neuer sozialer Medien in der Organisation des Protests, in der Besetzung von Stadträumen und im Bilden neuer Öffentlichkeiten: Mit Technologien wie Facebook oder Twitter in Kombination mit Smartphones war es möglich, Mittel des Widerstands zu entwickeln, indem die weitgehend undefinierte Disposition dieser Netzwerktechnologien dazu verwendet wurde, das ursprüngliche Skript (soziales Networking) in ein anderes zu verwandeln – als Mittel zur spontanen Koordination und Versammlung im Stadtraum, angefangen bei den oft als Twitter-Revolution bezeichneten Aufständen im Iran (2009-10), in Tunesien (2010-11) und den darauffolgenden Protesten bis hin zu #Occupy. Hier stellt sich die Frage, wie sich das eine Mittel des Protests in das andere übersetzt – wie die körperlose Kommunikation über soziale Medien und digitale Plattformen einen Ausdruck in der physischen Besetzung von Stadtraum findet, und umgekehrt, wie die physische Dimension des Protests eine Entsprechung in der symbolischen, körperlosen aber machtbildenden Dimension der Medienwelt finden kann, in den Bildern, Kurzmeldungen und Repräsentationen, die den Wert einer Aktion bestimmen. Anders gesagt also, wie sich die Politik der Straße mit der Medienpolitik der urbanen Machtordnung verbindet. Denn diese Medienpolitik spielt nicht nur eine wichtige Rolle in der Kontrolle und Lenkung der öffentlichen Meinung, sondern auch – wie Agamben das ausdrückt – im Verwalten und Zuteilen von „Herrlichkeit" (Agamben 2010, S. 12).

Der für die Deutlichkeit seiner Aussagen bekannte amerikanische Regisseur Michael Moore hat diese Herausforderung im Titel eines Textes, den er für das amerikanische Wochenmagazin *The Nation* geschrieben hat, auf den Punkt gebracht: „The Purpose of Occupy Wall Street Is to Occupy Wall Street."[33] Betont wird damit die zwingende Verbindung der Besetzung des Zuccotti Parks sowie aller anderen Occupy-Besetzungen mit dem symbolischen Raum der weltweiten Finanzmacht, die in der Wall Street verkörpert ist. Die langfristige Zielsetzung von Occupy und anderen Platzbewegungen unserer Zeit richtet sich auf ein globales Netzwerk an miteinander verbundenen Räumen, dessen Spannung weit über den Akt der physischen Besetzung hinausgeht und dessen Veränderung nicht allein eine Frage des Eingriffs in materielle Anordnungen sein kann. Die physische Besetzung an sich aber – das Animieren und Organisieren der Architektur eines Raums – ist eine Frage der konkreten Anordnung von Körpern und damit auch eine der Technologien, die diese Körper schützen, nähren und versorgen. Denn nachdem es Occupy nicht nur um das Demonstrieren von Stärke durch den Akt des Versammelns, sondern um das politische Potenzial des Insistierens auf den Verbleib der Versammlung geht, sind diese Technologien unverzichtbarer Bestandteil der Aktion. Aber wie besetzt man mit Fahnenstangen, Zelten und Vollversammlungen einen Platz, der selbst nur ein symbolischer Ort für das systemhafte Versagen der kapitalistischen Finanzwirtschaft ist? Wie lässt sich eine Ursache bekämpfen, die kein Subjekt ist?

New Yorks Zuccotti Park, der Ursprung der Occupy-Bewegung, ist ein Ort, der diese Problematik deutlich macht, denn dieser Platz war von den Organisatoren nicht wirklich als Ort der physischen Besetzung geplant. Anvisiert war vielmehr die Wall Street, die sich aber aufgrund der Polizeisperren nicht besetzen ließ. Der Zuccotti Park war also eine territoriale Ausweichmöglichkeit, um auf einen Ort zu verweisen, der selbst wiederum auf ein System des Versagens verweisen sollte. Und dennoch ließ sich dieser Ort für kurze Zeit so eindeutig als das Zentrum einer weltweiten Bewegung in Karten und Berichten festmachen, die wie kaum zuvor in einer Fülle und Vielfalt über digitale Plattformen verbreitet wurden, gewissermaßen als Einsatzplan der territorialen Gebietseroberung der Occupy-Bewegung. Gleichzeitig hat dieser besetzte Raum Qualitäten entwickelt, die sich nicht so einfach in Karten festhalten lassen und die unbestimmbaren Veränderungen und Instabilitäten eines errichteten sozialen Raums, die Komplexität von Innen- und

---

33 Michael Moore: „The Purpose of Occupy Wall Street Is to Occupy Wall Street", *The Nation*, 14. März 2012, http://www.thenation.com/article/166827/purpose-occupy-wall-street-occupy-wall-street

Außenperspektiven oder die Sicherheits- und Kontrollbereiche eines Territoriums betreffen. Kurz, es geht um all jene Qualitäten, die von einem dauerhaften Bewohnen des Stadtraums ausgehen: die Entwicklung des Schlafsackdorfs zu einem immer größer werdenden Zeltlager; die vielen Diskussionen und Versammlungen; das Einrichten von Volksküchen und Bibliotheken; künstlerische Aktivitäten; die zahlreichen selbstgestalteten Schilder und Performances im Stadtraum; signifikante Momente des Protests, wie der Polizeiübergriff auf zwei junge Frauen, die zuerst mit einer mobilen Absperrung festgehalten und danach noch mit Pfefferspray besprüht wurden; der Demonstrationszug auf der Brooklyn Bridge, der mit Hunderten Festnahmen endete. Aber auch der Einbruch des Winters in New York; die Obdachlosen, die sich mit dem Protest zu vermischen begannen; oder eine Zahl von Zwischenfällen und Übergriffen, die in den Medien für Zündstoff sorgten.

So ist im Lauf der Besetzung des Zuccotti Parks eine minutiös verhandelte und komplex aufeinander abgestimmte Lagerarchitektur entstanden, die von einem Informationsbereich und Sakralraum an der nordwestlichen Kante, über das eigentliche Zeltlager der Besetzung, einem Küchen- und Sanitätsbereich in der Mitte des Platzes, bis zur Bibliothek, Kunst- und Medienzone im Osten des Lagers reichte. Diese minutiös ausverhandelte Lagerarchitektur schuf nicht nur Schutz für die Lagerbewohner, sondern zugleich auch eine bestimmte Form von Ordnung, die für alle klar lesbar und regulierbar wurde (Hailey 2009, S. 25) – für die Besetzer selbst, aber auch für die Polizei, die mit ihrer eigenen Ordnungspolitik an diese Lesbarkeit anschließen konnte: mit einer lückenlosen Umzäunung des Parks mit Metallgittern und mit einem bis zu acht Meter ausfahrbaren Wachturm, dessen verspiegeltes Fensterglas nicht zu erkennen gibt, ob sich Wachpersonal dahinter befindet. So wurde Foucaults panoptische Selbstüberwachung zum Leitprinzip dessen, wie sich die ‚Öffentlichkeit' des Zuccotti Parks in der Öffentlichkeit verhielt. Die Erfahrung der Struktur des kollektiv gestalteten Raums zeigte sich davon abhängig, was zum Rahmen dieser Erfahrung gemacht wurde. Denn jedes öffentliche Versammeln verändert zwar die Materialität eines Raums, indem sie ihr öffentlichen Charakter verleiht, aber die Definition dieser Öffentlichkeit ergibt sich nicht nur aus dem Wunsch der Versammlung selbst, sondern aus den vielen Überschneidungen von Räumen, Perspektiven und Machtpositionen, die in diesem Feld wirksam werden. Die weitgehend unbemerkte Umgestaltung des von den Besetzern errichteten Zeltlagers zu einem von der Polizei kontrollierten und überwachten Lager trug so wesentlich zum Charakter der ‚Öffentlichkeit vor Ort' bei.

7   Performance von Protest

In diesem Zusammenhang interessant ist der Beschluss des Frankfurter Verwaltungsgerichts, das sich bemüht hatte, seine Argumentation zur Räumung des Occupy-Lagers vor der Europäischen Zentralbank nicht an territorialen Umständen, also nicht an mangelnder Hygiene, Lärmbelästigung oder der Verletzung von Sicherheitsvorschriften festzumachen, sondern an der Performance der symbolischen Dimension des Protests: Das Gericht stellte am 6. August 2012 nämlich fest, „dass es bei der Mehrheit der das Camp nutzenden Personen ersichtlich um die Befriedigung individueller Bedürfnisse geht [...], nicht jedoch um ein gemeinsames kommunikatives Anliegen mit dem Ziel der Einwirkung auf die Öffentlichkeit".[34] Die im Gerichtsurteil bekundete Öffentlichkeit stellt das Gegenüber des Protests dar, und zwar nur dann, wenn eine von Protestierenden gemeinsam vertretene Forderung vorliegt, die von gerichtlicher Instanz als berechtigt anerkannt wird. Auf ironische Weise bestätigte damit das Gericht etwas, das bereits am Höhepunkt der Occupy-Bewegung in den Medien immer wieder vorwurfsvoll geäußert worden war: dass es zwar Protest gebe, aber keine Forderungen formuliert werden.

Dieser Vorwurf trifft im Kern einen Punkt, den viele der am Protest beteiligten Intellektuellen, nicht zuletzt auch Judith Butler, bei ihren öffentlichen Auftritten im Zuccotti Park, in Abrede gestellt hatten: In Butlers Haltung zum Protest der Occupy-Bewegung geht es darum, dass Forderungen aus der Sprache der Fordernden heraus zu verstehen sind und nicht aus der Perspektive der Gegner. Der grundsätzliche Anspruch auf Rechte leite sich nicht aus einer vereinten sprachlichen Artikulation ab, aus dem Gleichklang von Meinungen, sondern aus der Beharrlichkeit der im Raum versammelten Körpern gegenüber den Kräften, die ein Monopol auf Legitimität beanspruchen. Das gemeinsame In-Erscheinung-Treten *ist* demzufolge bereits ein wesentlicher Teil dessen, wie politische Forderungen gestellt werden, nicht das Formulieren von Forderungen in konsensueller Manier. Die Performanz des Körpers durchquert die Sprache, ohne in der Sprache aufzugehen (Butler 2011, S. 12). Der im kommunikativen Handeln hergestellte Konsens stützt lediglich, wie das auch Giorgio Agamben in seiner Analyse des Zusammenhangs von Herrschaft und Ökonomie argumentiert hat, die vorhandene Herrschaft, der die von Medien gelenkte öffentliche Meinung als Regierungsmittel dient (Agamben 2010, S. 306-309).

In diesem Licht betrachtet, lässt sich auch der eigenwillig kommunikationslose Protest, den Occupy Central im offenen Foyer der Hongkonger HSBC-Bankzentrale abgehalten hat, besser verstehen: An diesem Ort teilten sich fast ein ganzes Jahr lang die Occupy-Aktivisten den überdachten, öffentlichen Platz mit Hunderten philippinischen Dienstmädchen, die dort immer Sonntags zusammenkommen, um selbstgemachtes Essen miteinander zu teilen, sich zu unterhalten und den Nachmittag gemeinsam zu verbringen. Nachdem am 15. Oktober 2011 Occupy aber diesen Ort besetzt hatte, mussten sich die Hausangestellten an den Rändern des Platzes versammeln, und während die eine Gruppe in politische Diskussionen vertieft oder mit Laptops und Smartphones beschäftigt war, genoss die andere Gruppe den freien Tag mit Singen, Kartenspielen und Lachen. Monatelang trafen sich hier zwei völlig getrennte Versammlungen, denen es beiden aber um Freundschaft und Solidarität ging, und darum eine alternative Gemeinschaft mitten im Zentrum der Hongkonger Finanzwelt zu bilden. Beide Gruppen verweigerten die Abstraktion von Raum durch die Kräfte des Kapitals, und dennoch schienen sich

---

34 Beschluss 5-L-2558/12F des Verwaltungsgerichts Frankfurt am Main, 6. August 2012.

beide Gruppen nicht füreinander zu interessieren, weder in der Online-Welt der sozialen Medien, noch im konkreten Stadtraum, den sie miteinander teilten. Wenn wir diese extreme Fragmentierung von Räumen nicht als ein spezielles kommunikatives Versagen einer Protestbewegung, sondern als Ausdruck einer gegenwärtigen Krise sehen, dann verweisen die vielen Krisenmomente der Occupy-Bewegung darauf, dass der von kapitalistischer Ökonomie kreierte Finanzmarkt nicht nur Ausdruck der Spannung zwischen territorialen und symbolischen Ansprüchen ist, sondern das Wesen dieser Spannung. Er ist eine Technologie, die zur Steuerung von Akklamation und Herrlichkeit in einem Kräftefeld operiert, das auf der abstrakten Organisation aller Komponenten beruht. So stellt sich die Frage, wie der zunehmend erfahrenen Abstraktion von Protest selbst begegnet werden kann. Eröffnet die Besetzung physischen Raums tatsächlich Möglichkeiten, die Flüchtigkeit des vorübergehenden Versammelns aufzugeben, eine dauerhaft lebendige Gestalt der gemeinschaftlichen Verantwortung zu entwickeln und nachhaltig wirksam zu werden?

Um diese Fragen zu diskutieren, müssen wir unsere Blickrichtung ein wenig ändern: Nicht das nach anarchistischen Anleitungen formalisierte Experiment direkter Demokratie, der Aufbau alternativer Gemeinschaftsformen oder das kollektive Campieren auf öffentlichen Plätzen, sondern die Inanspruchnahme von Zeit – jenes abstrakt quantifizierbaren Faktors, den es braucht, um ökonomische Prozesse zu steuern, von Kursveränderungen profitieren und finanzielle Gewinne erzielen zu können – stellt die effektivste Intervention in den Rhythmen der physischen Stadt *und* in den Strömungen von Online-Welten dar. Der wirkliche Eingriff in die virtuelle Ökonomie der unregulierten Finanzmärkte, gegen die sich Occupy Wall Street richtet, ist die Besetzung von Zeit, die der Spekulation mit fiktiven ökonomischen Werten entzogen wird, um andere Aufmerksamkeiten zu erzeugen. Bei einem Eingriff dieser Art stellt die weltweite Sichtbarkeit des ‚Platzgreifens‘ einer Idee etwas dar, an dem sich das gewohnte Denken neu zu orientieren beginnen kann. So wie traditionelle Arbeitsniederlegungen in besetzten Fabriken dadurch wirksam werden, indem sie die Produktion von Gütern für eine bestimmte Zeitdauer stilllegen, unterbrechen die mit sozialen Medien koordinierten Stadtraum-Besetzungen die immaterielle Produktion der postindustriellen Ökonomie. Ähnlich dem Geschehen an der Börse, wo Aktienkurse weniger von der tatsächlichen Leistung eines Unternehmens abhängig sind, als von der Selbstdarstellung des Gewinns, orientieren sich auch bei heutigen Protestbewegungen die öffentlichen Wertzuweisungen an der fortlaufenden Repräsentation des Protests sowie an Prognosen über ihre zukünftige Performance (Fisher 2009, S. 44). Die immer wiederkehrende Frage, „wie es mit den Protesten weitergehen wird", hat in diesem Licht einen doppelten Charakter: Zum einen meint sie die tatsächliche Ausübung des Protests, also das Durchhaltevermögen der Besetzer, das Verschwinden von Protestlagern oder das Entstehen neuer Protestformen; zum anderen bezieht sie sich aber auch direkt auf die wahrgenommene Anziehungskraft der Protestbewegungen, also auf die symbolische Ökonomie, die den Protest aufrecht erhält und sichert. Zeitliche und räumliche Barrikaden, symbolische und physische Besetzungen wirken so als die aufeinander referierenden Schauplätze einer kollektiven Kraft, die jeweils

einen Schauplatz benutzt, um den anderen zu stärken. Besonders in der Zeit rund um
die Räumung vieler Camps der Occupy-Bewegung zeigten sich diese verlagerten Effekte:
Konzentrierte sich die öffentliche Diskussion unmittelbar *vor* der Räumung der Camps
auf die ‚besorgniserregende' territoriale Situation der Besetzung, wurden die aus dem
Stadträumen verschwundenen Camps bereits kurz *nach* der Räumung als physische Ver-
körperung einer virtuellen Menge von Individuen angesprochen, deren stadträumliche
Präsenz nun lediglich deaktiviert ist. Aus dem Stadtraum verdrängt zu werden, bedeutete
für Occupy und andere heutige Protestbewegungen also nicht nur einen Verlust an unmittelbarer Sichtbarkeit, sondern oft auch einen Zugewinn an Sympathie und Symbol-
kraft und damit verbunden eine nachhaltige Vergrößerung ihres Wirkungsbereichs
durch voranschreitende Netzwerkbildungen und die Verbreitung neuer Öffentlichkeits-
formen. In einer solcherart veränderten Öffentlichkeit überrascht es im März 2013 nicht
mehr, wenn mehr als 60 führende Wirtschaftswissenschafter,[35] darunter der Cambridge-
Ökonom Ha-Joon Chang, zu einer „Volksversammlung" gegen die Sparmaßnahmen
der britischen Regierung aufrufen, um den vorgegebenen Konsens über ökonomisches
Handeln öffentlich zur Debatte zu stellen.

---

35 ‚Budget shows Tories' true colours', *The Guardian*, 20. März 2013, Online: http://www.guardian.
co.uk/uk/2013/mar/20/budget-shows-tories-true-colours

Literatur

Agamben, Giorgio (2010) *Herrschaft und Herrlichkeit. Zur theologischen Genealogie von Ökonomie und Regierung (Homo Sacer II.2)*. Suhrkamp, Berlin.

Benjamin, Walter (2010 [1940]) *Über den Begriff der Geschichte (Werke und Nachlass, kritische Gesamtausgabe, Band 19)*. Suhrkamp, Berlin.

Butler, Judith (2011) For and Against Precarity: *tidal – Occupy Theory, Occupy Strategy*: 1 (Dezember): 12–13.

Castells, Manuel (2012) *Networks of Outrage and Hope. Social Movements in the Internet Age*. Polity, Cambridge and Malden, MA.

Fisher, Mark (2009) *Capitalist Realism. Is there no alternative?* Zero Books, Winchester.

Graeber, David (2012) *Inside Occupy*. Campus, Frankfurt am Main.

Hailey, Charlie (2009) *Camps. A Guide to 21st Century Space*. MIT Press, Cambridge, MA.

Lazzarato, Maurizio (2012) *The Making of the Indebted Man. An Essay on the Neoliberal Condition*. MIT Press, London und Cambridge, MA.

Luxemburg, Natasha R. et al. (2012) Theory. Strategy. Action: *tidal – Occupy Theory, Occupy Strategy*: 2 (März): 31.

Massumi, Brian (2011) *Semblance and Event. Activist Philosophy and the Occurrent Arts*. MIT Press, Cambridge, MA.

Mörtenböck, Peter und Helge Mooshammer (2012) *Occupy: Räume des Protests*. Transcript, Bielefeld.

Roth, Marco (2011) Letters of Resignation from the American Dream. In: Taylor, Astra; Giessen, Keith und die Herausgeber von n+1 (Hrsg.) *Occupy! Scenes from Occupied America*. Verso, London und New York, S 23–29.

Roy, Ananya (2010) *Poverty Capital: Microfinance and the Making of Development*. Routledge, London und New York.

Stiglitz, Joseph E. (2011) „E pluribus unum", Von dem einen Prozent durch das eine Prozent für das eine Prozent. In: Blumenkranz, Carla et al. (Hrsg.) *OCCUPY! Die ersten Wochen in New York. Eine Dokumentation*. Suhrkamp, Berlin, S 44–50.

Van Gelder, Sarah (2011) How Occupy Wall Street Changes Everything. In: Dies. et al. (Hrsg.) *This Changes Everything. Occupy Wall Street and the 99% Movement*. Berret-Koehler, San Francisco, CA, S 1–12.

Žižek, Slavoj (2011) Don't Fall in Love With Yourselves. In: Tayler, Astra; Giessen, Keith und die Herausgeber von n+1 (eds.) *Occupy! Scenes from Occupied America*. Verso, London und New York, p 66-70.

Žižek, Slavoj (2012) *The Year of Dreaming Dangerously*. Verso, London und New York.

Die Prämediation von Finanzmarktpublika: Der Fall #occupywallstreet

Richard Grusin

Wie erzeugen Bewegungen Öffentlichkeit und mobilisieren Teilnehmende? Der Fall #occupywallstreet im Herbst 2011 stellt die Variante einer Antwort hierauf dar. Am Ende der zweiten Woche ihres Bestehens hatte die Bewegung namens #occupywallstreet begonnen, die Aufmerksamkeit sowohl der Medien wie von Prominenten auf sich zu ziehen. Die exzessive Polizeibrutalität rief die *New York Times*, die drei großen Nachrichtenkanäle und noch zuvor private Kabelkanäle wie MSNBC, CNN und Fox auf den Plan. Diese in klassischen Nachrichtenmedien geführte Debatte löste in Online-Medien und der Blogosphäre eine zunehmend intensivere Diskussion über die triviale oder herablassende Art der Medienberichterstattung wie auch über die Bedeutung dieser ‚Besetzung', ihre Strategie, Taktiken, Publikumsansprache und langfristigen Ziele aus.

Dabei lag der Schwerpunkt dieser Diskussion, selbst was mediale Meta-Kritiken betraf, auf der Bedeutsamkeit der Besetzung selbst, darauf, was sie repräsentierte und was aus ihr werden könnte. Jedoch fehlte sowohl im klassischen wie im partizipatorischen Mediendiskurs jegliche hinreichend nachhaltige, theoretische Diskussion, die #occupywallstreet selbst als Akt der Mediation – bzw. in meinem Verständnis: Prämediation – begreift. Ich gehe hingegen davon aus, dass #occupywallstreet am treffendsten als eine Prämediation der Besetzung der Wall Street zu begreifen ist. Dies möchte ich im Folgenden ausführen.

Insofern die meisten der erfolgreichen politischen Prämediationen des 21. Jahrhunderts – am deutlichsten die Medienrepräsentationen der Ereignisse des 11. September 2001 (Grusin 2010) – im Dienste des Staates und machtvoller Unternehmen stattfanden, bin ich häufig gefragt worden, ob Prämediation hegemoniale Verhältnisse nicht auch herausfordern, ihnen Widerstand leisten oder sie gar umstürzen könne. Direkter gefragt: Kann Prämediation dazu beitragen, politischen Wandel oder eine Revolution in Gang zu bringen? Seit Einführung des Konzepts 2003 habe ich immer wieder betont, dass Prämediation nicht an bestimmte politische Fragen gebunden ist. Prämediation beschreibt eine medialen Formation, die sich in einem historisch spezifischen gesellschaftlichen, politischen und medialem Regime herausbildete und verfestigte. Insofern Prämediation Angst erzeugt und von Angst getragen wird, hat die Sicherheitslage nach dem 11. September 2001 einen besonders fruchtbaren Boden dargestellt, auf dem die Staatsmacht Strategien der Prämediation als Form vorbeugender Kontrolle in Anschlag bringen konnte, wie in der dramatischen Expansion der Exekutive beim Krieg gegen den Irak unter der Bush-Cheney-Administration und in der Konstruktion eines machtvollen Apparates innerer Sicherheit deutlich wurde.

Insofern jedoch Prämediation potenzielle oder virtuelle Zukünfte erzeugt, die sich eignen, individuelle und kollektive Affekte in der Gegenwart zu mobilisieren, gibt es keinen Grund, warum solche Zukünfte nicht auch einen kollektiv-affektiven Zustand der Opposition oder Rebellion anfachen oder nähren sollten. Ich würde argumentieren, dass #occupywallstreet eben dies gelang, und zwar unabhängig davon, dass die Besetzung nur kurz währte und nur sehr wenig wirklichen politischen Wandel brachte. #occupywallstreet eröffnete Wege hin zu potenziellen Zukünften, in denen die Besetzung der Wall Street oder die politische Besetzung anderer Schauplätze verwirklicht werden könnten. Gleichgültig was die Ziele, Taktiken oder das Ergebnis der Bewegung waren: #occupywallstreet glückte eine Prämediation der zukünftigen Besetzung der Wall Street, selbst wenn es eine solche Besetzung nie wieder geben sollte.

Diese Prämediation deutete sich bereits im Aufruf vom Juli 2011 zu einer Besetzung am 17. September an, die auf der Adbusters-Webseite veröffentlicht wurde. Die heutige Seite bildet ein Archiv der Art und Weise, wie das für den 17. September angekündigte Ereignis zwei Monate lang prämediatisiert wurde. Der ursprüngliche Aufruf, die Wall Street zu besetzen – *to #occupywallstreet* – deutete darauf hin, dass die Adbusters-Webseite eher zur Prämediation potenzieller Besetzungen in der Zukunft denn zur Auslösung einer tatsächlichen Besetzung im September konzipiert war. Im Vorlauf zum 17. September bot die Seite eine Reihe prämediatisierter Formate, die in der Zirkulation durch soziale Medien individuellen und kollektiven revolutionären Affekt begünstigten und mobilisierten.

Der spezifische Umstand, dass #occupywallstreet hauptsächlich als Prämediation der Besetzung der Wall Street funktionierte, kann weiter nachgezeichnet werden, wenn man die Bewegung mit den großen Protesten und der Rund-um-die-Uhr-Besetzung des State Capitol von Wisconsin in Madison im Februar und März 2011 vergleicht, welche vor dem Hintergrund eines geplanten Gesetzes, das Gewerkschaften des öffentlichen Dienstes faktisch die Verhandlungsrechte entziehen würde, stattfanden – gerade ein halbes Jahr vor #occupywallstreet. Als ich über diese Proteste noch im Februar schrieb, schien mir, dass sie, in Walter Benjamins Sinn, als ‚Übungsinstrument‘ für soziale Netzwerkmedien dienten (Grusin 2011). Dies scheint umso mehr bei #occupywallstreet der Fall zu sein, da es hier mindestens ebenso um die Erzeugung audiovisueller Vorstellungen des Protests, von Besetzung und Rebellion in Print-, Fernseh- und Netzwerkmedien geht wie darum, spezifische Sektoren der Wall Street-Institutionen zu besetzen.

Jedoch sollte der Unterschied zwischen den beiden Protesten nicht unterbewertet werden. Die Proteste in Madison waren durch klares und unmittelbares politisches Unrecht motiviert, das Gesetz zu werden drohte. #occupywallstreet dagegen setzte seine Demonstrationen und Besetzungen bereits im Juli an und prämediatisierte die Besetzung am 17. September in einer Vielzahl medialer Online-Formate. #occupywallstreet unterschied sich von den Madisoner Protesten auch darin, dass der Wall Street-Protest bedeutende nationale Prominente anzog, während die früheren Proteste in Madison eher von regionalen Gewerkschaftsführern und Lokalpolitikern begleitet wurden. Dass #occupywallstreet in erster Linie ein Erfolgsbeispiel für Prämediation war, zeigt sich auch in der teils immensen Medienpräsenz von Hollywood-Größen und öffentlichen Intellektuellen wie Roseanne Barr, Susan Sarandon und Lupe Fiasco bis zu Michael Moore, Cornel West und den Yes Men. Es geht hier nicht darum, #occupywallstreet zu kritisieren, sondern seine, meiner Ansicht nach, langfristigen sozialen und politischen Auswirkungen zu verstehen. Die Präsenz linker Medienfiguren ist natürlicher Bestandteil einer liberalen Assemblage der Prämediation, ebenso wie die Präsenz von Fernsehpriestern und rechten ‚Intellektuellen' Teil konservativer Versionen der Prämediation ist.

Dieser Vergleich soll nicht auf die (vielleicht nicht ganz unrichtige) Aussage hinauslaufen, dass die Proteste in Madison authentischer Ausdruck einer weitverbreiteten politischen Opposition waren, #occupywallstreet dagegen eine inauthentische politische Aktion, inszeniert von einer Gruppe von Netzbewegten. Es geht eher darum, dass gerade die Prämediation potenzieller Besetzungen in der Zukunft die politische Effektivität von #occupywallstreet ausmachte und dass diese Prämediation nicht weniger ‚authentisch' (ohnehin ein, wie ich finde, problematisches Konzept) als die Proteste in Wisconsin ist. Während Veteranen von Straßenaktionen der 1960er und anschließender Jahre sagen würden, dass authentische soziale Bewegungen Massenansammlungen auf öffentlichen Plätzen beinhalten müssen, möchte ich argumentieren, dass die dauerhafteste und authentischste Erbschaft von #occupywallstreet gerade in der erfolgreichen Demonstration dessen bestehen könnte, wie Prämediation im Dienste von Widerstand und Opposition statt von Versicherheitlichung und Kontrolle mobilisiert werden kann. Zwei Jahre nach der Besetzung würde ich nach wie vor sagen, dass der Erfolg von #occupywallstreet und die Grundlage seines Wachstums und seiner Lebendigkeit gerade seiner Virtualität und dem Widerstand gegen die Formulierung spezifischer Forderungen oder die Errichtung einer Plattform zu verdanken sind.

Die Virtualität der Bewegung ging bereits aus ihrem Namen hervor, welcher die Besetzung der Wall Street verhieß, ohne dass die Wall Street selbst je besetzt wurde. Die Besetzung des Zuccotti Park fand zwar in der Nähe der Wall Street statt, aber sie selbst – d.h. die Börse, der Straßenzug oder der geografische Ort – wurden niemals besetzt. Jedoch wurde sie durchaus virtuell besetzt, ebenso wie der Times Square, wie Chicago oder Los Angeles oder die Londoner Börse im Jahre 2011, oder vor kurzem der Taksim-Platz in Istanbul und verschiedene Orte in Brasilien. Halten viele Veteranen früherer Protestbewegungen an der Ansicht fest, dass eine Besetzung das Betreten von Gebäuden und Inbesitznahme involviert, wie es die Protestierenden in Wisconsin taten, besteht die Potenzialität jener Besetzungen, so meine Behauptung, in ihrer Prämediation von größeren, zahlreicheren und mächtigen potenziellen Besetzungen in der Zukunft, die der Occupy-Bewegung Leben einhauchte und ihren schlussendlichen Erfolg verkörpert.

Die Virtualität der Occupy-Bewegung zeigte sich auch in der weitverbreiteten Stimmung, dass die Bewegung keine ausdrücklichen Forderungen stellen sollte, dass ein solches Vorgehen verfrüht wäre und den Zuwachs der Bewegung an Stärke unnötig beschränken würde. Trotz zunehmend lauterer Appelle an die Occupy-Bewegung seitens vieler Politiker, Intellektueller und Mitglieder der debattierenden Klasse in den klassischen Medien der politischen Öffentlichkeit, eine Liste spezifischer Forderungen zu entwickeln, gab es einen noch breiteren Konsens, dass solche Forderungen verfrüht wären. Wallace Shaw gab in einem kurzen Videointerview der weit verbreiteten Ansicht Ausdruck, dass sich die Bewegung in einer Formierungsphase befinde.[1] Judith Butler bezog sich auf diese Stimmung in einer Rede am Washington Square Park, in der sie darüber sprach, das Unmögliche zu verlangen – was nichts anderes heißt, als die Verwirklichung oder Aktualisierung jeglicher bestimmter Forderungen zurückzuweisen und stattdessen zur Weiterverbreitung informierter, halb formierter, im Entstehen begriffener oder potenzieller Forderungen zu ermutigen.[2]

Tatsächlich ist meine Behauptung, dass der Erfolg von #occupywallstreet gerade darauf beruhte, dass es keinen geeigneten Zeitpunkt zur Erhebung von Forderungen gab. An anderer Stelle habe ich argumentiert, dass Prämediation in der Mobilisierung von Affekten in der Gegenwart besteht (Grusin 2010). Prämediation bringt multiple Modi von Mediation und Remediation zum Einsatz, um die Affektivität der Öffentlichkeit zu prägen. Sie bereitet Menschen auf ein Feld möglichen zukünftigen Handelns vor, indem sie einen Gefühlsmodus oder eine Gefühlsstruktur erzeugt, die wiederum bestimmte Arten von Handlungen, Gedanken, Rede, Affektivität, Gefühlen, Stimmungen oder Mediationen ermöglicht, die zuvor vielleicht unmöglich erschienen, verworfen worden oder abgestorben waren und keinen Widerhall in der Öffentlichkeit und den Medien fanden. Als Ereignis der Prämediation arbeitete #occupywallstreet daran, eine Zeitlang die Stimmung oder den kollektiven affektiven Modus in den Medien, im öffentlichen Diskurs, in sozialen Netzwerken und in der politischen Sphäre zu verändern, sodass Dinge wie der Erlass von Hauskredit- oder Ausbildungsschulden, Forderungen nach höheren Steuern für die Superreichen und die größten Unternehmen, ein Umdenken bezüglich Eigentumsverhältnissen und ökonomischer Institutionen eine Zeitlang nicht nur hinnehmbar, sondern geradezu als Gemeinplätze und Allgemeingut erschienen. So berichtete beispielsweise Brian Williams in den NBC-Spätnachrichten am 27. Oktober 2011 über einen Anstieg des Dow Jones um über 300 Punkte nicht im Modus der üblichen Feierstimmung, die die Mainstream-Medien bei solchen Anlässen meist aufrufen, sondern indem er die Frage stellte, ob dieser Zuwachs im Preis von Wertpapieren irgendeinen tatsächlichen Effekt auf die wirtschaftliche Situation des amerikanischen Volkes habe.[3] In ähnlicher Weise veränderte #occupywallstreet in weniger als zwei Monaten die öffentliche Stimmung dergestalt, dass sich Obama dazu ermutigt sah, Anweisungen zu erlassen, die die Bedingungen für unter Druck geratene Hausbesitzer[4] und Studierende mit ausstehenden

---

1   http://www.youtube.com/watch?v=Gg8pZh07yRk.

2   http://www.youtube.com/watch?v=rYfLZsb9by4.

3   http://www.msnbc.msn.com/id/3032619/#45069001.

4   http://abcnews.go.com/blogs/politics/2011/10/obama-offers-mortgage-relief-plan-we-cant-wait-for-congress/.

Schulden aus Studiengebühren[5] (wenn auch nur minimal) verbesserten. Mittels der Prämediation einer Vielzahl potenzieller alternativer ökonomischer Zukünfte ermöglichte #occupywallstreet Akteuren und Politikern der klassischen Medien, Positionen zu beziehen, die sie vorher nicht hatten beziehen können – durch #occupywallstreet geformte kollektive Stimmungen oder Gefühlsstrukturen, die wiederum stärker ausgeprägte Gefühle bezüglich wirtschaftlicher Ungerechtigkeit im Allgemeinen generierten, boten Deckung und bereiteten den Boden.

Bevor also spezifische Ziele oder Forderungen formuliert werden können, und selbst wenn dies niemals geschehen sollte, unterstützte und verstärkte #occupywallstreet erfolgreich das, was Jonathan Flatley als „a revolutionary counter-mood" bezeichnen würde (Flatley 2011). Der Kern dieser revolutionären Gegenstimmung findet sich in den ersten Zeilen der *Declaration of the Occupation of New York City* vom 29. September, die von einem kollektiven „Gefühl massenhafter Ungerechtigkeit" sprechen: „As we gather together in solidarity to express *a feeling of mass injustice*, we must not lose sight of what brought us together. We write so that all *people who feel wronged by the corporate forces of the world* can know that we are your allies."[6] (Hervorhebung R.G)

Die anfänglichen Ziele von #occupywallstreet erschienen unzweideutig: eine Stimmung der Besetzung oder des zivilen Ungehorsams zu erzeugen und zu verstärken, ein geteiltes Gefühl der Ungerechtigkeit angesichts von Entwicklungen wie Einkommensungleichheit, der Krise der Zwangsvollstreckungen unter Hausbesitzern, Diskriminierung am Arbeitsplatz, Bildungsschulden von Studierenden und zahlreichen weiteren Entwicklungen des 21. Jahrhunderts. Ich würde den Standpunkt vertreten, dass #occupywallstreet genau dadurch zum Erfolg wurde, dass vermieden wurde, eine Liste spezifischer Beschwerden, Forderungen oder Ziele vorzulegen, und stattdessen versucht wurde, die Netzwerke revolutionären Sentiments zu verbreiten und zu differenzieren, die Macht allgemeiner Versammlungen auszuprobieren und allgemein die Bewegung wachsen, mutieren und sich mobilisieren zu lassen und zu sehen, wie machtvoll und ausladend sie werden würde. Die Abfassung einer Liste mit bestimmten Forderungen hätte das Risiko auf den Plan gerufen, entweder die Potenziale der Bewegung einzudämmen und zu beschränken oder eine zunehmend globale Bewegung in einzelne lokale oder nationale zu zerstückeln oder, falls die Forderungen nicht erfüllt würden, die Bewegung in den Augen der Medien, der Politiker und der Weltöffentlichkeit zu schwächen.

Zwei Jahre nach ihrem kurzen Bestehen versteht man #occupywallstreet vielleicht am besten als eine Prämediation dessen, wie es gewesen wäre, eine Bewegung zu werden. Oder um Erin Mannings (2009) neues Buch über Bewegung und Sensation ins Spiel zu bringen, könnte man sagen, dass #occupywallstreet eine werdende Bewegung gewesen ist, die selbst noch in ihrem Nachhall als eine Form der Vorbeschleunigung oder eine einsetzende Bewegung zu verstehen ist. Oder wieder anders könnte man sagen, dass sich

---

5 http://www.pbs.org/wnet/need-to-know/the-daily-need/obama-announces-measures-to-ease-student-loans/12109/.

6 http://www.nycga.net/resources/declaration/.

#occupywallstreet als virtuelle Bewegung immer noch im Prozess der Erfindung dessen befindet, was eine soziale und politische Bewegung im 21. Jahrhundert sein könnte. Darin erzeugte Occupy ihre eigenen Rhythmen, ihre eigene Temporalität durch Phasen der Vorbeschleunigung, Verstärkung, Emergenz und Artikulation – nur um anderen potenziellen zukünftigen Bewegungen zu ermöglichen, zu einem anderen Intervall der Vorbeschleunigung, Wiederverstärkung und erneuten Individuation zurückzufinden:

> „When articulation becomes collective, a politics is made palpable whereby what is produced is the potential for divergent series of movements. This is a virtual politics, a politics of the not-yet […] These are not politics we can choreograph but politics in the making [….] These are politics of that many-bodied state of transition that is the collective." (Manning 2009, S. 27)

Eben kraft dieses kollektiven Einsetzens, dieser Vorbeschleunigung war #occupywallstreet so frustrierend für Politiker und politische Kommentatoren, die im neoliberalen Kalkül des ‚rationalen modernen Subjekts' verharren, demzufolge die Occupy-Bewegung nicht ‚zählt' – nicht einmal als eine Bewegung zählt, weil es kein klares Ziel gibt. Dieses Einsetzen war auch für diejenigen, die an der Besetzung teilnahmen, sowohl machtvoll wie frustrierend, wie etwa in diesem Text von Harrison Schulz zum Ausdruck kommt: „For the sake of keeping your head sane and your heart still engaged, be aware: *we are not in control.* You are not in control. We at the NYC occupation are not in control. The website hosts are not in control. No one is in control of this hurricane."[7] Schultz deutet hier an, dass – ähnlich wie kürzliche geotechnische oder politische Katastrophen wie 9/11, der Hurrikan Katrina, das Ölleck unter der BP-Plattform oder das Erdbeben von Sendai, aber auch wie die unmittelbaren Vorläufer der Bewegung wie die studentischen Proteste an der University of California, der Arabische Frühling oder die Arbeiterproteste in Madison – #occupywallstreet als ein komplexes Medienereignis des 21. Jahrhunderts hervortritt, das seine eigene Temporalität, seine eigenen Affektivitäten und seinen eigenen Maßstab besitzt.

Im Blog „Lessons from #occupywallstreet" sprach Jodi Dean das Moment des Einsetzens und das unerschlossene Potenzial der Bewegung an, die Tatsache, dass „the movement exceeds any single occupation." Dean schreibt: „We will start learning the different tonalities and variations of this movement. Some sites might become more intensive as others regroup. Some might abandon one site in order to occupy new possibilities. Regrouping is an opportunity: an opportunity to build outside of the prying eyes and presumptive expectations of a 24/7 media cycle concerned only with pumping content through feeds."[8] Die Polizeibrutalität in Oakland (Kalifornien), die den Generalstreik des 2. November 2011 auslöste, war ein Beispiel für die Mobilität der Bewegung. Das

---

7 http://www.deliberatelyconsidered.com/2011/10/the-view-from-zuccotti-park-on-the-post-political-thrust-of-ows/.

8 http://jdeanicite.typepad.com/i_cite/2011/10/lessons-from-occupywallstreet.html.

„regrouping", von dem Dean spricht, funktioniert ähnlich wie jenes, das Manning als „Intervall" beschreibt. „Political philosophy has not made space for the interval within the vocabulary of the rational modern subject," schreibt Manning (2009, S. 28), „yet the interval has nonetheless leaked into the complex iterations of pure plastic rhythm's political becomings."

Insofern #occupywallstreet tatsächlich ein solches Intervall im täglichen Rhythmus des *business-as-usual* erzeugte, öffnete es den politischen Raum für ein potenzielles Werden, dessen Umfang und Machtfülle unerschlossen und unausgelotet bleiben. Dean betrachtete die Ankunft des Winters auf der nördlichen Hemisphäre als eine Gelegenheit zur Regruppierung, als ein Intervall, aus dem heraus die Occupy-Bewegung mit größerer Vitalität als ursprünglich vorhanden hätte hervorgehen können (was sie jedoch nicht tat). Tatsächlich hatte die Art und Weise, wie #occupywallstreet in den Wintermonaten agierte, viel mit der Zukunft der Bewegung zu tun. Es war zentral für die Bewegung, die Kontrolle über das Winter-Narrativ zu behalten und es zu prämediatisieren, bevor Politiker oder die Mainstream-Medien es taten. Aber die schweren Ostküstenschnee-stürme im Spätoktober erzeugten rasch mediale Narrative über die Schwierigkeit, den Winter zu überstehen. Und in der Tat war die Bewegung, da es wenig Versuche der Auf-rechterhaltung der Besetzung im Winter gab, nicht in der Lage, sich im Frühling in New York erfolgreich zu regruppieren.

Dennoch bleibt #occupywallstreet eine virtuelle, verteilte und deterritorialisierte Be-wegung. Als virtuelle Besetzung der Wall Street und hunderter anderer geografischer und Online-Schauplätze in der Welt sollte die Occupy-Bewegung – wie auch ihre Ab-leger und andere sympathisierende Bewegungen – darin fortfahren, welche Intervalle auch immer zu nutzen, um potenzielle Zukünfte für soziale und politische Opposition und eine gerechtere Welt zu prämediatisieren. Denn wirklichen Wandel wird es nicht geben ohne die Mobilisierung und Verstärkung individueller und kollektiver Affektivi-tät hin zu einer revolutionären Gegenstimmung einer virtuellen, und potenziell realen, Besetzung. Können Kognition und Repräsentation auch Menschen von der Notwendig-keit des Wandels und der Wünschbarkeit konkreter Wandlungsprozesse überzeugen, so können nur durch die Mediation von Affektivität und Stimmung die Bewegung und das Handeln erzeugt werden, die nötig sind, damit Wandel beginnen kann.

Aus dem Englischen übersetzt von Andreas Langenohl

Literatur

Flatley, Jonathan (2011) Black Leninism; Or, Newspapers and Revolutionary Attunement from Lenin to the League of Revolutionary Black Workers, unpublished lecture delivered at Center for 21st Century Studies, University of Wisconsin-Milwaukee, September 30, 2011; http://www4. uwm.edu/c21/pages/events/abstracts/11fall/flatley_news.html.

Grusin, Richard (2010) *Premediation: Affect and Mediality After 9/11*. Palgrave, New York.

Grusin, Richard (2011) Are Recent Protests Test Performances for Social Media? Blog posted on Feb 23, 2011; http://premediation.blogspot.de/2011/02/are-recent-protests-test-performances. html.

Manning, Erin (2009) *Relationscapes: Movement, Art, Philosophy*. MIT Press, Cambridge, MA.

Finanzmärkte in der Medienöffentlichkeit

Mario Schranz und Mark Eisenegger

1   Einleitung

Dieser Beitrag fragt nach der Bedeutung von Finanzmärkten in der massenmedialen Öffentlichkeit der Schweiz. Ein sich ökonomisierendes Mediensystem, das Wirtschaftsthemen im Zuge seiner Ausdifferenzierung stärker für sich entdeckt, sowie die gesteigerte gesellschaftliche Bedeutung von Finanzmärkten im Zuge einer Deregulierung, Globalisierung und Technologisierung dieser Märkte seit den 1970er Jahren haben dazu geführt, dass Finanzmarktthemen in der massenmedialen Öffentlichkeit von heute viel mehr Bedeutung zukommt. Insbesondere seit der jüngsten Finanzkrise hat die öffentliche Exponierung dieser Märkte ab 2007 in der medienvermittelten Kommunikation nochmals stark zugenommen. Diese regelrechte Durchdringung der Medienöffentlichkeit mit Finanzmarktthemen in den letzten Jahren hat generell zu einem Reputationsverlust seiner Akteure geführt. Dies hat das öffentliche Vertrauen in die (Finanz-)Wirtschaft grundlegend geschwächt.

In diesem Beitrag wird im ersten Abschnitt einleitend der Begriff der Finanzmarktöffentlichkeit diskutiert. Finanzmarktöffentlichkeiten sind wie politische Öffentlichkeiten durch das Prinzip der potenziellen Publikumsoffenheit charakterisiert. Sie beschreiben jenen Kommunikationsraum, in dem die Veröffentlichung von Finanzmarktinformationen stattfindet und in dem Finanzmarktthemen vor einem dispersen Publikum zum Diskussionsgegenstand werden. Auch Finanzmarktöffentlichkeiten sind in den letzten Jahrzehnten einer markanten Medialisierung ausgesetzt gewesen und haben sich zu vorwiegend massenmedialen Öffentlichkeiten entwickelt, während die Ebene der Versammlungsöffentlichkeit (Bsp. Börsenparkett) an Bedeutung verloren hat. Finanzmarktöffentlichkeiten sind zudem als Teil einer größeren massenmedialen Wirtschaftsöffentlichkeit zu verstehen, in welcher neben Finanzmärkten auch andere Märkte und Wirtschaftsaspekte thematisiert werden. Im Gegensatz zu politischen Öffentlichkeiten waren Wirtschafts- und Finanzmarktöffentlichkeiten aber bis heute nur selten Gegenstand der wissenschaftlichen Analyse. Neben einigen wenigen öffentlichkeitssoziologischen Analysen sind es vor allem pressegeschichtliche Studien, welche die Herausbildung einer massenmedial geprägten Wirtschafts- und Finanzöffentlichkeit für einzelne geographische Räume beschrieben haben. Diese Arbeiten dokumentieren die Entstehung erster Druckerzeugnisse, welche der Veröffentlichung von Preisinformationen dienten, die Etablierung von Wirtschaftsressorts in den Tageszeitungen sowie das Aufkommen der Wirtschaftspresse. Stand an der Wiege der politischen Öffentlichkeit der aufklärerische Kampf gegen den Absolutismus, so ist der ‚Take-off‘ von Wirtschaftsöffentlichkeiten stärker durch das Profitdenken und durch Wirtschaftsinteressen geprägt. Das hat sich heute allerdings gründlich geändert. Im Gefolge des neuen Strukturwandels der Öffentlichkeit, d.h. der beschleunigten Kommerzialisierung des Medienwesens seit den 1970er Jahren ist die Finanz- und Wirtschaftsöffentlichkeit einer markant vergrößerten Moralisierung ausgesetzt, die zusätzlich in Krisenzeiten wie aktuell im Kontext der Finanzmarkt- und Schuldenkrise zusätzliche Spitzen treibt. Heute wird (Finanz-)Wirtschaft sehr viel stärker aus einer moralischen und politisierten Perspektive betrachtet.

Der zweite Abschnitt dieses Beitrages widmet sich deshalb der Entwicklungsdynamik dieser Wirtschaftsöffentlichkeit im 20. Jahrhundert und analysiert die Auswirkungen dieser Veränderungen für die öffentliche Thematisierung von Finanzmärkten. Die massenmedial geprägte Wirtschaftsöffentlichkeit in der Schweiz ist insbesondere in der zweiten Hälfte des 20. Jahrhunderts starken quantitativen und qualitativen Veränderungen ausgesetzt. Einerseits werden die Wirtschaftsressorts der Tageszeitungen stark ausgebaut und es entstehen neue Medienerzeugnisse, die sich vollumfänglich der Wirtschaft widmen. Im Zuge dieser Veränderung entwickelten sich Finanzmarktöffentlichkeiten von einfachen Preisöffentlichkeiten, welche vorwiegend die Publikmachung von Marktpreisen zum Inhalt hatten, zu komplexeren Öffentlichkeiten, die durch spezialisierte und professionalisierte Berufsrollen, durch die Finanz- und Wirtschafsjournalisten, hergestellt werden. Im Gegensatz zur reinen Veröffentlichung von Marktinformationen stellen diese Journalisten einerseits vermehrt Orientierungswissen für die Anleger und Investoren zur Verfügung. Andererseits machen sie die Finanzmärkte auch verstärkt zum Berichterstattungsinhalt.

Die Gründe für diese Veränderung sind zum einen vor allem in der Entwicklung des Mediensystems selbst zu sehen. In dem Maß, wie sich die Medienorganisationen zu Medienunternehmen mit vorab kommerziellen Zielen transformieren, weitet sich auch der Themenfächer aus. Das heißt, im Zuge ihrer eigenen Kommerzialisierung entdecken die Medienorganisationen das Thema Wirtschaft als auflagen- und quotensteigerndes Berichterstattungsobjekt, allerdings auch unter neuen Perspektiven. Wirtschaft wird nicht mehr nur wie zu Beginn der Ausdifferenzierung der Wirtschaftsberichterstattung unter rein funktionaler, ökonomischer Perspektive dargestellt, sondern in verstärktem Maß auch unter moralischer und gesellschaftspolitischer Perspektive. Die vormalige Dominanz politischer Themenbewirtschaftung wird insgesamt aufgeweicht und die Berichterstattung öffnet sich für die Informationsangebote vielfältiger Akteure aus den verschiedensten gesellschaftlichen Teilbereichen. Diese Fokussierung von Finanzthemen wurde zum anderen begünstigt durch eine grundlegende Ökonomisierung der Gesellschaft im Kontext der Durchsetzung des neoliberalen Gesellschaftsmodells in den 1980er und 1990er Jahren. Im Zuge dieser ideologischen Neuformatierung der Gesellschaft, die mit einer Deregulierung und Globalisierung der Finanzmärkte einherging, rückte der (Finanz-)Markt als Strukturprinzip moderner Gesellschaften ins Zentrum und avancierte die Finanzdienstleistungsindustrie zur Leitindustrie der Gesellschaftsformation.

Ein dritter und letzter Abschnitt des Beitrags beschäftigt sich schließlich mit der Reputation von Finanzmarktakteuren. Auf der Basis empirischer Daten wird gezeigt, dass diese Akteursgruppe seit den 1990er Jahren, d.h. seit dem internationalen Durchbruch des neoliberalen Gesellschaftsmodells zu den am stärksten thematisierten Wirtschaftsakteuren der Medienöffentlichkeit gehört. Diese Exponierung hat seit der jüngsten Finanzkrise ab 2007 nochmals stark zugenommen. Die Folge davon sind mehrheitlich negative Effekte für die Finanzakteure. Insbesondere die global agierenden Großbanken haben in diesem Zusammenhang starke Reputationsverluste erlitten.

2   Öffentlichkeit – Wirtschaftsöffentlichkeit – Finanzmarktöffentlichkeit

Die öffentlichkeitsoziologische Literatur und die historisch orientierte Medienforschung haben sich sehr stark mit dem Aspekt der politischen Öffentlichkeit beschäftigt, aber fast nicht mit Wirtschafts- und Finanzmarktöffentlichkeiten (Gerhards und Neidhardt 1993). Gründe dafür liegen in der wissenschaftlichen Positionierung der Öffentlichkeit selbst, die von der Forschung in erster Linie als politisches Projekt der Aufklärung gegen den Absolutismus beschrieben wird (Habermas 1990; Imhof 2007). Zudem verortet die in diesem Kontext wichtige Dichotomie zwischen Privatheit und Öffentlichkeit, die in Anlehnung an die griechische Antike für die Strukturbestimmung des Öffentlichkeitsbegriffs bestimmend ist, die Ökonomie im Bereich des *Oikos* bzw. des Privaten. Gemäß dieser normativen Perspektive ist das Ökonomische streng außerhalb des Öffentlichen angesiedelt. Nur wenn das Öffentliche nicht durch die Privatinteressen der Ökonomie usurpiert wird, kann die Öffentlichkeit der emanzipierten, politischen Auseinandersetzung dienen (Habermas 1990). Deshalb wurden lange Zeit auch in der öffentlichkeitssoziologischen und kommunikationswissenschaftlichen Forschung Ökonomie und Wirtschaft als zwei streng voneinander getrennte Bereiche gedacht und/oder die Ökonomisierung der Öffentlichkeit primär als dysfunktional für die demokratische Selbststeuerung angesehen. Erst die Kommerzialisierung des Mediensystems, d.h. der Umbau der Medien zu Medienunternehmen hat dem Thema Wirtschaft in der Öffentlichkeit auch im wissenschaftlichen Fachdiskurs markanten Auftrieb verschafft.

Analog zum Begriff der politischen Öffentlichkeit ist auch für die Wirtschafts- und Finanzmarktöffentlichkeit der Aspekt der prinzipiellen Unabgeschlossenheit des Publikums das zentrale Strukturmerkmal (Habermas 1990, S. 54; Neidhardt 1994, S. 10). Die öffentliche Sphäre unterscheidet sich von der privaten Sphäre dadurch, dass sie die ‚Teilhabe' für potenziell alle sichert bzw. dass der Zugang zu ihr gewissen Bevölkerungsgruppen nicht eo ipso verwehrt bleibt. Auch die Wirtschafts- und Finanzmarktöffentlichkeiten zeichnen sich dadurch aus, dass die Informationen und Inhalte, die sie zu spezifischen Wirtschaftsbereichen und Märkten transportieren, öffentlich sind. Dieser öffentliche Charakter der Finanzinformationen ist keine Selbstverständlichkeit, liegt doch die Logik des wirtschaftlichen Profits nicht selten im Versuch, Informationen zu monopolisieren und nur privilegierten Kreisen zugänglich zu machen. So waren gerade Börseninformationen noch lange Zeit im 20. Jahrhundert eine gut gehütete Information, die nur auserwählten Kreisen zugänglich war (Preda 2009).

Langenohl (2009) hat die Finanzmarktöffentlichkeit in einem der wenigen theoretischen Beiträge zum Thema hinsichtlich ihrer Strukturmerkmale beschrieben. Langenohl unterscheidet grundsätzlich zwischen einer Preisöffentlichkeit, die hauptsächlich aus Zahlen besteht und im Kontext des Markthandelns sich konstituiert, und einer diskursiven Öffentlichkeit, welche die Finanzmärkte reflexiv zum Thema macht. Öffentlichkeit ist in seinen Augen, und in Absetzung zu den neoklassischen Vorstellungen des Preismechanismus, in ihrer Qualität als Deutungsressource als Vorbedingung für die Preisbildung auf Märkten zu sehen und nimmt deshalb eine wichtige Funktion im ökonomischen Prozess ein (Langenohl 2011, S. 84-85; Langenohl 2009, S. 250-251). Auch die Preisbildung wird über öffentlich zugängliche Information, genauer über die Reputation der jeweiligen Güter reguliert (Imhof 2005: 205). Denn das Preisargument funktioniert nur auf der Basis des Vertrauens, die präferierte Dienstleistung bzw. das präferierte Produkt in ausreichender Qualität auch tatsächlich zu erhalten. Deshalb haben Finanzmärkte also zwingend einen öffentlichen Charakter und die Finanzmarktöffentlichkeit kann als spezifischer Teil einer breiteren Wirtschaftsöffentlichkeit gesehen werden, die neben der Fokussierung von Finanzmärkten noch weitere ökonomische Inhalte zum Thema hat. So verstehen Heinrich und Moss darunter „die aktuelle Berichterstattung über Menschen, Unternehmen, Institutionen und Organisationen der Wirtschaft, über Märkte und Bereiche der Wirtschaft, über Branchen, Sektoren und Industrien, sie umfasst die Berichterstattung über Volkswirtschaften und Probleme der Weltwirtschaft sowie die Berichterstattung über ökonomische Funktionen und Rollen der Menschen etwa als Arbeiter, Unternehmer, Sparer, Konsument oder Steuerzahler" (Heinrich und Moss 2006, S. 10).

Es sind insbesondere historische Arbeiten der Pressegeschichte, welche die Entstehung von Wirtschafts- und Finanzmarktöffentlichkeiten beschrieben haben. Auch wenn in diesen Arbeiten der Begriff der Öffentlichkeit meist keine systematische Rolle spielt, vermitteln die Analysen trotzdem erkenntnisreiche Einsichten zum Entstehungskontext ökonomischer Öffentlichkeiten. Vorläufer der Wirtschafts- und Finanzmarktöffentlichkeiten, wie wir sie heute in Form von massenmedialen, redaktionellen Erzeugnissen kennen, waren im Mittelalter und der frühen Neuzeit private Korrespondenzen, sogenannte Kaufmannsbriefe, die das Ziel verfolgten, Informationsvorteile gezielt für Profite zu nutzen (Spachmann 2005, S. 45). So wird in diesem Zusammenhang in der Literatur immer wieder auf die Fugger Dynastie verwiesen, die ein weit verzweigtes Netzwerk von Korrespondenten unterhielt, welche die neusten Preisinformationen zulieferten (Roush 2012, S. 14). Die ersten Formen einer Wirtschaftspresse werden von

Pressehistorikern als Druckerzeugnisse beschrieben, welche dem Zweck dienten, dass Preisinformationen zwischen verschiedenen Handlungszentren ausgetauscht werden konnten. McCusker (2005, S. 299) datiert den Druck der ersten Wirtschaftszeitungen auf Mitte des 16. Jahrhunderts in Antwerpen, welches ein wirtschaftliches Zentrum der damaligen Zeit darstellte. Die bis anhin geheim gehaltenen Börseninformationen wurden nun plötzlich durch die Amsterdamer Börse selbst publiziert. Und die Veröffentlichung dieser Informationen wurde zu einem eigenständigen Geschäftszweig. Neal (1988) datiert diesen Prozess für die Handelsmetropole London auf Ende des 17. Jahrhunderts. Anfang des 17. Jahrhunderts erschienen die ersten, periodisch publizierten Nachrichten, die bunt gemischt neben Hofnachrichten auch Wirtschaftsnachrichten enthielten. So hat die Finanz- und Wirtschaftswelt Einzug in die tagesaktuelle Presse gefunden. Die Ausdifferenzierung eigenständiger Wirtschaftsjournalisten tritt jedoch erst in Kraft, als Redaktionen und Ressorts zu einem festen Bestandteil des Zeitungswesens wurden. Stöber (2005, S. 177) bezeichnet in seiner Deutschen Pressegeschichte den Wirtschaftsteil daher auch als „verspätetes Ressort", das erst relativ spät lanciert wurde und im 19. Jahrhundert zur Einrichtung von Handelsseiten führte. In der Schweiz war es die 1780 gegründete Neue Zürcher Zeitung, welche diese Spezialisierung vorantrieb. Im Jahr 1878 führte das Blatt das Ressort „Handel und Verkehr" ein (Maissen und Stamm 2005, S. 57) und unterstrich diesen wirtschaftlichen Fokus auch mit der Ergänzung in ihrem Titel („schweizerisches Handelsblatt"). Daran wird ersichtlich, wie ausgesprochen spät die Ökonomie zum Objekt der öffentlichen Kommunikation in modernen Gesellschaften avancierte. Im Folgenden zweiten Abschnitt wird die Entwicklung der Wirtschaftsöffentlichkeit beschrieben, um die Dynamik im dritten Abschnitt auf ihre wesentlichen Ursachen zurückzuführen, die erstens im neuen Strukturwandel der Öffentlichkeit und zweitens im Aufschwung und Niedergang des neoliberalen Gesellschaftsmodells begründet ist.

3   Entwicklung der Wirtschaftsöffentlichkeit

Wirtschafts- und Finanzmarktöffentlichkeiten haben sich insbesondere in der zweiten Hälfte des 20. Jahrhunderts, d.h. im Gefolge des neuen Strukturwandels der Öffentlichkeit in Form der Kommerzialisierung des Medienwesens stark verändert. In diesem Prozess werden die Wirtschafts- und Finanzmarktöffentlichkeiten nicht nur zu einer massenmedialen Angelegenheit, sondern gewinnen generell an Bedeutung. Erstens beginnen die Tageszeitungen mit der Ausdifferenzierung spezifischer Wirtschafts-Ressorts den ökonomischen Themen mehr Bedeutung zu schenken. Es etablieren sich eigene Ressorts und in Form des Wirtschafts- und Finanzjournalisten auch spezifische Berufsrollen. Zweitens werden vermehrt neue Wirtschaftsmedien gegründet (Spachmann 2005, S. 54-64).

Für die Schweiz lässt sich zeigen (vgl. Abbildung 1), dass der Ausbau der Wirtschaftsressorts seit den 1960er Jahren stark zugenommen hat und sich insbesondere ab den 1990er Jahren stark beschleunigte. In einer Studie, welche den Umfang der Wirtschaftsressorts in drei zentralen Schweizer Leitmedien (Neue Zürcher Zeitung, Blick, Tages-Anzeiger) für die Jahre 1962-2008 vermessen hat, kommen Schranz, Eisenegger, Imhof und Schneider (2010) zur Erkenntnis, dass das in den 1960er Jahren noch relativ stiefmütterlich behandelte Wirtschaftsressort in den 1990er Jahren enorm expandierte. Es ist nicht nur die sonst schon wirtschaftsnahe NZZ, welche diese Entwicklung verzeichnet, sondern sämtliche untersuchten Medien. Selbst im Boulevardblatt Blick, das nur über eine schwache Ressortstrukturierung verfügt, hat es zeitweise eine Wirtschaftsseite gegeben. Im Zuge seiner eigenen Kommerzialisierung thematisiert das Mediensystem also verstärkt wirtschaftliche Themen. Der Kulminationspunkt dieser Wirtschaftsfokussierung wird gegen Ende der 1990er Jahre in der Phase des Börsenhypes erreicht und bleibt danach relativ stabil mit einem leicht negativen Trend. Diese Entwicklung geht auch mit einer thematischen Veränderung der Wirtschaftsberichterstattung einher (Schranz et al. 2010, S. 277). Bis in die 1970er Jahre war die Wirtschaftsberichterstattung stark durch Themen von makroökonomischer Relevanz geprägt. Die Wirtschaftsberichterstattung war das Produkt einer journalistischen Expertenkultur, die insbesondere konjunkturelle und regulatorische Aspekte sowie bedeutende Unternehmen mit volkswirtschaftlicher Bedeutung thematisierte. Die Berichterstattung, welche sehr stark die Makro- und Mesoebene thematisierte, veränderte sich zu einer Wirtschaftsberichterstattung, die neben Unternehmen vor allem Personen fokussiert und sich sehr viel stärker wieder als Dienstleistungsjournalismus für gegenwärtige und zukünftige Shareholder versteht. Diese Veränderung zeigt sich besonders gut an der Medienberichterstattung über Börseninformationen. Diese wurden in den 1970er und 1980er Jahren in hohem Maße an Experten mit entsprechender Ausbildung gerichtet und waren in wesentlich stärkerem Umfang lediglich in spezialisierten Wirtschaftsmedien anzutreffen. Erst im Zuge der Popularisierung der „Neuen Wirtschaft" (Stichwort: „Aktiensparen als Volkssport") beginnen die Medien neue Massen-Publikumsmärkte zu erschließen und lancieren spezialisierte Rubriken wie Aktien- und Anlegertipps für Kleinanleger und -sparer. Es zeigt sich hier noch deutlicher, wie stark das Angebot für den ökonomisch interessierten Medienkonsumenten im Verlauf der 1990er Jahre gewachsen ist und dass der Kulminationspunkt um die Jahrtausendwende überschritten wird.

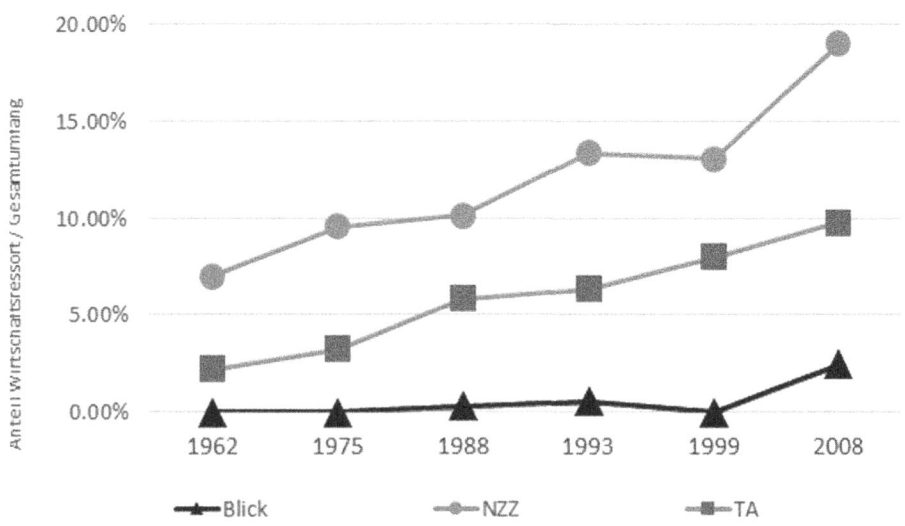

Darstellung 1 Entwicklung Umfang Wirtschaftsberichterstattung 1962-2008

Darstellung 1 zeigt die Entwicklung des Umfangs des Wirtschaftsressorts, gemessen am Gesamtumfang der Zeitung. Datengrundlage bilden die Zeitungen Neue Zürcher Zeitung, Tages-Anzeiger und Blick für ausgewählte Jahre seit 1962 (Quelle: Schranz et al. 2010, S. 277)

Mit der Veränderung der Berichterstattung geht nicht zuletzt eine Veränderung der medialen Prioritätenordnung einher, was die thematisierten Akteure betrifft (Schranz et al. 2010, S. 278). Die Medienresonanz für die Akteure der Finanzindustrie nimmt stark zu, und zwar, auf Kosten der öffentlichen Beachtung der Akteure der Industrie. Die Unternehmen des Werkplatzes, die in Bezug auf Wertschöpfung und Mitarbeiterzahl deutlich über dem Finanzplatz rangieren, erhalten viel weniger Resonanz.

Nicht nur die Bedeutungssteigerung in der Tagespresse ist ein wichtiger Indikator für die zunehmende Wichtigkeit von Wirtschafts- und Finanzmarktfragen in der Medienöffentlichkeit, sondern auch die Neugründung von Wirtschaftspublikationen selbst. In der Schweiz kann seit den 1970er Jahren eine zunehmende Zahl von neuen Wirtschaftspublikationen verzeichnet werden (vgl. Abbildung 2). Es entstehen neue Wirtschaftspublikationen mit einem breiteren und auch kritischeren Blick auf die Wirtschaft: die Bilanz (1977), Cash (1989) und Bilan (1989). Sie ergänzen die traditionelle Wirtschaftspresse, d.h. die NZZ (1780) mit einem seit Anbeginn sehr großen Handels- und Wirtschaftsteil, die Handelszeitung, sowie die 1928 entstandene Finanz und Wirtschaft. Eine weitere Expansionsphase der Finanzmarktöffentlichkeit kann insbesondere für die 1990er Jahre bzw. die Jahrtausendwende festgehalten werden, welche nun spezifischer die Finanzmärkte fokussiert und sich an ein breites Anlegerpublikum richtet (vgl. dazu Meier-Pfister und Thommen 2002, S. 85). Es sind nicht nur mehr Preisinformationen, die im Mittelpunkt stehen, sondern die Berichterstattung ist wesentlich anlegerfokussierter.

Die Auflage dieser Publikationen kann seit den 1970er Jahren auch stark zulegen. So hat sich die kumulierte Auflage der drei Wirtschaftszeitungen Handelszeitung, Bilanz und Finanz und Wirtschaft im Zeitraum von 1970- 1990 von 77000 verkauften Exemplaren auf 140000 verkaufte Exemplare fast verdoppelt (vgl. Darstellung 2).

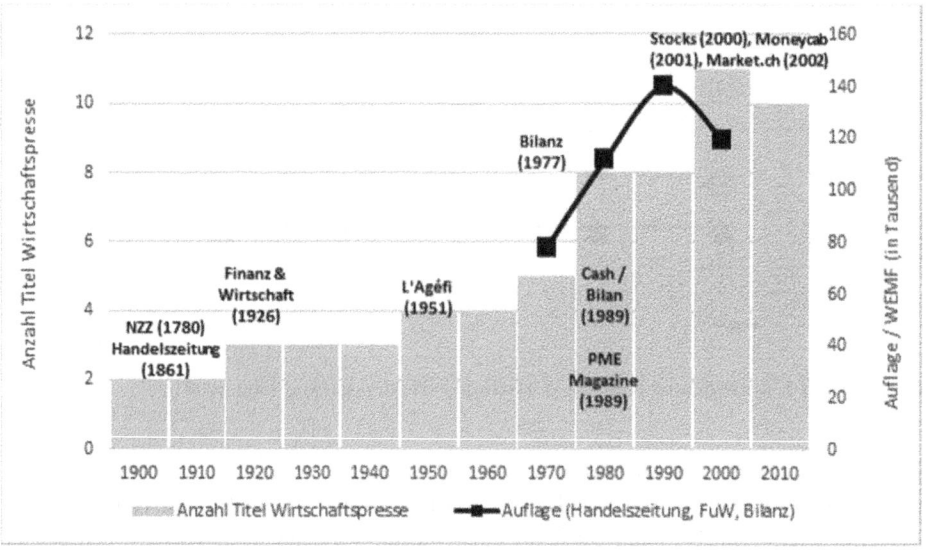

Darstellung 2 Entwicklung der Wirtschaftspresse in der Schweiz

Die Darstellung zeigt das Aufkommen neuer Publikationen der Wirtschaftspresse in der Schweiz (Datenbasis: WEMF-Auflagezahlen). Für die Entwicklungsdynamik wurden nur die auflagestärksten Titel ausgewiesen. Die schwarze Linie zeigt die Auflagenentwicklung der Publikationen Handelszeitung, Finanz und Wirtschaft und Bilanz im Zeitraum 1972-2008 (Datenquelle: WEMF). Es wurde pro Jahrzehnt jeweils der Mittelwert ermittelt.

In diesem Schaubild sind nur die Entwicklungen für die Presse festgehalten. Zunehmende Bedeutung erhalten im Laufe der Zeit aber auch Wirtschaftssendungen im Fernsehen. So haben sich vor allem seit den 1990er Jahren im öffentlichen und privaten Fernsehen der Schweiz Wirtschaftsformate verbreitet. Cash TV und die tägliche Börsensendung „Money" auf Tele24 (1998) sind die bekanntesten Titel. Diese wurden in der Zwischenzeit aber wieder eingestellt. In Ergänzung zu den Wirtschaftszeitungen sind es insbesondere auch die Sonntagszeitungen, die ihre Wirtschafteile ausbauen und qualitativ verändern. Im neuen Jahrtausend zudem vor allem Finanz- und Wirtschaftsportale im Onlinemarkt gegründet, die sich mit Kurznews zu Unternehmen und Branchen sowie der Echtzeitentwicklung von Preisinformationen an das Anlegerpublikum richten (u.a. moneycab.com, cash.ch, finanzen.ch, finews.ch). Auch wenn es jüngst immer wieder neue Titel gibt, belegen insbesondere die Auflagenzahlen aber auch, dass seit dem Ende des New Economy-Booms an der Jahrtausendwende die Zahlen wieder rückläufig sind und der Kulminationspunkt der Expansionsphase überschritten wurde.

Ähnliche Entwicklungsmuster in Bezug auf die Wirtschaftsberichterstattung haben ausländische Studien festgehalten. Clark, Thrift und Tickell (2004) stellen für den angelsächsischen Raum in Bezug auf die Wirtschaftsberichterstattung ebenfalls eine Bedeutungszunahme seit den 1960er Jahren und intensiviert seit den 1990er Jahren fest. Auch für die USA werden die 1980er und 1990er Jahre als Zäsuren der Entwicklung des Wirtschaftsjournalismus angesehen. Es ist die Zeit, in der Zeitungen die Wirtschaftsressorts ausbauten und vermehrt auch Wirtschaftsthemen auf die Titelseiten setzten (Roush 2012, S. 138). Kjær und Slaatta (2007) haben in einem Sammelband zu den skandinavischen Ländern ebenfalls ähnliche Entwicklungsmuster aufgezeigt. Laut diesen Beiträgen hat das Volumen der Wirtschaftsberichterstattung seit den 1980er Jahren stark zugenommen und die Themen der Finanzmarktöffentlichkeit (insbesondere Börseninformationen) haben stark an Bedeutung gewonnen.

Seit dem Ausbruch der Finanzkrise zeigt sich eine nochmalige Intensivierung der Thematisierung von Finanzmärkten in der Schweizer Medienöffentlichkeit. Das illustriert ein Blick auf die zentralen Themen der Medienagenda der Neuen Zürcher Zeitung, des Tages-Anzeigers und des Blicks. Der Anteil der Finanzmarktthemen an den 50 meist thematisierten Kommunikationsereignisse pro Jahr ist stark angestiegen und hat seit 2008 die 20%-Marke überschritten (vgl. Darstellung 3). Finanzmarktthemen gehören seit einigen Jahren zu den meist thematisierten Themen überhaupt. Das ist im Wesentlichen auf die Medienberichterstattung über die Finanzkrise und die sich daran anschließende weltweite Regulationsdebatte zurück zu führen. Die Krisenberichterstattung der Medien hat sich im Zeitraum 2007-2009 stark intensiviert. Aus der Krise von einzelnen Unternehmen und Branchen, insbesondere aus dem Bankenbereich, ist seit dem Krisenherbst 2008, mit dem Zusammenbruch von Lehman Brothers und der finanziellen Schieflage von Großunternehmen der Finanzindustrie wie AIG, UBS, Citigroup und Merrill Lynch, um nur die Bedeutendsten zu nennen, zunehmend eine gesamtgesellschaftliche Krisenbetrachtung geworden. Die zuerst als Subprime-, dann als Banken bzw. Finanzmarktkrise und schließlich von den Medien als Weltwirtschaftskrise beschriebene Problemlage hat zudem eine stark moralisierende und personalisierende Medienberichterstattung zur Folge, welche die Großbanken und insbesondere ihre Führungselite als Schuldige der Krise an den öffentlichen Pranger stellte. Diese Kritik hat zu einem starken Reputations- und Akzeptanzverlust der Wirtschaftselite der Finanzindustrie in der Öffentlichkeit geführt (vgl. dazu den nächsten Abschnitt) und eine intensive Krisenlösungsdebatte angestoßen, in welcher die Befürworter für eine strengere staatliche Regulation der Finanzindustrie an Definitionsmacht gewonnen haben. Insbesondere der Aspekt der Eigenkapitalvorschriften, die verstärkte Koordination der Bankenaufsicht in einem europäischen und globalen Kontext sowie strengere Vorschriften für Managerlohnentschädigungen haben diesen Regulationsdiskurs im Nachfeld der Krise geprägt. Neben der Finanzkrise haben aber zwei weitere resonanzstarke Kommunikationsereignisse wesentlich zur intensivierten Finanzmarktberichterstattung beigetragen. Es ist dies einerseits eine währungspolitische Debatte, die in der Schweiz im Kontext der Schuldenkrise der Euro-Länder entstanden ist. Es geht um die verstärkte Intervention der Schweizerischen Nationalbank auf den Devisenmärkten, um eine Obergrenze des Frankens für die Schweizer Wirtschaft gewähren zu können. Zudem führt auch die nun seit Jahren anhaltende Diskussion über das Schweizer Bankgeheimnis zu einer erhöhten medialen Exponierung des Finanzmarktes.

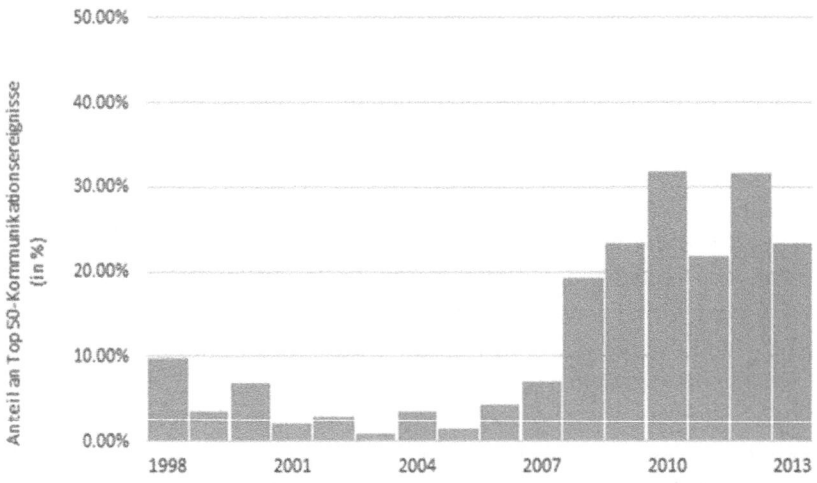

Darstellung 3 Finanzmarktthemen in Deutschschweizer Leitmedien 1998-2013

Das Balkendiagramm zeigt die Konjunktur von Finanzmarktthemen im Zeitraum 1998-2013 in drei Leitmedien der Deutschschweiz (Neue Zürcher Zeitung, Tages Anzeiger und Blick). Es wurde jeweils ermittelt, wie groß der Thematisierungsanteil von Finanzmarktthemen an der gesamten Berichterstattung (Grundmenge: die 50 größten Kommunikationsereignisse pro Jahr) ist.

Die quantitative Zunahme der Wirtschaft und der Finanzmärkte in der Berichterstattung der Medien sowie die qualitative Veränderung derselben ist im Wesentlichen auf zwei zentrale Erklärungsfaktoren zurück zu führen (Eisenegger und Vonwil 2004; Eisenegger 2005, S. 58ff.).

Erstens haben wir es in der Schweiz vor allem in der zweiten Hälfte des 20. Jahrhundert mit einem grundlegenden Wandel des Mediensystems zu tun. Dieser ist das Produkt des neuen Strukturwandels der Öffentlichkeit. Dieser bezeichnet die Ausdifferenzierung des Mediensystems aus dem politischen System in Form der Ablösung der Medien von ihren herkömmlichen Trägergruppen (Parteien, Verbände, Kirchen und Verlegerfamilien) bei gleichzeitiger Koppelung des Mediensystems an die Marktlogik (Jarren 2001, S. 10; Imhof 2011, S. 124). Dieser Prozess setzt in der Schweiz im internationalen Vergleich relativ spät bzw. erst in den 1960er Jahren ein. Die Medienorganisationen wandeln sich in diesem Prozess zu Dienstleistungsorganisationen mit beliebiger Kapitalversorgung und einer neuen Publikumsorientierung: Sie beziehen sich nicht mehr auf das Staatsbürgerpublikum, sondern auf Medienkonsumenten in unterschiedlichen Alters-, Bildungs- und Kaufkraftgruppen (Blum 2003; Kamber 2004; Künzler 2005; Imhof 2007). Dadurch werden die einst politischen und ideologischen Selektions- und Interpretationslogiken der medienvermittelten Kommunikation durch Selektions- und Interpretationslogiken abgelöst, die sich an den Aufmerksamkeits- und Unterhaltungsbedürfnissen der Medienkonsumenten orientieren. Die vormalige Dominanz politischer Themenbewirtschaftung wird aufgeweicht und die Berichterstattung öffnet sich für die Informationsangebote vielfältiger Akteure aus den verschiedensten gesellschaftlichen Teilbereichen. D.h. die Medien werden in ihrer Grundorientierung thematisch und ideologisch offener und flexibler (Jarren 1998, S. 78). Öffentliche Kommunikation ist nicht mehr auf das politische System beschränkt und die in der Arena medialer Öffentlichkeit „auftretenden" Akteure sind nicht mehr primär politische Akteure. Diese thematische Entgrenzung der Medienberichterstattung ist ein wesentlicher Faktor zur Erklärung des seit den 1980er Jahren gewachsenen Medieninteresses gegenüber dem Teilsystem Wirtschaft. Denn im Zuge seiner eigenen Ausdifferenzierung und Ökonomisierung entdeckt das Mediensystem die Wirtschaft als Auflagen und Quoten sicherndes Thema. Allerdings verändert sich nicht nur die Quantität der Wirtschaftsberichterstattung, sondern auch die Qualität. War die Berichterstattung über die Wirtschaft und die Finanzmärkte bis dahin vor allem von einem Verlautbarungsjournalismus geprägt, tendieren die Medien jetzt zu einem verstärkten Thesen- und Skandaljournalismus. Das macht die Wirtschaft und die Unternehmen in puncto Reputation exponierter. Dabei kommt insbesondere der Sozialreputation eine entscheidende Bedeutung zu (Eisenegger und Schranz 2011; Schranz 2007). Denn im Gefäß des Skandals, welcher eine zentrale Berichterstattungsform des modernen Mediensystems bildet, etabliert sich die moralisierende Sozialreputationsbearbeitung von Unternehmen als fester Bestandteil einer professionellen Berichterstattungskultur (Schranz et al. 2010).

Diese Fokussierung von Finanzthemen wurde zweitens begünstigt durch eine grundlegende Ökonomisierung der Gesellschaft im Kontext der Durchsetzung des neoliberalen Gesellschaftsmodells in den 1990er Jahren. Im Zuge dieser ideologischen Neuformatierung der Gesellschaft, die mit einer Deregulierung und Globalisierung der Finanzmärkte einherging, gewann der Markt als Strukturprinzip moderner Gesellschaften an Bedeutung. Das Marktdenken hielt nicht nur mit Deregulierungs- und Privatisierungsbestrebungen in der Wirtschaftspolitik Einzug (Hay 1996), sondern etablierte sich auch als Shareholder-Value Doktrin bei Unternehmen (Rappaport 1998) und prägte das Denken und Verhalten der Gesellschaftsmitglieder selbst. So hat sich beispielsweise der Anteil jener Personen, die mit Aktien handelten, in der Schweiz von 12% (1992) auf 30% (gemäß Daten des Swiss Banking Institutes) erhöht. Das bedeutet, dass sich die Expansion und der qualitative Wandel der Wirtschafts- und Finanzberichterstattung nicht alleine auf die Kommerzialisierung des Medienwesens zurückgeführt werden können. Vielmehr ist der Wandel auch eine Folge des allgemeinen, gesellschaftlichen Wandels im neoliberalen Gesellschaftsmodell, auf den die Medien reagieren. Dieser Wandel lässt sich ab den 1990er Jahren als eine weitreichende Ökonomisierung der Gesellschaft beschreiben, so dass öko-

nomische Leitprinzipien gesellschaftlich breit diffundieren und bis in die Handlungs-
sphären der Politik und Zivilgesellschaft wirkmächtig werden (Stichworte: „New Public
Management", „New Economy", „Aktiensparen als Volkssport"). Auf diesen Wandel der
Gesellschaft reagieren die Medien mit einem zusätzlichen Ausbau ihrer Wirtschafts-
und Finanzberichterstattung. Seit Ausbruch der Finanzkrise in den Jahren 2007/2008
findet zudem eine markante Politisierung und Skandalisierung insbesondere der Finanzindustrie statt, welche dem Thema anhaltend große Bedeutung verschafft, allerdings
unter anderer Perspektive.

4   Akteure der Wirtschaftsöffentlichkeit

Während im letzten Kapitel auf die gesteigerte Bedeutung von Finanzmarktthemen in
der medienöffentlichen Kommunikation der Schweiz und die Gründe dafür eingegangen
wurde, behandelt ein letzter Teil nun die spezifischen Folgen für die Finanzplatzakteure,
die von dieser größeren Exponierung in der massenmedialen Öffentlichkeit ausgehen.
Wie gezeigt wurde, gewinnt das Thema Wirtschaft im Zuge der Kommerzialisierung
des Medienwesens ab den 1980er Jahren an Bedeutung. Mit dem Durchbruch des neoliberalen Gesellschaftsmodells wiederum avanciert die Finanzindustrie zur Leitindustrie
der okzidentalen Gesellschaftsformation. Darauf reagieren die Medien mit einer Fokus-
verlagerung weg von Realmärkten und realwirtschaftlichen Unternehmen hin auf
Finanzmärkte und Finanzdienstleistungsunternehmen. Seit Ausbruch der Finanzkrise in
den Jahren 2007/2008 ist diese Thematisierung allerdings einer skandalisierenden Optik
gewichen und setzt die Finanzdienstleistungsbranche massiven Reputationsrisiken aus,
die auch die Politik in Form weitreichender Regulierungsbestrebungen auf den Plan gerufen hat. Angesprochen sind somit Reputationseffekte, welche die medienvermittelte
Kommunikation zeitigt und ihr eine Bedeutung in modernen Gegenwartsgesellschaften
verschafft (Eisenegger 2005; Clark et al. 2004; Langenohl 2011). Reputation bezeichnet
den Ruf, den eine Person, Organisation oder auch Institution in der Öffentlichkeit ge-
nießt. Reputation ist das Resultat eines dynamischen Kommunikationsprozesses, im
Laufe dessen Informationen zur Vertrauenswürdigkeit eines Akteurs in der öffentlichen
Kommunikation diffundieren (Eisenegger 2005, S. 29). Die öffentliche, und vorab die
medienvermittelte Kommunikation ist somit die zentrale Voraussetzung für die Entstehung wie auch den Zerfall von Reputation. Reputation erfüllt gleichzeitig verschiedene
zentrale Steuerungsfunktionen in unserer Gesellschaft, unter anderem jene, dass sie das
Ausmaß der sozialen Kontrolle bestimmt. Je angeschlagener die Reputation von gesellschaftlich relevanten Institutionen, Organisationen und Personen ist, desto mehr
müssen rechtlich einklagbare Regulationen dieses Reputationsvakuum ausgleichen
und desto mehr müssen staatliche Organe Überwachungsfunktionen übernehmen. Es
erstaunt deshalb nicht, dass alle großen Regulationsschübe der neueren Wirtschaftsgeschichte durch gravierende Reputationskrisen verursacht wurden. So sind beispielsweise der Sarbanes-Oxley Act und die Regulationsflut im Bereich der Corporate

Governance ohne die großen Bilanzfälschungsskandale und Managementexzesse um die Jahrtausendwende nicht zu erklären. Vor allem aber die Finanzmarktkrise hat eine Fülle neuer Regulationsaktivitäten ausgelöst.

Im Folgenden werden die Resonanz- und Reputationsdynamiken für ökonomische Akteure in Schweizer Medien im Zeitraum 2007-2013, also im Kontext der Finanz- und der globalen Wirtschafts- und Schuldenkrise dargestellt. Die Basis bildet die inhaltsanalytische Erfassung von 47 Unternehmen in rund 14 Schweizer Leitmedien (Tagesmedien, Boulevardmedien, Sonntagszeitungen, Gratismedien) im Zeitraum 2007-2013. Die Analyse fokussiert die wichtigsten Unternehmen pro Branche. Im Rahmen der Inhaltsanalyse wurden unter anderem die Thematisierungsstärke, die Bewertung als auch der Thematisierungskontext dieser Unternehmen (soziale vs. funktionale Perspektive) untersucht (vgl. dazu Eisenegger et al. 2010). Die Finanzmarktkrise von 2008 hat die Reputationsdynamik von Wirtschaftsakteuren fundamental verändert. Erstens zeigt sich nochmals eine deutliche Aufmerksamkeitssteigerung für Akteure der Finanzmarktöffentlichkeit bzw. für die Player der Finanzindustrie. Die ohnehin schon starke Überrepräsentation in der öffentlichen Kommunikation hat im Kontext der Krise nochmals stark zugenommen (vgl. Abbildung 4). Im Kontext der Finanzmarktkrise entfallen zeitweise über 80% der gesamten medialen Aufmerksamkeit auf die Unternehmen der Finanzindustrie (Banken und Versicherungen). Das heißt, dass 11 Unternehmen (23%) des gesamten Untersuchungssamples zeitweise 80% der Medienaufmerksamkeit absorbiert haben. Dies verweist auf die grundlegende ungleiche Aufmerksamkeitsverteilung in der massenmedial geprägten Wirtschaftsöffentlichkeit. Sehr wenige Akteure generieren sehr viel Medienberichterstattung.

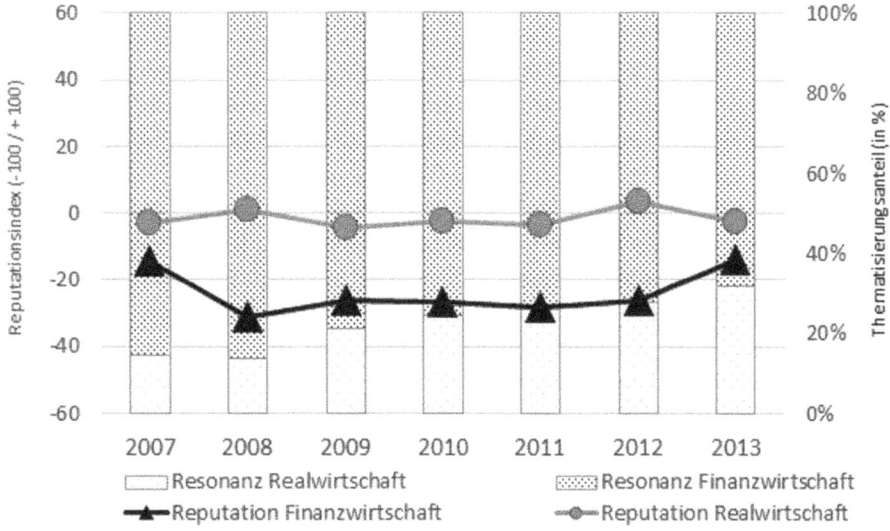

Darstellung 4 Reputationsentwicklung von Unternehmen der Real- und Finanzwirtschaft 2007-2013

Die Darstellung zeigt den Thematisierungsanteil (Säulen) von Unternehmen der Real- und Finanzwirtschaft in 14 Leitmedien der Schweiz (Tagespresse, Boulevardpresse, Wirtschaftspresse). Die Linien zeigen den korrespondierenden Reputationswert pro Jahr. Ausgewählt wurden die größten Unternehmen unterschiedlicher Branchen in der Schweiz (Realwirtschaft n = 35 Unternehmen, Finanzwirtschaft n= 11 Unternehmen). Der Reputationswert misst die Reputation eines Akteurs auf der Basis aller in einer bestimmten Zeitperiode codierten Medienbeiträge. Er kann maximal die Werte -100 bis +100 annehmen. Ein Wert von +100 bedeutet, dass ein Akteur im jeweiligen Zeitraum ausschließlich positive Bewertungen erfahren hat. Umgekehrt bedeutet ein Wert von -100, dass der Akteur ausschließlich negativ bewertet wurde.

Die Finanzmarktkrise verändert auch die medienvermittelte Reputation der Unternehmen grundlegend. Da die Finanzdienstleistungsbranche – insbesondere die Großbanken – in öffentlicher Optik für die Krisendynamik verantwortlich gemacht werden, fallen die Reputationswerte auf dem Reputationsindex substanziell schlechter aus als die der Unternehmen der Realwirtschaft. Skandalisiert werden kurzfristiges Shareholder Value-Denken, kurzfristige Geschäftsmodelle, unverantwortliche Risikopolitiken sowie die Dominanz von derivativen Finanzprodukten, an deren ökonomische Potenz man im sprichwörtlichen Sinne ‚glauben' musste, ohne sie sachlogisch erklären zu können. Im Gegensatz dazu erleben Unternehmen, die ökonomischen Erfolg glaubwürdig mit sozialer Verantwortung verbinden können und auf nachhaltige Ertragssicherung ausgerichtet sind, in der Krise einen Vertrauenszuwachs. Deshalb öffnet die Finanzmarktkrise die Reputationsschere insgesamt zwischen Real- und Finanzwirtschaft respektive zwischen Werk- und Finanzplatz. Was sich mit dem Beginn der Finanzkrise rapide dynamisierte, konnte jedoch bereits am Beginn des neuen Jahrtausends, im Kontext der New Economy-Krise, in ersten Ausläufern beobachtet werden. Bereits vor der Finanzkrise ab 2007 unterliegt die Reputationsentwicklung der global tätigen Großbanken großen Reputationsschwankungen. So entbrannte Anfang 2002 im Nachgang zum Bilanzierungsskandal bei Enron und im Umfeld der geplatzten E-Commerce-Bubble zunächst in den USA und danach in Europa eine Managerlohndiskussion, die in ihrer Heftigkeit neue Maßstäbe setzte. Mitte des Jahres 2002 weiten sich die Diskussionen um Finanzskandale, Bilanzfälschungen und dem unlauteren Verhalten einzelner Analysten aus. Daraus resultiert eine grundsätzlichere Problematisierung fehlender ‚Chinese Walls' und eine umfassende Debatte über Struktur und Verhalten der großen Investmentbanken, sowie über negative Effekte kurzfristiger Renditeorientierung.

Es zeigen sich aber nicht bei allen Finanzmarktakteuren dieselben Reputationseffekte (vgl. Darstellung 5). Während insbesondere die Reputation der globalen Großbanken in der Schweiz – UBS und Credit Suisse – Anfang 2007 stark an Boden verliert und erst im Jahr 2013 wieder einigermaßen zulegen kann, profitieren die regional und lokal verankerten Kleinbanken anfänglich von der Krise.

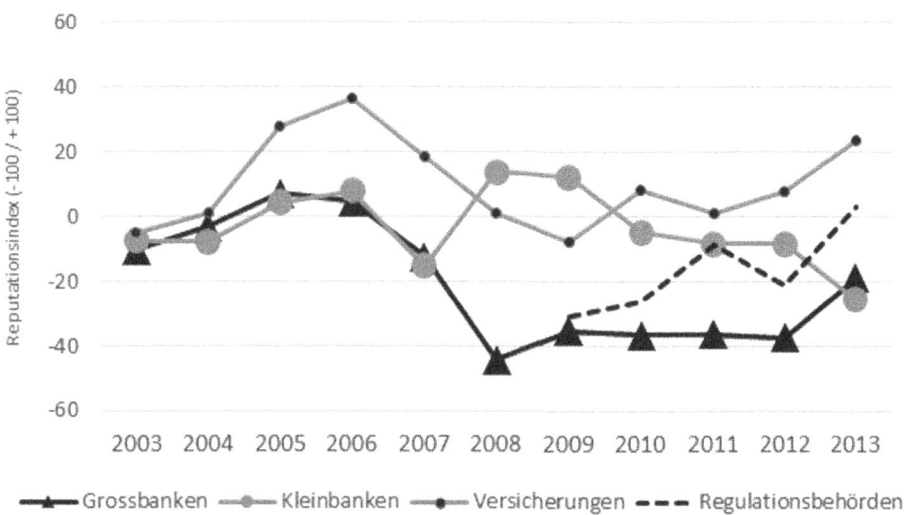

Darstellung 5 Reputationsentwicklung von Finanzmarktakteuren 2003-2013

Darstellung 5 zeigt die Reputationsentwicklung von Finanzmarktakteuren im Zeitraum 2003-2013. Es wird zwischen verschiedenen Akteursgruppen unterschieden (Groß-banken, Kleinbanken, Versicherungen, Regulationsbehörden). Der Reputationswert misst die Reputation eines Akteurs auf der Basis aller in einer bestimmten Zeitperiode codierten Medienbeiträge. Er kann maximal die Werte -100 bis +100 annehmen.

Die Krise hat den Trend für das Sichere und Überschaubare gestärkt und hat für volkswirtschaftliche Risiken sensibilisiert (Eisenegger und Künstle 2011). Die Geschäfts-modelle der Kleinbanken gelten als bürgernah und risikoarm und treffen damit den Nerv der Zeit. Die ökonomische Nachhaltigkeit als eine zentrale soziale Verantwortung der Unternehmen gegenüber dem lokalen, regionalen und nationalen Kontext ist durch die Krise zu einem wichtigen Reputationstreiber der Unternehmen geworden. Nach dem jahrelangen Streben nach Größe, Shareholder Value und schnellem Profit in der Ära der Globalisierung hat das Pendel umgeschlagen.

5   Fazit

Dieser Beitrag fragte nach der Bedeutung von Finanzmärkten in der massenmedialen Öffentlichkeit. Die Analyse zeigte unter anderem, dass der Austausch von Wirtschaft- und Finanzmarktinformationen zum Zweck der Profitmaximierung zuerst in privaten Netzwerken stattgefunden hat und erst zu einem späteren Zeitpunkt öffentlich geworden ist. Mit der Integration des Wirtschaftsressorts als feste Bestandteile der periodisch er-scheinenden Tagespresse und der Ausdifferenzierung von journalistischen Berufsrollen und Spezialisten für Finanz- und Wirtschaftsthemen etablierte sich relativ spät ein neuer

Themenbereich öffentlicher Kommunikation, der insbesondere in der zweiten Hälfte des 20. Jahrhunderts einen starken Wandel durchlebte. In der Schweiz bauten die Verlage die Wirtschafsressorts ihrer Medientitel stark aus und es entstanden neue Wirtschafts-publikationen. Es konnte gezeigt werden, dass mit der wirkmächtigen Koinzidenz von öffentlichkeitsstrukturellem und sozialem Wandel das ökonomische System sowie die ab den 1990er Jahren ins Zentrum der medienvermittelten Kommunikation aufrücken und einer erhöhten öffentlichen Exponiertheit ausgesetzt sind: Erstens geht mit dem Struktur-wandel der Öffentlichkeit ein Wandel der Selektions- und Interpretationslogiken des Mediensystems einher. Dies hat eine Ausweitung des medialen Themenspektrums auf nicht-politische Zusammenhänge und eine zunehmende mediale Bewirtschaftung öko-nomischer Themen zur Folge. Die verstärkte Aufmerksamkeitskonzentration auf öko-nomische Zusammenhänge anfangs der neunziger Jahre ist zweitens aber wesentlich eine Folge des sozialen Wandels bzw. der verstärkten Orientierung an Ökonomie-zentrierten Leitbildern der neoliberalen Gesellschaftskonzeption. Die stark angewachsene, ge-sellschaftliche Orientierung an ökonomischen Erfolgszielen und -rezepturen geht mit einer Ökonomisierung der Gesellschaft einher. In diesem Kontext gewinnen die (Finanz-) Märkte als Strukturprinzip moderner Gesellschaften stark an Bedeutung. Die an anti-zipierten Publikumsinteressen ausgerichteten Medien reagieren auf diesen Wandel mit einer verstärkten Bewirtschaftung der Wirtschaftsberichterstattung und einem Aus-bau sowie einer Ausdifferenzierung der Wirtschaftspublizistik. Während in der Hoch-phase des neoliberalen Gesellschaftsmodells anfangs bis Ende der neunziger Jahre diese Popularisierung der ökonomischen Handlungslogik mit tendenziellen Reputations-gewinnen für ökonomische Akteure korreliert, verkehrt die ab Ende der neunziger Jahre einsetzende neoliberale Krise die Reputationslogik in ihr Gegenteil und das Wirtschafts-system wie die ökonomischen Organisationen müssen erhöhte Reputationseinbußen hin-nehmen. Insbesondere seit der Finanzkrise ab 2007 hat die öffentliche Thematisierung von Finanzmärkten nochmals stark zugenommen – mit negativen Folgen für die Reputation ihrer Akteure.

Literatur

Blum, Roger (2003) Medienstrukturen der Schweiz. In: Günter Bentele; Brosius Hans-Bernd und Otfried Jarren (Hrsg.) Öffentliche Kommunikation. VS Verlag, Wiesbaden, S 366–381.

Clark, Gordon; Thrift, Nigel and Adam Tickell (2004) Performing finance: the industry, the media and its image: Review of International Political Economy: 2:11: 289–310.

Deephouse, David L. (2000) Media Reputation as a Strategic Resource: An Integration of Mass Communication and Resource-Based Theories: Journal of Management: 6:26: 1091–1112.

Eisenegger, Mark (2005) Reputation in der Mediengesellschaft: Konstitution, Issues Monitoring, Issues Management. VS Verlag, Wiesbaden.

Eisenegger, Mark und Matthias Vonwil (2004) Die Wirtschaft im Bann der Öffentlichkeit. Ursachen und empirische Evidenzen für die erhöhte öffentliche Exponiertheit ökonomischer Organisationen seit den 90er Jahren: Medienwissenschaft Schweiz: 2: 80–89.

Eisenegger, Mark und Daniel Künstle (2011) Von der sozialen zur volkswirtschaftlichen Verantwortung: Wie die Finanzmarktkrise die Reputationsdynamik verändert: Die Volkswirtschaft: 84:7/8: 55–62.

Eisenegger, Mark und Mario Schranz (2011) CSR – Moralisierung des Reputationsmanagements. In: Raupp, Juliana; Jarolimek, Stefan und Friederike Schultz (Hrsg.) Handbuch CSR. VS Verlag, Wiesbaden, S 71-96.

Eisenegger, Mark; Schranz, Mario and Jörg Schneider (2010) Cororate Reputation and the News Media in Switzerland. In: Carroll, Craig E. (ed.) Corporate reputation and the news media: Agenda-setting within business news coverage in developed, emerging, and frontier markets. Routledge, New York NY, p 207–220.

Gerhards, Jürgen und Friedhelm Neidhardt (1993) Strukturen und Funktionen moderner Öffentlichkeit. In: Langenbucher, Wolfgang. R. (Hrsg.) Politische Kommunikation. Grundlagen, Strukturen, Prozesse. W. Braumüller, Wien, S 52–89.

Habermas, Jürgen (1990 [1962] Strukturwandel der Öffentlichkeit. Suhrkamp, Frankfurt am Main.

Heinrich, Jürgen und Christoph Moss (2006) Wirtschaftsjournalistik. Grundlagen und Praxis. VS Verlag, Wiesbaden.

Hay, Colin (1996) Narrating Crisis: The Discursive Construction of the ,Winter of Discontent': Sociology: 30:2: 253– 277.

Imhof, Kurt (2005) Was bewegt die Welt? Vertrauen, Reputation und Skandal. Ein Essay zu drei Essenzen des Sozialen und zur Abzockerdebatte. In: Röthlisberger, Peter (Hrsg.) Skandale: Was die Schweiz in den letzten zwanzig Jahren bewegte. Orell Füssli, Zürich, S 203–221.

Imhof, Kurt (2007) Öffentlichkeit und Krise: Theorie des sozialen Wandels. Suhrkamp, Frankfurt am Main.

Imhof, Kurt (2011) Die Krise der Öffentlichkeit. Campus, Frankfurt/New York.

Jarren, Otfried (2001) Mediengesellschaft – Risiken für die politische Kommunikation: Politik und Zeitgeschichte: B 41-42: 10–19.

Jarren, Otfried (1998) Medien, Mediensystem und politische Öffentlichkeit im Wandel. In: Ulrich Sarcinelli (Hrsg.) Politikvermittlung und Demokratie in der Mediengesellschaft. VS Verlag, Bonn, S 74–94.

Kamber, Esther (2004) Mediengesellschaft – der Gesellschaftsbegriff im Spannungsfeld der Modernetheorie. In: Kurt Imhof; Blum, Roger; Bonfadelli, Heinz und Otfried Jarren (Hrsg.) Mediengesellschaft (Mediensymposium Luzern Bd.8) , VS-Verlag, Wiesbaden.

Kjær, Peter and Slaatta, Tore (2007) Mediating business: The expansion of business journalism. 1. Aufl. Copenhagen Business School Press, Portland, OR.

Künzler, Matthias (Hrsg.) (2005) Das schweizerische Mediensystem im Wandel. Haupt, Bern.

Langenohl, Andreas (2009) Finanzmarktöffentlichkeiten: Die funktionale Beziehung zwischen Finanzmarkt und öffentlichem Diskurs. In: Diaz-Bone, Rainee und Gertraude Krell (Hrsg.) Diskurs und Ökonomie. VS Verlag, Wiesbaden, S 245-266.

Langenohl, Andreas (2011) Die Ausweitung der Subprime-Krise: Finanzmärkte als Deutungsökonomien. In: Kessler, Oliver (Hrsg.) Die Internationale Politische Ökonomie der Weltfinanzkrise. VS Verlag, Wiesbaden, S 75-98.

Maissen, Thomas und Konrad Stamm (2005) Die Geschichte der NZZ 1780 - 2005. 2. Band. NZZ Verlag, Zürich.

McCusker, John J. (2005) The Demise of Distance: The Business Press and the Origins of the Information Revolution in the Early Modern Atlantic World: The American Historical Review: 2:110: 295–321.

Meier-Pfister, Martin und Andreas S. Thommen (2002) Erfolgsfaktor Investor Relations? Finanzkommunikation in der Schweiz. NZZ Verlag, Zürich.

Neal, Larry (1988) The Rise of a Financial Press: London and Amsterdam: Business History: 2:30: 163.

Neidhardt, Friedhelm (1994) Öffentlichkeit, öffentliche Meinung, soziale Bewegungen: KZfSS: Sonderband 34: 7–41.

Preda, Alex (2009) Framing Finance: The Boundaries of Markets and Modern Capitalism. University of Chicago Press, Chicago.

Rappaport, Alfred (1998) Creating shareholder value. A guide for managers and investors. Free Press, New York u.a.

Roush, Chris (2012) Profits and Losses: Business Journalism and Its Role in Society. Acom Guild Press, LLC.

Schranz, Mario (2007) Wirtschaft zwischen Profit und Moral: Die gesellschaftliche Verantwortung von Unternehmen im Rahmen der öffentlichen Kommunikation. VS Verlag, Wiesbaden.

Schranz, Mario; Eisenegger, Mark; Imhof, Kurt und Jörg Schneider (2010) Wirtschaftsberichterstattung in der Krise. In: fög – Forschungsbereich Öffentlichkeit und Gesellschaft (Hrsg.) Jahrbuch 2010 Qualität der Medien. Schweiz – Suisse – Svizzera. Schwabe Verlag, Basel, S 275–283.

Spachmann, Klaus (2005) Wirtschaftsjournalismus in der Presse: Theorie und Empirie. UVK Verlag, Konstanz.

Stöber, Rudolf (2005) Deutsche Pressegeschichte: Von den Anfängen bis zur Gegenwart. UVK Verlag, Konstanz.

Die Erfindung des Amateurspekulanten

Veränderungen von Publikumsadressierungen im US Aktienmarkt um 1930

Leon Wansleben

1   Einleitung: Praktiken der Finanzmarktteilnahme

Heutzutage ist es nichts Ungewöhnliches, als Laie auf Aktienmärkten zu investieren. In den USA etwa erreichte die Teilnahmequote an den Märkten während der 1990er Jahre über 50 Prozent (Davis 2008). Seitdem haben Finanzmarktkrisen zu einem Rückgang geführt. Die Aktienmarktbeteiligung ist jedoch heutzutage immer noch deutlich höher als in der Mitte des 20. Jahrhunderts. So geben Statistiken aus dem Jahr 2012 an, dass in den USA etwa 46 Prozent der Bevölkerung direkte oder indirekte Aktienbesitzer sind (Wolff 2012, S. 80).

Um dieses Phänomen soziologisch zu interpretieren, kann man einerseits versuchen die nach wie vor signifikanten nationalen Variationen der Finanzmarktpartizipation – etwa mit Bezug auf die ‚varieties of capialism‘ – zu analysieren;[1] andererseits kann man Aktienbesitz zu sozio-demographischen Variablen – Einkommen, Geschlecht, Alter etc. – in Verhältnis setzen. Als dritte Alternative kann man jedoch auch danach fragen, mithilfe welcher *Praktiken* Finanzmarktteilnahme sozial und kulturell organisiert wird. So könnte, dieser Linie folgend, ein möglicher Zugang darin bestehen die Bedeutung von Finanzprofessionellen und -beratern für die Investitionsmotive und -entscheidungen von Privatinvestoren zu erforschen.[2] Zu diesen Finanzprofessionellen zählen etwa Fondsmanager, Bankberater, Analysten oder unabhängige Finanzberater (Lounsbury 2008; Wansleben 2012). Diese Berufsgruppen können Anlageentscheidungen für ihre Kunden treffen oder durch Beratungen und Empfehlungen Entscheidungsunsicher-

---

1   So erreicht die Quote der Aktienbesitzer in Deutschland bis heute nicht mehr als etwa 14 Prozent (DAI 2012).

2   Zu Professionellen-Klienten-Beziehungen als Inklusionsmodus (in der Systemtheorie spricht man von Leistungs- und Publikumsrollen), siehe etwa Stichweh (2009).

heiten auffangen. Ferner versuchen Finanzprofessionelle – über Werbungen oder Be-
ratungsangebote – die Finanzmarktteilnahme ihrer (potenziellen) Klienten überhaupt
erst zu motivieren (Knorr Cetina 2009). Vermittelt über die Professionellen-Kunden-
Beziehungen werden Marktentwicklungen auf Kundenrelevanzen zugeschnitten und
spezifische Erwartungsstrukturen (z.B. an die Leistungen eines Fonds, einer Beratungs-
leistung etc.) etabliert (Langenohl 2012). Enttäuschungen können abgefedert werden,
wenn es gelingt, den Kunden zu vermitteln, dass trotz zwischenzeitlicher Verluste eine
rationale Vorsorge möglich bleibt. Die Angebote von Finanzprofessionellen scheinen in
der Tat die Marktteilnahme der meisten Privatinvestoren zu strukturieren: In den USA
hält die Mehrheit der Aktienbesitzer ihre Wertpapiere nur indirekt, nämlich über Fonds
und andere professionell verwaltete Anlageprodukte (Davis 2008, S. 21).

Eine erhebliche Gruppe von Privatinvestoren tätigen jedoch auch auf Grundlage eigenständiger Entscheidungen und eigener Anlagetechniken ihre Investitionen (Schimank
und Stopper 2012). Ein extremes Beispiel hierfür, das in den vergangenen Jahren verstärkte mediale und wissenschaftliche Aufmerksamkeit auf sich gezogen hat, ist *day
trading* (Preda 2009a; Preda im Erscheinen; Barboza 2010). *Day trader* spekulieren mit
kurzen Haltezeiten (Minuten, Stunden bis zu einigen Tagen) in Aktien, Währungen oder
Derivaten und nutzen hierfür ihre häuslichen Computer. *Day trading* kann als Freizeit-
aktivität oder als semi-professionelle Praxis ausgeübt werden; die Personen sind oftmals
pensioniert, arbeitslos oder in Teilzeitberufen. Das empirische Gewicht der *day trader*
lässt sich einfacher anhand von Umsatzstatistiken einzelner Finanzmärkte als an Aktien-
eigentümerstatistiken ablesen: Nach den jüngsten Angaben der Bank für Internationalen
Zahlungsausgleich tragen *day trader* zwischen acht und zehn Prozent des Umsatzes auf
Währungsmärkten bei, auf denen täglich vier Billionen Dollar gehandelt werden (King
und Rime 2010, S. 39).[3]

Es kann sich als schwierig herausstellen, die unterschiedlichen Praktiken der Finanzmarktteilnahme empirisch zu separieren. Ebenso können ihre gesellschaftsstrukturellen
Voraussetzungen identisch sein. So argumentieren einige Autoren, dass die
Finanzialisierung der Vorsorge eine generelle Entwicklung in westlichen Gesellschaften darstellt (Langley 2007). Man geht davon aus, dass mit dem Abbau der sozialen
Sicherungssysteme individualisierte Vorsorge an Bedeutung gewinnt und über Finanzmärkte erfolgt (Davis 2010).[4] Staaten fördern explizit solche privaten Vorsorgemodelle;
Wissen über Finanzmärkte wird, wie der Diskurs über ‚financial literacy‘ zeigt, zur
bürgerlichen Grundkompetenz erklärt.

In diesem Beitrag beschränke ich mich allerdings auf die aktive, eigenständige und
nichtprofessionelle Praxis der Spekulation. Die Fragestellung ist, wie und warum sich

---

3 In asiatischen Ländern, wie China und Japan, ist der Anteil der *day trader* am Gesamt-
   umsatz der jeweiligen Aktienmärkte sogar noch höher (Barboza 2010).

4 Langley schreibt: „[T]he making of everyday investor identities and the financialization
   of Anglo-American capitalism are deeply bound up with neoliberal governmentality that
   stresses personal responsibility for individual freedom and security." (2007, S. 78).

Amateure das entsprechende Wissen und die Kompetenzen aneignen, so dass der Handel mit Wertpapieren zu ihrer regelmäßigen Beschäftigung wird.

Autoren, die diese Fragestellung aufgreifen, betrachten vor allem Medien und Mediendiskurse als Quellen für entsprechende Subjektivierungsformen und Praktiken. Werbung, Ratgeber, Zeitschriften, Fernsehprogramme und Internetportale transformieren die Finanzmärkte in eine Unterhaltungssphäre und motivieren das Publikum auf diese Weise zur Teilnahme (Aitken 2007; Fraser 2005; Stäheli 2007). Einige Autoren befürchten als Konsequenz dieser ‚Verführung' von Laieninvestoren, dass diese ihr Wissen und ihre Fähigkeiten überschätzen, wodurch Preisübertreibungen ausgelöst werden (Barber und Odean 2001) und nach realisierten Verlusten ein Gefühl von Hilflosigkeit zurückbleibt (Schimank 2011). Wie in diesem Beitrag gezeigt wird, entstammen Kritiken an spektakulären Mediendiskursen und einem verführten Publikum allerdings nicht allein der Wissenschaft, sondern auch der Finanzsphäre selbst. Genauer wird gezeigt, dass Amateurtechniken der Spekulation sich aus der Kritik eines Diskurses entwickelt haben, der dem Publikum schnelle Profite oder professionelle Lösungen für Entscheidungsunsicherheiten verspricht.

Die Subjektivierungsformen und Praktiken der Amateurspekulation rekurrieren also auf eine spezifische Genealogie.[5] Diese Genealogie wird hier rekonstruiert, indem Prozesse der Produktdifferenzierungen auf einem Informations- und Beratungsmarkt für Laieninvestoren analysiert werden. Ratgeber, Technologien und Kurse für Investoren werden beispielsweise als Alternativen zu den Produkten von Banken, Versicherungen und der Fondsindustrie angeboten.[6] Das Kernelement dieser Produkte sind gewöhnlicher Weise keine Anlageempfehlungen, sondern Anleitungen für Spekulationstechniken oder entsprechende Software-tools. Das jüngste Beispiel für entsprechende Produkte sind Internetseiten, über die *day trader* und andere Privatinvestoren Zugang zu Handelsplattformen erlangen, ihre Handelskonten verwalten, Analyseinstrumente anwenden und mit ‚Hebel'[7] handeln können.

2   Technische Analyse und Amateurspekulation

Ich konzentriere mich hier auf Produkte, die Anweisungen darüber enthalten, wie Amateure die Märkte analysieren und ihre Handelsentscheidungen treffen können. Zu diesem Zweck benutzen – soweit man weiß – viele Amateurspekulanten technische Ana-

---

5 Wie Bohn (2008, S. 182) feststellt, ist die interne Differenzierung und Individualisierung von Inklusionsmodi in gesellschaftliche Subsysteme ein allgemeiner gesellschaftsstruktureller Trend.

6 Anlegerclubs oder -vereinigungen sind auch relevante Institutionen zur Entwicklung der Amateurspekulation (Harrington 2009).

7 Mit Hebel ist hier das Verhältnis von Eigenkapital- zu Fremdkapitalfinanzierung der Spekulation gemeint. Im Falle der *day trader* wird von entsprechenden Online-Maklern Kapital bereitgestellt.

lyse.[8] Technische Analyse ist eine spezifische Analysetechnik, die in der Identifikation von Trends in Preisentwicklungen und der Definition von Eintritten in sowie Ausstiegen aus Handelspositionen mittels Graphiken besteht. In einer Umfrage auf der Währungshandelsplattform von Citibank (CitiFX Pro) zeigte sich, dass 90 Prozent der Befragten (zumeist *day trader*) technische Analyse zumindest teilweise verwenden (CitiFX 2010).

Schon in frühen US amerikanischen Ratgeberbüchern aus den 1920er und 1930er Jahren versuchten verschiedene Autoren, die Interpretation von Preisgraphiken als Technik anzupreisen, mithilfe derer Privatleute als Amateure auf den Finanzmärkten handeln können. Die wichtigsten Ratgeber zu technischer Analyse erschienen in der Folge des *Great Crash* und reagierten auf das öffentliche Misstrauen gegenüber der Ratgeber- und Beraterbranche, das durch leere Versprechen und verfehlte Prognosen ausgelöst worden war. Anstatt Privatinvestoren erneut einfach erzielbare Profite zu versprechen oder Vertrauen in das Expertentum wiederherzustellen, versuchten die technischen Analysten, Anleitungen und technische Hilfsmittel für Amateure zu verkaufen. Das wesentliche Medium dieser Anleitungen waren Graphiken; diese sollten nach der Lektüre der Handbücher selbst gezeichnet und interpretiert werden. Dadurch sollten die Privatinvestoren Unabhängigkeit und eigene Kompetenz erlangen.

Mein Beitrag kann folglich auch als eine neue soziologische Perspektive auf die Geschichte der technischen Analyse gelesen werden. Alex Preda (2007, 2009) hat argumentiert, dass der wesentliche Beitrag technischer Analyse darin bestand, die Figur des Finanzanalysten erschaffen zu haben, der den Laien Interpretationen des Marktgeschehens bereitstellte.[9] Demgegenüber argumentiere ich, dass zumindest seit 1930 der wesentliche Beitrag der technischen Analyse darin bestand, Amateurspekulation als eigene Praxis zu interpretieren, die gerade nicht auf die Unterstützung von Experten angewiesen sein sollte. Zugegebenermaßen war die Vorstellung von einer weitverbreiteten Amateurspekulation in den 1930er Jahren und noch in der Mitte des 20. Jahrhunderts eher eine Fiktion als eine empirische Realität. Der starke Rückgang der Finanzmarktteilnahme in den 1930er Jahren hatte zur Folge, dass die neuen Ratgeber keine unmittelbare Käuferschaft im Laienpublikum fanden. Wie die Statistiken zu den *day trader* jedoch zeigen, trafen die Semantiken und Techniken einer unabhängigen Amateurspekulation

---

8 Mayall schreibt: „Despite continuing disagreement about the effectiveness of TA [technical analysis, LW], its practical use has since grown enormously in popularity and exposure, especially among non-professional traders who have entered the market in unprecedented numbers in an individualized, consumerist environment which encouraged and appeared to allow them to take control of their financial futures." (2008, S. 210)

9 Nach Preda (2009) entstand technische Analyse um die Jahrhundertwende als Resultat der Differenzierung von Händlern und Analysten. Analysten positionierten sich als professionelle Beobachter, die den Kunden objektive Interpretationen des Marktgeschehens anboten. Erste entsprechende Publikationen basierten auf der Deutung von Preisgraphiken.

Jahrzehnte später auf fruchtbaren Boden. Sie werden hier deshalb als *preadaptive advances* interpretiert (Stichweh 2006).[10]

Die folgenden Abschnitte basieren hauptsächlich auf einem *close reading* und einer historisch-soziologischen Kontextualisierung der relevanten Ratgeber aus den 1920er bis 1940er Jahren. Diese wurden unter anderem von Jesse Livermore, Charles Dow, Richard D. Wycoff, Humphrey Neill, William P. Hamilton, William D. Gann, Richard W. Schabacker, Robert D. Edwards und John Magee verfasst.[11] Im nächsten Abschnitt (3) analysiere ich Transformationen in dem Zeitraum zwischen 1920 und 1940, die die Strategien der Adressierung von (potenziellen) Investoren betreffen. Ich gehe insbesondere auf einen Bruch um 1930 ein: Eine Untergruppe der erwähnten Autoren distanzierte sich von dem verführerischen Ton früherer Ratgeber und bot ihren Lesern stattdessen Anleitungen an, mithilfe derer Spekulation erlernt werden sollte.[12] Im Abschnitt 4 gehe ich dann auf die Frage ein, warum ausgerechnet technische Analyse zu der Erfindung des unabhängigen Amateurspekulanten beitragen konnte. Ich beschließe den Beitrag, indem ich die historischen Erkenntnisse im Kontext gegenwärtiger Amateurspekulation reflektiere.

3   Von Versprechen zu Techniken

Historische Studien zeigen, dass sich im Laufe des 18. und frühen 19. Jahrhunderts die Grenzen zwischen Teilnehmern und Nichtteilnehmern oder illegitimen Teilnehmern auf Finanzmärkten etablierten und formalisierten (Carruthers, 1996; De Goede 2005; Preda, 2009). Wesentlich für diese Grenzziehung war die Monopolisierung legitimer Börsenspekulation durch Händlerkartelle, die auch offizielle Aktienbörsen gründeten. Investitionen durch Privatpersonen waren möglich, hingen aber wesentlich von Beziehungen zu Maklern ab, die nicht nur die Aufträge ausführten, sondern die Investoren auch mit Informationen und Ratschlägen versorgten. Zu dieser Zeit entstand auch die erste Investmentliteratur. In den entsprechenden Werken verwoben professionelle Börsenspekulanten oder Makler biographische Reflexionen mit praktischen Tipps und

---

10 Der aus der Evolutionstheorie stammende Begriff der *preadaptive advance* soll hier semantische Innovationen bezeichnen, die ihre gesellschaftsstrukturelle Bedeutung erst zu einem späteren Zeitpunkt, in Kombination mit anderen Variablen, entfalten (Stichweh 2006).

11 Diese Autoren gelten allgemein als die Pioniere der technischen Analyse: „Looking forward, the great leap for technical analysis can be dated in the thirties, as a reaction to the stock market collapse. Most of the books were printed during that decade: Rhea in 1932, Schabacker in 1932, De Villiers and Taylor in 1933, Elliott in 1938." (Mattern 2010, S. 12). Vgl. auch einen historischen Überblick über die technische Analyse in Lo und Hasanhodzic (2009).

12 In der hier diskutierten Ratgeberliteratur überschneiden sich demnach Finanzmarkt-spezifische und pädagogische Diskurse, die auf den Kompetenzerwerb des modernen Individuums zur Meisterung von praktischen Problemen und Lebenskrisen abzielen. Ich werde hier nicht auf den allgemeineren Trend zum ‚Ratgebertum' in der Moderne eingehen (vgl. z.B. Helmstetter 1999), danke Cornelia Bohn und Andreas Langenohl aber für anregende Hinweise, die auch in die Bearbeitung des Materials eingeflossen sind.

moralischen Betrachtungen. Preda zufolge diente diese Literatur vor allem dazu, das Maklerwesen als eine ehrbare Profession darzustellen, die nicht mit Glücksspiel oder Betrug in Zusammenhang gebracht werden sollte (Preda 2009, S. 80). Zu den „insider accounts" kamen „outsider stories": So gab es beispielsweise in England eine prominente Gruppe von Autoren – die *Scriblerians* –, welche kritisch über die Machenschaften und Exzesse auf den Finanzmärkten schrieben (Nicholson 1994). In den USA wurden solche Texte um die Jahrhundertwende auch immer populärer: Ein erfolgreicher Schriftsteller war etwa Edwin Lefèvre, dessen *Wall Street Stories* (1901) eine breite Leserschaft fanden. In seinen Kurzgeschichten wurden die Finanzmärkte als Schicksale spezifischer Charaktere dargestellt – der mächtige Bankier, der Industriebaron, die betrogenen Kleinaktionäre. Marktereignisse konnten auf diese Weise personalisiert und moralisiert werden.[13]

Diese Konstellation wurde durch die Einführung einer neuen Technologie aufgelöst – der des Börsentickers (Preda 2006).[14] Der Ticker ermöglichte, dass Informationen über Markttransaktionen (Preise und Umsätze) innerhalb von Sekunden zu unterschiedlichen Maklerbüros gesendet werden konnten, wo die Informationen dann auf Papierstreifen gedruckt wurden (Meier 2005). Investoren an unterschiedlichen Orten waren also nun (fast) gleichzeitig über die relevanten Marktdaten informiert und konnten ihre Kauf- oder Verkaufsgebote direkt per Telegramm zu ihren Maklern an der Börse senden. Stäheli (2003, 2004) argumentiert, dass dadurch ein Markt entstand, der prinzipiell für jeden zugänglich war und durch einen Strom von sich ändernden Preisen zusammengehalten wurde (siehe auch Knorr Cetina und Preda 2007).

Die Statistiken zur Teilnahme der US-Bevölkerung am Aktienmarkt zeigen allerdings, dass auf die Einführung des Tickers nicht unmittelbar eine Marktexpansion folgte. Die ersten Börsenticker wurden in den 1860er Jahren in New Yorker Maklerbüros installiert.[15] Eine signifikante Vergrößerung der Teilnehmerzahlen auf Aktienmärkten erfolgte allerdings erst nach dem Ersten Weltkrieg; vor 1914 waren es einige Tausend (ungefähr drei Prozent der U.S. Haushalte), 1929 allerdings schon acht Millionen (etwa ein Drittel) (Ott 2009, S. 45). Als weiterer Beleg kann man die Aktienbesitzerstatistiken einer der

---

13 Vgl. auch Aitken: „Descriptions and images of capital often connect capital to the special force or elite it is often said to be synonymous with: the ‚financial interests', ‚Wall Street,' the ‚financial operators,' or some other center of authority and capacity. References abound, for example, that link finance capital with a small, unknowable elite." (2007, S. 7)

14 Der Börsenticker ist eine Technologie, die Telegraph und eine Druckwalze miteinander verbindet. Sie wurde von Edward A. Callahan, einem Ingenieur der American Telegraph Company, erfunden und von Thomas Edison umgestaltet. Der Ticker druckte zwei Papierstreifen, auf denen alle Transaktionen der Börse aufgezeichnet wurden. Die Informationen beschränkten sich auf den Kürzel der entsprechenden Firma, den Preis und das Volumen der Transaktion. In den 1890er Jahren konnten mit dem Ticker Informationen zwischen amerikanischen Städten innerhalb von 90 Sekunden gesendet werden, nach Europa dauerte die Übertragung vier Minuten (Meier 2005).

15 Nach Preda (2006, S. 454) wurden Ticker der New Yorker Börse in verschiedenen Maklerbüros (David Groesbeck; Work, Davis & Barton; Greenleaf, Norris & Co; and Lookwood & Co) im Dezember 1867 installiert.

größten Industrieunternehmen der Zeit anführen: Die *Telephone Company* hatte 1890 7.535 Aktionäre; 1929 waren es 454.596 (Means 1930, S. 563).[16]

Man kann zahlreiche mögliche Ursachen für diese ‚verspätete' Expansion anführen. So verbreiteten sich die Börsenticker nur schrittweise, zum Teil wurde der Erwerb auch explizit erschwert.[17] Wichtiger sind vermutlich sozio-ökonomische Faktoren, wie die Einkommensentwicklungen der U.S.-Haushalte und Veränderungen auf der Angebotsseite, also in Hinblick auf die angebotenen Wertpapiere.[18] Ich konzentriere mich hier auf einen weiteren zentralen Aspekt, nämlich neue Strategien der Adressierung potenzieller Investoren, die erst in den 1910er und 1920er Jahren entwickelt wurden. Eine wichtige Innovation in dieser Hinsicht stellte die *Liberty Bonds*-Kampagne der US-Regierung während des Ersten Weltkriegs dar, mithilfe derer Bürger zur Investition in Staatsanleihen zur Kriegsfinanzierung motiviert werden sollten. Zu diesem Zweck verwendete die Regierung auch Unterhaltungsformate, wie visuell ansprechende Plakatkampagnen und Shows mit Hollywoodstars. Abbildung 1 zeigt ein Poster aus dem Jahr 1917: Text und Zeichnung stellen Anleihen-Investitionen durch US-Bürger als Beiträge zu einer Unternehmung von nationalem und persönlichem Belang dar. Die Botschaft ist, dass jeder, der an der Abwendung der Gefahren durch das „Preußentum" interessiert ist, ein Investor in *Liberty Bonds* werden sollte.

Die Kampagne zeigte sich zum einen sehr erfolgreich in der Rekrutierung neuer Bevölkerungsschichten für den Finanzmarkt.[19] Zum anderen wurden die innovativen Strategien der Adressierung von potenziellen Investoren in der Folge durch andere Institutionen und Firmen kopiert.[20] Seit 1921 unternahm beispielsweise der *New York Stock Exchange* eine öffentliche Kampagne zur Bewerbung von Aktienbesitz, bei der Posterwerbung, Filme und auf andere Publikumsmedien gerichtete Öffentlichkeitsarbeit

---

16 Galbraith (1980 [1954], S. 21) konzentriert sich in seinen Analysen auf „gehebelte" Spekulation, deren Volumen er auf Basis der Größe der Maklerkredite an Spekulanten misst. In zwei Jahren, im Zeitraum von 1926 bis 1928, stieg das Volumen dieser Kredite von zweieinhalb auf sechs Milliarden Dollar.

17 Nach einem Artikel im *The Magazine of Wall Street* aus dem Jahr 1927 waren in den Vereinigten Staaten im Jahr 1890 400, im Jahr 1900 900 und im Jahr 1902 1200 Börsenticker im Einsatz. Eine andere Publikation aus der Zeit schätzt allerdings, dass 1905 schon 23.000 Ticker in den USA existierten (Lo und Hasanhodzic 2011, S. 70).

18 Auf der New Yorker Börse wurden 1885 nur 151 verschiedene Aktien gehandelt, während diese Anzahl bis 1930 auf 1237 anstieg (O'Sullivan 2007, S. 11): „By 1930, the U.S. stock market had become a large and widely diversified market for the stocks of industrial, utility, and railroad companies." (ebd., S. 4)

19 Ungefähr 30 Millionen US Bürger kauften diese „Liberty Bonds" (Ott 2009, S. 56).

20 Davis schätzt die Bedeutung der *Liberty Bonds Campaign* wie folgt ein: „Efforts to sell war bonds during World War I created a retail distribution channel to Main Street. Retail brokerages built on this precedent, and acceptance of stock ownership by those outside the wealthiest tier grew during the 1920s as the stock market number of shareholders doubled from 2.4 million in 1924 to 5 million in 1927, and doubled again to 10 million by 1930." (2008, S. 14)

eingesetzt wurden (Ott 2009).[21] Das Ziel war, eine neue Legitimationsbasis für den Aktienhandel zu schaffen. Aktienbesitzer wurden zu Anteilseignern an dem prosperierenden Industriekapitalismus stilisiert und der Markt selbst als genuin demokratische Institution dargestellt (Aitken 2007).

Abbildung 1 Ein Plakat aus der Liberty Bonds Campaign, 1917; Quelle: Library of Congress Online Catalogue.

In den 1920er Jahren mehrten sich die Forderungen nach universeller Teilhabe der US-Bevölkerung am Finanzkapitalismus.[22] Ferner tauchte der Aktienmarkt in Zeitungen und Zeitschriften als Thema allgemeinen, öffentlichen Interesses auf.[23] Der öffentliche Diskurs fokussierte sich nicht länger auf die Frage der Legitimität der Finanzmärkte und der Spekulation, sondern darauf, wie Laien ihr Kapital profitträchtig anlegen könnten.[24]

---

21 Visuell ansprechende und aufwendige Plakate blieben ein wesentliches Element der Bewerbung von Investmentprodukten (Aitken 2007, S. 47-48).

22 John J. Raskop forderte: „Everybody Ought to Be Rich" (Überschrift eines Artikels im Ladies Home Journal). Seiner Meinung nach genügte es, fünfzehn Dollar monatlich über 20 Jahre zu investieren, um einen Profit von 80.000 Dollar zu erzielen (Galbraith 1980 [1954], S. 52).

23 In New York gehörten zu den relevanten Zeitungen und Zeitschriften die *New York Daily Investment News, Wall Street Journal, New York Herald Tribune, New York Times, New York Sun, Magazine of Wall Street, Forbes Magazine, Annalist, Barron's, The Atlantic Monthly, The Century* und *Harper's*.

24 Fraser formuliert diesen Sachverhalt folgendermaßen: „[T]he strange phenomenon of ‚public opinion', which grew weightier yet also more elusive as mass-circulation magazines for the urban middle class proliferated, increasingly articulated the desires and anxieties of the new

Im Zusammenhang dieser Entwicklung konnte auch ein neuer sekundärer Markt entstehen, auf dem diverse Produkte und Dienstleistungen verkauft wurden, die den Laien den Weg zur Rendite zu zeigen versprachen (Fraser 2005, S. 228). Ein Beispiel gibt etwa Kenneth Galbraith, der die Maklerfirma McNeel mit einem Werbespruch zitiert, dem zufolge ein Kunde nach der Lektüre des Ratgebers „Wie man den Aktienmarkt besiegt" $70.000 verdient habe (Galbraith 1980 [1954], S. 42) (siehe auch Abbildung 2).

In der Folge des *Great Crash* von 1929 bekamen jedoch Äußerungen von Experten und Marktapologeten, die schnellen und mühelosen Reichtum in Aussicht gestellt hatten, einen faden Beigeschmack. Aus dieser Konstellation heraus entstand ein neues Genre von Ratgebern, die sich von solchen Versprechungen distanzierten. Anders als von einigen Kritikern ‚exzessiver' populärer Spekulation (vgl. De Goede 2005, S. 79-85) wurde in den neuen Ratgebern weiterhin argumentiert, dass jeder Bürger erfolgreich am Markt teilnehmen könne. Gleichzeitig grenzten die Autoren jedoch ein, unter welchen Bedingungen eine erfolgreiche Teilnahme möglich sei: Spekulation wurde nun als *Arbeit* dargestellt, die erlernt werden musste (De Goede 2005, S. 114).[25] Wesentlich war, dass man sich nicht länger auf die Ratschläge anderer verließ, sondern Anlageentscheidungen selbständig traf. Zu diesem Zweck boten die neuen Ratgeber ihren Lesern Anleitungen zum Wissenserwerb und zur Einübung von Spekulationstechniken an. Folgten die Leser diesen Anleitungen, konnten sie nicht mit garantierten Profiten rechnen, erhöhten aber ihre Erfolgswahrscheinlichkeiten.

---

corporate white-collar world. It was from just those precincts that the stock market was drawing its newest recruits." (2005, S. 222)

25 Der berühmte Spekulant, Jesse Livermore, wird mit folgendem Satz zitiert: „„Speculation is a business. It is neither guesswork nor a gamble. It is hard work and plenty of it."" (Hamilton 1922, S. 65). De Goede (2005, S. 114) zitiert Schabacker mit dem Hinweis, man könne nicht erwarten auf dem Finanzmarkt „something for nothing" zu bekommen.

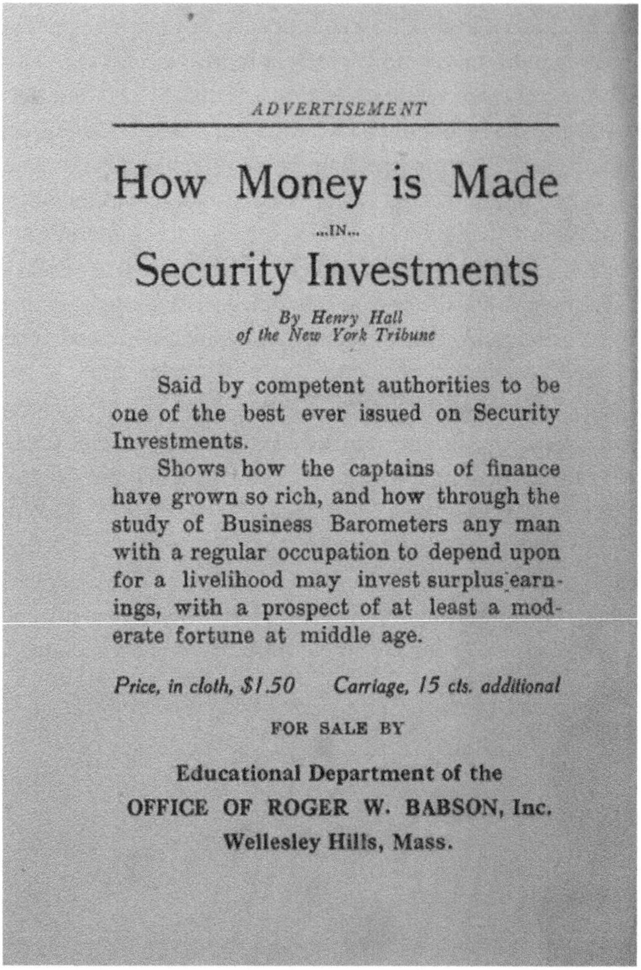

Abbildung 2 Eine Werbung für einen Investmentratgeber, abgedruckt in Babson (1909).

Viele der Ratgeber zu technischer Analyse entstanden während dieser Zeit und nahmen die neue, kritische Haltung gegenüber den Spekulationsversuchen von Laien ein. Auf der einen Seite ging es also weiterhin darum, jedem Bürger Zugangsmöglichkeiten zum Markt zu eröffnen. So schreiben De Villier und Taylor: „Anyone who will devote sufficient time to the mastery of [calculative, LW] principles can place himself in possession of the knowledge that will put him on an equal footing with the influential forces, whether they be insiders or outsiders." (2000 [1933], S. 47) Auf der anderen Seite sollte die gleichberechtigte Teilnahme am Marktgeschehen nicht dadurch sichergestellt werden, dass die Leser den Ratschlägen der Experten folgten. Vielmehr sollten sie sich vollständig von Meinungen und Empfehlungen anderer isolieren: „Adhere to the principle of isolation. Turn a deaf ear to all gossip, rumor, inside tips, and other information." (ebd., S. 33) An die Stelle der Gefolgschaft sollte der Erwerb eigenen Wissens, eigener Kompetenzen und der disziplinierten Umsetzung erfahrungsbasierter Regeln treten. Hierfür musste man kein Profi werden, es sollte reichen, einige Stunden am Tag und ein paar Hundert Dollar in die Tätigkeit der Spekulation zu investieren (Schabacker 2005 [1932]). Keine weiteren Voraussetzungen waren vonnöten:

> „No education, that is, a college or highly specialized training [is needed]. Neither is it desirable that one be of the so-called shrewd or clever type. While a trained mind is helpful, market education is more important to the prospective successful market operator than an intensive study of higher mathematics, or an inexhaustible knowledge of the classics.“ (De Villiers und Taylor 2000 [1933], S. 155)

Die notwendigen Fähigkeiten sollten also für jeden mit durchschnittlicher Intelligenz erlernbar sein (Edwards und Magee 1966 [1949], S. 2).

4   Eine Diagrammatik des Marktes

Die den Lesern angebotene Technik des Spekulierens bestand wesentlich im Zeichnen und Interpretieren von Graphen. So wurde technische Analyse in einem populären Ratgeberwerk von Robert Edwards und John Magee als „the science of recording" bezeichnet: Die Geschichte des Marktes oder einer Aktie sollte anhand der Preis- und Umsatzdaten dargestellt und mithilfe dieser Darstellung der sich abzeichnende Trend identifiziert werden (1966 [1949], S. 5). Ökonomische Graphen hatten schon vor der Erfindung der technischen Analyse existiert: Seit dem 18. Jahrhundert verwendete man Kurvendiagramme und ähnliche Darstellungen in der ökonomischen Analyse,[26] seit dem 19. Jahrhundert auch zur Identifikation von periodischen ökonomischen Trends (Friedman 2009). Im frühen 20. Jahrhundert konnten graphische Darstellungen von Aktienmarktpreisen, einschließlich von Marktdurchschnitten, auch schon in den Zeitungen und Zeitschriften dieser Zeit gefunden werden;[27] große Poster mit Preisgraphiken hingen an den Wänden der Maklerbüros und Investmentbanken.[28] Im Unterschied zu all

---

26 Ein berühmtes Beispiel ist der *Table Economique* (1767) von Quesnay (Morgan 2012, S. 4). Für die Geschichte graphischer Darstellung von Preisen ist allerdings der *Commercial and Political Atlas* aus dem Jahre 1786 von Playfair von größerer Bedeutung (Tufte 2001, S. 32).

27 Hierzu zählten beispielsweise die *New York Daily Investment News, Wall Street Journal, New York Herald Tribune, New York Times, New York Sun, Magazine of Wall Street, Forbes Magazine, Annalist* und *Barron's*.

28 „In the 1830s, price lists became regular parts of newspapers and price charts of stocks, commodities and interest rates came into existence […] Their purpose then, as now, was to capture the abstract entity called ‚the financial market', ‚the stock exchange' or ‚la bourse' which was ‚disentangled from its anecdotal ties to the particularities of the marketplace' – in other words to analyse the stock and not the company. Charts took a variety of forms: portable foldout charts, extra-large charts to be hung on the walls, black-and-white charts, or color charts." (Lo und Hasanhodzic 2011, S. 39)

diesen Verwendungsweisen von Graphiken ging es der technischen Analyse allerdings weder um die Generierung wissenschaftlicher Erkenntnisse, noch um die Bereitstellung öffentlichen Wissens über die Wirtschaft.[29] Vielmehr sollte den neuen Ratgebern zufolge das Zeichnen und Interpretieren von Graphiken dazu dienen, dass Amateure befähigt wurden, eigene Investitionsentscheidungen zu treffen. Der Zweck der Graphiken in der technischen Analyse lag also darin, Beobachtungen zu ermöglichen, Entscheidungsunsicherheiten zu minimieren und dem Spekulationsverhalten eine gewisse Systematik und Disziplin aufzuerlegen.

Um diese neue Bedeutung der Preis- und Umsatzgraphiken nachzuvollziehen, hilft ein erneuter Rückgang auf die Frage, welche Veränderungen durch die Einführung der Börsenticker ausgelöst wurden. Diese machten Preisdaten nicht nur einfacher verfügbar, sie lösten auch eine Vereinheitlichung und Standardisierung der Marktdaten aus (Knorr Cetina und Preda 2007). Nun wurden offizielle Preise aufgezeichnet, die von den Zeitungen, etwa in der Form von Tagesendkursen, zitiert werden konnten. Folglich verschob sich der primäre Referenzpunkt des Marktes weg von den Aktivitäten auf dem Parkett oder in den Straßen rund um die Börse zu den verlässlichen und einfach verfügbaren Marktdaten. Auch die von den Firmen bereitgestellten Informationen galten im Vergleich zu den Tickerdaten als weit weniger verlässlich.[30]Aus Sicht der Spekulanten wurde nun allerdings zur zentralen Problemstellung, dass, auch wenn die Daten verlässlich und verfügbar waren, sie sich ständig unerwartet ändern konnten.[31] Wer Gewinne machen wollte, musste diese Änderungen in den Daten zu antizipieren versuchen. So zitiert Edwin Lefèvre den berühmten Spekulanten Jesse Livermore mit folgender Aussage:

> „Those quotations did not represent prices of stocks to me, so many dollars per share. They were numbers. Of course, they meant something. They were always changing. It was really all I had to be interested in - the changes. Why did they change? I didn't know. I didn't care." (Lefèvre, 2010 [1923], S. 2)

Die Frage war also nun, wie die verfügbaren Daten so interpretiert werden konnten, dass sie Auskunft über ihre zukünftige Veränderung gaben. Die unmittelbare Antwort auf diese Frage war recht pragmatisch: Man verbrachte einfach möglichst viel Zeit damit,

---

29 Letzteres Argument wird oft in Bezug auf graphische Darstellungen ökonomischer Sachverhalte in Zeitungen und ähnlichen Publikumsmedien gemacht; vgl. etwa Tanner (2002).

30 Dies galt zumindest bis zur Regulierung der Berichtspflichten von Firmen während der 1930er Jahre (vor allem die *Securities Exchange Acts* von 1934 und 1935). Während die Anzahl der gehandelten Firmentitel seit der Jahrhundertwende rasant zunahm, war dies nicht mit der Zunahme von entsprechenden Informationen verbunden. Der Banker J.P Morgan sprach von „undigested securities" (Hamilton 1922, S. 110).

31 Karin Knorr Cetina und Alex Preda (2007, S. 124) argumentieren, dass der stetige Fluss neuer Informationen, die vom Ticker verbreitet wurden, eine neue Temporalität des Marktes hervorbrachte.

die Preisänderungen unmittelbar und synchron zu beobachten. Die entsprechende Technik wurde als *tape reading* bezeichnet, wobei das Wort ‚tape' auf das vom Ticker bedruckte Papierband rekurrierte, welches nicht aus den Augen verloren werden sollte. Die konstante Beobachtung dieses Papierstreifens sollte einem dann auch Auskunft über Preisänderungen in der unmittelbaren Zukunft geben. In Richard Wycoffs Worten, der als Pionier des *tape reading* gilt, handelte es sich also um eine Beobachtungswissenschaft – „the science of determining from the tape the immediate trend of prices [...] a method of forecasting, from what is on the tape, what is likely to appear in the future" (1910, S. 10).

Wie Alex Preda (2009) plausibel argumentiert, entstanden erste Techniken der Zeichnung und Interpretation von Preisgraphiken wahrscheinlich direkt aus dem *tape reading*. Auch nach Donald Mack, der historische Werke der technischen Analyse editiert, dienten die Graphiken zunächst dazu, den *tape readers* ein vollständigeres Bild der Preisentwicklungen und eine Erinnerungsstütze bereitzustellen (siehe Vorwort De Villiers und Taylor 2000 [1933], S. XVI).[32] Als prädestiniertes Beispiel können die Point-and-Figure-Charts angeführt werden: Wie Abbildung 3 zeigt, besteht diese Aufzeichnungstechnik darin, Preisänderungen, die etwa direkt vom Tickerband abgelesen werden, auf einem Millimeterpapier abzutragen. Man trägt allerdings nur Preisveränderungen um ganze Zahlen ein (etwa von 38$ auf 37$, aber nicht von 38$ auf 37 3/8$). Damit man Trends erkennen kann, werden solange Punkte übereinander gezeichnet, wie die Preise steigen. Sobald sie fallen, wird eine neue Spalte auf dem Millimeterpapier begonnen und die fallenden Preise werden untereinander eingezeichnet. Auf diese Weise entsteht ein recht kondensiertes Bild der Änderungen in den Trendrichtungen.

Figure Chart of Amalgamated Copper During the 1903 Panic

Abbildung 3 Preise, als Point and Figure Chart notiert; Wycoff (1910: 118).

In ihren eigenen Schriften betonten die *tape reader* allerdings, dass die graphischen Darstellungen der Preise nur zweitrangige Hilfsmittel ihrer Praxis darstellten. Der wahre

---

32 Neill argumentiert, dass Graphiken eine Möglichkeit darstellen, des Überflusses an Ticker-daten Herr zu werden: „The tape records the prices at which buyers and sellers have met and agreed upon exchanges of stocks of money. This record may be printed upon sheets, or grouped for a day's business and published in the newspaper. It may be recorded upon charts." (Neill (2000 [1931], S. VIII)

tape reader könne sogar, so der Spekulant Jesse Livermore, vollständig auf derartige Hilfsmittel verzichten (Knight 2010, S. 9). Richard Wycoff war derselben Meinung: „The proficient tape reader will doubtless prefer to discard all mechanical helps, because they interfere with his sensing the trend." (1910, S. 125) Er kenne auch keinen Spekulanten, der ausschließlich und langfristig mithilfe von graphischer Analyse profitabel handeln könne (ebd., S. 120). Der Grund für diese Skepsis lag darin begründet, dass die *tape reader* eine Epistemologie des impliziten Wissens und der Erfahrung verfolgten. Ihnen zufolge war die Immersion in die Veränderungsdynamiken des Marktes essenziell; und hierfür war es am besten, wenn die Augen über Stunden ununterbrochen am Tickerband klebten und wenn, wie es Jesse Livermore pathetisch ausdrückte, der Herzschlag den Preisänderungen folgte (Knight 2010, S. 4). Vermittelt über die Erfahrung konnten dann unbewusste Inferenzen zwischen vergangenen Marktlagen und der wahrscheinlichen Zukunft geschlossen werden: „In reading the tape, we are not influenced alone by what we see, but by what we feel or sense, which cannot always be explained or a satisfactory reason given because it is intuition." (Gann 1923, S. 7)[33] Wycoff kontrastierte dieses auf implizites Wissen aufbauende Verfahren mit einer deduktiven Methode mithilfe folgender Metapher:

> „When you cross a street where the traffic is heavy, do you stop to consult a set of rules showing when to run ahead of a trolley car or when not to dodge a wagon? No. You take a look both ways and at the proper moment you walk across. Your mind may be on something else but your judgment tells you when to start and how fast to walk. That is the position of the trained Tape Reader." (Wycoff 1910, S. 117)

Der Vorwurf gegenüber der Analyse von Preisgraphiken war also, dass bei Abwesenheit des nötigen impliziten Wissens, gewonnen durch permanente Beobachtung, die Marktanalyse zur Befolgung mechanischer Regeln verkomme, die auf Dauer nicht funktionieren könnten (Wycoff 1910, S. 116-122). Dubios erschien den *tape readers* also vor allem der analytische Wert von Preisgraphiken; Märkte konnten ihnen zufolge auf diese Weise nicht erkannt werden. Wenn Graphiken eingesetzt werden sollten, dann lediglich als Unterstützungsmittel für *tape readers*, die noch keine ausreichende Erfahrung hatten (Gann 1923, S. 51); wie oben zitiert, brüsteten sich professionelle *tape reader* geradezu damit, vollständig auf entsprechende Hilfsmittel verzichten zu können.

Dies zeigt einerseits, dass neue Nutzungsformen von Graphiken mit der Einführung des Tickers und der Entstehung von auf den Ticker eingestellten Deutungstechniken auftraten. Andererseits hatte die Aufzeichnung und Interpretation von Preiskurven in der frühen Entwicklungsphase dieser Deutungstechniken noch keinen eigenständigen Wert. Entsprechend mussten die technischen Analysten, anders als Preda argumentiert,

---

33 Diese Synchronisationsleistung, die der Verarbeitung der Tickerinformationen dient, wird von Wycoff mit dem Schauen eines Kinofilms verglichen: „The tape furnishes a continuous series of motion pictures, with their respective explanations written between the printings. These are in a language which is foreign to all but Tape Readers." (Wycoff 1910, S. 82)

ein neues Verständnis des praktischen und epistemologischen Werts von Graphiken erst *gegen* die *tape reader* durchsetzen.

Das erste zentrale Argument der technischen Analysten gegenüber den *tape readers* basierte in der Tat auf praktischen Erwägungen: *Tape reading* fand hauptsächlich in den Maklerbüros statt, weil sich Privatpersonen gewöhnlicher Weise keinen Börsenticker leisten konnten. Für berufstätige Menschen war es allerdings schwerlich möglich, viele Stunden im Maklerbüro zu verbringen: „The majority of people…are not able to be in personal attendance to watch the trading record unfold itself in a brokerage office from 10 to 3 o'clock each day." (Schabacker 2005 [1932], S. 5) Nach dem Great Crash von 1929 wurde es zudem zunehmend als Nachteil gesehen, wenn Spekulanten ihre Zeit in den Maklerbüros verbrachten, wo Gerüchte und zweifelhafte Anlagetipps kursierten. Schabaker argumentierte beispielsweise, dass man wesentlich erfolgreicher spekuliere, wenn man sich von der Aufregung, den Konversationen, der Gerüchteküche und dem nervenaufreibenden Geschehen in den Maklerbüros losreißen könne (Schabacker 2005 [1932], S. 415).[34] Was von den *tape readers* noch als Nachteil der technischen Analyse gedeutet wurde, stellte sich nun als Vorteil dar: Man konnte, unabhängig von den Handelszeiten auf dem Parkett und unabhängig von den Orten des Geschehens zu jeder Zeit, an jedem beliebigen Ort und mithilfe einfacher Hilfsmittel Marktbeobachtungen durchführen. Man brauchte nur „cross section paper (almost any kind can serve), a daily newspaper which gives full and accurate reports on stock exchange dealings, a sharp pencil and a few minutes of time" (Edwards und Magee 1966 [1949], S. 8).[35]

Das zweite Argument der technischen Analysten gegenüber den *tape readers* war epistemologisch und betraf die Frage, inwiefern der Beobachtung von Graphiken ein eigener Erkenntniswert zugesprochen werden konnte. *Tape reader* hatten dies ja bezweifelt und den Graphiken lediglich eine Funktion als Erinnerungshilfe zugesprochen.[36] Für technische Analysten hingegen ermöglichten Graphiken die Beobachtung eines Phänomens, das ansonsten unsichtbar bleiben würde. Dies war die Entfaltung von lang-, mittel- und kurzfristigen Trends. Wie Urs Stäheli (2007, S. 173f.) darstellt, hatte Charles Mackay schon in den 1840er Jahren Finanzmärkte als temporale Muster gedeutet, deren Regelmäßigkeiten durch die Gesetze des Massenverhaltens bestimmt waren. Diese

---

34 „The tape and boardroom gossip has caused more losses to traders and investors than most all other reasons combined." (De Villiers und Taylor 2000 [1933], S. 158)

35 Wie in Abbildungen 4 und 5 zu sehen, sollten die technischen Analysten die vertikalen Balken (,bars') so einzeichnen, dass für die jeweiligen Zeitintervalle (Tag, Woche, Monat) eine Preisspanne (niedrigster und höchster Preis) angezeigt wird. Im unteren Teil der Graphik wurden zusätzlich Balken eingezeichnet, um die Umsätze in Hunderter- oder Tausendereinheiten darzustellen.

36 Dieses Verständnis von Graphiken wurde nur teilweise dadurch verändert, dass man die Bedeutung von Visualisierungen als Denkwerkzeugen erkannte. De Villier und Taylor argumentierten beispielsweise, dass Graphiken „instant comparison and maximum condensation" (2000 [1933], S. 23) ermöglichen. Vgl. zu einer ähnlichen Interpretation von Visualisierungen Heintz und Huber (2001).

Deutung hatte Charles Dow in seinen regelmäßigen Kolumnen im *Wall Street Journal* seit dem späten 19. Jahrhundert aufgegriffen und popularisiert (Lo und Hasanhodzic 2011, S. 82).[37] Nicht zuletzt wegen der zum Teil dramatischen Auf- und Abwärtstendenzen der Kurse während der 1920er Jahre gewann diese Sichtweise auch für das allgemeine Publikum zunehmend an Plausibilität.[38] *Tape readers* erfassten Trends, indem Preise als ‚lebendige' oder zumindest veränderliche Entitäten unter konstanter Beobachtung gehalten wurden.[39] Technische Analysten hingegen objektivierten und detemporalisierten Trends, so dass sie ihre Entfaltung über längere Zeiträume von einem distanzierten Blickpunkt aus beobachten konnten. Das Medium der Objektivierung und Detemporalisierung waren die Graphiken. Schabacker argumentierte beispielsweise, dass Graphiken, ähnlich wie Teleskope oder Röntgenverfahren, vormals Unsichtbares sichtbar machen könnten:[40]

> „The habits and such changes from the accustomed action can most easily be detected, studied and interpreted through the medium of charts. In fact, it would be extremely difficult to understand and analyse them properly without recourse to a complete charted record." (Schabacker 2005 [1932], S. 28)

---

37 Lo und Hasanhodzic (2011, S. 82) nennen die Idee von Trends mit verschiedenen Zyklen als das wesentliche Element der „Dow theory".

38 Einige Autoren waren der Meinung man könne verschiedene Gruppen von Investoren unterscheiden: Neill (2000 [1931], S. 7) unterscheidet beispielsweise zwischen einem Kern von Marktteilnehmern (Händler auf dem Parkett, große Finanziers), einer Semi-Peripherie von professionellen Anlegern und einer Peripherie von Privatinvestoren. ‚Insider' oder professionelle Anleger haben diesen Autoren zufolge einen großen Einfluss auf die Preisentwicklung und können die Unkenntnis der Privatinvestoren ausnutzen. Andere Autoren bezweifelten allerdings, dass auf dem wachsenden Markt irgendeine spezifische Gruppe noch die Kontrolle über das Geschehen habe: „The market price reflects not only the differing value opinions of many orthodox security appraisers but also all the hopes and fears and guesses and moods, rational and irrational, of hundreds of potential buyers and sellers, as well as their needs and resources." (Edwards und Magee 1966 [1949], S. 5) Vor allem der Great Crash aus dem Jahre 1929 trug zu der Wahrnehmung bei, dass sich die Marktstruktur früherer Jahre aufgelöst habe und dass selbst sehr einflussreiche Bankiers das Geschehen nicht mehr kontrollieren können (Galbraith, 1980 [1954], S. 111). So schreiben De Villier and Taylor: „In recent years, the market has more quickly responded to combined public sentiment. Millions of investors and speculators comprise that public. On occasions, their demands have taken the market completely out of the hands of the insiders." (2000 [1933], S. 34).

39 *Tape readers* stellten sich Preise als lebendige Entitäten vor: Jeder Aktie wurden eigene Gewohnheiten („habits") zugeschrieben: „Stocks have habits and characteristics which are distinct as those of human beings or animals." (Wycoff 1910, S. 33) „Stocks are no different than human beings – they have their peculiar habits and moves." (Gann 1923, S. 59).

40 Schabacker (2005 [1932], S. 6) verglich Preisgraphiken mit Visualisierungstechniken in der Wissenschaft und Medizin, wie beispielsweise dem Röntgenverfahren.

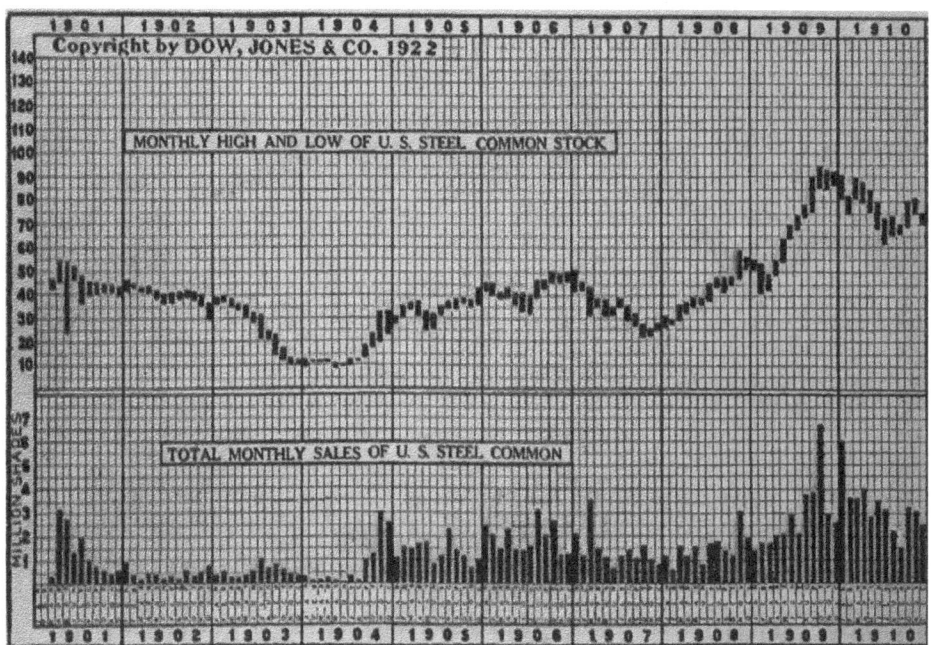

Abbildung 4 Eine Preis- und Umsatzgraphik für U.S. Steel common stock; Hamilton (1922) (nicht nummerierte Seite).

Diese visuelle Erkennung von Trends konnte sich allerdings erst dann zu einer Spekulationstechnik entwickeln, wenn zwei Anforderungen erfüllt waren: Erstens mussten die Trends als regelhafte Muster sichtbar werden. Die Linien- und Balkengraphiken, die Kurswerte und Umsätze abbildeten, mussten also in Hinblick auf sich wiederholende Formen interpretiert werden. Die Pioniere der technischen Analyse stellten zu diesem Zwecke einen Katalog mit etwa fünfundzwanzig „Bildern" (Edwards und Magee 1966 [1949], S. 34) oder „Formationen" (ebd., S. 6) auf, die sie in zwei Klassen unterteilten: Die eine Gruppe umfasste Formationen, die auf die Konsolidierung eines Trends hinwiesen, die andere Gruppe betraf Trendumschwünge.[41] Jede der Formationen wurde mit Beschreibungen und Beispielen eingeführt. Wesentlich war auch das Einzeichnen zusätzlicher Linien in die Beispielgraphiken, so dass die entsprechende Formation für jeden erkennbar wurde.

Die kritischere Frage war allerdings, inwiefern diese Bilder oder Formationen tatsächlich auf *zukünftige* Marktlagen anwendbar sein würden. Nur wenn die Muster mit einer

---

41 Die entsprechenden Bilder oder Formationen hatten folgende Bezeichnungen: *Ascending triangle, Symmetrical triangle, Cup and Handle, Double top (‚M'), Double bottom (‚W'), Falling wedge (or ‚downward wedge'), Rising wedge (or up-turned wedge), Flag/pennant, head-and-shoulders, head-and-shoulders bottom, Price channels, Rectangle, Triple bottom, Triple top, Rounding Bottoms (bowl/saucer) and rounding tops (inverted bowl), Broadening Formation, Diamond, One Day Reversal, Scallop, The Drooping Bottom/accelerating peak, The Horn Formation, The Out-of-Line* und *Zigzag movement*.

gewissen Regelhaftigkeit auftraten, konnten die Amateurinvestoren sich tatsächlich auf die Technik verlassen und die Graphiken zur Festlegung von Einstiegs- und Ausstiegs- punkten aus Handelspositionen nutzen. Weil die technischen Analysten allerdings auf Grundlage der Erfahrungen des *Great Crash* ihren Lesern keine definierten Gewinne in Aussicht stellen wollten, vermieden sie auch Angaben über die Erfolgsquote ihrer Technik. Im Gegenteil: Sie warnten ihre Leser sogar, sich nicht zu sehr auf das regel- mäßige Auftreten definierter Muster zu verlassen:

> „The reader may have become dismayed at this point by our frequent recourse to such quali- fying adjectives as usually, ordinarily and the like. It cannot be avoided if one wishes to present a true picture of what actually happens. No two chart patterns are precisely alike; no two market trends develop in quite the same way." (Edwards und Magee 1966 [1949], S. 115)

Eine mechanische Anwendung der Regeln könne nicht zum Erfolg führen, weil technische Analyse keine exakte Wissenschaft (ebd., S. 116) oder ein System, sondern eine Philo- sophie darstelle (ebd., S. 287). Die Anwendung der katalogisierten Formationen auf tat- sächliche Muster in Preisdaten erfordere also Interpretation. Leser sollten im Laufe des Zeichnens und Lesens der Preisgraphiken sowie während der Spekulation mithilfe von Graphiken eigene, von den Vorgaben unabhängige Kompetenzen erwerben, auf deren Grundlage dann auch eine effektive Anwendung der technischen Analyse möglich sei. Auf dem Weg dorthin hatte man immer auch mit Verlusten zu rechnen, die aber kein Defekt der Technik aufzeigten, sondern als unvermeidbare Begleiterscheinungen des Er- fahrungserwerbs gelten mussten:

> „Judgment is required, and perspective, and a constant revision to first principles. A chart, as we have said and should never forget, is not a perfect tool; it is not a robot; it does not give all answers quickly and easily and positively, in terms that anyone can read and translate it at once into certain profits." (ebd., S. 277)

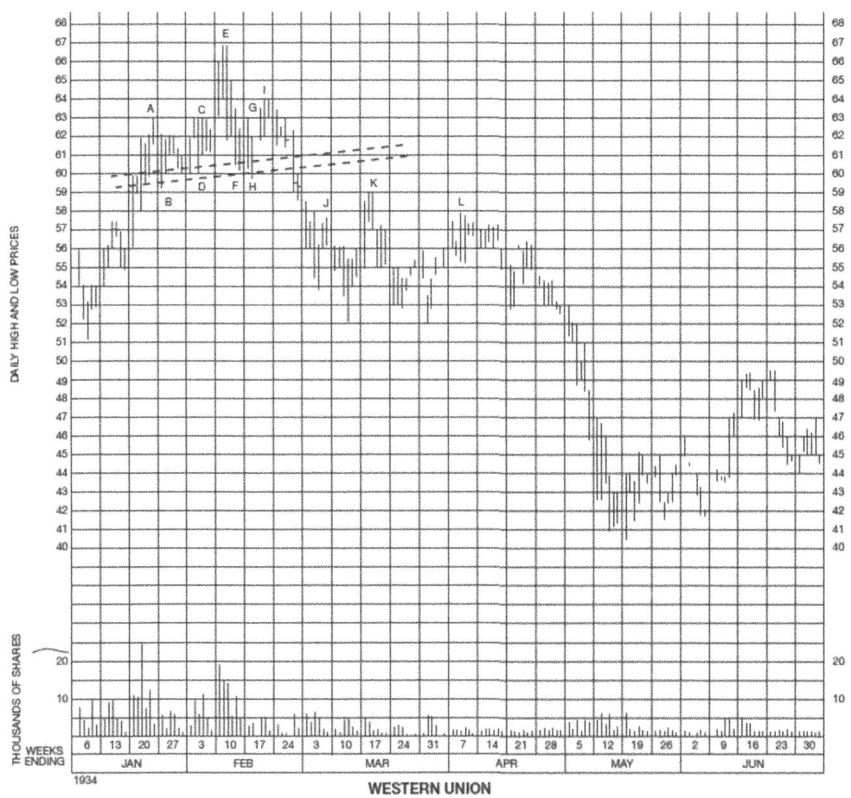

Abbildung 5 Eine Balkengraphik, die eine "head-and-shoulder" Formation für die Monate
Januar, Feburar, März 1934 zeigt: linke Schulter: ABDC; Kopf: E; rechte Schulter:
FGHI;"neckline" (Durchbruchlinie): gepunktete Linie; Schabacker (2005[1932]: 46).

5   Schluss: Perspektiven für die Erforschung von Amateurkulturen auf Finanzmärkten

Zur Zeit ihrer Ersterscheinung in den 1930er Jahren fanden die Ratgeber über technische
Analyse keine große Leserschaft. Die Figur des Amateurspekulanten, der eigene Marktanalysen durchführt und Anlageentscheidungen trifft, war noch nicht etabliert.

In späteren Jahren sollte technische Analyse allerdings äußerst relevant für die Entstehung einer Kultur und Praxis der Amateurspekulation werden. Der unmittelbarste
Motor hierfür waren Entwicklungen auf den Aktienmärkten, die in der zweiten Hälfte
des 20. Jahrhunderts einsetzten. Vor allem in den 1980er und 1990er Jahren führten die
Ausgabe neuer Technologieaktien und der historische Höhenflug der Börsen zu einer verstärkten öffentlichen Aufmerksamkeit für das Marktgeschehen (Thrift 2001; Piel 2003).
Wichtig war allerdings, dass dieser Aktienmarktboom, ähnlich wie in den 1920er Jahren,
von einer Expansion auf einem sekundären Markt begleitet wurde, auf dem Investment-

ratschläge und Finanzinformationen verkauft wurden. So weiteten in den 1990er Jahren nicht nur die Investmentbanken ihre *coverage* verschiedener Aktienmarktsegmente durch Analysten aus. Auch Fernseh- und Radiosender steuerten Finanzinformationen bei, indem sie eine Unzahl verschiedener Programmformate für Privatinvestoren aus der Taufe hoben. Aus diesem breiteren Markt für Privatinvestoren differenzierte sich schließlich ein Markt heraus, auf dem Techniken und Technologien angeboten wurden, die Amateuren die erfolgreiche selbständige Spekulation ermöglichen sollten. Produkte, die auf technischer Analyse basierten, stellten ein wichtiges Segment auf diesem speziellen Markt dar. So erschien beispielsweise zu dieser Zeit einer der populärsten Ratgeber zu technischer Analyse, John Murphys *Technical Analysis of the Futures Markets* (1985). Dieser Ratgeber und ähnliche Produkte waren erfolgreich, weil sie für Nichtspezialisten einfach zugänglich waren und keine Vorkenntnisse in Ökonomik oder Finanzökonomik erforderten.

Ein weiterer wichtiger Faktor für die Verbreitung technischer Analyse war, dass die wachsende Gruppe von Amateurspekulanten seit den 1980er Jahren ihre ersten *Personal Computer* für die Spekulationstätigkeit nutzen konnten. Die Visualisierungen von Marktdaten auf den Rechnern beruhten gewöhnlicher Weise auf den traditionellen Diagrammen der technischen Analyse – Linien-, Balken- und Kerzengraphiken waren verbreitet. Eine Händlerin erinnert sich, wie sie in den späten 1980er Jahren mit diesen Technologien in Kontakt kam:

> „I had purchased a CQG [Commodity Quote Graphics, LW] Terminal […] That was just a black and white monitor, and I put it into my kitchen, because I was at home and I realized I spent most of my time in the kitchen, like most people do, and I felt that I could observe and watch price developments and markets. [With this device] you could do, what might seem simple to us now, real time graphics of price developments and spreads between different instruments and historical developments; you could then use, what we call the tools of technical analysis." (Elaine Knuth, interview with author, June 2011)

Mit der Einführung von Computern in die Amateurspekulation wurde also die Nutzung technischer Analyse praktikabler (es mussten nicht mehr selbständig Graphiken gezeichnet werden) und relevanter (es konnten nun Preisveränderungen in Echtzeit in die Graphiken ‚eingetragen‘ werden) (Smith 1999, S. 48).

Eine weitere interessante Beobachtung betrifft die Tatsache, dass die Nutzung technischer Analyse durch Amateure sich scheinbar durch verschiedene Krisen hinweg fortgesetzt hat. Heute, nach den Markteinbrüchen der frühen 2000er Jahre und der Krise von 2008 ist der Anteil der Nutzer von technischer Analyse jedenfalls anhaltend hoch. Eine mögliche Erklärung dieses Phänomens wäre, dass die Händler, die technische Analyse nutzen, Verluste vermeiden können. Diese Erklärung erscheint allerdings vor dem Hintergrund der Statistiken zur Profitabilität der technischen Analyse nicht sehr plausibel (vgl. Malkiel 2003 [1973]). Eine andere Erklärung wäre, dass in der Folge der Krisen andere Beratungsprodukte an Legitimität und praktischer Relevanz verloren haben (Schimank und Stopper 2012). Die Amateurkultur, auf die die Verbreitung und

Nutzung technischer Analyse rekurriert, gewinnt demgegenüber möglicherweise an Legitimität, weil sie Krisenprobleme individualisiert (Spekulationsexzess als deviantes Verhalten, das der Einzelne steuern kann) und ‚Krisen-taugliche‘ Werte wie Selbständigkeit und Disziplin betont.

Literatur

Aitken, Rob (2007) Performing capital toward a cultural economy of popular and global finance. Palgrave Macmillan, New York.

Allen, Hellen und Taylor, Mark P. (1990) Charts, Noise and Fundamentals in the London Foreign Exchange Market. The Economic Journal 100:400: 49–59.

Babson, Roger W. (1909) Business Barometers used in the Accumulation of Money. A Text Book on Fundamental Statistics for Investors and Merchants. The Office of Roger W. Babson, Wellesley Hills.

Barber, Brad M., und Terrance Odean (2001) The Internet and the Investor: Journal of Economic Perspectives 15: 41–54.

Barboza, David (2010) Day trading still alive, outsourced to China. New York Times vom 09.12.2010.

Carruthers, Bruce G. (1996) City of capital: politics and markets in the English financial revolution. Princeton University Press, Princeton, N.J.

CitiFX Pro (2010) Forex Trader Survey 2010. Citi Bank, London.

DAI (2012) Zahl der Aktienbesitzer geht wieder zurück. Kurzstudie des Deutschen Aktieninstituts, Frankfurt am Main.

Davis, Gerald F. (2008) A new finance capitalism? Mutual funds and ownership re-concentration in the United States: European Management Review 5: 11–21.

De Goede, Marieke (2005) Virtue, Fortune, and Faith. A Genealogy of Finance. University of Minnesota Press, Mineapolis, London.

De Villiers, Victor und Owen Taylor (2000 [1933]) The Point and Figure Method of Anticipating Stock Price Movements. Harriman House Ltd., Peterfield.

Edwards, Richard D. und John Magee (1966 [1949]) Technical analysis of stock trends. 5. Ausgabe. Magee, Springfield, MA.

Fraser, Steven (2005) Wall Street: a cultural history. Faber and Faber, London.

Friedman, Walter A. (2009) The Harvard Economic Service and the Problems of Forecasting: History of Political Economy 41:1: 57–88.

Galbraith, John K. (1980 [1954]) The great crash 1929.Andre Deutsch, London.

Gann, William D. (1923) Truth of the Stock Tape. Financial Guardian Publishing Co., New York.

Hamilton, William P. (1922) The Stock Market Barometer. Harper & Brothers Publishers, New York.

Harrington, Brooke (2008) Pop finance. investment clubs and the new investor populism. Princeton University Press, Princeton, NJ.

Heintz, Bettina und Jörg Huber (2001) Der verführerische Blick. Formen und Folgen wissenschaftlicher Visualisierungsstrategien. In: Heintz, Bettina und Jörg Huber (Hrsg.) Mit dem Auge Denken. Strategien der Sichtbarmachung in wissenschaftlichen und virtuellen Welten. Voldemeer, Zürich, S 9–37.

Helmstetter, Rudolf (1999) Guter Rat ist (un)modern. Die Ratlosigkeit der Moderne und ihre Ratgeber. In: Graevenitz, Gerhart von (Hrsg.) Konzepte der Moderne. De Gruyter, Stuttgart, S 284–302.

Knight, Peter (2010) Reading the Market: Abstraction and Personification and the Stock Ticker in Late Nineteenth-Century American Culture. Vortrag auf der Konferenz Finance in Crisis, April 2010, Manchester.

Knorr Cetina, Karin (2003) From Pipes to Scopes: Distinktion 7: 7–23.

Knorr Cetina, Karin und Alex Preda (2007) The Temporalization of Financial Markets: From Network to Flow: Theory Culture Society 24:7–8: 116-138.

Knorr Cetina, Karin (2011) Financial Analysis: Epistemic Profile of an Evaluative Science. In Camic, Charles; Gross, Neil and Michele Lamont (eds.) Social Knowledge in the Making. University of Chicago Press, Chicago/London, S. 405–442.

King, Michael R. und Dagfinn Rime (2010) The $4 trillion question: what explains FX growth since the 2007 survey? Bank for International Settlements Quarterly Review, Basel.

Langenohl, Andreas (2012) Mathematische und professionelle Rationalität auf Finanzmärkten: Ein neuer Geist des Finanzmarktkapitalismus? In: Engels, Anita und Lisa Knoll (Hrsg.) Wirtschaftliche Rationalität. Soziologische Perspektiven. VS Verlag, Wiesbaden, S 109–128.

Langley, Paul (2007) Uncertain Subjects of Anglo-American Financialization: Cultural Critique 65: 67–91.

Lefèvre, Edwin (1901) Wall Street Stories. McClure, Phillips & Co., New York.

Lefèvre, Edwin (2010 [1923]) Reminiscences of a stock operator. With New Commentary and Insights on the Life and Times of Jesse Livermore. John Wiley & Sons, Hoboken, N.J.

Lo, Andrew W.; Mamaysky, Harry und Jiang Wang (2000) Foundations of Technical Analysis: Computational Algorithms, Statistical Inference, and Empirical Implementation: Journal of Finance 55:4: 1705–1765.

Lo, Andrew W. and Jasmina Hasanhodzic (2009) The Heretics of Finance: Conversations with leading practitioners of technical analysis. Bloomberg Press, New York.

Lo, Andrew W. and Jasmina Hasanhodzic (2011) The Evolution of Technical Analysis. Financial Prediction from Babylonian Tablets to Bloomberg Terminals. John Wiley & Sons, Hoboken, N.J.

Lounsbury, Michael (2002) Institutional Transformation and Status Mobility. The Professionalization of the Field of Finance: Academy of Management Journal 45:1: 255–266.

Mattern, Claude (2010) The Future of Technical Analysis: IFTA Journal 10: 12–14.

Mayall, Margery (2008) From Seeing the Market to Marketing the Seeing: Technical Analysis as a Second-Order Epistemic Consumption Object: Consumption, Markets & Culture 11:3: 207–224.

Malkiel, Burton G. (2003 [1973]) A random walk down Wall Street: the time-tested strategy for successful investing. W. W. Norton, New York/London.

Mattern, Claude (2010) The Future of Technical Analysis: IFTA Journal 10: 12–14.

Means, Gardiner C. (1930) The Diffusion of Stock Ownership in the United States: The Quarterly Journal of Economics 44:4: 561–600.

Meier, Richard T. (2005) Vom Boten zum Bit: Zur Geschichte der Technologien an den Wertpapierbörsen. In: Merki, Christoph. M. (Hrsg.) Europas Finanzzentren. Geschichte und Bedeutung im 20. Jahrhundert. Campus, Frankfurt am Main, S 245–293.

Morgan, Mary S (2012) The World in the Model: How Economists Work and Think. Cambridge University Press, Cambridge.

Neill, Humphrey B. (2000 [1931]) Tape Reading and Market Tactics, Three Steps to Successful Stock Trading. Fraser Publishing, Burlington.

Nicholson, Colin (1994) Writing and the rise of finance: capital satires of the early eighteenth century. Cambridge University Press, Cambridge/New York.

O'Sullivan, Mary (2007) The Expansion of the U.S. Stock Market, 1885-1930: Historical Facts and Theoretical Fashions: Enterprise and Society 8:3: 489–542.

Ott, Julia C. (2009) „The Free and Open People's Market": Political Ideology and Retail Brokerage at the New York Stock Exchange, 1913-1933: The Journal of American History 96:1: 44–71.

Piel, Konstanze (2003) Ökonomie des Nichtwissens. Aktienhype und Vertrauenskrise am Neuen Markt. Campus, Frankfurt am Main.

Preda, Alex (2006) Socio-Technical Agency in Financial Markets: The Case of the Stock Ticker: Social Studies of Science 36:5: 753–782.

Preda, Alex (2007) Where do Analysts come from? The Case of Financial Chartism. In: Callon, Michel and Fabian Muniesa (eds.) Market devices. Blackwell, Malden, MA, p 40–64.

Preda, Alex (2009a) Framing Finance: The Boundaries of Markets and Modern Capitalism. The University of Chicago Press, Chicago.

Preda, Alex (2009b) Brief encounters: Calculation and the interaction order of anonymous electronic markets: Accounting, Organizations and Society 34:5: 675–693.

Preda, Alex (im Erscheinen) Life in the Markets. University of Chicago Press, Chicago.

Schabacker, Richard W. (2005 [1932]) Technical analysis and stock market profits: a course in forecasting. Harriman House, Petersfield.

Schimank, Uwe (2011) Die ‚Hyperkomplexität' des Finanzmarkts und die Hilflosigkeit der Klein-anleger: Leviathan 39:4: 499–517.

Schimank, Uwe und Silke Stopper (2012) Kleinanleger auf dem Finanzmarkt: Praktiken der Hilf-losigkeitsabsorption. In: Kraemer, Klaus und Sebastian Nessel (Hrsg.) Entfesselte Finanzmärkte. Soziologische Analysen des modernen Kapitalismus. Campus, Frankfurt am Main, S 243–262.

Smith, Charles W (1999) Success and Survival on Wall Street. Understanding the Mind of the Market. Rowman and Littlefield, Lanham, ML.

Stäheli, Urs (2003) Financial Noises: Inclusion and the Promise of Meaning: Soziale Systeme 9:2: 244–256.

Stäheli, Urs (2004) Der Takt der Börse. Inklusionseffekte von Verbreitungsmedien am Beispiel des Börsen-Tickers: Zeitschrift für Soziologie 33:3: 245–262.

Stäheli, Urs (2007) Spektakuläre Spekulation. Das Populäre der Ökonomie. Suhrkamp, Frankfurt am Main.

Stichweh, Rudolf (2006) Semantik und Sozialstruktur. In: Tänzler, Dirk; Knoblauch, Hubert und Hans-Georg Soeffner (Hrsg.) Neue Perspektiven der Wissenssoziologie. UVK, Konstanz, S 157–171.

Stichweh, Rudolf (2009) Leitgesichtspunkte einer Soziologie der Inklusion und Exklusion. In Stichweh, Rudolf und Paul Windolf (Hrsg.) Inklusion und Exklusion: Analysen zur Sozial-struktur und sozialen Ungleichheit. VS Verlag, Bielefeld, S 29–42.

Tanner, Jakob (2002) Wirtschaftskurven. Zur Visualisierung des anonymen Marktes. In: Gugerli, David und Barbara Orland (Hrsg.) Das ganz normale Bild. Historische Beiträge zur visuellen Herstellung von Selbstverständlichkeit, Vol. 2. Chronos, Zürich S 129–158.

Thrift, Nigel (2001) „It's the romance, not the finance, that makes the business worth pursuing": disclosing a new market culture: Economy & Society 30:4: 412–432.

Tufte, Edwin R. (2001) The visual display of quantitative information. 2. Ausgabe.: Graphics Press, Cheshire, CO.

Wansleben, Leon (2012) Financial Analysts. In: Knorr Cetina, Karin und Alex Preda (Hrsg.) Handbook of the Sociology of Finance. Oxford University Press, Oxford, p 250–271.

Wolff, Edward N. (2012) The Asset Price Meltdown and the Wealth of the Middle Class. Working paper, New York University.

Wycoff, Richard D. (1910) Studies in Tape Reading. Traders Press, New York.

Zur sozialen Konstruktion globaler Märkte

Ein kommunikationstheoretisches Modell

Martin Bühler und Tobias Werron

1 Einleitung

Das Interesse an globalen Märkten kann auf eine lange Geschichte zurückblicken. Für manche Beobachter bestand schon vor über 150 Jahren kein Zweifel, dass es sie gibt und dass sie für die Beschreibung des modernen Wirtschaftslebens von grundlegender Bedeutung sind. „Die Bourgeoisie", hieß es im kommunistischen Manifest, „hat durch ihre Exploitation des Weltmarkts die Produktion und Konsumption aller Länder kosmopolitisch umgestaltet" (Marx & Engels 1999 [1848], S. 23).[1] Die Rhetorik des Weltmarkts im mittleren 19. Jahrhundert darf als Vorbote der heutigen Globalisierungsdebatte gelten, in der ebenfalls häufig, aber viel selbstverständlicher von globalen Marktkräften die Rede ist (vgl. Stiglitz 2002). Wer heute in ökonomische Lehr- und Wörterbücher oder in Abhandlungen politischer Ökonomen hineinschaut, wird jedenfalls wenig Anlass finden, an der Existenz globaler Märkte und globalen Wettbewerbs auf jenen Märkten zu zweifeln. Die Welt, heißt es passend hierzu in der populären Globalisierungsliteratur, sei endgültig ‚flach' geworden und zwinge Marktteilnehmer überall auf der Welt erbarmungsloser als je zuvor in einen beschleunigten globalen Wettbewerb hinein (Friedman 2008 [2005]).

Was aber haben SoziologInnen zum ‚Weltmarkt' zu sagen? Wie entstehen und was bewirken globale Märkte, wenn man *soziologische* Kriterien anlegt? Vor dem Hintergrund einer seit mindestens 150 Jahren als globalisiert beschriebenen Wirtschaft ist es

---

1 Die Einschätzungen, wann sich Weltmärkte im 19. Jahrhundert tatsächlich etabliert haben, schwanken bei Marx und Engels. Vgl. Friedrich Engels' Anmerkung im dritten Band des Marxschen Kapitals: „(...) Seit der letzten allgemeinen Krise von 1867 sind große Änderungen eingetreten. Die kolossale Ausdehnung der Verkehrsmittel – ozeanische Dampfschiffe, Eisenbahnen, elektrische Telegraphen, Suezkanal – hat den Weltmarkt erst wirklich hergestellt." (Engels in Marx 1922 [1894], S. 27 (Fn. 8))

bemerkenswert, dass solche Fragen in der Marktsoziologie bisher kaum gestellt worden sind. Sigrid Quack fasst den Forschungsstand wie folgt zusammen:

> „While there is wide acceptance that the globalisation of economic relations is an important feature of contemporary capitalism, the study of 'global' markets has so far received relatively little systematic attention from economic sociologists. (...)." (Quack 2009, S. 125; ähnlich Aspers 2010, S. 194)

Der vorliegende Aufsatz nimmt diese Diskrepanz zwischen alltäglicher Marktrhetorik und begrifflichen Bemühungen in der ökonomischen Soziologie zum Anlass, die Voraussetzungen globaler Märkte aus einer gleichermaßen marktsoziologisch wie globalisierungstheoretisch informierten Perspektive näher zu bestimmen.[2] Dazu schlagen wir vor, Entwicklungen in der ‚New Economic Sociology' der letzten Jahrzehnte mit einer Richtung der Soziologie der Konkurrenz und der Globalisierungs- und Weltgesellschaftstheorie in Kontakt zu bringen, die sich mit den Voraussetzungen von Globalisierungsprozessen seit Mitte/Ende des 19. Jahrhunderts auseinandersetzt (vgl. Heintz und Werron 2011; Werron 2012). Unser Ziel ist, einen Begriff globaler Märkte zu entwickeln, der historisch-soziologische Studien zur Entstehung globaler Märkte seit Mitte des 19. Jahrhunderts anleiten kann.[3]

Wir präsentieren diesen Vorschlag in vier Schritten: Im ersten Abschnitt sondieren wir die aktuelle soziologische Literatur hinsichtlich ihres Forschungsinteresses an globalen Märkten. Wir identifizieren Kriterien, wie die Globalität von Märkten bisher definiert worden ist, und zeigen, dass sie Variationen der Annahme sind, dass globale Märkte mit der räumlichen Verteilung von Marktakteuren (Händlern/Produzenten; Abnehmer/Konsumenten) zu tun haben. Im zweiten Abschnitt stellen wir diese Kriterien in Frage und versuchen unsere eigenen Ausgangsfragen schrittweise zu präzisieren, indem wir drei grundlegende Unterscheidungen in der Marktsoziologie aufnehmen und diskutieren (Stabilitätsprobleme vs. Möglichkeitsprobleme; dyadischer Handel vs. triadischer Markt; Produzentenperspektive vs. Publikumsperspektive). Dabei sprechen wir von ‚sozialer Konstruktion globaler Märkte', weil es uns im Kern darum geht, die *sozialen Bedingungen der Möglichkeit globaler Märkte* genauer zu bestimmen. Im dritten und zentralen Abschnitt stellen wir ein Modell globaler Märkte vor, das die Globalität von Märkten an die

---

2 Das setzt die Annahme voraus, dass die Globalität von Märkten konzeptionelle Probleme aufwirft, die sich nicht lediglich durch Übertragung vorhandener Marktbegriffe auf globale Märkte lösen lassen. Die Gegenposition findet sich bei Neil Fligstein (2001, S. 94), der keine konzeptuell relevanten Unterschiede zwischen regionalen und globalen Märkten sieht: „My main insight is that the only difference between a global market and a local one is geographic spread. The definition of a market (...), can be applied to globalization in a straightforward way."

3 Unser primäres empirisches Forschungsinteresse gilt Produktmärkten, womit jedoch nicht ausgeschlossen sein soll, dass sich das Modell auch auf andere ‚Marktgattungen' (White 2002, S. 1, Aspers 2010, S. 163) (insbesondere Finanzmärkte) übertragen lässt.

Vorstellung eines universalen Publikums knüpft, das in öffentlichen Kommunikationsprozessen erzeugt und reproduziert wird. Wir illustrieren dieses Modell an den Ende des
19. Jahrhundert entstehenden globalen Weizen- und Baumwollmärkten. Im vierten und
letzten Abschnitt demonstrieren wir die Fruchtbarkeit des Modells an einigen zentralen
Fragen einer historischen Soziologie globaler Märkte, insbesondere zur Entstehung und
Differenzierung unterschiedlicher Typen globaler Produktmärkte seit dem späten 19.
Jahrhundert und zur Einbettung lokaler bzw. nationaler Märkte in globale Märkte.

2 Globale Märkte als Gegenstand der Marktsoziologie: Kriterien und leitende Forschungsinteressen

Nimmt man den Forschungsstand in der heutigen Marktsoziologie zum Maßstab, kann
man zum Schluss gelangen, dass es globale Märkte gar nicht gibt. Jedenfalls zeigen sich
prominente Beiträge aus der ‚New Economic Sociology‘, die sich explizit mit der ‚Globali-
tätsfrage‘ beschäftigt haben, überraschend skeptisch, was die Existenz oder Relevanz
globaler Märkte betrifft. Aus der Beobachtung, dass die tatsächlich weltweite Inklusion
von Teilnehmern an einem einzigen Markt praktisch nicht vorkommt, schließt etwa
Sigrid Quack (2009, S. 126), „that there is no such thing as ‘a global market’“; allenfalls
könne man historisch kontingente Formen ‚transnationaler‘ Märkte ausmachen, die sich
aus der institutionell-kulturellen Verfestigung grenzüberschreitender Handelsnetzwerke
ergeben könnten. Neil Fligstein wiederum schließt die Existenz globaler Märkte nicht
aus, schätzt ihre Zahl und Bedeutung aber als gering ein, schon weil der weitaus größte
Umfang ökonomischer Aktivität innerhalb nationaler Grenzen verlaufe (Fligstein 2001,
S. 94).

Neben diesen skeptischen Stimmen gibt es aber auch eine Reihe empirischer Analysen globaler Märkte im Umfeld der neueren ökonomischen Soziologie, die von einer
Evidenz globaler Märkte ausgehen. Hierzu zählen insbesondere ‚Global Commodity/
Value Chain‘-Analysen, die Wege und Preisentwicklungen von Produkten – von Roh-
stoffen bis zu vermarktungsfähigen Endprodukten – um den Globus verfolgen (als Überblick Gereffi 2005). Weitere Beispiele für empirische Studien, die von diesem Verständnis
von Globalität ausgehen, sind die Analysen globaler Währungsmärkte von Karin Knorr
Cetina und Urs Bruegger (Knorr Cetina und Bruegger 2002, Knorr Cetina 2007) und
Patrik Aspers‘ Untersuchungen von Bekleidungsproduzentenmärkten, wo die Globalität
der Märkte an die Möglichkeit der kontinentübergreifenden Konkurrenz geknüpft wird
(vgl. Aspers 2010, S. 146).

Diese Auffassungen lassen sich u.E. drei unterschiedlichen Kriterien von Globalität
zuordnen, die mit je spezifischen Forschungsinteressen korrespondieren:

a) *Globalität als weltweite Ausdehnung von Handels- und Produktionsketten.*
   Dieses Kriterium korrespondiert mit einem Interesse an der wirtschaftlichen Verknüpfung bzw. Überschreitung heterogener rechtlicher Ordnungen (Quack 2009) oder

in der ‚Global Value Chain'-Forschung mit einem Interesse an Preisentwicklungen und sozialen Ungleichheiten infolge globalen Sourcings von Halb- und Fertigfabrikaten, das von westlichen Endabnehmern ausgeht und auf Produzenten im sogenannten globalen Süden hinführt (z.B. im ‚Coffee Paradox': Daviron und Ponte 2005). In dieser Perspektive sind globale Märkte vor allem *Vernetzungsphänomene*, die möglich werden, indem heterogene rechtliche Ordnungen und geographische Räume durch transnationale Netzwerke von Akteuren (z.B. über gemeinsame Profession, Verwandtschaft, Herkunft/Ethnie, vgl. Gestrich und Schulte Beerbühl 2011) und Ausbildung eigener, bindender Institutionen überbrückt werden (vgl. Quack 2009; Greif 1991) oder indem soziokulturelle Erfindungen wie Produktstandards die Transaktion unterschiedlicher Glieder der Value Chain zwischen global verteilten Akteuren erleichtern (Gereffi et al. 2005; Daviron und Ponte 2005, S. 37). Die Globalität des Marktes folgt dabei aus der globalen Extension der Handelsnetzwerke.

b) *Globalität als räumliche Distanz zwischen (zahlreichen) gleichzeitig agierenden Marktakteuren.* Dieses Kriterium korrespondiert mit einem Interesse an der *Überwindung von Interaktions- und Kooperationsproblemen* (vgl. Beckert 2009, S. 191). Das Augenmerk liegt dabei einerseits (1) auf der Ermöglichung globaler Interaktion durch einheitliche Produktstandards, die es Unternehmen weltweit erlauben, sich gegenseitig als Konkurrenten wahrzunehmen (Aspers 2010, S. 146). Andererseits liegt es (2) auf der Ermöglichung von Distanzüberwindung durch Computer- und Medientechnologien, die ‚conversations' zwischen Währungshändlern rund um den Globus erlauben und diese über Preisentwicklungen und andere Vorgänge informieren, die für alle gleichzeitig von Bedeutung sind (‚scoping'; vgl. Knorr Cetina 2003, 2007). Hier ist Globalität offenbar vor allem als *Gegenbegriff von Lokalität* zu verstehen: Produktstandards und technologische Hilfsmittel überbrücken Distanzen zwischen lokal mehr oder weniger stabil verorteten Marktteilnehmern, zwischen denen gleichzeitig globale Konkurrenzbeziehungen oder globale Gleichzeitigkeitserfahrungen anderenfalls gar nicht entstehen könnten. Die Globalität des Marktes folgt aus den *Überbrückungseffekten* von Produktstandards und Technologien.

c) *Globalität als Reichweite der wechselseitigen Orientierungen* (‚conceptions of control') von global verteilten Produzenten innerhalb institutionell-rechtlicher Rahmenbedingungen (Fligstein 1997, 2001, S. 94–97). Diesem Kriterium entspricht ein Interesse an der (überraschenden) *Stabilität von Produktmärkten*, das auch Ausgangspunkt von Harrison Whites (1981) Analyse von Produktmärkten als ‚tangible cliques of producers' war. Fligstein ergänzte Whites Marktbegriff durch eine politisch-institutionelle Analyse von Märkten, welche die Globalität von Märkten an die Voraussetzung knüpft, dass es *global einheitliche institutionell-rechtliche Rahmenbedingungen für die wechselseitige Orientierung der Produzenten* gibt. In dieser Perspektive ist Globalität vor allem ein Effekt von politisch-rechtlicher Regulierung, die es zulässt, dass Unternehmen, die in unterschiedlichen Staaten angesiedelt sind, gleichwohl gemeinsame Vorstellungen von einem gemeinsamen Konkurrenzraum entwickeln können. Da diese Rahmenbedingungen aber meist nationaler Gesetzgebung unterliegen, ist Fligstein der Existenz globaler Märkte gegenüber prinzipiell skeptisch eingestellt (vgl. Fligstein 2001, S. 94-97, 221-222). Die Globalität des Marktes folgt nach diesem Modell aus der Globalität politisch-rechtlicher Institutionen.

Diese Kriterien und Problembezüge stellen nach unserer Einschätzung wichtige Zwischenschritte auf dem Weg zu einem soziologischen Begriff globaler Märkte dar, weil sie zentrale Aspekte globaler Marktbildung aus unterschiedlichen Perspektiven beleuchten. Andererseits lassen sie jedoch zentrale Voraussetzungen solcher Märkte unberücksichtigt. Wo ihre Limitation liegt, wird deutlicher, wenn man ein gemeinsames Kriterium für Globalität hervorhebt, das in den eben zitierten Texten in der Regel implizit bleibt: Ob die Globalität des Marktes als Aspekt globaler Handelsnetzwerke, als Resultat der Überbrückungseffekte von Produktstandards und Technologien oder als Produkt globaler politisch-rechtlicher Institutionen verstanden wird – es wird immer vorausgesetzt, dass sie sich aus der Interaktion (dem Handel oder den Konkurrenzbeziehungen) von Marktteilnehmern ergibt, die über den ganzen Erdball verstreut sind. Die Globalität des Marktes ergibt sich folglich in allen diesen Perspektiven letztlich aus der Evidenz der *geographischen Verteilung von Marktteilnehmenden*.[4] Als gegeben vorausgesetzt, jedenfalls nicht umfassend untersucht werden dagegen die *Voraussetzungen des gleichzeitig-wechselseitigen Beobachtens und Vergleichens, die unabgrenzbare – prinzipiell weltweite – Konkurrenz erst ermöglichen.*

---

3   Epistemische Verschiebungen in der Marktsoziologie: Drei Schritte zu einem alternativen Modell globaler Märkte

Um die Frage nach diesen Voraussetzungen zu präzisieren, greifen wir zunächst drei basale Unterscheidungen der ‚New Economic Sociology' auf: (1) Eine am Marktmodell Harrison Whites entwickelte Unterscheidung zwischen sog. Stabilitätsproblemen und Möglichkeitsproblemen; (2) eine Unterscheidung zwischen Austausch/Handel und Markt, die auf ein triadisches Verständnis von Märkten hinführt; und (3) eine Unterscheidung zwischen Marktbegriffen, die primär oder allein aus Produzentenperspektive formuliert sind, und solchen, die die ‚andere Seite' oder das Marktpublikum (Konsumenten, Investoren) zu berücksichtigen versuchen. In einem zweiten Schritt kombinieren

---

4   Die Entscheidung, wann man es mit *globalen* (Welt-)Märkten zu tun hat, liegt damit im Auge der wissenschaftlichen Betrachterin und wird nicht als eigene Fragestellung thematisiert. Ist keine genügende Extension von Handels- und Interaktionsbeziehungen über den gesamten Globus zu verzeichnen, existieren auch keine globalen Märkte. Vgl. nochmals den kritischen Kommentar von Quack 2009, S. 126 („(...) there is no such thing as 'a global market'") oder die pragmatische Lösung des Historikers Alexander Engel 2009, S. 30: „Somit kann sinnvoll von einem global dimensionierten Markt gesprochen werden, wenn ein in sich dicht geknüpftes Fragment des weltweiten Netzes von Austauschbeziehungen vorliegt, das *mindestens zwei Weltregionen* umfasst." (unsere Hervorhebung).

wir diese drei Unterscheidungen und plädieren dafür, die jeweils zweite Seite der Unterscheidung stärker zu betonen.

Von Stabilitätsproblemen zu Möglichkeitsproblemen

Wir hatten bei der Vorstellung von Neil Fligsteins restriktiver Auffassung globaler Märkte bereits auf das Marktmodell von Harrison White (1981) hingewiesen, das einer der bis heute weithin konsensfähigen Ausgangspunkte der neueren Wirtschaftssoziologie ist (zur Rezeption in der Marktsoziologie vgl. Fligstein und Dauter 2007). Whites Interesse richtete sich auf Produktmärkte, die ihm als überraschend *stabil* aufgefallen waren. Kern seiner Erklärung dieser Stabilität war die Beobachtung, dass Unternehmen aus der Beobachtung und Befragung von Konsumenten allein nicht in Erfahrung bringen können, welche Produkte zukünftig in welcher Menge und zu welchem Preis nachgefragt werden. Konsumenten bilden eine notorisch *unsichere* Umwelt, da das Konsumentenpublikum grundsätzlich anonym und unbekannt bleibt. Um eine plausible Grundlage für Geschäftsentscheidungen (v. a. Preise, Produktionsumfänge) zu gewinnen und unter diesen unsicheren Bedingungen zu überleben, orientieren sich die Produzenten daher primär aneinander und beobachten sich bevorzugt wechselseitig. „Reproducibility, rather than efficiency, is the main issue." (Leifer und White 1987, S. 86). Auf diese Weise bilden sich „self-reproducing cliques of producers" (White 1981, S. 518), die in Imitation und Abgrenzung voneinander ihre je eigene Qualitätsnische finden, in der sie zu einem bestimmten Preis eine bestimmte Anzahl Produkte herstellen. Märkte, könnte man dieses Modell auch zusammenfassen, sind Überlebensnetzwerke unter Bedingungen einer von der Konsumentenseite her eingeführten Unsicherheit.

Dieses Modell und sein Interesse an Stabilisierungs- und Reproduktionsproblemen hat in der Marktsoziologie breite Unterstützung gefunden, weil es einen genuin soziologischen, von der ökonomischen Sichtweise unterscheidbaren Marktbegriff zu entwickeln erlaubt. Zu seinen Vorzügen gehört insbesondere, dass es die Aufmerksamkeit auf eine *Asymmetrie* zwischen der Produzenten- und Konsumentenseite lenkt, die in neoklassischen Begriffen ‚reiner' Märkte wie auch in anderen ökonomischen Marktmodellen nicht oder nur bedingt berücksichtigt wird, insbesondere mit Blick auf die *Unsicherheit*, die von der anonymen Konsumentenseite her eingeführt wird und gleichsam aus dem Hintergrund die Konkurrenzbeziehungen steuert.[5]

---

5 Dieses Modell wurde durch Neil Fligstein (2001) um eine politisch-rechtliche Dimension erweitert: Um den Wettbewerbsdruck zu reduzieren und stabile Überlebensbedingungen zu schaffen, konzentrieren sich Firmen nicht nur aufgrund eines ökonomischen Druckes von der (anonymen, ungewissen) Nachfrageseite her auf bestimmte Mitbewerber und entsprechende Marktnischen, sondern auch aufgrund politisch-rechtlicher Vorgaben (v. a. Eigentums-, Vertrags- und Wettbewerbsrecht). Wie bereits erwähnt, folgert Fligstein daraus, dass die ‚conceptions of control' der Marktteilnehmer – da in der Regel primär an nationalen/lokalen politischen und rechtlichen Regularien ausgerichtet – letztlich selten globale Reichweite erlangen.

Whites Modell weist jedoch auch eine Lücke auf, die unserem Eindruck nach in der Marktsoziologie bis heute nicht befriedigend geschlossen worden ist: Es rückt zwar die von der Abnehmerseite her eingeführte Unsicherheit in den Mittelpunkt der Markt-analyse; sein primärer Forschungsfokus liegt jedoch auf der mehr oder weniger erfolg-reichen ‚Bearbeitung' dieser Unsicherheit und damit auf der *Stabilität* der Marktverhält-nisse, und lässt offen, *wie* diese Unsicherheit hergestellt und reproduziert wird. Um diese Beschränkung anzugehen, möchten wir das Interesse an Produktmärkten um Fragen erweitern, die man im Kontrast zu Whites Fokus auf ‚Stabilitätsprobleme' mit dem Titel ‚Möglichkeitsprobleme' überschreiben kann: Wie ist es überhaupt möglich, dass das Ab-nehmerpublikum als grundsätzlich unbekannte Größe begriffen wird, die das Markt-geschehen gleichsam aus dem Hintergrund lenken kann? Wie wird die Unsicherheit von der Abnehmerseite her in globale Märkte eingeführt, *bevor* diese sich als Nischenmärkte (oder auf andere Weise) stabilisieren?

Von der Handels- zur Konkurrenzbeziehung

Whites Gegenüberstellung einer ‚clique' von Produzenten einerseits und unbekannt-anonymer Käufer andererseits impliziert eine weitere Unterscheidung, die es sich eigen-ständig zu vertiefen lohnt. Stabilität gewinnt der Markt nach Whites Modell dadurch, dass sich die Produzenten als Konkurrenten um dasselbe Aggregat potenzieller Ab-nehmer verstehen, dessen Ertragspotenzial sie untereinander aufteilen müssen. Der Markt wird folglich nicht etwa mit der Summe der Tauschakte oder mit allen bekannten Preisbewegungen gleichgesetzt, sondern mit den *Beobachtungs- und Konkurrenz-beziehungen, die sich im Hinblick auf ein gemeinsames Marktpublikum bilden.* Dieses Modell verweist auf eine Unterscheidung, die in den letzten Jahren in der soziologischen Theorie und Marktsoziologie aus unterschiedlichen Motiven wiederbelebt und präziser rekonstruiert worden ist: die Unterscheidung zwischen *dyadischen* Handelsbeziehungen einerseits und *triadischen* Marktbeziehungen andererseits. Diese Unterscheidung stützt sich auf Simmels ‚Soziologie der Konkurrenz' (2008 [1908]), wo die ‚reine' Form der Konkurrenz als Kampf um die knappe Gunst Dritter definiert wird (näher Werron 2010). In der Marktsoziologie ist diese Differenz zuletzt von Patrik Aspers (2011, S. 7-8) auf-gegriffen und graphisch veranschaulicht worden: Während Handel aus einer dyadischen Austauschbeziehung zwischen zwei Akteuren entstehe, sei der Markt eine *triadische* Struktur, in der (mindestens) zwei Angebote um die Gunst (mindestens) eines Dritten buhlen (vgl. Abb. 1).

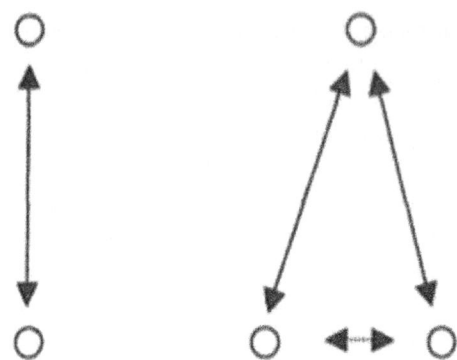

Abbildung 1 Handel vs. Markt (Quelle: Aspers 2011, S. 8)

Dieser Unterscheidung folgend gehen wir von der These aus, dass alles, was sonst noch im Markt geschieht, vor dem Hintergrund der sozialen Konstruktion von Konkurrenz um die als knapp wahrgenommene Aufmerksamkeit, Zahlungs- und Investitionsbereitschaft Dritter zu analysieren ist. Diese Einsicht ernst zu nehmen heißt, sich für soziale Prozesse zu interessieren, die dafür sorgen, dass sich die Produzenten überhaupt *als Konkurrenten um die Gunst Dritter* wahrnehmen und verhalten können. Kombiniert man dieses Interesse mit dem Interesse an den unbekannten Abnehmern, wie wir es im vorherigen Abschnitt entwickelt hatten, lässt sich unser Fragenkatalog wie folgt erweitern: Welche dritten Parteien greifen in die Konstruktion von Konkurrenz auf Märkten ein? Wie hängt das Eingreifen Dritter mit der von der Publikumsseite aus eingeführten Unsicherheit zusammen?

Von der Produzentenperspektive zur Publikumsperspektive

‚Publikum' ist zugleich das Stichwort für die letzte in der Marktsoziologie vorzufindende Unterscheidung, die wir aufgreifen und zur Präzisierung unserer Ausgangsfragen nutzen wollen: die Unterscheidung zwischen Marktbegriffen, die allein oder primär von der Perspektive der Konkurrenten (Produzenten) her gedacht sind, und solchen, die auch die Perspektive des Marktpublikums (der Abnehmer, Käufer oder Konsumenten) einzubeziehen versuchen. Auch die Bedeutung dieser Unterscheidung lässt sich an Harrison Whites Marktbegriff verdeutlichen. Wir hatten bereits angedeutet, dass das Konsumentenpublikum bei White eine eigentümliche Doppelrolle spielt, die seine Analyse schwierig, aber auch besonders interessant macht: Einerseits nimmt es eine zentrale Stellung ein, da es den Prozess der Marktstabilisierung durch Einführung der allen Produzenten gemeinsamen Unsicherheit erst in Gang setzt, andererseits wird es als prinzipiell unbekannt beschrieben und daher aus der eigentlichen Marktanalyse letztlich mehr oder weniger ausgeschlossen.

Berücksichtigt man diesen zweiten Punkt, verwundert es nicht, dass sich die meisten Autoren der neueren Marktsoziologie bei der Analyse von Produktmärkten auf die

Produzentenseite konzentriert und die Publikumsseite vernachlässigt haben. Wer die Rolle von Dritten auf Märkten jedoch genauer studiert, wird auf ein *Konsumenten-publikum* aufmerksam, welches die Rolle jenes ‚mysteriösen Dritten‘ (vgl. Leifer und White 1987, S. 92) spielt, der durch seine prinzipielle Unbekanntheit und davon ausgehende Unsicherheit den Prozess der Marktstabilisierung erst in Gang setzt (vgl. Aspers 2010, S. 34, 40-45). Der Grundgedanke kann aber auch auf ein ‚*Händler*publikum‘ zutreffen, wie ein von Karin Knorr Cetina zitierter Währungshändler deutlich zum Ausdruck bringt: „(the market on screen) is probably like 99.99999% anonymous“ (Knorr Cetina 2003, S. 12).[6] Um Konsumenten- und Händlerpublika in einem allgemeineren Begriff zusammenzufassen, sprechen wir im Folgenden von *Abnehmer- oder Käuferpublikum*.

Auf die Folgeprobleme des Ausschlusses des Abnehmerpublikums aus der Marktanalyse hat Ezra Zuckerman (1999) vor einigen Jahren aufmerksam gemacht. Zuckerman untersuchte, ob die von professionellen Beobachtern von Finanzmärkten (‚market critics‘) benutzten Kategorien, mit denen sie am Aktienmarkt geführte Unternehmen einordnen, vergleichen und bewerten, Einfluss auf die Preisentwicklung haben – und stellte fest, dass dies tatsächlich in einem statistisch signifikanten Maße der Fall sein kann (‚categorial imperative‘). Diese Einsicht veranlasste ihn zu einer generellen Kritik an der Vernachlässigung von Publikumserwartungen in der ‚new economic sociology‘ und zu der Forderung, dass das Marktpublikum aus der Marktanalyse nicht ausgeblendet werden dürfe (vgl. Zuckerman 1999, S. 1403). Diese Kritik des Whiteschen Marktmodells lässt sich als Vorschlag zur Erweiterung des oben dargestellten triadischen Marktmodells verstehen: Den Konkurrenten (‚candidates‘) tritt nun ein spezifischer Dritter, nämlich ein Publikum (‚audience‘) gegenüber, dessen Erwartungen an Produktqualitäten die Konkurrenz am Markt rahmen (‚zone of legitimacy‘). Diese Erwartungen wiederum werden von weiteren dritten Beobachtern (‚market critics‘) artikuliert und beeinflusst (vgl. Zuckermann 1999, S. 1402).

Zuckerman (1999, S. 1400) bezeichnet solche Märkte auch als ‚mediated markets‘, was (1) auf ‚intermediäre‘ Prozesse aufmerksam macht, die zwischen Produzenten und das Publikum treten können, und (2) betont, dass die soziale Konstruktion der Publikumserwartungen in die Marktanalyse eingeschlossen werden kann, ja sogar muss, um Preisentwicklungen auf solchen Märkten zu erklären. Auf ‚vermittelten Märkten‘ beobachten

---

6 Das anonyme Händlerpublikum könnte deswegen weniger aufgefallen sein, weil Händler einerseits soziologisch – in Abgrenzung zu ökonomischen Perspektiven – hauptsächlich unter dem ‚embeddedness‘ - oder dem Netzwerkaspekt analysiert wurden, wo die Beziehungen zwischen sich wechselseitig bekannten Händlern im Zentrum stehen und andererseits die sozialen Rollen des ‚market critics‘ und des traders/investors (als Verkäufer *oder* als Käufer) in Händlermärkten empirisch oft zusammenfallen. Eine kommunikationstheoretische Perspektive legt jedoch eine differenzierte Betrachtung nahe (vgl. auch die wirtschaftssoziologische Differenz von ‚switch-role‘ und ‚fixed-role‘ Märkten: Aspers 2011, S. 84–88). Vor dem Hintergrund dieser Gemeinsamkeiten von ‚Abnehmerpublika‘ lässt sich überhaupt erst genauer nach Differenzen in der Dynamik von (Zwischen-) Händlermärkten und Konsumgütermärkten fragen (vgl. Aspers 2011, S. 33).

sich Produzenten nicht nur wechselseitig in der Konkurrenz um ein im Prinzip unbekanntes Publikum (wie es Whites Modell suggeriert), sondern sie beobachten auch, wie sie von *weiteren* Dritten beobachtet werden – um die Erwartungen potenzieller Abnehmer besser einschätzen zu können.[7]

Diese Modifikation fällt in einer sozialhistorischen Perspektive umso mehr ins Gewicht, je mehr die Marktkommunikation auf Kommunikation unter Abwesenden abstellt und je weniger man daher davon ausgehen kann, dass sich die Produzenten und Konsumenten/Investoren auch ohne vermittelnde ‚Dritte' (z.B. Analysten, Informationsdienste, Wirtschaftsjournalismus) über ihre Angebote und Erwartungen auf dem Laufenden halten können. Sie ist also insbesondere für die Analyse *globaler* Märkte von besonderem Interesse, auf denen es selten und unregelmäßig zu Begegnungen zwischen allen potenziellen Marktbeteiligten kommen wird bzw. die Größe und Dynamik des Marktes es nicht gestattet, dass sich Anbieter und potenzielle Käufer allein durch persönliche Kontakte über die für alle Marktteilnehmer *gleichzeitig* relevanten Daten informieren können.[8] Dies erlaubt nun eine letzte Erweiterung unserer Ausgangsfragen: Welche ‚vermittelnden' Kommunikationsprozesse machen es möglich, dass sich mehrere Anbieter als Konkurrenten um die Gunst eines gleichzeitig-unbekannten Abnehmerpublikums wahrnehmen können? Wie beobachten, vergleichen und bewerten sie die Konkurrenten und ihre Angebote? Wie konstruieren sie die Erwartungen des Publikums?

4   Zur sozialen Konstruktion globaler Märkte

Auf Grundlage dieser heuristisch motivierten Durchsicht der neueren Marktsoziologie wollen wir nun zeigen, dass das in den vorangegangenen Abschnitten entwickelte Interesse an dem unbekannten Publikum, an der sozialen Konstruktion indirekter (triadischer) Konkurrenz sowie an den zwischen Anbietern und dem Publikum ver-

---

7 Einen ähnlichen Gedanken findet man bei Patrik Aspers (2010, S. 54, 81-85) mit Blick auf Bekleidungsmärkte. Aspers stellt fest, dass die potentiellen Käufer *als Publikum* (und andere Dritte, insbesondere Modemagazine) durch Beobachten und Vergleichen der Angebote die Marktchancen von Modeunternehmungen und den Markt mit konstituieren: „Buyers operate as an economic audience that evaluates designers' market potential, which is to say that the relationship to the audience ‚constitutes' one of the bases for evaluating the producers and their products" (Aspers 2010, S. 22–23).

8 ‚Auf Märkten' können konkrete Transaktionen (und teilweise auch Angebotsofferten) durchaus unter sich wechselseitig bekannten Personen stattfinden. Wie die neuere Marktliteratur im Anschluss an Granovetter (1985) gezeigt hat, spielt die ‚Einbettung' in soziale (persönliche) Beziehungen eine zentrale Rolle (vgl. z.B. Baker 1984; Burt 1988; Uzzi 1997). Doch finden auch diese Angebote und Transaktionen vor dem Hintergrund einer globalen Marktsituation statt. Daher spricht gerade die strukturelle Differenz zwischen Handel/Austausch und Markt dafür, dass die Analyse des Verhältnisses zwischen diesen sozialen Formen erst auf Basis einer soziologischen Analyse der Entstehung von wirtschaftlichen Konkurrenzverhältnissen gelingen kann.

mittelnden Kommunikationsprozessen auf alternative Kriterien für die Globalität von Märkten führt. Diese Kriterien stellen wir in zwei Schritten vor: (1) Zunächst gehen wir davon aus, dass die vermittelnden Kommunikationsprozesse in modernen Märkten entscheidend auf *öffentlicher* Marktkommunikation aufruhen. Deshalb setzen wir bei der *Öffentlichkeit* dieser Prozesse an und fragen: Wie wird Konkurrenz um ein Publikum in öffentlichen Kommunikationsprozessen hergestellt? Hier beschreiben wir das Publikum als eine letztlich fiktive bzw. imaginative Figur, die in öffentlichen Kommunikationsprozessen adressiert wird und umgekehrt diese Prozesse erst möglich macht. (2) Anschließend fragen wir nach der *Globalität* dieser Prozesse und bestimmen sie als Produkt der *Universalität* der Vorstellungen über das Publikum und der dadurch angestoßenen universalen Beobachtungs- und Vergleichsprozesse.

Moderne Märkte als öffentliche Kommunikationsprozesse

In der Marktsoziologie wurde wiederholt darauf hingewiesen, dass die *Öffentlichkeit* in oder von Märkten wichtig sei.[9] Zwei Zitate mögen dies verdeutlichen: Eher nebenbei und in einer Fussnote erwähnen Eric Leifer und Harrison White (1987, S. 105) in ihrer Darstellung von Whites Marktmodell: „(...) our argument largely rests on the ‚publicness‘ of information and not its presence or absence“. Sie äußern sich dann aber nicht näher zur Rolle und Bedeutung dieser ‚publicness‘ in ihrem Marktmodell. Ähnlich formuliert Patrik Aspers (2011, S. 7-8): „The difference between trade and market, both of which are instances of economic exchange, suggests that the connotation, (...), of the market as something ‚public‘, or transparent, is important.“ Und das gelte speziell für Preisinformationen: „Public prices are of considerable importance for making markets transparent, and the fact that markets generate transparency is an important aspect by means of which they operate as coordination devices.“ Auch Aspers gibt jedoch keine genauere Begründung für diese Einschätzung.[10]

Weshalb ist die mit dem Markt assoziierte ‚Öffentlichkeit‘ so wichtig? Die Frage gibt Anlass, nach den *prozessualen* Voraussetzungen der Konkurrenz um die Gunst eines Publikums zu fragen und sich genauer mit den Eigenschaften der Form ‚öffentliche Kommunikation‘ auseinanderzusetzen (vgl. näher Werron 2010; 2011). Öffentliche Kommunikation ist eine besonders interessante und komplizierte, da zirkulär gebaute Form: Sie entsteht durch die Imagination und Adressierung eines Publikums, das seinerseits nur dadurch entstehen kann, dass es in öffentlichen Kommunikationsprozessen imaginiert und adressiert wird. Das Verhältnis ist unaufhebbar zirkulär. In der Formulierung des Öffentlichkeitsforschers Michael Warner: „A public is a space of

---

9   Vgl. auch die Analyse der Funktion einer Finanzmarktöffentlichkeit für Preisbildungs-
     mechanismen: Langenohl 2009.

10 Vgl. aber Kennedy 2005, S. 221-222, der Massenmedien als ‚Projektoren‘ in Richtung
     Produzenten *und* Konsumenten bezeichnet, wobei sich im Einwegspiegel der Massenmedien
     auf der einen Seite die Produzenten spiegeln und wechselseitig beobachten und auf der anderen
     Seite die Konsumenten. Vgl. für diesen Gedanken auch Baecker 2006, S. 105-107.

discourse organized by nothing other than discourse itself. (...) it exists only as the end for which books are published, shows broadcast, Web sites posted, speeches delivered, opinions produced. *It exists by virtue of being addressed.*" (Warner 2002, S. 50; unsere Hervorhebung)

Diese Eigentümlichkeiten öffentlicher Kommunikation sind in der Marktliteratur wie auch in anderen Teilen der Globalisierungsforschung bislang kaum berücksichtigt worden (näher Heintz und Werron 2011, Werron 2012). Ihr Fehlen fällt umso mehr auf, wenn man sich für ‚große' bis hin zu globalen Märkten interessiert und fragt: Wie können sich Konkurrenten und Dritte, die sich selten oder niemals face-to-face begegnen, gleichwohl als Konkurrenten und Umworbene wahrnehmen? Wie können sie sich in ihren Rollen als Konkurrenten und Publikum *sozial* begegnen, ohne sich notwendigerweise physisch zu begegnen? Diese Vermittlung leisten öffentliche Kommunikationsprozesse, indem sie auf der einen Seite Produkte und Angebote verschiedener Anbieter vergleichend zueinander in Beziehung setzen – so dass diese einander als Produzenten oder Händler eines bestimmten Gutes wahrnehmen können – und auf der anderen Seite ein gemeinsames Publikum adressieren, um dessen knappe Gunst die Anbieter konkurrieren – so dass sich die Anbieter als Konkurrenten *um* ein Publikum wahrnehmen können.

Dieser Vorschlag hilft, das oben skizzierte Paradox des einflussreichen-obwohl-im-Prinzip-unbekannten Publikums aufzulösen bzw. zu entfalten: Grundsätzlich unbekannt ist das Publikum, weil es das Produkt einer zirkulären Kommunikationsdynamik ist, in der sich öffentliche Kommunikation und Imagination eines im Einzelnen unbekannten Publikums gegenseitig ermöglichen. Andererseits ist es gerade diese Imagination, die Konkurrenz um die Gunst eines für alle Anbieter gemeinsamen Dritten erst möglich macht. Folgt man dieser kommunikationstheoretischen Beschreibung des Publikums, lässt sich die Figur des Dritten innerhalb des Marktmodells in zwei Elemente, öffentliche Kommunikation und Abnehmerpublikum, differenzieren (vgl. Abb. 2):

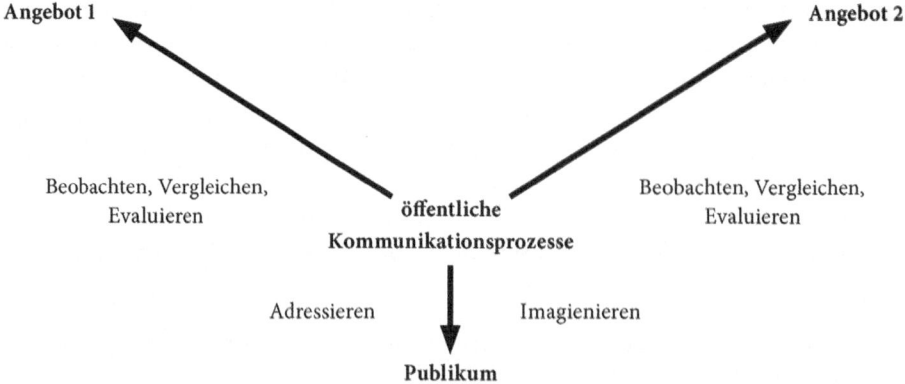

Abbildung 2 Kommunikationstheoretisches Modell öffentlicher Konkurrenzen

Den Vorzug dieser begrifflichen Analyse sehen wir darin, dass sie eine Reihe von (me-dien-)technologischen und soziokulturellen Voraussetzungen von Märkten, die bisher getrennt gesehen und analysiert wurden, in einer gemeinsamen theoretischen Perspektive integriert. Hervorzuheben sind dabei insbesondere Bezüge zur Akteur-Netzwerk-Theorie und performativen Marktforschung nach Bruno Latour und Michel Callon, zu den Analysen computergestützter Währungsmärkte von Karin Knorr Cetina sowie zu neueren Untersuchungen über Kategorienbildung und Produktstandards. Öffentliche Kommunikations- und Vergleichsprozesse spielen im Rahmen dieses Modells zunächst eine ähnliche Rolle wie sie Bruno Latour (1999, S. 304) mit dem Begriff des ‚centers of cal-culation‘ an wissenschaftlichen Disziplinen und Karin Knorr Cetina (Knorr Cetina 2003, 2007) unter Begriffen wie ‚scoping systems‘ und ‚global reflex systems‘ an Währungs-märkten analysiert haben: Sie ‚zentralisieren‘ (im Sinne Latours) und ‚reflektieren‘ (im Sinne Knorr Cetinas) eine Fülle marktrelevanter Daten, indem sie Transaktionen aus-werten, sammeln, bewerten und potenziellen Marktteilnehmern zugänglich machen.[11] Zugleich impliziert das Modell ein Interesse an *Produktstandards*, die die Vergleichbar-keit von Angeboten über räumliche und kulturelle Grenzen hinweg garantieren, und er-laubt damit, an neuere Forschung über *Produktkategorien* anzuschließen, auf die wir im nächsten Abschnitt ausführlicher eingehen (vgl. z.B. Rosa et al. 1999; Hsu et al. 2010). Da-rüber hinaus vermag es aber auch noch eine weitere Bedingung der Möglichkeit solcher ‚medialisierter‘ Märkte hervorzuheben, die in der Literatur bislang unterbelichtet geblie-ben ist, nämlich *dass die so gesammelten und aufbereiteten Daten einem im einzelnen unbekannten Marktpublikum präsentiert werden müssen*, das in öffentlichen Prozessen der Präsentation dieser Daten immer neu adressiert und imaginiert, also auch produziert und reproduziert wird.

Globale Märkte als universale Kommunikationsprozesse

Wie trägt dieses Modell zur Bestimmung der Voraussetzungen globaler Märkte bei? Es führt auf die These, dass globale Märkte entstehen, indem öffentliche Kommunikations-prozesse zwischen Anbieter und potenzielle Käufer treten, die letztere als ein potenziell weltweites, im Einzelnen unbekanntes Abnehmerpublikum imaginieren (vgl. Abb. 3).[12] Die Globalität von Märkten ergibt sich demnach aus der *Vorstellung*, ein universales

---

11 Vgl. auch das ähnlich, aber breiter angelegte Konzept der ‚market devices‘/‚dispositifs‘ in der performativitätstheoretischen Marktsoziologie, dort allerdings mit Betonung der ‚Materialität‘ von Technologien/Objekten (vgl. Callon et al. 2007. Und in dieser Tradition mit Blick auf ein anonymes Publikum: Cochoy 2007).

12 Nicht vertiefen können wir an dieser Stelle die Frage, ob und wie die sich ab Ende des 19. Jahr-hunderts entwickelnde Publikums- und Marktforschung solche öffentlich reproduzierten Publikumsimaginationen beeinflusst hat (vgl. Brückweh 2011 oder Schröter 2004). Für unser Modell ist zunächst nur wichtig, dass sich das grundsätzliche Problem der Unbekanntheit des Publikums und der Unmöglichkeit der direkten Orientierung an seinen Erwartungen auch durch Marktforschung nicht auflösen, sondern allenfalls immer wieder aufs Neue re-konfigurieren lässt (vgl. auch White und Eccles 1987, S. 984-985).

Publikum potenzieller Abnehmer in den Vergleichs- und Evaluationszusammenhang des Marktes einzubeziehen – nicht daraus, dass *tatsächlich* Produzenten, Konsumenten oder Händler aus aller Welt am Marktgeschehen partizipieren.

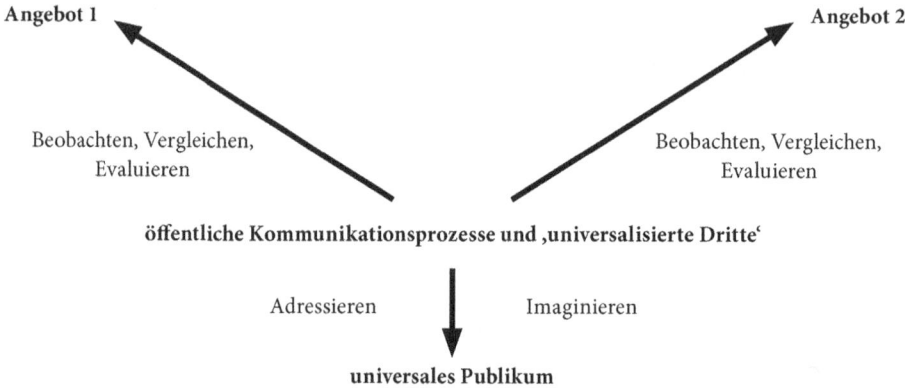

Abbildung 3 Kommunikationstheoretisches Modell globaler Märkte

Diese Definition – globale Märkte als universale Abnehmerpublika adressierende öffentliche Kommunikationsprozesse – macht auf Voraussetzungen globaler Märkte aufmerksam, die in der soziologischen Literatur zu globalen Märkten häufig als selbstverständlich vorausgesetzt werden, jedenfalls noch nicht auf ihr Zusammenwirken untersucht worden sind: (1) *Universale Vergleichskategorien*: Beobachtungsschemata, die Produkte unabhängig von räumlichen und sozialen Differenzen auf ihren ökonomischen Wert zu vergleichen und zu evaluieren erlauben; (2) *intermediäre Kommunikationsprozesse* und *‚universalisierte Dritte‘*: Publikationsformen und Beobachter, die Angebote übermitteln sowie Produktvergleiche durchführen und veröffentlichen; (3) *universale Publikumsimaginationen*, welche die Vorstellung von Konkurrenz um ein globales Publikum potenzieller Abnehmer möglich machen. Diese Voraussetzungen wollen wir nun begrifflich erläutern sowie an exemplarischen Produktmarkttypen empirisch illustrieren. Seit dem späten 19. Jahrhundert dienen die Weizen- und Baumwollmärkte als paradigmatische Beispiele für Weltmarktbildung und wurden bereits von Zeitgenossen als „wichtigster und am besten organisierter Teil des gesamten Welthandels" beschrieben (Wobring 2005, S. 220 mit Verweis auf Sonndorfer 1905, S. 1). Hier geht es uns weniger um die Eigentümlichkeiten dieser Markttypen als darum, an ihnen die Entstehungsvoraussetzungen globaler Märkte zu rekonstruieren und für historisch-soziologische Studien vorzubereiten.

Universale Vergleichskategorien

Globale Märkte sind zunächst auf *universale Vergleichskategorien* angewiesen, d.h. auf Kategorien, die den Vergleich unterschiedlicher Angebote innerhalb eines räumlich und sozial inklusiven – universalen – Vergleichshorizonts ermöglichen. Zur näheren Analyse solcher Kategorien seien im Anschluss an Bettina Heintz (2010) zwei Prämissen vergleichender Operationen unterschieden: (a) Herstellung von *Vergleichbarkeit*, indem unterschiedliche Objekte (Dinge, Handlungen, Akteure) unter bestimmten Gesichtspunkte als hinreichend ähnlich und also als vergleichbar definiert werden (‚Selbigkeit des Verschiedenen‘); (b) Herstellung von Differenz, indem das als vergleichbar Definierte unter *anderen Gesichtspunkten unterschieden* und bewertet wird (‚Differenzierung des Vergleichbaren‘). Entsprechend sind Vergleiche auf zwei unterschiedliche Typen von Vergleichskategorien angewiesen: solche, die Vergleichbarkeit herstellen, und solche, die Differenzierung des Vergleichbaren ermöglichen. Wendet man diese Unterscheidung auf Produktmärkte an, lässt sie sich mit der Unterscheidung zweier grundlegender ökonomische Vergleichsmedien kombinieren, nämlich (a) *Produkte* einerseits und (b) *Geld* andererseits (vgl. Abb. 4):

Allgemeine Prämissen des Vergleichens / Ökonomische Vergleichsmedien	Vergleichskategorien (= Herstellung von Vergleichbarkeit)	Vergleichskriterien (= Differenzierung des Vergleichbaren)
Produkte	Produktgenres (1)	Produktqualitäten (3)
Geld	Währungen (2)	Preise (4)

Abbildung 4 Prämissen universalistisch-ökonomischer Vergleiche

Bleibt man zunächst auf der Ebene der Herstellung von Vergleichbarkeit und fragt nach (1) *Produktgenres*, ergeben sich enge Bezüge zu einem florierenden Forschungszweig, der sich mit der Entstehung und dem Einfluss von Produktkategorien beschäftigt (für einen neueren Überblick zur ‚Kategorienforschung‘ in der Wirtschaftssoziologie vgl. Hannan 2010). Produktkategorien gelten dort als marktkonstitutiv, insofern sie die gemeinsame Aufmerksamkeit der Marktteilnehmenden auf bestimmte Produkte konzentrieren, von anderen ablenken und damit Orientierungspunkte für Handel und Preisbildung bieten (z.B. Hsu et al. 2010; Hsu et al. 2009; Rosa et al. 1999; Zuckerman 1999). Passend zu unserer Diagnose zum Forschungsstand in der Marktsoziologie ist der Globalitätsbezug in diesen Studien jedoch bisher weitgehend implizit geblieben. Wir können dieser Literatur daher zunächst die These hinzufügen, dass globale Märkte auf *universale* Produktkategorien angewiesen sind, die für Vergleichbarkeit unterschiedlicher Produkte über räumliche und soziale Differenzen hinweg sorgen. Dadurch entstehen *universale Produktgenres*, welche die Sinngrenzen eines Marktes definieren und unabhängig von sozialen und räumlichen Grenzen über den Einschluss/Ausschluss von Angeboten zu einem Markt bestimmen.

Diese Voraussetzungen globaler Märkte lassen sich an den entstehenden globalen Weizenmärkten gut verdeutlichen. Weizen war bereits in der frühen Neuzeit als Handelsware etabliert und wurde überregional gehandelt (Braudel 1990, S. 330-334). Das könnte auf den ersten Blick dafür sprechen, dass es bereits in der frühen Neuzeit globale Weizenmärkte gab. Aber auch wenn Getreidehändler eine Vorstellung davon hatten, was Weizen von anderen Produkten – etwa Roggen – unterschied, so orientierten sie sich damals doch an individuellen, in Säcken verpackten Produktionen oder an nur lokal verwendeten Handelskategorien, deren Handhabung ein hohes Maß an Erfahrungswissen voraussetzten (Braudel 1990, S. 322-323; Cronon 1991, S. 108; Velkar 2012, S. 183). Erst durch die im 19. Jahrhundert von den Vereinigten Staaten ausgehende universelle Gradierung des Weizens wurde es möglich, von der individuellen Produktion zu abstrahieren (vgl. Cronon 1991, S. 97-147; Velkar 2012, S. 171-217). Weizen wird seither von den am Getreidehandel Beteiligten nicht mehr als je individueller, landwirtschaftlicher Ertrag (dem „crop", vgl. für Weizen Cronon 1991, S. 147 und Baumwolle Çalışkan 2009, S. 252) gesehen, sondern als *abstrakte Handelsware*, die in mehreren Kategorien handelbar ist und – trotz natürlicher Variation – innerhalb eines kategorial begründeten Genres als homogen betrachtet wird (z.B. *Red Winter Wheat, White Winter Wheat*, etc., vgl. Chicago Board of Trade 1860, S. 13).[13] Nur auf Grundlage solcher Produktgenres ist es möglich, ein aktuelles Preisangebot zu einer bestimmten Weizensorte aus Chicago mit Angeboten aus Argentinien oder Europa zu vergleichen und die Anbieter als Konkurrenten um Abnehmer auf ein- und demselben Markt wahrzunehmen.

Betont man Vergleichbarkeit als Prämisse der Entstehung globaler Märkte, treten auch (2) *Währungen* als Voraussetzung universaler ökonomischer Vergleiche prominenter hervor. Die Feststellung des ökonomischen ‚Tauschwerts‘ eines Produkts impliziert die Bezugnahme auf *Preise*, die ihrerseits nur auf Basis der Festlegung auf eine Geldwährung – oder auf mehrere ineinander konvertierbare Geldwährungen – gebildet werden können. Währungen definieren die Identität (und Vergleichbarkeit) von Preisen ähnlich wie Produktgenres die Identität (und Vergleichbarkeit) von Produkten definieren. Dass es sich dabei um eine voraussetzungsvolle Prämisse handelt, fällt häufig erst auf, wenn man den Geltungsbereich einer Währung verlässt, und besonders dann, wenn Wertdifferenzen zwischen den Währungen Einfluss auf den Preis des Angebots (und seine Absatzchancen, z.B. Export) haben. Auf der Ebene der Herstellung von Vergleichbarkeit gilt freilich, dass mit der Konvertibilität von Währungen im Prinzip auch die Vergleichbarkeit der Angebote gewährleistet ist, unabhängig davon, dass Währungskurse die Absatz-

---

13 Im Zuge der Formulierung abstrakter Weizenkategorien, die von den individuellen Besonderheiten landwirtschaftlicher Produkte abzusehen erlaubten, setzten Versuche der exakten wissenschaftlichen Bestimmung ein, die auch dem Getreidehändler und –verbraucher zu Gute kommen sollte (vgl. die Untersuchung des „Weizens unserer Erde" aus Weizenproben der 1878-er Weltausstellung in Paris durch Emerich Pekár 1882).

chancen einzelner Angebote beeinflussen und beispielsweise zur Entstehung nationaler Märkte innerhalb eines globalen Markthorizonts führen können.[14]

Damit kommen wir zur zweiten Dimension universaler ökonomischer Vergleiche: Den universalen Vergleichskriterien. Damit *innerhalb* eines universalen Produktgenres sowie innerhalb eines Währungssystems *Wertdifferenzen* (Qualitäts- oder Preisdifferenzen) zwischen unterschiedlichen Angeboten festgestellt werden können, muss das unter bestimmten Gesichtspunkten Vergleichbare (,family car', ,Weizen', Währungen, etc.) unter *weiteren* Gesichtspunkten differenzierbar erscheinen. Dabei kann die Vergleichsoperation ihren Schwerpunkt erneut auf der Ebene der Produkte selbst oder auf der Ebene des Geldwertes haben.[15] Auf der Produktebene leisten dies (3) *universale Kategorien von Produktqualitäten*, indem sie Qualitätskriterien, welche aus dem Vergleich einer Vielzahl von individuellen Produkten gewonnen wurden, so definieren, dass sie unabhängig von räumlichen und kulturellen Differenzen angewendet werden können. Dafür kommen materiale Qualitäten wie Farbe, Größe, Ausstattung, Materialien, Hochwertigkeit der Produktion etc. in Frage, aber auch zeitliche Kriterien wie Lieferfristen (Aspers 2010, S. 119-122) oder der soziale Status, der dem Produkt oder seinem Herstellern (,Marken') zugeschrieben wird (Aspers 2010, S. 50-54; Podolny 1993). Räumliche Vergleichskriterien werden gerade vor dem Hintergrund der Entstehung globaler Märkte sichtbar und relevant, beispielsweise weil bestimmte Qualitäten aufgrund der Ausstattung mit Produktionsfaktoren (Boden, Arbeit, Ausbildung, Rohstoffe) nur an ausgewählten Orten produziert oder Produkte nur in abgrenzbare Regionen abgesetzt werden können, weil die Transportzeit ein sensibler Faktor ist (Mode, Krankenhäuser, Hochfrequenzhandel auf Finanzmärkten) oder weil die Herkunft Prestige oder erwartbare Konsumerlebnisse bedeutet (geschützte Herkunftsbezeichnungen, vgl. für den Erdbeermarkt: Garcia-Parpet 2007).

Die Leistung solcher Vergleichskriterien zur *qualitativen Differenzierung* der Angebote, unabhängig von sozialen und räumlichen Beschränkungen, und ihre historische Formierung lassen sich wieder exemplarisch am Getreidemarkt zeigen. Seit der zweiten Hälfte des 19. Jahrhunderts setzte sich ausgehend von den Vereinigten Staaten ein Gradierungssystem für Weizen durch, das auf ortsunabhängigen Vergleichskriterien aufruhte (Sauberkeit, Reinheit, Mindestgewicht, Farbe, Vegetationszeit) und von spezifisch ausgebildetem Personal angewandt wurde (vgl. für diesen Abschnitt: Cronon 1991, S. 97-147). Das Gradierungssystem aus Chicago setzte sich schnell als globaler Marktstandard durch, gerade weil es nicht auf lokale und situative Partikularismen noch – innerhalb der Kategorien – auf individuelle Produktunterschiede Rücksicht nahm und damit an beliebigen Orten einsetzbar wurde.[16] Es konnten nun alle am Getreidemarkt Interessier-

---

14 In einer historischen Perspektive, vgl. für Effekte des Goldstandards in der ,ersten' Globalisierung Ende des 19. Jahrhunderts: López-Córdova und Meissner 2003. Zum Verhältnis globale Märkte/nationale Märkte vgl. die Bemerkungen im Schlussabschnitt dieses Beitrags.

15 Zur komparativen Funktion des Geldes instruktiv Fourcade 2011.

16 Wenn an Weizenhandelsplätzen ausserhalb Chicagos weiterhin eigene, lokale Kategorien verwendet wurden, so finden sich in den Börsenbestimmungen Relationsangaben der eigenen Ka-

ten von bekannten Weizenqualitäten ausgehen, ohne den konkreten Weizen je gesehen haben zu müssen.[17] Diese Art der von individuellen Produkten absehenden Evaluation ist inzwischen so selbstverständlich geworden, dass es eigenständige theoretische Anstrengung erfordert, sie sichtbar zu machen und zu problematisieren.

Vor diesem Hintergrund lässt sich schließlich auch die Rolle von (4) *Marktpreisen* für die Konstitution globaler Märkte näher bestimmen. Auch sie ergeben sich aus dem Vergleich einer Vielzahl unterschiedlicher Angebote und dienen als universales Kriterium zur Unterscheidung und Bewertung unterschiedlicher Angebote. Sie tragen zur Bestimmung der ‚Qualität' von Preisen einzelner Angebote bei, ähnlich wie Qualitätskriterien zur Bestimmung der Qualität von Produkten beitragen. Ihre Funktion hat Çalışkan (2009) am globalen Baumwollmarkt auf einen Begriff gebracht: Marktpreise seien ‚prosthetic prices', die einen Orientierungswert definieren, auf den Bezug nehmend die tatsächlichen Transaktionen zu je individuellen Preisen zustande kommen. Marktpreise in diesem Sinne sind mehr als nur die Summe der Angebote auf dem Markt, sie sind eine *Orientierungsgröße*, die im Rahmen eines Produktqualitäten und Preisunterschiede reflektierenden öffentlichen Vergleichsprozesses generiert werden (mit Blick auf diesen Prozess spricht Çalışkan 2009, S. 240-241 von ‚prize realization'; für analoge Überlegungen zum ‚scoping' von Währungskursen auf Währungsmärkten Knorr Cetina 2007).

Im Weizenmarkt wurde es Ende des 19. Jahrhunderts und vor dem Hintergrund der Verwendung abstrakter Produktkategorien möglich, Angebote unabhängig vom Ort des Händlers und des Handelsguts zu machen (vgl. Cronon 1991, S. 123f.). Und die Verwendung der Telegraphie ermöglichte, dass Abnehmer Angebote aus der gesamten Welt miteinander vergleichen und das für sie günstigste auswählen konnten (vgl. Roscher 1911, S. 140). Da nun infolge des beschleunigten Kommunikationsverkehrs davon ausgegangen werden konnte (und musste), dass alle Marktteilnehmer ortsunabhängig Angebote gleichzeitig miteinander vergleichen konnten, bildete sich ein Weizenpreis – jener aus Chicago – als globale Referenz heraus, der als Grundlage des Preisvergleich aller Angebote am Weizenmarkt dienen konnte (Cronon 1991, S. 122; Jöhlinger 1910, S. 317).[18] Und nachdem sich der Chicagoer Preis als Referenzpreis etabliert hatte, der öffentlich zirku-

---

tegorien zum amerikanischen Gradierungssystem (z.B. für die Londoner Börse in den 1880er Jahren: Fuchs 1890, S. 52).

17 Vgl. für eine der ersten, aber noch lokalen Verwendung von standardisierten Kategorien im Liverpooler Baumwollmarkt Beckert 2007. Gerade daran wird deutlich, welchen Unterschied die Einführung der Telegraphie auf die Entstehung globaler Märkte machte. Währendem sich das Wissen und der Einsatz der amerikanischen Getreidestandards Ende des 19. Jahrhunderts schnell verbreitete, blieb die Verwendung der Liverpooler Kategorien vor der Jahrhundertmitte noch lokal.

18 In dieser Konzeptualisierung von ‚Weltmarktpreis' ist auch der Unterschied zur ökonometrischen Verwendung des ‚Marktpreises' zu sehen: Währendem dort der ‚Weltmarktpreis' eine statistische Abstraktion des Historikers ist, sehen wir im ‚Weltmarktpreis' ein empirisches Datum, das in die lokale Preissetzung eingreift (vgl. Çalışkan 2009).

lierte, so dass seine Bekanntheit bei allen Händlern am Weizenmarkt unterstellt werden konnte, konnte er auch als so genannte ‚Basis' für Angebotsofferten dienen (Sonndorfer 1905).

Die Möglichkeitsbedingungen globaler Märkte erfüllen sich unserem Modell zufolge (nur), wenn diese Prämissen universaler ökonomischer Vergleiche zusammenkommen, d.h. wenn Produktgenres und Währungen die *Vergleichbarkeit* von Angeboten/Produkten plausibel machen und wenn Produktqualitäten und Marktpreise zugleich die *Unterscheidbarkeit* des Vergleichbaren garantieren. Kommen diese Voraussetzungen zusammen, können sie einen *universalen Vergleichshorizont* aufspannen, an dem sich Produzenten und Konsumenten, aktuelle und potentielle Marktteilnehmer überall auf der Welt orientieren können. Das grundlegende theoretische Argument ist dabei, dass die öffentliche Durchführung universaler ökonomischer Vergleiche komplexen sozialen Voraussetzungen unterliegt, die nicht ‚natürlich' gegeben sind, sondern die systematisch erfasst und historisch untersucht werden wollen.

Universalisierte Dritte:
Öffentliche Vergleichsprozesse und Beobachtungsagenten

Legt man das hier vorgeschlagene Modell zugrunde, setzt die soziale Konstruktion solcher universaler Kategorien intermediäre Kommunikationsprozesse voraus, die zwischen die Angebote und das Publikum treten. Dieses prozessuale Erfordernis macht v. a. auf zwei Sachverhalte aufmerksam: auf *Publikationsformen* wie Tages- und Fachpresse, Verbrauchermagazine, Preisvergleichssoftware im Internet, Werbung usw., und auf *universalisierte Dritte* wie Wirtschaftsjournalisten, Börsenanalysten, Finanz- und Statistikdienstleister (Reuters & Thompson u.a.), Nachrichtenagenturen und andere ‚Marktkritiker' (Zuckerman 1999), die Produktgenres und -qualitäten definieren sowie Preise vergleichen und Marktpreise bestimmen. In den Publikationen universalisierter Dritter werden Angebote sichtbar gemacht, Qualitäten und Preise verglichen, Produktempfehlungen ausgesprochen, Erwartungen über Erfolgschancen der Produkte beim Konsumenten- oder Investorenpublikum formuliert usw. Von ‚universalisierten Dritten' sprechen wir, um zu betonen, dass diese Prozesse und Beobachter hier unter dem Gesichtspunkt interessieren, wie sie zur Entstehung globaler Märkte beitragen, also insofern sie universale Vergleichskategorien und -kriterien erfinden und verwenden.[19]

Auf den globalen Weizenmärkten tauchen Publikationen, die aktuelle Marktinformationen einem unbekannten Händler- und Abnehmerpublikum global zugänglich machen, gegen Ende des 19. Jahrhunderts gehäuft auf: Ab den 1860er Jahren wurden die Getreidehandelsplätze weltweit nach und nach an das entstehende globale Telegraphennetz angeschlossen, so dass Transaktionen „auf telegraphischem Wege mit

---

19 Vgl. auch die ‚judgement devices' bei Karpik 2010, S. 44-54 und Aspers und Beckert 2011, S. 19-23. Unsere Differenzierung zwischen Vergleichskriterien einerseits und intermediären Kommunikationsprozessen und universalisierten Dritten andererseits soll eine detailliertere Analyse der Möglichkeitsbedingungen globaler Märkte ermöglichen.

der Schnelligkeit des Gedankens durchgeführt" werden konnten (Pekár 1882, S. 260).[20] Die telegraphisch übermittelten Preise der unterschiedlichen Produktbörsen wurden anschließend täglich tabellarisch aufbereitet und weltweit in Zeitungen und Zeitschriften publiziert (vgl. Sonndorfer 1905, S. 16). Die Möglichkeit telegraphischer Übermittlung von Angebotsofferten und die durch unterschiedliche Publikationsorgane verbreiteten Getreidepreise waren die zentrale Bedingung dafür, dass eine globale Verfügbarkeit aktueller Weizenpreise unterstellt werden konnte und dass Angebotsofferten verschiedener Getreidehändler und Handelspreise von diversen Handelsplätzen miteinander verglichen und das günstigste ausgewählt werden konnte (Roscher 1911, S. 140).[21] An solche Kommunikationsdynamiken haben wir uns heute längst gewöhnt, so dass ihre ‚revolutionäre' Bedeutung für die Konstruktion globaler Märkte leicht zu übersehen ist.

Universale Publikumsimaginationen

Damit kommen wir zur dritten und letzten Voraussetzung globaler Märkte: die Imagination eines *universalen Abnehmerpublikums*, um dessen knappe Gunst konkurriert werden kann. In dieser Voraussetzung stecken zwei Teilprämissen: (1) *Universalität*: Erstens gilt es zu klären, wodurch sich eine universale Publikumsimagination gegenüber einer partikularen – nationalen, regionalen oder sonst limitierten – auszeichnet. (2) *Konkurrenz*: Um als Katalysator von Konkurrenz wirken zu können, muss die Gunst dieses Publikums als *knappes Gut* vorgestellt werden, d.h. als Menge gleichzeitig existierender Konsumenten oder Händler, die über ein beschränktes Maß an Aufmerksamkeit und Wertschätzung verfügen, die sie zwischen den Anbietern verteilen können (bzw. müssen).

(1) Was unter universalen Publikumsvorstellungen zu verstehen ist, sei wieder am Beispiel der Getreidemärkte verdeutlicht: In verschiedenen Ländern wurden Fachblätter für den Getreidehandel und -abnehmer publiziert (z.B. The Miller oder J. E. Beerbohm's Evening Corn Trade List in London oder Broomhall's Corn Trade News in Liverpool). Dabei wird die Universalität des Käuferpublikums häufig erst sichtbar, wenn man einzelne Publikationen und Marktbeobachter im Kontext eines weltweiten Marktdiskurses sieht, in dem über nationale und Sprachgrenzen hinweg von den gleichen Vergleichskategorien Gebrauch gemacht wird, *ein Publikum adressierend, dem Aufmerksamkeit und Interesse für diese gleichbleibenden Vergleichskriterien unterstellt wird*. Die englischen Getreidehandelszeitschriften wurden z.B. gerade auch von den Getreidehändlern in Deutschland gelesen (vgl. Jöhlinger 1910, S. 336) und die Abonnementsliste der Zeitungen

---

20 Vgl. für den Ausbau des weltweiten Telegraphennetzes Ende des 19. Jahrhunderts, Wobring 2005.

21 In amerikanischen und europäischen Agrar- und Getreidehandelszeitschriften wurden die ‚neuen Verhältnisse' Ende des 19. Jahrhunderts intensiv diskutiert und wiederholt auf die Entstehung einer globalen Konkurrenz auf den Getreidemärkten hingewiesen. Insbesondere die amerikanischen Produzenten wurden zu kostengünstiger Produktion und tiefen Exportpreisen angehalten, um einen Vorteil im globalen Wettbewerb zu erreichen (vgl. Rothstein 1960, S. 405-409).

und Zeitschriften der New York Produce Exchange offenbart, dass die wöchentlichen Zeitschriften überregional verfügbar waren. So konnte man beispielsweise in den 1880er Jahren in New York ebenso den „Northwestern Miller" aus Minneapolis wie „The Miller" aus London lesen (New York Produce Exchange 1884). Dieses universale Publikum kann auch in lokal differenzierten Berichten implizit mit adressiert werden, wird aber seit Ende des 19. Jahrhunderts auch zur expliziten Grundlage neuartiger Publikationen wie der 1888 in Liverpool gegründeten ‚Corn Trade News' von George Broomhall:

> „The theory on which Mr. Broomhall has worked is this – that a corn trade daily journal to be worth its salt, should provide its readers with the most exact knowledge, provided by cable, from all parts of the world of all events that can have any bearing on what is generally known as the statistical position of wheat. (...)." (Barker 1920, S. 85)

Trotz verschiedener Publikationen und teilweise unterschiedlicher Leserschaft, konnte sich der Weizenpreis aus Chicago als ein globaler Referenzpreis etablieren. Wie im letzten Abschnitt beschrieben, wurden die aktuellen Preise der unterschiedlichen Produktbörsen weltweit über die Telegraphenkabel verbreitet und daraufhin in verschiedenen Publikumsmedien publiziert (vgl. Sonndorfer 1905, S. 16). Durch diese globalen Weizenpreisübermittlungen aus Chicago wurde ein weltweites Publikum imaginiert, das über die aktuelle – und nunmehr als *global* beschreibbare und mit globaler Relevanz ausgestattete – Preisentwicklung informiert war.[22] Entscheidend ist, dass dabei die Vorstellung entsteht, dass alle, die an den Märkten beteiligt sind, diese Preise kennen und darauf reagieren können (vgl. für den Baumwollhandel Oppel 1914, S. 109).[23] Mit anderen Worten: Die Vorstellung eines universalen Publikums von Getreidehandel-Interessierten hatte bis Ende des 19. Jahrhunderts einen globalen Markt hervorgebracht, der durch die gemeinsame Orientierung an Preisentwicklungen an bestimmten Produktbörsen zusammengehalten wurde – oder genauer: durch die *Unterstellung*, dass alle anderen potenziellen Abnehmer sich an diesen Preisen orientierten. Die Globalität des Marktes, soweit gegeben, ‚sitzt' dabei nicht in den einzelnen Publikationen selbst, sondern in den Universalitätsansprüchen des Diskurses, in den alle diese Publikationen eingebunden sind.

(2) Setzt man dieses kommunikationstheoretische Verständnis universaler Publika voraus, wird schließlich auch besser verständlich, wie die Gunst dieses Publikums als *knappes* Gut konstruiert wird, um das *konkurriert* werden kann. In wirtschaftlichen

---

22 Solche Weltmarktpreise können auch durch Dritte ‚fabrizierte' Preise sein. So zum Beispiel der gegenwärtige ‚Weltmarktpreis' für Baumwolle, der von der Liverpooler Firma Cotlook Ltd. berechnet wird (vgl. Çalışkan 2009).

23 Der globale Einfluss, den solche Weltmarktpreise Ende des 19. Jahrhunderts erlangt haben, offenbart sich am Umstand, dass auch dann, wenn kein signifikanter Import von amerikanischem Getreide nach Deutschland stattgefunden hat, Chicago als Preisorientierung an der Berliner Börse relevant war; dazu vgl. Jöhlinger (1910, S. 317) in einem Erfahrungsbericht über die Berliner Produktbörse.

Kontexten ist die Knappheit der Zahlungsbereitschaft und Aufmerksamkeit der Konsumenten oder Investoren in der Regel implizit mitgedacht und wird daher selten explizit gemacht. Implizit kommt sie insbesondere dann zum Ausdruck, wenn in Marktanalysen von ‚dem Markt‘ sowie von ‚Marktvolumina‘ und ‚Marktanteilen‘ die Rede ist, die von der Existenz einer bestimmten Menge von Käufern und kaufbereitem Kapital zu einem gegebenen Zeitpunkt ausgehen (graphisch veranschaulicht wird diese Vorstellung heute häufig durch Kuchen- oder Balkendiagramme von Marktanteilen mit Bezug auf ein solches Gesamtvolumen). Das Publikum erscheint als eine Gesamtheit potenzieller Käufer, deren Gunst sich zwischen den Anbietern verteilt und nur entweder diesem oder jenem Anbieter zugutekommen kann.

An den Getreidemärkten des späten 19. und frühen 20. Jahrhunderts lässt sich dies an Publikationen studieren, die sich auf die potenzielle Nachfrage und ihre prinzipielle Knappheit beziehen. Nach einer langen Vorlaufphase wurde 1905 beispielsweise das ‚International Institute of Agriculture‘ (IIA) als eine Sammel- und Publikationsstelle für weltweite Informationen zu Agrargütern gegründet (vgl. Nützenadel 2008, S. 160-165), das die Informationssituation auf den globalen Weizenmärkten durch Veröffentlichung statistischer Bulletins zu bebauten Flächen, erwarteten Erträgen und weltweiten Preisen verbessern sollte hinzukommt.[24] Solche Publikationen zielten darauf, den Produzenten weltweit mehr Sicherheit über preiskonstituierende Faktoren zu geben, so dass die ‚spekulative Phase‘ auf dem Weltmarkt „will be largely replaced by certainty, and certainty is much more likely to bring about equity in exchange than uncertainty“ (Lubin 1905 zit. nach Nützenadel 2008, S. 163-164). Solche Publikationen sollten also – und sollen noch heute – ‚Sicherheit‘ in Bezug auf ein unbekanntes, anonymes Abnehmerpublikum schaffen, das sie paradoxerweise gerade dadurch als unbekanntes Publikum konstruieren und reproduzieren.

Das sprachliche Bild von ‚dem Markt‘, verstanden als Summe der gegenwärtigen und voraussichtlichen Umsätze, die mit einem bestimmten Produkt auf Kosten anderer Produkte erzielt werden können, repräsentiert den eigentlichen Vorstellungskern globaler Märkte im hier skizzierten Sinne: die Vorstellung von der knappen Gunst eines universalen, im Einzelnen unbekannten Publikums, das ständig neu angesprochen, interessiert und überzeugt werden will. Diese Vorstellung ist das essentielle ‚Imaginativ‘ globaler Märkte, die eigentliche Grundlage jener spezifisch ökonomischen Vorstellungskraft, die, wie schon die frühen sozialistischen Kritiker bemerkt hatten, Kapitalbesitzer und Produzenten im Bewusstsein der Konkurrenz auf einem Weltmarkt ‚um die ganze Welt jagen‘ lässt.

---

24 Historisch interessant ist an diesen Publikationen auch, dass sie den Rezipienten bereits ein Mindestmass an wirtschaftswissenschaftlicher Bildung unterstellten. Die Konstruktion eines globalen Abnehmerpublikums ist in den Getreidepreisen durch die implizit-ökonomische Beschreibung von Angebot und Nachfrage bereits enthalten und braucht nicht ausdrücklich expliziert zu werden.

5 Ausblick: Auf dem Weg zu einer historischen Soziologie globaler Märkte

In diesem Aufsatz haben wir ein Marktmodell vorgeschlagen, das Einsichten aus der ‚New Economic Sociology‘, der Soziologie der Konkurrenz und der Globalisierungs- und Weltgesellschaftsforschung zusammenführt, um die Entstehungsvoraussetzungen globaler Märkte genauer zu bestimmen. Dieses Argument haben wir in drei Schritten theoretisch entfaltet und am Beispiel der entstehenden, globalen Getreide- und Baumwollmärkte erläutert. Das verwendete Beispiel weist auf weitere Forschungsfragen – insbesondere einer historisch-soziologischen Untersuchung globaler Märkte – hin, die wir hier abschliessend noch knapp andeuten möchten.

(1) Man kann nun, erstens, genauer nach den *historischen Entstehungsbedingungen globaler Märkte* fragen.[25] Bereits unsere Hinweise auf die Formation von Getreidemärkten im späten 19. Jahrhundert haben demonstriert, dass mit dem hier vorgeschlagenen Modell die historische Entstehung globaler Märkte in den Blick rückt, insbesondere das letzte Drittel des 19. Jahrhunderts, ein Zeitraum, der auch in der Wirtschaftsgeschichte als Phase der ‚ersten Globalisierung‘ und als Entstehungszeitraum ‚integrierter‘ globaler Märkte identifiziert worden ist. Im Unterschied zur wirtschaftshistorischen Forschung (vgl. z.B. O'Rourke und Williamson 1999; Jacks 2006), die globale Märkte vom analytischen Kriterium der Preiskonvergenz her definiert und dann nach Ursachen für Kostensenkungen sucht, schlagen wir jedoch vor, von der Analyse soziokultureller Konstruktionsbedingungen globaler Märkte auszugehen und in diesem Rahmen die Funktionen von Produktgenres, Währungen, Qualitätskriterien und Preisen näher zu untersuchen. Man kann nun beispielsweise fragen: Wann haben sich universale Produktgenres, Vergleichskriterien und Publikumsvorstellungen erstmals zusammengefunden, um globale Märkte möglich zu machen? Verläuft die Überwindung dieser historischen Schwellenbedingungen auf unterschiedlichen Märkten prinzipiell ähnlich oder variiert sie stark von Markt zu Markt? Wie hängt sie mit der Errichtung von Währungssystemen (wie dem Goldstandard) zusammen? Welche historischen Pfadabhängigkeiten wurden in dieser formativen Phase globaler Märkte begründet, und umgekehrt, an welche Charakteristika früherer globaler Handelsketten und lokalen Marktformen konnte diese formative Phase anknüpfen?

(2) Mit solchen Fragen regt unser Modell, zweitens, zu Überlegungen zur *Ausdifferenzierung von Markttypen* an. Eine aus ihm ableitbare These ist insbesondere, dass sich Produktmärkte seit Ende des 19. Jahrhunderts nicht nur universalisiert, sondern zugleich in zwei grundlegende Typen globaler Märkte ausdifferenziert haben. Zur Bezeichnung dieser beiden Typen möchten wir in Anlehnung an Patrik Aspers vorschlagen, von Standardmärkten und *Qualitäts*märkten zu sprechen.[26] Während die Einrichtung

---

25 Vgl. für die ‚Unwahrscheinlichkeit‘ von Globalisierung: Heintz und Werron 2011, S. 19.

26 Wir knüpfen damit an die Unterscheidung zwischen Standardmärkten und Statusmärkten von Patrik Aspers (2010, S. 117-118, 134) an, der an der globalen Produktionskette für Markenklei-

von Standardmärkten an die strikte Vereinheitlichung der Produktqualitäten – der produktbezogenen Vergleichskriterien – gebunden ist, die die Grenzen des Marktes bestimmen, setzen Qualitätsmärkte gerade voraus, dass Qualitätsabweichungen möglich sind und *innerhalb* des Marktes als statusrelevant oder in anderer Hinsicht bedeutsam beobachtet werden. Bis zur Jahrhundertmitte des 19. Jahrhunderts lassen sich daher im Fernhandel nur bedingt Unterschiede zwischen späteren Standard- und Qualitätsmärkten ausmachen. Erst mit neuen Beobachtungs- und Vergleichskriterien, die sich an ein im Einzelnen unbekanntes Abnehmerpublikum richten, differenzieren sich globale Märkte als Standard- oder Qualitätsmärkte heraus.[27] Auf der einen Seite bilden sich hochstandardisierte Vergleichsgenres für Produkte heraus, deren Qualität letztlich nur noch durch leicht übermittelbare Preise und Mengen differenziert wird (Standardmärkte; z.B. heutige Weizen- oder Goldmärkte). Auf der anderen Seite entstehen Vergleichsgenres für Produkte, deren Qualität *innerhalb* desselben Marktes auch oder sogar primär nach qualitativen Kriterien – symbolisch, narrativ, ästhetisch, sozialer Status – differenziert wird (Qualitätsmärkte; z.B. die von Harrison White beschriebenen ‚Producer Markets‘). Hier wäre zu fragen, welche Faktoren darüber entscheiden, ob sich ein Markt als Standard- oder Qualitätsmarkt ausdifferenziert: Welche ‚universalisierten Dritten‘ formulierten die entsprechenden Produktstandards und Qualitätskriterien, welche Publikumsvorstellungen – insbesondere von einem immer anspruchsvoller gedachten Käuferpublikum – trieben die Markendifferenzierung auf Qualitätsmärkten voran?

Schließlich verspricht das hier vorgestellte Marktmodell (3) auch eine neue Perspektive auf das *Verhältnis von lokalen (insbesondere nationalen) und globalen Märkten*. Seinen diesbezüglichen Vorzug sehen wir darin, dass es die Globalität von Märkten nicht an die Existenz globaler Handelsketten oder weltweit einheitlicher politisch-rechtlicher Institutionen knüpft, sondern an die Projektion *universaler Vergleichshorizonte*. Das impliziert, dass sich globale und nationale (oder lokale) Märkte nicht gegenseitig ausschließen und dass insbesondere nationale Märkte *nicht* als ‚noch nicht‘ globalisierte, sich gegen Globalisierung sperrende Strukturen verstanden werden sollten.[28] Wenn sich die Vorstellung eines universalen Abnehmerpublikums etabliert hat, beispielsweise die Vorstellung eines Publikums, das die gesamte Weltbevölkerung als potentielle Käufer von

---

dung demonstriert hat, dass materiell identische Produkte in unterschiedliche Marktzusammenhänge integriert und entsprechend unterschiedlich konstruiert werden können. Unsere Unterscheidung setzt allgemeiner an und erlaubt, Statusmärkte als Sonderfall von Qualitätsmärkten einzuordnen.

27 Unsere These wird durch die Beobachtung gestützt, dass Fernhandelsunternehmen Ende des 19. Jahrhunderts auf die Entstehung von globalen Standard- und Qualitätsmärkten reagieren und ihre Strukturen der neuen Umwelt anpassen: Einerseits durch stärkere interne Differenzierung (nach Regionen oder Produkten), andererseits durch zunehmende Spezialisierung. Vgl. Chandler 1977, S. 15-49.

28 Dieses Verständnis etwa bei Fligstein 2001, S. 95: „How do we tell if a market is being globalized? That is, when do foreign firms become invaders that transform a stable national market with a conception of control?“

Weizen, Kaffee, Automobilen u.a. Produkten umfasst, können ‚lokale' Märkte vielmehr auch als regionale Ausprägungen globaler Beobachtungs- und Konkurrenzhorizonte verstanden werden, d.h. als lokale Märkte, die sich *innerhalb* globaler Marktstrukturen herausbilden und nur mit Rücksicht auf diese Einbettung verstanden werden können.

In dieser Sicht ist nicht nur die ‚Globalisierung' von Märkten oder das ‚Eindringen' ausländischer Firmen in nationale Märkte erklärungsbedürftig, sondern dass und wie sich in globalen Märkten regionale Beobachtungsinseln herausbilden, die dann, je nach räumlich-kultureller Referenz, als lokale oder nationale Märkte bezeichnet werden können.[29] Währungsgrenzen, rechtlich-staatliche Regularien (z.B. nationales Wettbewerbsrecht), historisch bedingte Unterschiede in der Preisgestaltung und Markenbildung, die Orientierung an kulturell bedingten (oder auch nur unterstellten) Konsumentenpräferenzen usw. können nahelegen, „(...) die eigenen Preise und Produkte nicht mit allen Konkurrenten weltweit, sondern nur mit nationalen Mitbewerbern zu vergleichen" (Holzer 2008, S. 266-267). Mit anderen Worten: Seit der Entstehung globaler Märkte – infolge öffentlicher Projektion universaler Vergleichshorizonte – können bzw. müssen Unternehmen *wählen*, ob sie in den globalen oder ‚nur' in lokalen oder nationalen Wettbewerb eintreten wollen, und müssen dabei die globalen Vergleichsdimensionen häufig im Blick behalten, auch wenn sie sich ausschließlich in lokalen bzw. nationalen Märkten bewegen. Die Entstehungsvoraussetzungen dieser ineinander verschachtelten *Möglichkeitshorizonte* gilt es genauer zu rekonstruieren. Das hier vorgestellte kommunikationstheoretische Modell globaler Märkte soll dazu beitragen, sie für historisch-soziologische Untersuchungen zu erschließen.

---

29 Vermutlich erscheint die globale Ausdehnung von Märkten Ökonomen deshalb so ‚natürlich' zu sein. Seit globale Märkte existieren, wird die lokale Limitation erklärungsbedürftig.

Literatur

Aspers, Patrik (2010) *Orderly Fashion. A Sociology of Markets*. Princeton: Princeton University Press.

Aspers, Patrik (2011) *Markets*. Cambridge, Malden: Polity Press.

Aspers, Patrik and Jens Beckert (2011) Value in Markets. In: Beckert, Jens Patrick Aspers (Hrsg.) *The Worth of Goods. Valuation and Pricing in the Economy*. Oxford University Press, Oxford, p 3–38.

Baecker, Dirk (2006) *Wirtschaftssoziologie*. Transcript, Bielefeld.

Baker, Wayne E. (1984) The Social Structure of a National Securities Market: *The American Journal of Sociology* 89:4: 775–811.

Barker, Arthur (1920) *The British Corn Trade: From the Earliest Times to the Present Day*. Isaac Pitman & Sons, London, Bath, Melbourne, New York.

Beckert, Jens (2009) Wirtschaftssoziologie als Gesellschaftstheorie: *Zeitschrift für Soziologie* 38:3: 182–197.

Beckert, Sven (2007) Homogenisierung und Differenzierung. Die Entwicklung globaler Baumwollmärkte. *WerkstattGeschichte* 45: 5–12.

Braudel, Fernand (1990) *Das Mittelmeer und die mediterrane Welt in der Epoche Philipps II: Band 2*. Suhrkamp, Frankfurt am Main.

Brückweh, Kerstin (Hrsg.) (2011) *The Voice of the Citizen Consumer: A History of Market Research, Consumer Movements, and the Political Public Sphere*. Oxford University Press, Oxford.

Burt, Ronald S. (1988) The Stability of American Markets: *The American Journal of Sociology* 94:2: 356–395.

Çalışkan, Koray (2009) The Meaning of Price in World Markets: *Journal of Cultural Economics* 2:3: 239–268.

Callon, Michel; Millo, Yuval and Muniesa, Fabian (eds.) (2007) *Market Devices*. Blackwell Publishing, Oxford.

Chandler, Alfred D. (1977) *The Visible Hand*. MIT Press, Boston.

Chicago Board of Trade (1860) *Annual Statement of the Trade and Commerce of Chicago: For the Year Ending December 21, 1860*. Chicago.

Cochoy, Franck (2007) A Brief Theory of the 'Captation' of Publics. Understanding the Market with Little Red Riding Hood: *Theory, Culture & Society* 24:7-8: 203–223.

Cronon, William (1991) *Nature's Metropolis: Chicago and the Great West*. W. W. Norton, New York.

Daviron, Benoît and Stefano Ponte (2005) *The Coffee Paradox: Global Markets, Commodity Trade, and the Elusive Promise of Development*. Zed Books, London.

Engel, Alexander (2009) *Farben der Globalisierung: Die Entstehung moderner Märkte für Farbstoffe 1500-1900*. Campus, Frankfurt am Main.

Fligstein, Neil (1997) *Markets, Politics, and Globalization*. Acta Universitatis Upsaliensis, Upsalla.

Fligstein, Neil (2001) *The Architecture of Markets: An Economic Sociology of Twenty-First-Century Capitalist Societies*. Princeton University Press, Princeton.

Fligstein, Neil and Luke Dauter (2007) The Sociology of Markets: *Annual Review of Sociology* 33: 105–128.

Fourcade, Marion (2011) Cents and Sensibility: Economic Valuation and the Nature of 'Nature': *American Journal of Sociology*: 116:6: 1721–77.

Friedman, Thomas L. (2008 [2005]) *Die Welt ist flach: Eine kurze Geschichte des 21. Jahrhunderts*. Suhrkamp, Frankfurt am Main.

Fuchs, Carl J. (1890) Der englische Getreidehandel und seine Organisation: *Jahrbücher für Nationalökonomie und Statistik* 20, Neue Folge (alte Folge: 54): 1–74.

Garcia-Parpet, Marie-France (2007) The Social Construction of a Perfect Market. The Strawberry Auction at Fontaines-en-Sologne. In: MacKenzie, Donald; Muniesa, Fabian and Lucia Siu (eds.)

Do Economists Make Markets? On the Performativity of Economics. Princeton University Press, Princeton, p 20–53.

Gereffi, Gary (2005) The Global Economy. Organization, Governance, and Development. In: Smelser, Neil J. and Richard Swedberg (eds.) *The Handbook of Economic Sociology.* Princeton University Press, Princeton, p 160–182.

Gereffi, Gary; Humphrey, John and Timothy Sturgeon (2005) The Governance of Global Value Chains: *Review of International Political Economy:* 12:1: 78–104.

Gestrich, Andreas and Margrit Schulte Beerbühl (eds.) (2011) *Cosmopolitan Networks in Commerce and Society: 1660 - 1914.* German Historical Institute London, London.

Granovetter, Mark (1985) Economic Action and Social Structure: The Problem of Embeddedness: *American Journal of Sociology:* 91:3: 481–510.

Greif, Avner (1991) The Organization of Long-Distance Trade: Reputation and Coalitions in the Geniza Documents and Genoa During the Eleventh and Twelfth Centuries: *The Journal of Economic History:* 51:2: 459–462.

Hannan, Michael T. (2010) Partiality of Memberships in Categories and Audiences: *Annual Review of Sociology:* 36:1: 159–181.

Heintz, Bettina (2010) Numerische Differenz. Überlegungen zu einer Soziologie des (quantitativen) Vergleichs: *Zeitschrift für Soziologie:* 39:3: 162–181.

Heintz, Bettina und Tobias Werron (2011) Wie ist Globalisierung möglich? Zur Entstehung globaler Vergleichshorizonte am Beispiel von Wissenschaft und Sport: *Kölner Zeitschrift für Soziologie und Sozialpsychologie:* 63:3: 359–394.

Holzer, Boris (2008) Organisierte Globalität: Entgrenzung, Vernetzung und Institutionalisierung transnationaler Unternehmen. In: Maurer, Andrea und Uwe Schimank (Hrsg.) *Die Gesellschaft der Unternehmen – die Unternehmen der Gesellschaft: Gesellschaftstheoretische Zugänge zum Wirtschaftsgeschehen.* VS Verlag, Wiesbaden, S 265–276.

Hsu, Greta; Hannan, Michael T. and Özgecan Koçak (2009) Multiple Category Memberships in Markets: An Integrative Theory and Two Empirical Tests: *American Sociological Review:* 74:1: 150–169.

Hsu, Greta; Negro, Giacomo and Özgecan Koçak (eds.) (2010) *Categories in Markets: Origins and Evolution (Research in the Sociology of Organizations, Volume 31).* Emerald, Bingley.

Jacks, David S. (2006) What Drove 19th Century Commodity Market Integration?: *Explorations in Economic History:* 43:3: 383–412.

Jöhlinger, Otto (1910) *Die Praxis des Getreidegeschäftes an der Berliner Börse: Ein Hand- und Lehrbuch für den Getreidehandel.* Julius Springer, Berlin.

Karpik, Lucien (2010) *Valuing the Unique: The Economics of Singularities.* Princeton University Press, Princeton.

Kennedy, Mark T. (2005) Behind the One-Way Mirror: Refraction in the Construction of Product Market Categories: *Poetics* 33:3/4: 201–226.

Knorr Cetina, Karin (2003) From Pipes to Scopes: The Flow Architecture of Financial Markets: *Distinktion* 7: 7–23.

Knorr Cetina, Karin (2007) Global Markets as Global Conversations: *Text & Talk* 27:5/6: 705–734.

Knorr Cetina, Karin and Urs Bruegger (2002) Global Microstructures: The Virtual Societies of Financial Markets: *American Journal of Sociology* 107:4: 905–950.

Langenohl, Andreas (2009) Finanzmarktöffentlichkeiten: Die funktionale Beziehung zwischen Finanzmarkt und öffentlichem Diskurs. In: Diaz-Bone, Rainer und Gertraude Krell (Hrsg.): *Diskurs und Ökonomie.* VS Verlag, Wiesbaden, S 245–266.

Latour, Bruno (1999). *Pandora's Hope: Essays on the Reality of Science Studies.* Harvard University Press: Cambridge (Mass.).

Leifer, Eric M. and Harrison C. White (1987) A Structural Approach to Markets. In: Mizruchi, Mark S. and Michael Schwartz (eds.) *Intercorporate Relations: The Structural Analysis of Business.* Cambridge University Press, Cambridge, p 85–108.

López-Córdova, J. Ernesto and Christopher M. Meissner (2003) Exchange-Rate Regimes and International Trade: Evidence from the Classical Gold Standard Era: *The American Economic Review* 93:1: 344–353.

Lubin, David (1905) *The International Chamber of Agriculture,* 13th March 1905, FAO, David Lubin Archives, vol. 1-I-1.

Marx, Karl und Friedrich Engels (1999 [1848]) *Manifest der Kommunistischen Partei.* Reclam, Stuttgart.

Marx, Karl (1922 [1894]) *Das Kapital. Kritik der politischen Ökonomie: Buch III: Der Gesamtprozess der kapitalistischen Produktion Kap. 29 - 52 (hrsg. v. Friedrich Engels).* 6. Aufl. Otto Meissners Verlag, Hamburg.

New York Produce Exchange (1884) *Report of the New York Produce Exchange: From July 1, 1883 to July 1, 1884.* New York.

Nützenadel, Alexander (2008) A Green International? Food Markets and Transnational Politics, c. 1850-1914. In: Nützenadel, Alexander and Frank Trentmann (eds.) *Food and Globalization. Consumption, Markets and Politics in the Modern World.* Berg, Oxford, p 153–171.

Oppel, Alwin (1914) *Der Welthandel: Seine Entwicklung und gegenwärtige Gestaltung.* Heinrich Keller, Frankfurt am Main.

O'Rourke, Kevin H. and Jeffrey G. Williamson (1999) *Globalization and History. The Evolution of a Nineteenth-Century Atlantic Economy.* The MIT Press, Cambridge (Mass.).

Pekár, Emerich (1882) *Weizen und Mehl unserer Erde: Vom Gesichtspunkt der Wissenschaft, des Consumenten, des Müllers und des Produzenten.* n/a, Budapest.

Podolny, Joel M. (1993) A Status-Based Model of Market Competition: *American Journal of Sociology* 98:4: 829–872.

Quack, Sigrid (2009) 'Global' Markets in Theory and History. Towards a Comparative Analysis. In: Beckert, Jens and Christoph Deutschmann (eds.) *Wirtschaftssoziologie. Kölner Zeitschrift für Soziologie und Sozialpsychologie. Sonderheft 49.* VS Verlag, Wiesbaden, S 125–142.

Rosa, José A.; Porac, Joseph F.; Runser-Spanjol, Jelena and Michael S. Saxon (1999) Sociocognitive Dynamics in a Product Market: *The Journal of Marketing* 63: 64–77.

Roscher, Max (1911) *Die Kabel des Weltverkehrs: Hauptsächlich in volkswirtschaftlicher Hinsicht.* Puttkammer & Mühlbrecht, Berlin.

Rothstein, Morton (1960) America in the International Rivalry for the British Wheat Market, 1860-1914: *The Mississippi Valley Historical Review* 47:3: 401–418.

Schröter, Harm G. (2004) Zur Geschichte der Marktforschung in Europa im 20. Jahrhundert. In: Walter, Rolf (Hrsg.) *Geschichte des Konsums: Erträge der 20. Arbeitstagung des Gesellschaft für Sozial- und Wirtschaftsgeschichte. 23. - 26. April 2003 in Greifswald.* Steiner, Stuttgart, S 319–336.

Simmel, Georg (2008 [1908]) Soziologie der Konkurrenz. In: Rammstedt, Otthein (Hrsg.) *Individualismus der modernen Zeit. Und andere soziologische Abhandlungen.* Suhrkamp, Frankfurt am Main, S 202–224.

Sonndorfer, Rudolf (1905) *Die Technik des Welthandels: Ein Handbuch der Internationalen Handelskunde, Band 2: Spezieller Teil.* Alfed Hölder, Wien; Leipzig.

Stiglitz, Joseph (2002) *Globalization and its Discontents.* Penguin Books, London.

Uzzi, Brian (1997) Social Structure and Competition in Interfirm Networks: The Paradox of Embeddedness: *Administrative Science Quarterly* 42:1: 35–67.

Velkar, Aashish (2012) *Markets and Measurements in Nineteenth Century Britain.* Cambridge Universtiy Press, Cambridge.

Warner, Michael (2002) Publics and Counterpublics: *Public Culture* 14:1: 49.

Werron, Tobias (2010) Direkte Konflikte, indirekte Konkurrenzen: *Zeitschrift für Soziologie* 39:4: 302–318.

Werron, Tobias (2011) Zur sozialen Konstruktion moderner Konkurrenzen: Das Publikum in der ‚Soziologie der Konkurrenz'. In: Tyrell, Hartmann; Rammstedt, Otthein und Ingo Meyer (Hrsg.) *Georg Simmels grosse „Soziologie": Eine kritische Sichtung nach hundert Jahren*. Transcript, Bielefeld, S 227–258.

Werron, Tobias (2012) Worum konkurrieren Nationalstaaten? Zu Begriff und Geschichte der Konkurrenz um ‚weiche' globale Güter: *Zeitschrift für Soziologie* 41:5: 338–355.

White, Harrison C. (1981) Where do Markets come from?: *American Journal of Sociology* 87:3: 517–547.

White, Harrison C. (2002) *Markets from Networks: Socioeconomic Models of Production*. Princeton University Press, Princeton.

White, Harrison C. and Robert G. Eccles (1987) Producers' Markets. In: Eatwell, John; Milgate, Murray and Peter Newman (eds.) *The New Palgrave. A Dictionary of Economics*. Macmillan, London, p 984–986.

Wobring, Michael (2005) *Die Globalisierung der Telekommunikation im 19. Jahrhundert: Pläne, Projekte und Kapazitätsausbauten zwischen Wirtschaft und Politik*. Peter Lang, Frankfurt am Main.

Zuckerman, Ezra W. (1999) The Categorical Imperative: Securities Analysts and the Illegitimacy Discount: *The American Journal of Sociology* 104:5: 1398–1438.

Öffentlichkeit als public credit

Nina Boy

1 Einleitung

Der vorliegende Aufsatz erörtert die in diesem Sammelband verhandelte Frage des Bezugs zwischen Finanzmärkten und ihren Publika durch eine Untersuchung von Staatsschulden, bzw. genauer, von *public credit*.[1] Dieser Begriff, anhand dessen, in historischer Perspektive, eine dauerhafte und institutionalisierte Staatsschuld im Großbritannien nach der Restauration und später in anderen englischsprachigen Ländern diskutiert wurde, ruft mehrere Bedeutungen auf, die sich der modern-liberalen Dichotomie von Staat und Markt und öffentlichem und privatem Sektor entziehen. Einerseits war *public credit* im 17. und 18. Jahrhundert gleichbedeutend mit dem entstehenden Finanzmarkt, und nur allmählich differenzierten sich Staatsschulden im Gegensatz zu anderen Finanzinstrumenten durch die Qualität ‚risikoloser' Anlagen aus. Andererseits impliziert der Begriff die kollektive Akkreditierung[2] einer Gesellschaftsfiktion. Mit Bezug auf wirtschaftsgeschichtliche und literaturwissenschaftliche Studien, insbesondere Patrick Brantlingers (1996) *Fictions of State,* wird im Folgenden der Bedeutung der Entstehung von *public credit* für die Konzeption sozialer Beziehungen nachgegangen, wobei der Problematik der Fiktionalität, gezeichnet von der Ambivalenz von Schöpfung und Lüge, eine zentrale Rolle zugeschrieben wird.

Nach einer kurzen geschichtlichen Darstellung der Entstehung staatlicher Kreditwürdigkeit im Großbritannien des 17. Jahrhunderts und einer Begriffsbestimmung von *public credit* wird Brantlingers These von Staatsschulden als Staatsfiktion skizziert und anschließend um zwei Aspekte erweitert. Zunächst wird sich der Aufsatz einer genaueren

---

1 Ich danke den Herausgebern für hilfreiche Kritik und Kommentare zu der ersten englischsprachigen Version dieses Aufsatzes und insbesondere Andreas Langenohl für das Redigieren meiner Übersetzung.

2 Der Begriff der kollektiven Akkreditierung ist in Anlehnung an Koschorke, Albrecht ‚Macht und Fiktion' in Frank, Thomas *et al, Des Kaisers neue Kleider: Über das Imaginäre politischer Herrschaft* (2002, S. 75) verwendet. Doch anders als Koschorke, dessen Gebrauch des Begriffs für die kollektive Anerkennung von Macht seine ökonomische Herkunft nicht reflektiert, ist der Zusammenhang von politischer und ökonomischer Beglaubigung expliziter Fokus dieses Aufsatzes.

Bestimmung der Beziehung von *public credit* zum ‚politischen Körper‘ und zum ‚Sozialvertrag‘ als traditionellen Modellen und Metaphern sozialer Einheit und Kohäsion
widmen. Anschließend werden die Mechanismen der kollektiven Akkreditierung von
Gesellschaftsfiktionen näher untersucht: was bewegt das ‚Publikum‘ dazu, fiktiv begründete Autorität anzuerkennen, und wodurch wird umgekehrt eine solche Beglaubigung unterlaufen? Gesellschaftsfiktionen weisen trotz ihrer prekären Stabilität,
die auf einer „Illusion der Buchstäblichkeit" (Lüdemann 2005, S. 44) basiert, eine eigenartige Immunität gegenüber kritischen Entlarvungsversuchen auf, und insbesondere die
Fiktion des *public credit* scheint sich gerade *durch* Krisen und gesellschaftliche Kritik
etabliert zu haben.

Von debitum publicum zu public credit

Das eigentümliche Phänomen des *public credit* besteht in der schrittweisen Etablierung
staatlicher Kreditwürdigkeit, von einer anfänglich im Vergleich zu Geschäftsdarlehen viel-
fach höheren Verzinsung von Staatsanleihen im Mittelalter zu der ungedeckten Zirkulation
von Staatsschulden, die weder zusätzlicher Sicherheiten noch der Kompensation durch
einen hohen Zinssatz bedarf, sondern einzig auf ‚vollem Glauben und Vertrauen‘ (*full
faith and credit*) beruht.[3] Finanzphänomene wie Anleihen, langfristige Verbindlichkeiten
und Sekundärmärkte für Staatsanleihen dienten bereits in den italienischen Stadtstaaten
zur Kriegsfinanzierung, weshalb die Erfindung öffentlicher Kreditaufnahme des Staates
teils auf das Spätmittelalter datiert wird (vgl. Ferguson 2009). Angesichts des *Zwangs-
charakters* jener Staatsanleihen ist eine solche Datierung jedoch als Anachronismus
und moderne Neubeschreibung eines obligatorischen Kreditsystems bezeichnet worden
(Kirshner 2006). Obgleich der lateinische Begriff *debitum publicum* im spätmittelalter-
lichen Zivilrecht weit verbreitet war, bezeichnete er gerade nicht Staatsschulden, sondern
im Gegenteil Gelder, die die Steuerzahler dem Gemeinwesen schuldeten (ebd., S. 3). Die
Verzinsung dieser Anleihen wurde von Wucher unterschieden und mit dem kanonischen
Recht vereinbar gemacht, indem sie als „compensation (*damnum emergens*) for the real or
putative costs arising from a compulsory investment" galt (Ferguson 2009, S. 72). Die Begründung eines Marktes für Staatsschulden in Florenz 1345 ereignete sich infolge eines
Staatsbankrotts: zur Rückzahlung seiner Kredite unfähig, konsolidierte Florenz seine
ausstehenden Verpflichtungen in einen Fond, so dass Gläubiger fortan durch den Verkauf
ihrer Wertpapiere an Dritte ihr Kapital zurückerlangen konnten. Von öffentlichem *Kredit*
im Sinne eines freiwilligen Primärmarkts basierend auf der ‚glaubhaften Verpflichtung‘
(*credible commitment*, North und Weingast 1989, S. 824) zur Rückerstattung des Kapitals
und Zahlung von Zinsen, kann erst im nachrevolutionären Großbritannien des späten

---

3   Im 15. Jahrhundert berechneten italienische Banken Karl dem VIII. von Frankreich einen Zins-
    satz von 100 Prozent auf Kriegsanleihen, während italienischen Händlern nur fünf bis zehn
    Prozent in Rechnung gestellt wurden. Der erste Kredit der Bank of England an die Regierung
    unterstand einer doppelt so hohen Zinsrate wie die für Darlehen an Kaufleute (Haldane 2009b,
    S. 1).

17. Jahrhunderts gesprochen werden. Im Mittelalter waren Anleihen des Souveräns durch königliche Güter gedeckt und somit, wie Doubleday 1847 bemerkt, „public in name but private in fact – private transactions in which the people were not implicated" (Doubleday 1847, S. 42). Doch mit der parlamentarischen Bürgschaft für Staatsanleihen im Anschluss an die Glorreiche Revolution von 1688 verwandelten sich die Schulden der Krone in ‚debts of the nation' bzw. ‚national debt', was einen entscheidenden Bruch mit den „finanziellen und geschäftlichen Verwerfungen [darstellte], die vorherrschten, als Staaten ihre feierlichen Verträge offen verletzten, über ihre Verpflichtungen lachten und sich gegenüber der Schande, die aus der Missachtung ihrer bedrängten Ehre erwuchs, gleichgültig zeigten" (*New York Times* 1865, Übersetzung N.B.). Die öffentliche Kreditwürdigkeit war keine unverhoffte und plötzliche Entdeckung finanzieller Tugend und auch nicht einfach Folge institutionellen Wandels, sondern ergab sich aus zahlreichen unkoordinierten Faktoren: angefangen bei der umstrittenen Erfindung des ‚financial man' durch die disziplinatorischen Techniken der doppelten Buchführung zur Meisterung von ‚Lady Credit' (de Goede 2005), über das entstehende Zweiparteiensystem der Whigs und Tories, deren Wettstreit politisch stabilisierend wirkte (Carruthers 1996), und die Reform der Steuereintreibung und -verwaltung (Brewer 1990) bis hin zu der moralischen Legitimierung der Seetransportversicherung[4] (Lobo-Guerrero 2012). Eine Rolle spielte ebenfalls das im Laufe des 18. Jahrhunderts stark ansteigende Vertrauen in vertragliche Gültigkeit als solche (Muldrew 1998). Nichtsdestotrotz kann die Verwandlung der britischen Staatsschulden bis zur Mitte des 18. Jahrhunderts von einem „poorly coordinated, heterogeneous, illiquid and expensive pool of funds into a modern-style national debt" (Quinn 2006, S. 1) als Blaupause für staatliche Kreditaufnahme und Vorläufer moderner fiskalischer Glaubwürdigkeit gelten. Griffen frühere Herrscher, gerechtfertigt durch die Notwendigkeit des Krieges zur Erhaltung von Freiheit und Unabhängigkeit, zu Zwangsmitteln, werden Staatsschulden heutzutage *eo ipso* als nach Recht und Gesetz gültig betrachtet, wodurch eine Legitimierung durch höherstehende Normen entfällt (vgl. Kirshner 2006, S. 15).[5]

Es ist für die Fragestellung dieses Bandes von Bedeutung, dass der Begriff des *public credit* im 17. und 18. Jahrhundert mit dem entstehenden Finanzmarkt gleichgesetzt wurde und sich auf alle neuartigen Wertpapierinstrumente und neuen Formen ‚virtuellen' Eigentums (Moore 2004, S. 87) bezog, die die ‚finanzielle Revolution' hervorbrachte – inklusive Aktien, Schuldscheine und Versicherungsleistungen (Dickson 1967). Dies war teils der von Carruthers und Stinchcombe (1999) herausgearbeiteten Tatsache geschuldet, dass die Liquidität von Staatsschulden durch eine indirekte Kapitalisierung durch die drei

---

4   Die Bedeutung der Seetransportversicherung für die Generierung von öffentlichem Kredit bestand nicht nur in ihrer Instrumentalisierung für die militärische Kriegsführung, sondern durch die Investition ihrer Gewinne in die Staatsschuld erlangten Versicherer und Kaufleute auch ein Selbstverständnis als „active citizens" (Lobo-Guerrero 2012, S. 23).

5   Bezüglich eines modernen Wiedererscheinens patriotischer Argumente für eine Investition in Staatsanleihen s. Aitkens Untersuchung der US-amerikanischen *Savings and Defence Bonds* im Namen der nationalen Sicherheit während des Kalten Krieges (Aitken 2006).

maßgeblichen zeitgenössischen Kapitalgesellschaften – die Bank of England, die South Sea Company und die East India Company – zustande kam.[6] Diese Gesellschaften gaben Aktien an den Börsen aus und stellten der Regierung Darlehen zur Verfügung, so dass der Kauf einer Aktie eine indirekte Investition in die Staatsschuld bedeutete (ebd., S. 373). Die Londoner Börse war während des 17. Jahrhunderts aufgrund hoher Transaktionskosten und beschwerlicher Prozeduren der Besitzübertragung notorisch ‚illiquide‘ gewesen,[7] wurde jedoch bis 1710 „very active, highly centralised, and extremely liquid" (ebd., S. 370), während direkte Formen der Darlehensvergabe an den Staat wie Renten und Lotterien illiquide blieben (ebd., S. 373). Die Korrespondenz der Aktienkurse der South Sea Company und der French Mississippi Company markierte zudem eine strukturelle Interdependenz, die den öffentlichen Kredit an den internationalen Finanzmarkt band (Mitchell 2008). Neben dieser Bedeutung von *public credit*, die die moderne Trennung von öffentlich und privat unterläuft, sahen Zeitgenossen insbesondere auch Papiergeld als „national debt by another name" (De Bolla 1989, S. 117) an. Wie Robert Mitchell hervorhebt, bildet *public credit* nicht nur die Sammelbezeichnung für neuartige Finanzinstrumente, sondern benennt insbesondere den in sie gesetzten ‚öffentlichen Glauben‘ („Publick Faith", Mitchell 2008, S. 125), heutzutage ersetzt durch den ubiquitären Begriff des ‚Marktvertrauens‘ (*confidence*).

2   Public credit als Gesellschaftsfiktion

Mit der durch den Finanzmarkt vermittelten Umwandlung der öffentlichen Schulden in öffentlichen Kredit hat sich besonders die Literaturwissenschaft in fruchtbarer Weise auseinandergesetzt (vgl. De Bolla 1989; Nicholson 1994; Brantlinger 1996). Brantlingers (1996) markante Interpretation des öffentlichen Kredits als Staats*fiktion* begründet den Nationalstaat in einer kollektiven Verkennung seiner Wesenslosigkeit und Schuld. Die Studie zählt zum ‚New Economic Criticism‘ (NEC), einer angelsächsischen Bewegung in der Literaturwissenschaft, die in den 1990er Jahren unter dem Einfluss von Marc Shell (1978, 1982), Jean-Joseph Goux (1973, 1994) und Kurt Heinzelmann (1980) begann, sowohl die „buried metaphors and fictions" der Ökonomik zu enthüllen als auch das Ökonomische, wie den Wechsel von Tropen und Metaphern, als Ordnungsprinzip literarischer Werke zu erkunden (Woodmansee und Osteen 1999, S. 3-4). Finanzinstrumente wie Banknoten und Aktien werden als Schreibformen verstanden, die von ‚Kredit‘ im Sinne gewährten Vertrauens ebenso abhängig sind wie literarische Fiktionen (Shell 1999, S. 53). Wie die meisten Untersuchungen im Feld des NEC konzentriert sich

---

6   Von diesen dreien wurden zwei explizit zur Finanzierung des öffentlichen Kredits eingerichtet: die Bank of England 1694 und die South Sea Company 1711, während die East India Company, eingetragen seit 1600, der Regierung ab 1709 Geld lieh.

7   Der aktivste Händler in Effekten der Royal Africa Company, John Bull, handelte zwischen 1672 und 1679 13 Mal (Carruthers und Stinchcombe 1999, S. 370).

Fictions of state auf Großbritannien, was mit der von Marx entliehenen Prämisse begründet wird, dass Großbritanniens „pioneering colonial and credit systems made it the paradigmatic European nation-state" (Brantlinger 1996, S. 38). Brantlinger kombiniert eine postmarxistische Kritik mit poststrukturalistischen und psychoanalytischen Elementen (auch als ‚Lacanianischer Marxismus' bezeichnet, vgl. Mitchell 2007), die die materielle ökonomische Basis des klassischen Marxismus durch den „finanziellen Abgrund" unendlicher Schulden (ebd., S. 21, Übersetzung N.B.) und einen positiven durch einen negativen Grund der Abwesenheit und Fiktionalität ersetzt. Nationalstaaten sind somit

> „invented through a process of fetishistic misrecognition whereby debt, absence, and powerlessness are transubstantiated, mainly through class exploitation at home and war abroad, into their opposites – into wealth, a plenitude of laws and institutions, and power" (ebd., 1996, S. 20).

Bezieht sich Brantlinger im weitesten Sinn auf Benedict Andersons (1983) These von Nationen als „imagined communities", die literarischen Kanons und politischen Ideologien eine entscheidende Funktion in der fiktionalen Erzeugung und Aufrechterhaltung des Nationalstaates zuschreibt, behält er dem Geld und *public credit* als seiner Begleiterscheinung eine grundlegendere Rolle vor: nationale Schulden sind „the *mise en abîme*, from which modern, western systems of representation spring" (Brantlinger 1996, S. 21).

Brantlingers Untersuchung von Aufstieg, Blüte und Niedergang des öffentlichen Kredits und nationaler Identität vom späten 17. bis zum Ende des 20. Jahrhunderts stellt eine imposante Versammlung ökonomischer und literarischer Diskurse und Gegendiskurse über *public credit* dar. Diese Diskurse antworten auf bedeutsame historische Momente in der Akkreditierung des Nationalstaats, ausgehend von der umstrittenen Gründung der Nationalschuld und der Bank of England im Jahre 1694 zur Finanzierung des Krieges gegen Frankreich, gefolgt von der ersten großen Finanzkrise der South Sea Bubble von 1721, über die Aufhebung der Umtauschbarkeit von Papier- in Münzgeld von 1797 und dem industriellen und imperialen Höhepunkt nationaler Solvenz während der Pax Britannica im 19. Jahrhundert bis zum Niedergang des britischen Empire und seiner Kreditwürdigkeit seit Ende des Zweiten Weltkrieges. Die Geburt der Staatsschulden, die von Autoren aus dem Lager der Whigs wie Addison und, wenngleich mit größerer Ambivalenz, Defoe unterstützt wurde, fand vehementen Widerspruch von Seiten der Augusteischen Satiriker wie Swift, Pope und Bolingbroke, deren ‚komische Entwertung' der grandiosen Phantasmen des Nationalismus und Imperialismus auf thematischer wie auf struktureller Ebene operiert (ebd., S. 71). So verspotten in Swifts *Gullivers Reisen*, geschrieben im Gefolge der South Sea Bubble, die ‚verrückten Projekte' der Liliputaner, aus Salatgurken Sonnenschein zu gewinnen, diejenige Art von ‚Projekten', die die Blase anheizten; und auch die Glaubwürdigkeit von Gullivers Erzählung selbst ist von Zweifeln überschattet: während er als vermeintlicher Fürsprecher seines Heimatlandes auf der Wahrheit seiner Darstellung besteht, hat sein inkohärentes Narrativ zur Folge, dass

der „publick Credit" von Tribnia *alias* Britain aus Sicht seiner Zuhörer und Leser ver-
spielt wird (ebd., S. 67), und so wie die Insulaner den Wahrheitsgehalt seiner Berichte
anzweifeln, wird auch zu Hause niemand Gullivers fantastischen Abenteuern Glauben
schenken. In der Folge dieser als „Spiegelstadium" (*mirror stage*, ebd., S. 65) der sich ent-
wickelnden Nationalstaaten bezeichneten Phase bedingt die erste Papiergeldära – eingeführt durch den überraschenden Erfolg des Bank Restriction Act von 1797, der erstmals die Münzauslösung von Banknoten aufhob und einen Kontrast zum gleichzeitigen
Scheitern des Papiergeldsystems der Französischen Revolution bildet – zwei sehr unterschiedliche Auffassungen von öffentlichem Kredit. Einerseits begründen die Debatten
über jene Aufhebung die frühe ‚politische Ökonomie' von Hume, Smith und Ricardo,
die trotz einiger Skepsis bezüglich der langfristigen Effekte von Staatsschulden zu
einer Vergegenständlichung der ‚Wirtschaft' beitragen; andererseits wird die Schulden-
abhängigkeit der Regierung und generell die Materialisierung von Werten von Dichtern
und Streitschriftautoren der Romantik wie Blake, Shelley und Cobett heftig attackiert.
Die Ära der „final generalisation – and general acceptance – of credit as a basic, una-
voidable aspect of modern money and modern economic processes" (ebd., S. 139) hält
im 19. Jahrhundert mit dem Ausklang der Romantik und dem Aufstieg des Realismus
Einzug und beinhaltet eine auffällige Trennung zwischen öffentlichem und privatem
Kredit. Sozialkritische Diskurse beschränken ihre Darstellung der destruktiven Folgen
einer durch Geldverkehr definierten Gesellschaft auf das Privatleben, während im selben
Zug die für Produktion und Erhalt der Papierwährung und Nationalschuld verantwortlichen Staatsinstitutionen als „virtuously constructive" (ebd., S. 157) verkannt werden.
Im viktorianischen realistischen Roman verschiebt sich der Fokus vom Staatsbankrott
zur privaten Insolvenz ‚verschwenderischer, fauler Individuen' und zu *country banks*
im Gegensatz zur Zentralbank. Anspielungen auf die Staatsverschuldung finden sich
selten, und wenn doch, beziehen sie sich auf die ‚Sicherheit' des Geldes, das die Roman-
figuren in „the funds" investiert haben (ebd., S. 155). Die folgende moderne und postmoderne Kulturkritik richtet sich ebenfalls nicht auf den öffentlichen Kredit, sondern auf
den Warenfetischismus und die Konsumgesellschaft, die mit der zweiten industriellen
Revolution assoziiert werden.

Brantlingers These einer fiktiven Begründung des Staates in *public credit* wirft zwei
Fragen auf, die im weiteren Verlauf des Aufsatzes verfolgt werden. Erstens erscheint sein
Amalgam aus Nation, Wirtschaft, Staat und Rechtssystem ungeachtet seiner Verdienste
einigermaßen undifferenziert; dementsprechend wird der nächste Abschnitt der Beziehung zwischen öffentlichem Kredit und Gesellschaftsvertrag als alternativem Modell
sozialer Einheit größere Aufmerksamkeit widmen. Zweitens erfordert das Postulat des
Staates als Fiktion eine nähere Untersuchung der Glaubwürdigkeitskriterien, die die
kollektive Beglaubigung öffentlichen Kredits informieren; hier stellt sich auch die Frage,
welche Haltung Brantlinger selbst gegenüber einem Projekt der ‚Entschleierung' von
public credit einnimmt.

3   Gesellschaftliche Einheit:
Der politische Körper und Zirkulationsbande

Wie von Seiten der deutschen Literaturwissenschaft bemerkt worden ist, bedingt die
Nicht-Wahrnehmbarkeit der Totalität des Gemeinwesens eine Vergegenwärtigung in
Bildern der Einheit, um die „an sich unsichtbare soziale ‚Substanz' sinnfällig zu machen"
(Koschorke 2002, S. 78). Hier ist es in der abendländischen Tradition des Staatdenkens
die Figur des *politischen Körpers* (*body politic*) gewesen, die die Funktion der „imaginären
Ganzheitsstiftung" (ebd., S. 78) mitsamt der darin enthaltenen Ausgrenzungen geleistet
hat. Zu einem gewissen Grad wurden die Bindungs- und Lebenskräfte von Geld und
Kredit in das Bild des *body politic* aufgenommen: Bereits bei Hobbes sind es die Geldzirkulation als Blutkreislauf des Gemeinwesens und die „Publique Coffers" als Herz
des politischen Körpers, die den Staat am Leben halten, und dieser Akt der Zirkulation
„nourisheth by the way, every Member of the Body of Man" (Hobbes 1996, S. 174). Obgleich der Sozialvertrag eine Metapher des Künstlichen ist, erhält der künstliche Mensch
durch diese „sanguification of the commonwealth" (ebd., S. 175) seine Ähnlichkeit mit
dem natürlichen, wie Hobbes selbst ausführt und so sein Modell durch eine funktionale
Äquivalenz zwischen dem künstlichen und dem natürlichen Körper stützt. Die Frage, die
sich im 18. Jahrhundert Kameralisten, Physiokraten, Cartesianern und Utilitaristen im
selben Maße stellt, lautet, wie die konstante Zirkulation von Geld und Gütern in einem
geschlossenen und vollständigen System sicherzustellen sei, in dem die Gesetze des
Handels das Verhalten von Flüssigkeiten nachbilden (Vogl 2002, S. 225). Auch Coleridge
artikuliert die Staatsschulden in einer Quasi-Physiologie des *body politic* als „'the cement'
that binds together all the members of the body politic; and credit … the transparent or
invisible blood that flows through the arteries of that miraculous organism" (zitiert nach
Brantlinger 1996, S. 132). Doch obwohl der öffentliche Kredit eng an die sozialvertraglich
begründete politische Gewalt gebunden war – die Einlagen galten deswegen als sicher,
weil sie durch parlamentarische Autorität und Münzhoheit garantiert waren – erkannten
bereits Charles Davenant und Daniel Defoe, dass das imaginäre Wesen des Kredits sich
der Reichweite von Recht und Gesetz entzog und allein der Kraft der kollektiven Ein-
bildung folgte:

> „Of all beings that have existence only in the minds of men, nothing is more fantastical,
> and Nice than Credit, Tis never to be forced, It hangs upon opinion, It depends upon our
> passions of hope and fear" (Davenant, zitiert nach Mitchell 2007, S. 35).

Wie Mitchell dokumentiert, führte die Bemühung der Zeitgenossen, die zirkulierenden
Affekte und Launen des Finanzsystems zu begreifen, zu einem radikalen Neuverständnis
der Natur sozialer Beziehungen mithilfe der neuen Kategorie der *collective imagination.*
Das Konzept der Imagination war im 17. Jahrhundert auf epistemologische Debatten
zum Verhältnis zwischen *animal spirits* und Urteilskraft im Individuum bzw. auf Er-
klärungen von Ansteckungseffekten in Kleingruppen von Fanatikern und ‚Enthusiasten'

beschränkt gewesen. Im 18. Jahrhundert weitete sich der Begriff von der Bezeichnung einer Störung zu einer ‚protosoziologischen' Erklärung der „power that binds together a polity" (Mitchell 2007, S. 36) aus. Entstanden im Genre der Augusteischen Satire und popularisiert durch das neue Medium des Drucks war das Konzept der ‚collective imagination' seit der South Sea Bubble Gegenstand von Regulierungsbemühungen in Form der von Hume, Smith und Rousseau entwickelten Sympathielehren. Nicht zuletzt diese Theorien transformierten die intersubjektiven Potenzen der Imagination von einer Assoziierung mit Krise und Anomalie zu einem wesentlichen Bestandteil der Funktionsweise der Gesellschaft (Mitchell 2008, S. 135).

Auch Vogl (2002) zufolge mündet der Konflikt der verlässlichen Gegenseitigkeit des Sozialvertrags mit der komplexen Interdependenz der Finanzzirkulation in eine Neukodierung des sozialen Bandes. Ähnlich wie Mitchell schreibt Vogl hier Smiths Sympathiebegriff – sowie Lessings Mitleidspoetik – eine zentrale Rolle in der Vermittlung zwischen leidenschaftlichen Subjekten und Rechtspersonen, Kontingenz und Zurechnung zu. Diese ereignet sich auf zwei Ebenen: einerseits führt Lessings *Minna von Barnhelm* exemplarisch vor, wie die durch zirkulierende Schulden „ungewollt, ungewußt und unwillkürlich" (2002, S. 109) kontaminierten und in Frage gestellten wesentlichen Verbindlichkeiten des gesellschaftlichen Lebens ihrerseits nur durch „falsches Spiel" (ebd., S. 131) wiederhergestellt werden können: Affekte werden mit vorgetäuschten „Affekten gesteuert, Leidenschaften induziert und (so) Verkehrsfähigkeit wiederhergestellt" (ebd., S. 115). Andererseits wird die Erzeugung und Abklärung von Passionen nicht nur auf der Bühne vorgeführt, sondern am eigenen Leib erfahren: das Theater bildet einen paradigmatischen Raum, in dem jeder Affekt ein Selbstaffekt, jede Referenz eine Selbstreferenz ist und das Schauspiel zum Ort einer eigenartigen Selbstverwechslung und Begegnung des Publikums mit sich selbst wird. Hier wird die theatralische Person zum Maßstab der sozialen, und „Selbstbezug ist Bezüglichkeit überhaupt geworden" (ebd., S. 105, 115).

Diese Selbstreferenzialität verkörpert sich für Vogl im Erfolg der ersten britischen Papiergeldära im Gegensatz zum Scheitern der Assignaten-Währung der Französischen Revolution 1797. Das von der Nationalversammlung ausgegebene Assignats-Papiergeld – verzinste Darlehen, die durch konfiszierten Kirchenbesitz gedeckt waren – waren sowohl als „unauflösliches Bindemittel" (Baron de Cernon zitiert nach Vogl 2002, S. 274) der neu verfassten Ordnung als auch als Mechanismus zur Finanzierung der Staatsverschuldung beabsichtigt. Die Assignaten sollten die „Vertraglichkeit der Verfassung selbst in Umlauf bringen" (ebd., S. 273), wurden jedoch ebenso verdächtigt, das neue Band als ‚künstlich' und die *citoyens* als Spieler und Spekulanten zu entlarven (ebd., S. 274). Als eine unmäßige Neuausgabe von Assignaten, verstärkt durch Fälschungen seitens der britischen Regierung (Doubleday 1847), zu Hyperinflation und Vertrauensverlust führte, erklärte man den Staatsbankrott Frankreichs gemäß der Geldlehre der Aufklärung als Resultat einer verhängnisvollen Vermengung von Geld- und Kreditfunktion: als verzinste Anleihe mit beschränkter Laufzeit verlangte das Papier nach Einlösung, als Zahlungsmittel bedingte es die unendliche Aufschiebung der Realisierung dieses Anspruchs (ebd., S. 274).

Das britische Papiergeldexperiment, obgleich ebenfalls durch staatliche Insolvenz motiviert, erwies sich trotz der Aufhebung der Referenzialität der Währung als erfolgreich. In dem Bemühen, die effektive Funktionsweise dieses Papiergelds zu erfassen, ersetzten die ersten Kredittheorien der romantischen Ökonomie den geschlossenen Kreis von Schuld und Tilgung der Aufklärungstheorien durch ein auf Verzeitlichung und unendlichen Aufschub gegründetes System, das „nur als ungleichgewichtiges im Gleichgewicht bleibt" (ebd., S. 278). Die Selbstreferenz und Selbstgarantie des Kreditgelds, gleichzeitig Zahlungsversprechen und kein Versprechen, Vertrag und kein Vertrag, installieren das Als-ob eines Vertrages – oder ein „systematisch gebrochenes Versprechen" (ebd., S. 326) – als neues unsichtbares Band des politischen Körpers. Soziale Bindungskräfte werden nun durch die „Zirkulation eines wesentlichen Fehlens" (ebd., S. 277) bestimmt und Geldtheorie zum „Ort effektiver und effizienter Fiktion … in der der Umlauf des Scheinhaften tatsächlich zur Determinante ökonomischer Relationen wird" (ebd., S. 279).[8] Das leere Zentrum des Staates kann nicht länger durch den ewigen Körper des Souveräns repräsentiert werden, und obwohl romantische Theorien mit der Figur des Organismus noch einmal versuchen, autoregulative ökonomische Prozesse in eine staatliche Einheit zu integrieren, ist dieses Modell nicht durch den Urvertrag, sondern in seinem Funktionsprinzip begründet, und auch nicht mehr politische Metapher und Analogie zu einem natürlichen Körper, sondern selbstproduzierende und selbstorganisierende *societas societans*. Die souveräne Repräsentation als Grundlegung des sozialen Bands wird durch die mediale Funktionsweise des öffentlichen Kredits und einen „unsichtbaren" Zusammenhalt des politischen Körpers ersetzt (ebd., S. 319).

Gleichzeitig ist zu betonen, dass Geld- und Kreditzirkulation keinerlei fiktionale Elemente in die Konstitution eines Sozialen einführen, das zuvor weniger fiktional gewesen wäre. Alle politischen und sozialen Kollektive existieren ‚grundlos' […] [sind] in keinem Realen verankert" und bedürfen aus diesem Grund eines „Gründungstheaters" und der „imaginären und symbolischen Bearbeitung ihres fehlenden Grundes" (Lüdemann 2004, S. 61). Doch obwohl der Körper des Herrschers und die Macht des Leviathan für Vogl

---

8 Peebles' (2008) Darstellung betont in ähnlicher Weise die Rolle der Nationalisierung von Geld in der Schaffung der raumzeitlichen Grenzen des Nationalstaats, behält jedoch die Referenz und Indexikalität des Geldes zu einem Wert außerhalb seiner selbst bei: ihm zufolge war die Zirkulation von Geld durch das entstehende System der nationalen Währungsreserven garantiert. Von kritischer Bedeutung hierfür waren die schrittweise erfolgreichen Versuche, Sparen in der Form des ‚Hortens' unter der Matratze zu verbannen und stattdessen vor allem die Armen zu ermuntern, ihre Ersparnisse bei lokalen Banken anzulegen, die ihrerseits ihre Einlagen bei der Bank of England hinterlegten. So wurde der individuelle Hort durch einen öffentlichen, ‚immobilisierten' ersetzt, der Substrat und Bedingung für Zirkulation darstellte. Wenngleich jedoch der Glaube an die Referenz zu ‚realem Wert' für öffentlichen Kredit entscheidend war, ist die Konvertibilität umlaufender Banknoten zugleich, wie sich am Beispiel des *bank run* zeigt, illusionär; und *public credit* entpuppt sich selbst als selbst-referentiell und tautologisch, indem er syntaktisch eine Differenz verheißt, die sich semantisch als Gleichheit erweist.

gleichsam theatralisch inszeniert sind, weist sich das Theater der Aufklärung und Emp-
findsamkeit des 18. Jahrhunderts nicht nur durch eine neue Dramaturgie und der Verab-
schiedung des „hohen Personals eines Theaters der Souveränität" zugunsten von „glei-
chwertigen Personen" (ebd., S. 134) aus. Das Band der Sympathie kodiert das Soziale in
neuer Bandbreite als „entgrenzte[n] Verkehrsraum, der [...] von der intimsten Regung zum
stiftenden Akt reicht" (ebd., S. 138) und Unordnung und Kontingenz in den Aufbau einer
sozialen Ordnung integriert. Im gleichen Zug wird das neue ‚bürgerliche' Theater auch
ein Ort des Verkehrs von Geheimnissen und beginnt in diesem Raum der Öffentlichkeit
ein Privates zu definieren, das jedoch nicht privat ist, sondern „durch Vertragskonstrukte,
Affektsteuerung, Geld-Kode und Polizeiwissen hervorgebracht wird" (ebd., S. 133). Was
hier zum Vorschein kommt, ist eine enge Verwobenheit zwischen Aufbau und Konturen
von Gesellschaftsfiktionen und den kulturellen Formen und literarischen Gattungen der
Fiktion, denen im Schlussabschnitt die Aufmerksamkeit gewidmet wird.

4   Kollektive Akkreditierung und Diskreditierung von public credit

Brantlinger und eine Reihe weiterer Autoren des New Economic Criticism schreiben
der Printkultur im Allgemeinen und dem realistischen Roman im Besonderen eine entscheidende Bedeutung in der Akkreditierung der Fiktion von *public credit* zu (Vernon
1984; Thompson 1996; Lynch 1998; Poovey 2008). Als die politische Ökonomie im
Laufe des 18. Jahrhunderts ihre frühen Theorien des intrinsischen Werts von Münzgeld zugunsten eines nominalistischen Verständnisses des Werts von Papiergeld aufgab,
wanderte das Konzept des intrinsischen Werts in das entstehende Genre des Romans
(Brantlinger 1996, S. 156). In der Aufrichtigkeit des Romans fand der Leser Grund „to
give as full credit to the narrative as to 'the funds' because it will contain nothing extrav-
agantly romantic, sensational, or improbable" (1996, S. 156). Der beglaubigende Effekt
der realistischen Fiktion wirkte gerade nicht, weil er die Wirklichkeit darzustellen oder
zu imitieren beanspruchte, sondern eine zweite Welt *gleich* der Wirklichkeit erschuf,
deren Handlungen und Figuren gezeichnet waren von Wahrscheinlichkeit im Sinne von
Possibilität bzw. einer Ähnlichkeit mit der Wirklichkeit (*verisimilitude*) (Poovey 2008).
Anstelle realer Bezüglichkeit vollzog der Roman eine fiktive Referenzialität und „helped
readers practice trust, tolerate deferral, evaluate character, and in a general sense, believe
in things that were immaterial" (ebd., S. 89). Hatte sich die Plausibilität der klassischen
Fiktion aus ihrem moralischen Gehalt abgeleitet und wurden ihr Wahrheit oder Lüge auf
Grundlage ihrer (Un-)Moral zugeschrieben, begründete der Roman Plausibilität in text-
internen Merkmalen wie charakterliche Einheit und Beständigkeit der Figuren, „*enabling
us to conjecture* what a Person of the Drama will do in the *future*, from what already he
has done in the *past*" (James Harris zitiert nach Poovey 2008, S. 116, Hervorhebung im
Original). Wo sich die frühe pastorale Fiktion gegen die latente Anschuldigung der Lüge
erwehrte, indem sie keinen Zweifel an der Fantastik und Unwahrheit der geschilderten

Ereignisse ließ und so ihren fiktiven Status durschaubar machte (Esposito 2007, S. 14, 16), verankert der moderne Roman, der sich seines fiktiven Charakters ebenso bewusst ist, seine Plausibilität in einer strukturierten Kohärenz, die der Realität entspricht bzw. über sie hinausführt. Wie Esposito schreibt: die realistische Fiktion stellt die – in der wirklichen Welt nicht zu beobachtenden – „*Bedingungen* dar, […] unter denen etwas als realistisch erscheint", und „um realistisch zu sein, darf der Roman […] gerade nicht real sein" (ebd., S. 17, Hervorhebung durch Autor). Durch diese Umformulierung der Glaubwürdigkeitskriterien trug der Roman zu einer „zunehmende[n] Akzeptanz immer realistischerer fiktiver Realitäten" bei (ebd., S. 13).

Wenngleich Brantlinger (1996) ebenso die tragende Rolle des realistischen Romans bei der Beschwörung öffentlichen Kredits und der Erzeugung kollektiver Identität hervorhebt, vermittelt seine Darstellung jene Funktion der Beglaubigung als komplex und ambivalent. Der Roman war selbst ein „Geschöpf des ‚Kredits'" (ebd., S. 150), sowohl im Sinne einer in Geld umzuwandelnden Ware wie auch in dem Sinne, dass er darum warb, trotz der klaren Erfundenheit seines Inhalts, die ihn in die Nähe der Fabel rückte, für bare Münze genommen zu werden (ebd., S. 150). Trotz der steigenden Kommerzialisierung und dem geschäftlichen Erfolg der realistischen Fiktion bleibt die scheinbare Bewältigung des latenten Vorwurfs der ‚Lüge' prekär. Zum einen macht der moralische Anspruch des Romans auf einen höheren ästhetischen Wert gegenüber dem Fetischismus der materiellen Welt bei gleichzeitigem Profiterwerb den Roman zu „perhaps the most hypocritical of literary modes: it rejects the equations of fiction and reality and of literature and money while capitalising on those very equations" (ebd., S. 87). Je erfolgreicher der realistische Roman darin ist, die Grenzen zwischen Vorstellung und Wirklichkeit, und zwischen Fiktion und Geld, unkenntlich zu machen, desto weniger ästhetischen bzw. literarischen Wert scheint er zu besitzen (ebd., S. 168). Erfundene Geschichten für finanziellen Gewinn niederzuschreiben kann weder ethisch noch epistemologisch von korruptem Börsenschwindel abgegrenzt werden (ebd., S. 167), und so behauptet der Roman einen Anspruch auf wahrheitsgemäße Darstellung der Wirklichkeit und verrät diese Darstellung zugleich als Irreführung und Betrug. Zum anderen jedoch ist die realistische Fiktion, obwohl sie ihren eigenen literarischen Wert unterminiert, auch die „cultural commodity form that utters the truth – which is ultimately the falsehood, the mystification of commodity fetishism" (ebd., S. 169). Das heißt, die ausdrückliche, bewusste Gleichsetzung von Geld und Fiktion – „conscious fetishism" (ebd., S. 201) – ist zugleich die ehrlichste und realistischste Art, über Geld zu schreiben, wenn man für Geld schreibt. Dieser Zwiespalt hat zur Folge, dass sogar „avowedly mirrorlike, supposedly unironic versions of realism among the Victorian novelists often have satiric (and frequently self-mocking) tendencies" (ebd., S. 144).

Dieselbe Figur der Selbstbezichtigung findet sich von der Klage der Augusteischen Satiriker, dass „the only literature that can be written in a fraudulent age will also be fraudulent" (ebd., S. 210), bis hin zu der gleichzeitigen Verdammung und Zelebrierung von fetischistischer Dekadenz in der modernistischen Kritik – und letztendlich bleibt der Status der verschiedenen literarischen Interventionen in ihrer Qualität als Diskurse oder Gegendiskurse des Kredits zweideutig. Wie oben dargelegt, schuf der satirische Verriss der affektiven Relationen, die in der South Sea Bubble zugange waren, ein neues Paradigma der Intersubjektivität entgegen seiner subversiven Absichten. Ähnlich weist Brantlinger auf die Ironie hin, dass der Roman, trotz der von ihm intendierten Unterlaufung des soziopolitischen und literarischen Status quo und trotz der Tatsache, dass sein „intrinsically *novelistic*" Charakter (ebd., S. 183, Hervorhebung im Original) sich der staatsgründenden Geste des Epos verwehrt, zum wesentlichen Bestandteil des nationalen Literaturkanons wurde und so den Nationalstaat bestärkte (ebd., S. 184). Ähnlich scheint *public credit* nicht nur durch Diskurse befördert geworden zu sein, die sich als Kritik und Enthüllungsversuch verstanden, sondern seine prägenden Merkmale gerade durch *Krisen* erhalten zu haben: Der erste Markt für Staatsschulden im mittelalterlichen Florenz, die Gründung der Bank of England und die erste Papiergeldwährung von 1797 waren allesamt durch staatlichen Bankrott bedingt. Das Paradox einer normalisierenden Rolle der Krise führt Mitchell zu der Beobachtung, dass

> „in what one can only describe as a literal example of the classic Romantic trope of transcendence by failure, the financial crises of the Romantic era served as the foundation for Britain's unprecedented economic and industrial expansion in the later 19th century." (Mitchell 2007, S. 4)

Das eigenartige Phänomen einer wirksamen Fiktion bzw. ihrer unwirksamen Denunziation steht auch im Mittelpunkt der interdisziplinären Kollaboration im Band *Des Kaisers neue Kleider* (Frank et al. 2002), einer kursorischen Erkundung des Imaginären politischer Herrschaft. Wenn Wirtschafts- und Finanzfiktionen auch aus der Untersuchung ausgespart bleiben, verweist die Resonanz der Analysen doch auf eine enge Beziehung zwischen ökonomischer und politischer bzw. gesellschaftlicher Glaubwürdigkeit. Die titelgebende Erzählung, am besten bekannt in Hans Christian Andersens Fassung von 1837, veranschaulicht die Autorität des Dichters, das imaginäre Wesen der Macht semantisch zu stützen oder zu entblößen. Doch ähnlich wie im Falle des realistischen Romans unterstreichen die Autoren eine gewisse Ambivalenz, die das kritische Projekt der Entlarvung von Autoritätsfiktionen charakterisiert. Besonders Susanne Lüdemanns (2002, S. 99) auf Derrida basierende Lektüre offenbart die Erzählung als Manifestation eines gleichzeitigen Ent- und Verschleierns der fiktionalen Basis von Herrschaft. Scheint der Text anfangs den Standpunkt des unschuldigen Kindes – des „Protagonisten der Moderne" (ebd., S. 188) und Vertreter der als selbstverständlich angenommenen Evidenz der Sprache – zu vertreten, entlarvt er die angenommene Korrespondenz zwischen Sprache und Wahrheit ebenso als naiv. Auf thematischer Ebene verleiht das Kleid, das die Enthüllung einer weiteren Wahrheit verheißt (denn es ist nur legitimen Söhnen oder tüchtigen Amtsträgern sichtbar),[9] dem Kaiser die Macht, Wahrheit vom Trug und das

---

9   Die genauen Kriterien der Sichtbarkeit variieren in den unterschiedlichen Versionen der Erzählung, aber zielen allesamt auf den ‚öffentlichen Kredit' des Subjekts/ Untertanen ab.

Authentische vom Falschen zu unterscheiden. Die naive Wahrheit des Kindes wird so mit einem Schmittschen autoritären und normativen Blick auf Wahrheit konfrontiert: die Wahrheit ist durch die Macht bestimmt und ihre Anfechtung nur unter dem drohenden Verlust des *public credit* – des öffentlichen Ansehens – der Person möglich. Doch dekonstruiert die Erzählung gleichermaßen die Selbstevidenz der Sprache auf struktureller Ebene, denn die Aussage des Kindes stützt sich auf einen Text, der selbst den Betrug der Sprache offenbart und damit seinen eigenen Wahrheitsanspruch hintergeht. So zeigt der Text, dass die Wahrheit „stets nur im sozialen Gewand, als intersubjektiv erzeugte, also niemals nackt, daherkommt" (ebd., S. 100). Die Äquivalenz von Text und Gewebe ist hier nicht nur eine metaphorische: des Kaisers Kleider, die buchstäblich aus Worten gewebt sind (nämlich von den Betrügern und dem bestätigenden Hof) dienen der Illustrierung einer Dynamik, die soziale Wirklichkeit und Konsistenz „als Effekt des Glaubens an sie erst erzeugt" (ebd., S. 99), bzw. des Glaubens an den Glauben anderer:

> „Ob das Kleid – und damit die phallische Vollkommenheit des Kaisers – wirklich ‚da' ist, ist für diesen Vorgang letztlich bedeutungslos: als in die Außenwelt projizierte Imagination erfüllt es seinen Zweck, den Zusammenhalt des Ganzen zu gewährleisten, allemal." (ebd., S. 99)

Weiter verweist Lüdemann auf die „merkwürdig unbemerkt gebliebene Tatsache, dass der Einspruch des Kindes sozial völlig folgenlos bleibt" (ebd., S. 189): die Erzählung endet nicht mit Revolution oder Gelächter, sondern damit, dass der Kaiser trotz Verdachts sein Kleid noch stolzer trägt und die Diener weiter die Schleppe tragen. In der „eigentümlichen Bewegungslosigkeit" (ebd., S. 192), in der die Erzählung verharrt, werden die verschiedenen, die Handlung bestimmenden Gegensätze wie sichtbar/unsichtbar, Wahrheit/Betrug, Enthüllung/Verschleierung, gültig/ungültig unentscheidbar. Entgegen der konventionellen Lesart der Erzählung als der paradigmatischen Enthüllung nackter Tatsachen bezeugt dieses Ende nach Lüdemann eine „stillschweigende Übereinkunft, die Nacktheit des Kaisers zu verleugnen (und) ‚des Kaisers neue Kleider' als sozialen Fetisch intakt zu lassen" (ebd., S. 191).

So zeigen Frank et al. die Erzählung als Portrait sowohl der verborgenen Mechanismen der Konstitution des Sozialen *als auch* der effektiven Immunität von Herrschaftsfiktionen gegenüber einer „Tradition der Desillusionierung", der sie selbst angehört (Frank et al. 2002, S. 9). Damit ist die Erzählung nicht nur ein Echo auf die wirkungslose Anklage der Augusteischen Satiriker der „sham or counterfeit constitution of modern society, or indeed society in general: 'What is human life but a masquerade: and what is civil society but a mock alliance between hypocrisy and credulity?'" (Trenchard, zitiert nach Brantlinger 1996, S. 60). Sie greift auch ein Stück weit eine gewisse Ambivalenz in Brantlingers eigener Position auf, die seine Genealogie der Enthüllungsversuche der Fiktion des *public credit* markiert. Seine ausgeprägte Sympathie mit dem Augusteischen und postmodernen Entschleierungsdrang konfligiert mit seiner Bezichtigung von Marxistischem Materialismus und moderner Psychoanalyse als nicht minder fetischistisch – und der Fetisch des öffentlichen Kredits mit dem Paradox einer fetischisierenden Kritik. Die Insistenz auf die Realität der Schuld gegenüber der Fiktion des Kredits steht gegen das Zugeständnis einer gewissen Notwendigkeit fiktionaler Täuschung, und seine eindrucksvolle *tour de force* durch die Gegendiskurse des *public credit* endet gleichsam in der ‚eigentümlichen Bewegungslosigkeit‘ einer postmodernen Deklaration von *No future!* gegen den Fortbestand des Nationalstaats.

5   Fazit: Die Fiktion des öffentlichen Kredits

Brantlingers Dilemma zeigt sich als wesentlich für ein Verständnis des öffentlichen Kredits als Gesellschaftsfiktion. Das Soziale kann nur als Imaginäres existieren und hängt von Metaphern der Einheit ab, um seinen leeren Grund zu überdecken; doch der ihm eigenen Instabilität zum Trotz stellt es eine überraschende Immunität gegenüber kritischen Enthüllungsprojekten zur Schau. Während dies für soziopolitische *imaginaries* im allgemeinen gilt, bedeutet die Entstehung von *public credit* das Novum eines „Schauplatz(es) effektiver Fiktionen" (Vogl 2010, S. 81), oder in Heinzelmans Worten: „fictions *work* even when they are recognised as fictions" (1980, S. 101). Dies impliziert eine neuartige Indifferenz gegenüber Finanzfiktionen, wie die verschiedenen Schicksale der frühen französischen und britischen Papiergeldexperimente bezeugen. Die freiwillige Investition in, und die niedrigen Zinsen von, Staatsanleihen und die Zirkulation nationaler Papierwährungen schließen eine kollektive Akkreditierung in sich, die fiktive Ansprüche in soziale Realitäten umsetzt und in der Geld und Kredit als Schreibformen unkenntlich werden. Doch sind diese neue Toleranz und kollektive Beglaubigung von Fiktionen auch das Ergebnis ihrer Auseinandersetzung in der neuen Gattung des realistischen Romans, der die Kategorien von Realität und Fiktion und damit die Maßstäbe der Glaubwürdigkeit neu definiert. So wie „money was becoming more fictional, fiction was becoming… more realistic", stellt Vernon fest (1984, S. 18), und, wie Esposito ausführt, ist unsere Beziehung zur Wirklichkeit grundsätzlich durch unsere Erfahrung mit Fiktion als Genre geformt: „*fiction* wird … zum Spiegel, in dem die Gesellschaft ihre eigene Kontingenz reflektiert", und die realistische Fiktion spiegelt „die Normalität einer nicht mehr eindeutig festgelegten und bestimmbaren Welt" (2007, S. 18). Paradoxerweise waren es vor allem kritische Diskurse und Finanzkrisen, die in der Akkreditierung von öffentlichem Kredit eine produktive Rolle gespielt haben. Die Zirkulation von Finanzinstrumenten begründet nicht nur die Akzeptanz einer offen zur Schau gestellten Fiktionalität selbstreferenzieller Ansprüche, sondern bedingt auch ein neues Paradigma der Sozialität, das der Imagination eine explizite Funktion zuweist: als Macht und Medium, das Individuen in Euphorie und Krise bindet (Mitchell), sowie als intrinsisches Element einer Regulierung der durch kontingente Interdependenz ausgelösten sozialen Verfehlungen (Vogl). Über den Wandel der Bedeutung von *public credit* im Laufe der Jahrhunderte, von der Synonymität mit dem entstehenden Finanzmarkt zu einer Differenzierung als risikofreie Anlage, hinaus wirkt daher das Erbe von *public credit* in Konzeptionen von

Gesellschaft und Finanzmarkt fort, die jene sowohl vom Staat trennen als auch an ihn binden. In diesen unterschiedlichen modernen Quellen von Öffentlichkeit steht der Anspruch auf den Bereich der Wahrheit und als Destination von Enthüllungen gegen die in *Des Kaisers neue Kleider* exemplifizierte Wahrheit, dass Öffentlichkeit nur als kollektiv fabrizierte Fiktion zustande kommt.

Literatur

Anderson, Benedict (1983) *Imagined Communities: Reflections on the Origin and Spread of Nationalism*. Verso, London and New York.

Brantlinger, Patrick (1996) *Fictions of State – Culture and Credit in Britain, 1694-1994*. Cornell University Press, Ithaca, NY.

Brewer, John (1990) *The Sinews of Power – War, Money and the English State 1688-1783*. Harvard University Press, Cambridge, MA.

De Bolla, Peter (1989) *The Discourse of the Sublime – Readings in History, Aesthetics and the Subject*. Basil Blackwell, Oxford.

Carruthers, Bruce (1996) *City of Capital: Politics and Markets in the English Financial* Revolution. Princeton University Press, Princeton.

Carruthers, Bruce and Arthur Stinchcombe (1999) The Social Structure of Liquidity: Flexibility, Markets and States: *Theory and Society* 28:3: 353–382.

De Goede, Marieke (2005) *Virtue, Fortune and Faith – A Genealogy of Finance*. University of Minnesota Press, Minneapolis.

Defoe, Daniel (1720) *The Chimera, Or the French Way of Paying National Debts, Laid Open: Being an Impartial Account of the Proceedings in France for Raising a Paper Credit, and Settling the Mississipi Stock*. T. Warner, London.

Dickson, Peter G.M. (1967) *The Financial Revolution: A Study in the Development of Public Credit 1688-1756*. Macmillan, London.

Doubleday, Thomas (2005 [1847]) *A Financial, Monetary and Statistical History of England – From the Revolution of 1688 to the Present Times*. Elibron, London.

Esposito, Elena (2007) *Die Fiktion der wahrscheinlichen Realität*. Suhrkamp, Frankfurt am Main.

Ferguson, Niall (2009) *The Ascent of Money*. Penguin Books, London.

Frank, Thomas; Koschorke, Albrecht; Lüdemann, Susanne und Ethel Matala de Mazza (2002) *Des Kaisers neue Kleider*. Fischer Taschenbuch Verlag, Frankfurt am Main.

Goux, Jean-Joseph (1990 [1973]) *Symbolic Economies – After Marx and Freud*. Cornell University Press, Ithaca, NY.

Goux, Jean-Joseph (1994) *The Coiners of Language*. University of Oklahoma Press, Norman, Oklahoma.

Heinzelman, Kurt (1980) *The Economics of the Imagination*. University of Massachusetts Press, Amherst, MA.

Hobbes, Thomas (1996 [1651]) *Leviathan*. Cambridge University Press, Cambridge.

Kirshner, Julius (2006) ‚States of Debt'. Paper präsentiert auf dem Mellon Sawyer Seminar on Debt, Sovereignty and Power, University of Cambridge, 18 November.

Koschorke, Albrecht; Lüdemann, Susanne; Frank, Thomas und Ethel Matala de Mazza (2007) *Der fiktive Staat – Konstruktionen des politischen Körpers in der Geschichte Europas*. Fischer Taschenbuch Verlag, Frankfurt am Main.

Koschorke, Albrecht (2002) ‚Macht und Fiktion'. In: Frank, Thomas; Koschorke, Albrecht; Lüdemann, Susanne und Ethel Matala de Mazza (Hrsg.) *Des Kaisers neue Kleider*. Fischer Taschenbuch Verlag, Frankfurt am Main, S 73–84.

Lobo-Guerrero, Luis (2012) *Insuring War: Sovereignty, Security and Risk*. Routledge, London and New York.

Lüdemann, Susanne (2002) ‚Die nackte Wahrheit' und ‚Fetischismus'. In: Frank, Thomas; Koschorke, Albrecht; Lüdemann, Susanne und Ethel Matala de Mazza (Hrsg.) *Des Kaisers neue Kleider*. Fischer Taschenbuch Verlag, Frankfurt am Main, S 95–102 und S 187–196.

Lüdemann, Susanne (2004) *Metaphern der Gesellschaft – Studien zum soziologischen und politischen Imaginären*. Wilhelm Fink, München.

Lynch, Deidre (1998) *The Economy of Character: Novels, Market Culture and the Business of Inner Meaning.* University of Chicago Press, Chicago.

Mitchell, Robert (2007) *Sympathy and the State in the Romantic Era – Systems, State Finance and the Shadows of Futurity.* Routledge, New York.

Mitchell, Robert (2008) 'Beings that have existence only in ye minds of men': State Finance and the Origins of the Collective Imagination: *The Eighteenth Century* 49:2: 117–139.

Moore, Sean (2004) The Culture of Paper Credit: The New Economic Criticism and the Postcolonial Eighteenth Century: *The Eighteenth Century* 45:1: 87–108.

Muldrew, Craig (1998) *The Economy of Obligation: The Culture of Credit and Social Relations in Early Modern England.* Macmillan, Basingstoke.

The New York Times (1865), 'Government Securities The Public Credit', 1 December. Available at http://www.nytimes.com/1865/12/01/news/government-securities-the-public-credit.html?pagewanted=all

Nicholson, Colin (1994) *Writing and the Rise of Finance – Capital Satires of the Early Eighteenth Century.* Cambridge University Press, Cambridge.

North, Douglass C. and Barry R. Weingast (1989) Constitutions and Commitments: The Evolution of Institutions Governing Public Choice in Seventeenth-Century England: *Journal of Economic History* 49:4: 803–832.

Peebles, Gustav (2008) Inverting the Panopticon: Money and the Nationalization of the Future: *Public Culture* 20:2: 233–265.

Poovey, Mary (2008) *Genres of the Credit Economy – Mediating Value in Eighteenth- and Nineteenth-Century Britain.* University of Chicago Press, Chicago.

Quinn, Stephen (2006) 'Securitisation of Sovereign Debt: Corporations as a Sovereign Debt Restructuring Mechanism in Britain 1688-1750'. Paper präsentiert auf dem Mellon Sawyer Seminar on Debt, Sovereignty and Power, University of Cambridge, 18 November.

Shell, Marc (1978) *The Economy of Literature.* John Hopkins Press, Baltimore.

Shell, Marc (1982) *Money, Language and Thought.* University of California Press, Berkeley.

Shell, Marc (1999) The issue of representation. In: Woodmansee, Martha and Mark Osteen (eds.) *The New Economic Criticism – Studies at the Intersection of Literature and Economics.* Routledge, London, p 44–64.

Thompson, James (1996) *Models of Value – Eighteenth-Century Political Economy and the Novel.* Duke University Press, Durham and London.

Vernon, John (1984) *Money and Fiction – Literary Realism in the Nineteenth and Early Twentieth Centuries.* Cornell University Press, Ithaca, NY.

Vogl, Joseph (2008 [2002]) *Kalkül und Leidenschaft – Poetik des ökonomischen Menschen.* Diaphanes, Zürich; Berlin.

Woodmansee, Martha and Mark Osteen (eds.) (1999) *The New Economic Criticism – Studies at the Intersection of Literature and Economics.* Routledge, London.

Autorinnen und Autoren

Nina Boy war von 2008-2012 Doctoral Researcher am Peace Research Institute Oslo und hat kürzlich ihren Doktor in Politikwissenschaften mit dem Titel *The security of public credit* an der Lancaster University abgeschlossen. Sie ist Mitherausgeberin mit J. Peter Burgess und Anna Leander der Special Issue zu ‚The global governance in security and finance' in *Security Dialogue* (2011) und Koordinatorin der Arbeitsgruppe ‚Credit, crisis & culture – historical, sociological and literary perspectives' in der COST Action System risk, financial crisis and credit. Ihre Forschungsinteressen liegen im Bereich der critical finance studies, critical security studies, literature studies und international political sociology.

Martin Bühler ist gegenwärtig wissenschaftlicher Assistent am Soziologischen Seminar der Universität Luzern. Studium der Soziologie, Geschichte und Betriebswirtschaft in Luzern und Zürich. Von 2010 bis 2013 Stipendiat des DFG-Graduiertenkollegs „Weltgesellschaft. Die Herstellung und Repräsentation von Globalität" an der Universität Bielefeld. Seine Forschungsschwerpunkte liegen im Bereich der historischen Marktsoziologie und der Weltgesellschaftsforschung.

Mark Eisenegger ist Soziologe und hat sich im Rahmen seines Studiums auf Fragen der Öffentlichkeitssoziologie fokussiert. Forschungsschwerpunkte im Bereich der Wirtschaftssoziologie und Reputationsforschung sowie der Organisationskommunikation. Publikationen: „Long-term reputation effects in the global financial industry. How the financial crisis has fundamentally changed reputation dynamics" (mit Mark Künstle). In: Hiles, Andrew (ed.) *Reputation management. Protecting and building your company's profile in a digital world.* Bloomsbury Information (Key concepts), London 2011, pp. 127–140; „Reputation Management and Corporate Social Responsibility" (mit Mario Schranz). In: Bartlett, Jennifer; Ihlen, Øyvind and Steve May (2011) *The handbook of communication and corporate social responsibility.* Wiley-Blackwell, Malden, MA:, pp. 128–146.

Marieke de Goede ist Professorin für Politikwissenschaft an der Universität Amsterdam und Leiterin des Master-Programms ‚European Union in a Global Order'. Sie hat zu Fragen von Sicherheit, Finanzwesen und Risiko publiziert und ist Autorin der Monographien *Speculative Security: the Politics of Pursuing Terrorist Monies.* University of

Minnesota Press, Minneapolis 2012 sowie *Virtue, Fortune and Faith: A Genealogy of Finance*. University of Minnesota Press, Minneapolis 2005. Ebenso ist sie Mitherausgeberin der Zeitschrift ‚*Security Dialogue*'.

Barbara Grimpe ist gegenwärtig Research Assistant am Department of Computer Science, University of Oxford. Ihre aktuelle Forschung umfasst verschiedene qualitative Fallstudien im Rahmen des interdisziplinären EU-Projekts „Governance for Responsible Innovation". Publikationen: *Ökonomie sichtbar machen. Die Welt nationaler Schulden in Bildschirmgröße. Eine Ethnographie*. Transcript, Bielefeld 2010. „Der Staat handelt: Finanzmarktpraktiken im transnationalen Schuldenmanagement". In: Kalthoff, Herbert und Uwe Vormbusch (Hrsg.) *Soziologie der Finanzmärkte*. Transcript, Bielefeld 2012, S 339-367.

Richard Grusin leitet das interdisziplinäre ‚Center for 21st Century Studies' und hat eine Professur für Anglistik an der University of Wisconsin-Milwaukee inne. Seine derzeitige Forschung befasst sich mit historischen, theoretischen und ästhetischen Aspekten von Medientechnologien. Er ist der Autor von *Remediation: Understanding New Media*. MIT-Press, Baltimore 1999 und *Premediation: Affect and Mediality After 9/11*. Palgrave-Macmillan, New York 2010.

Jürgen Kädtler ist Geschäftsführender Direktor des Soziologischen Forschungsinstituts Göttingen (SOFI) an der Georg-August-Universität. Seine Arbeitsgebiete liegen im Bereich der Organisations- und Arbeitssoziologie, den Industrielle Beziehungen sowie der Finanzmarktsoziologie. Publikationen: *Sozialpartnerschaft im Umbruch*. VSA, Hamburg 2006; *Mitbestimmte Innovationsarbeit. Konstellationen, Spielregeln und Partizipationspraktiken* (mit Hans Joachim Sperling, Volker Wittke und Harald Wolf). Edition sigma, Berlin 2013.

Lisa Knoll ist Habilitandin am Arbeitsbereich ‚Soziologie, insbesondere Globalisierung, Umwelt und Gesellschaft' der Universität Hamburg. Ihre Forschungsschwerpunkte sind CO_2-Emissionshandel, Wirtschafts- und Organisationssoziologie, sowie qualitative Methoden der Sozialforschung. Mit der Studie *Über die Rechtfertigung wirtschaftlichen Handelns. CO2-Handel in der kommunalen Energiewirtschaft*. VS Verlag, Wiesbaden (2012) hat sie in Auseinandersetzung mit der ‚Économie des conventions' eine Mikrofundierung des soziologischen Neoinstitutionalismus vorgelegt.

Andreas Langenohl ist Professur für Soziologie mit Schwerpunkt Allgemeiner Gesellschaftsbergleich an der Justus-Liebig-Universität Gießen und Vorstandsmitglied des International Graduate Centre for the Study of Culture (GCSC). Seine Forschungsschwerpunkte sind Finanzsoziologie, Modernisierungstheorie, transnationale Praktiken und Epistemologie der Sozialwissenschaften. Zu seinen Publikationen zählen: *Transit Deutschland: Debatten zu Nation und Migration* (Hrsg. mit Deniz Göktürk, David Gramling und Anton Kaes). Konstanz University Press, Konstanz 2011; *Finanzmarkt und*

Temporalität: Imaginäre Zeit und die kulturelle Repräsentation der Gesellschaft. Lucius & Lucius, Stuttgart 2007.

Peter Mörtenböck ist Professor für Visuelle Kultur an der Technischen Universität Wien und Research Fellow am Goldsmiths College der University of London. Seine aktuelle Forschung richtet sich auf eine Verschränkung von Fragen der Raumproduktion mit der heutigen Veränderung sozialer, politischer und ökonomischer Prozesse. Zahlreiche Bücher zu Architektur, Raumpolitik und visueller Kultur, zuletzt u.a. *Space (Re)Solutions. Intervention and Research in Visual Culture* (hrsg. mit Helge Mooshammer). Transcript, Bielefeld 2011; *Occupy: Räume des Protests* (mit Helge Mooshammer). Transcript, Bielefeld 2012.

Helge Mooshammer ist Architekt und Theoretiker, Leiter der FWF-Forschungsprojekte ,Other Markets' (2010-15) und ,Relational Architecture' (2006-09) sowie Research Fellow am Department of Visual Cultures des Goldsmiths College, University of London. Gegenwärtig untersucht er urbane Transformationsprozesse im Einflussfeld von Kapitalbewegungen, informellen Ökonomien und transnationaler Ressourcenpolitik. Zahlreiche Bücher zu Architektur, Raumpolitik und visueller Kultur, zuletzt u.a. *Space (Re)Solutions. Intervention and Research in Visual Culture* (hrsg. mit Peter Mörtenböck), Transcript. Bielefeld 2011; *Occupy: Räume des Protests* (mit Peter Mörtenböck). Transcript, Bielefeld 2012.

Kerstin Schmidt-Beck ist wissenschaftliche Mitarbeiterin und Lehrbeauftragte am Institut für Soziologie der Justus-Liebig-Universität Gießen. Sie verfolgt ein Promotionsprojekt zu beruflichen Orientierungen von Finanzmarktprofessionellen und arbeitet freiberuflich als Coach. Publikationen: „'Ich bin wie so ne Nachrichtensendung'" – Rollenbilder in beruflichen Orientierungen von Finanzprofis. In: Hauthal, Janine et al. (Hrsg.) *Kulturwissenschaften exemplarisch. Gießener Forschungsbeiträge zu acht Kernkompetenzen.* Wissenschaftlicher Verlag, Trier, S 143-162; „Remembering Global Crises: ,Doing and Un-doing History' in Narrative and Discourse. The German Stock Market Decline (2000-2003)". In: *International Journal of Management Concepts and Philosophy*: 3:3 (2011), pp. 225-238.

Jürgen Schraten ist gegenwärtig Postdoctoral Fellow des Human Economy Programmes an der Universität Pretoria. Studium der Politikwissenschaft, Mittlere Geschichte und Soziologie. Seine Arbeitsfelder sind Wirtschaftssoziologie und Rechtssoziologie, und er arbeitet zur Entwicklung der Finanzialisierung in der südlichen Hemisphäre. Publikationen: „Systematisch verdunkelter Sinn. Beobachtungsschwierigkeiten einer Zentralbank am Finanzmarkt". In: *Berliner Journal für Soziologie*: 21:4 (2011), S 521-538; „Die Regulierung von Schuldverhältnissen als normative Quelle in Marktgesellschaften". In: Langenohl, Andreas und Jürgen Schraten (Hrsg.) (2011) *(Un-)Gleichzeitigkeiten – Die demokratische Frage im 21. Jahrhundert.* Metropolis Verlag, Marburg, S 93-115.

Mario Schranz ist Soziologe und Politikwissenschaftler und hat sich im Rahmen seines Studiums auf Fragen der Öffentlichkeitssoziologie fokussiert. Forschungen insb. zu Fragen der Wirtschaftsöffentlichkeit und der Onlinekommunikation: Crisis Communication, Corporate Reputation, Wirtschaftsjournalismus, Corporate Social Responsibility, Onlinekommunikation, Qualität der Medien. Publikationen: „The Financial Crisis and the Media. An Analysis of Newspapers in the United Kingdom, the United States and Switzerland between 2007 and 2009" (mit Mark Eisenegger). In: Christian Suter and Mark Herkenrath (ed.) *World society in the global economic crisis*. LIT (World Society Studies), pp. 285-302; *Wirtschaft zwischen Profit und Moral. Die gesellschaftliche Verantwortung von Unternehmen im Rahmen der öffentlichen Kommunikation*. VS Verlag, Wiesbaden 2007.

Carlo Tognato ist Fellow am Indo-Pacific Governance Research Center der University of Adelaide sowie am Center for Cultural Sociology, Yale University. Gegenwärtig hat er eine Professur am Department of Sociology und am Center for Social Studies der Nationalen Universität von Kolumbien in Bogotá inne und leitet dort ebenfalls das Promotionsprogramm in Human and Social Sciences. Er arbeitet an einem Forschungsprojekt zu Hyperinflation, Trauma und Kultur. Aktuelle Publikationen: *Central Bank Independence: Cultural Codes and Symbolic Performance*. Palgrave-Macmillan, New York 2012; „Extending Trauma across Cultural Divides". In: Alexander, Jeffrey et al. (eds.) *Narrating Trauma: Studies in the Contingent Impact of Collective Suffering*. Paradigm Publishers, Boulder, pp. 191-212.

Leon Wansleben ist gegenwärtig Forschungsmitarbeiter an der Universität Luzern. Studium der Soziologie an der London School of Economics, Promotion in Konstanz. Forschungsschwerpunkte sind Wirtschaftssoziologie und Wissenssoziologie. Aktuelle Publikationen: *Cultures of Expertise in Global Currency Markets*. Routledge, London 2013; „Financial Analysts". In: Knorr Cetina, Karin and Alex Preda (eds.) (2012) *Handbook of the Sociology of Finance*. Oxford UP, pp. 250-271.

Tobias Werron ist gegenwärtig Akademischer Rat auf Zeit im Arbeitsbereich Theorie an der Universität Bielefeld. Seine derzeitigen Forschungsschwerpunkte sind Soziologie der Globalisierung/Weltgesellschaft, historische Soziologie und Soziologie der Konkurrenz. Aktuelle Publikationen: „Gewaltwettbewerbe. ‚Gewalt' in globalen Konkurrenzen um Aufmerksamkeit und Legitimität" (mit Teresa Koloma Beck). In: Stetter, Stephan (Hrsg.) (2013) *Ordnung und Wandel in der Weltpolitik: Konturen einer Soziologie der Internationalen Beziehungen*. Leviathan, Sonderband 28, Jahrgang 41, S 249-276; „Worum konkurrieren Nationalstaaten? Zu Begriff und Geschichte der Konkurrenz um ‚weiche' globale Güter": *Zeitschrift für Soziologie* 41:5 (2012), S 338-355.

Dietmar J. Wetzel ist gegenwärtig Seniorfellow am Kolleg „Postwachstumsgesellschaften" und Privatdozent an der Friedrich-Schiller-Universität Jena. Er war Dozent und wissenschaftlicher Mitarbeiter am Institut für Soziologie an der Universität Bern. Seine Forschungsschwerpunkte liegen im Bereich der Wirtschafts- und Finanzsoziologie (Wettbewerb, Märkte, Macht), Kultursoziologie und Sozialtheorie (Affekte, Emotionen und Resonanz), Soziologie wachstumskritischer Lebensformen, Qualitative Forschung (Diskurs- und Dispositivanalyse, Ethnographie). Aktuelle Publikationen: *Soziologie des Wettbewerbs. Eine kultur- und wirtschaftssoziologische Analyse der Marktgesellschaft* [Reihe: Wirtschaft und Gesellschaft]. VS Verlag, Wiesbaden 2013; *Perspektiven der Aufklärung: zwischen Mythos und Realität.* Fink-Verlag, München (Reihe: Laboratorium Aufklärung, Band 12) 2012.

The manufacturer's authorised representative in the EU is Springer
Nature Customer Service Centre GmbH, Europaplatz 3, 69115 Heidelberg,
Germany. If you have any concerns regarding our products, please
contact ProductSafety@springernature.com

Printed and bound by CPI Group (UK) Ltd, Croydon, CR0 4YY

23/04/2026

02095642-0005